O SEMINÁRIO
DE JACQUES LACAN

Campo Freudiano no Brasil

Coleção dirigida por Judith (*in memoriam*) e Jacques-Alain Miller

Assessoria brasileira: Angelina Harari

Jacques Lacan

O SEMINÁRIO

livro 7

a ética da psicanálise

Texto estabelecido por
Jacques-Alain Miller

15ª reimpressão

ZAHAR

Tradução autorizada da primeira edição francesa,
publicada em 1986 por Éditions du Seuil, de Paris, França

Grafia atualizada segundo o Acordo Ortográfico da Língua Portuguesa de 1990, que entrou em vigor no Brasil em 2009.

Título original
Le Séminaire de Jacques Lacan
Livre VII: L'éthique de la psychanalyse

Novo projeto gráfico: 2008

CIP-Brasil. Catalogação na fonte
Sindicato Nacional dos Editores de Livros, RJ

Lacan, Jacques, 1901-1981

L129s Seminário, livro 7: a ética da psicanálise, 1959-1960 / Jacques Lacan; texto estabelecido por Jacques-Alain Miller; [versão brasileira Antônio Quinet]. — 1ª ed. — Rio de Janeiro: Zahar, 1988.

(Campo freudiano no Brasil)

Tradução de: Le Séminaire de Jacques Lacan, livre VII: l'éthique de la psychanalyse.

ISBN 978-85-7110-043-5

1. Psicanálise – Discursos, conferências, etc. I. Miller, Jacques-Alain, 1944-. II. Título. III. Título: A ética da psicanálise, 1959-1960. IV. Série.

CDD: 150.195

08-2958 CDU: 159.964.2

EDITORA SCHWARCZ S.A.
Praça Floriano, 19, sala 3001 — Cinelândia
20031-050 — Rio de Janeiro — RJ
Telefone: (21) 3993-7510
www.companhiadasletras.com.br
www.blogdacompanhia.com.br
facebook.com/editorazahar
instagram.com/editorazahar
twitter.com/editorazahar

livro 7

a ética da psicanálise

1959-1960

Versão brasileira:
ANTÔNIO QUINET

Sumário

INTRODUÇÃO

INTRODUÇÃO DA COISA

O PROBLEMA DA SUBLIMAÇÃO

O PARADOXO DO GOZO

A ESSÊNCIA DA TRAGÉDIA
UM COMENTÁRIO DA *ANTÍGONA* DE SÓFOCLES

A DIMENSÃO TRÁGICA DA EXPERIÊNCIA PSICANALÍTICA

Introdução

I

Nosso programa

A atração da falta.[1]
De Aristóteles a Freud.
O real.
Os três ideais.

Anunciei este ano como título de meu seminário a *Ética da psicanálise*. Não acho que seja um assunto cuja escolha em si possa surpreender, embora ele deixe aberta, para alguns, a questão de saber o que eu poderia vir a colocar em seguida.

Certamente não foi sem um momento de hesitação, ou mesmo de temor, que me decidi a abordá-lo. Decidi-me a fazê-lo pois, na verdade, este assunto se encontra na mesma linha de nosso seminário do ano passado, se é que podemos considerar esse trabalho plenamente acabado. Não obstante, cabe-nos avançar. O que se reúne sob esse termo de ética da psicanálise permitir-nos-á, mais do que qualquer outro domínio, colocar à prova as categorias através das quais, naquilo que lhes ensino, acredito dar-lhes o instrumento mais apropriado para salientar o que a obra de Freud e a experiência da psicanálise que dela decorre trazem-nos de novo.

De novo sobre o quê? Sobre alguma coisa que é, ao mesmo tempo, muito geral e muito particular. Muito geral na medida em que a experiência da psicanálise é altamente significativa de um certo momento do homem que é aquele em que vivemos, sem poder sempre, e até pelo contrário, discernir o que significa a obra, a obra coletiva, na qual estamos mergulhados. E, por outro lado, muito particular, como é nosso trabalho de todos os dias, ou seja, a maneira pela qual temos de responder na experiência ao que lhes ensinei a articular como uma demanda, demanda do doente à qual nossa resposta confere uma significação exata — uma resposta da qual devemos conservar a mais severa disciplina para não deixar adulterar o sentido, em suma profundamente inconsciente, dessa demanda.

Falando de ética da psicanálise escolhi uma palavra que não me parece por acaso. *Moral*, poderia ainda ter dito. Se digo *ética*, verão por quê, não é pelo prazer de utilizar um termo mais raro.

1

Comecemos notando isto que torna, em suma, esse assunto eminentemente acessível, e até mesmo tentador — não há ninguém na psicanálise, creio eu, que não tenha sido tentado a tratar o assunto de uma ética, e não fui eu quem criou o termo. É igualmente impossível desconhecer que estamos mergulhados nos problemas morais propriamente ditos.

Nossa experiência conduziu-nos a aprofundar, mais do que jamais fora feito antes de nós, o universo da falta. E o termo que emprega, com um adjetivo a mais, nosso colega Hesnard — *o Universo mórbido*, diz ele, *da falta*. E, efetivamente, é sem dúvida sob este aspecto mórbido que a abordamos no mais alto grau.

Na verdade, é impossível dissociar esse aspecto do universo da falta como tal, e o elo da falta com a morbidez não deixou de marcar com seu selo toda a reflexão moral em nossa época. É até mesmo algumas vezes singular — ocorreu-me aqui indicar-lhes isso à margem de minha exposição — ver aqueles que, nos meios religiosos, tratam de reflexão moral serem acometidos de não sei que vertigem diante da nossa experiência. É espantoso vê-los, às vezes, como que cedendo à tentação de um otimismo que parece excessivo, e até mesmo cômico, e pensando que uma redução da morbidez poderia conduzir a uma espécie de volatização da falta.

Com efeito, aquilo com que lidamos é nada menos do que a atração da falta.

Essa falta, o que é? Seguramente, não é a mesma que aquela que o doente comete com o fim de ser punido ou de se punir. Quando falamos da necessidade de punição, trata-se justamente de uma falta que designamos, que se encontra no caminho dessa necessidade, e que é procurada para obter essa punição. Porém, por meio disso somos transpostos, um pouco mais adiante, em direção a não sei que falta mais obscura que clama essa punição.

Será a falta que a obra freudiana designa em seu início, o assassinato do pai, esse grande mito colocado por Freud na origem do desenvolvimento da cultura? Ou será a falta mais obscura e ainda mais original, cujo termo ele chega a colocar no final de sua obra, o instinto de morte, dado que o homem está ancorado, no que tem de mais profundo em si mesmo, em sua temível dialética?

É entre esses dois termos que se estende em Freud uma reflexão, um progresso do qual teremos de medir as incidências exatas. Mas, na verdade, isso não constitui, nem no âmbito prático nem no âmbito teórico, a totalidade do que nos faz salientar a importância da dimensão ética em nossa experiência e no ensinamento de Freud. Com efeito, como se fez notar com justa razão, nem tudo na ética está unicamente vinculado ao sentimento de obrigação.

A experiência moral como tal, ou seja, a referência à sanção, coloca o homem numa certa relação com sua própria ação que não é simplesmente a de uma lei articulada, mas sim de uma direção, de uma tendência e, em suma, de um bem que ele clama, engendrando um ideal da conduta. Tudo isso constitui, propriamente falando, a dimensão ética e situa-se para além do mandamento, isto é, para além do que pode apresentar-se com um sentimento de obrigação. É assim que creio necessário situar a dimensão de nossa experiência em relação à reflexão moralista — faço aqui alusão a Frédéric Rauh, que deveremos levar em conta como um dos pontos de referência deste exercício.

Mas certamente não somos daqueles que irão de bom grado colocar em segundo plano o sentimento de obrigação. Se efetivamente há alguma coisa que a análise apontou é justamente, para além do sentimento de obrigação propriamente dito, a importância, a onipresença, diríamos, do sentimento de culpa. Esse fácies — para o chamarmos por seu nome — desagradável da experiência moral, certas tendências internas da reflexão ética tentam eludi-lo. Se certamente não fazemos parte daqueles que tentam amortecê-lo, embotá-lo, atenuá-lo, é porque estamos insistentemente referenciados, referidos por nossa experiência cotidiana.

Entretanto, o fato é que a análise é a experiência que voltou a favorecer, no mais alto grau, a função fecunda do desejo como tal. A ponto de se poder dizer que, em suma, na articulação teórica de Freud, a gênese da dimensão moral não se enraíza em outro lugar senão no próprio desejo. É da energia do desejo que se depreende a instância do que se apresentará no término de sua elaboração como censura.

Assim, alguma coisa encontra-se fechada num círculo que nos foi imposto, deduzido daquilo que é a característica de nossa experiência.

Uma certa filosofia — que precedeu imediatamente aquela que é a parente mais próxima do resultado freudiano, aquela que nos foi transmitida no século XIX —, uma certa filosofia teve por meta, no século XVIII, o que se poderia chamar de ultrapassamento naturalista do desejo. Pode-se caracterizar essa reflexão, toda essa prática, como aquela do homem do prazer. Ora, o ultrapassamento naturalista do desejo fracassou. Quanto mais a teoria, a obra da crítica social, o crivo de uma experiência tendendo a reduzir a obrigação a funções precisas na ordem social deram-nos a esperança de relativizar o caráter imperativo, contrariador, e, em suma, conflituoso da experiência moral, mais vimos aumentar nos fatos as incidências propriamente patológicas dessa experiência. Não estamos diante de um homem menos carregado de leis e de deveres do que antes da grande experiência crítica do pensamento dito libertino.

Se somos levados a abordar, nem que seja por retrospecção, a experiência desse homem do prazer, veremos logo — e por meio de um exame do que a análise forneceu ao conhecimento e à situação da experiência perversa — que, na verdade, tudo nessa teoria moral devia destiná-la a esse fracasso.

Com efeito, se bem que a experiência do homem do prazer apresente-se com um ideal de ultrapassamento naturalista, basta ler os autores mais importantes — quero dizer aqueles que, para se expressarem sobre isso, tomaram os caminhos mais acentuados no sentido da libertinagem, e até mesmo do erotismo — para se perceber que ela comporta uma denotação de desafio, uma espécie de ordália proposta ao termo que permanece certamente reduzido, mas sem dúvida fixo, dessa articulação — e que não é outro senão o termo de divino.

Deus, como autor da natureza, é intimado a dar conta das mais extremas anomalias, exigência esta que nos é proposta pelo marquês de Sade, Mirabeau, Diderot ou igualmente tal outro. Esse desafio, essa intimação, essa ordália não devia permitir outra saída senão aquela que se encontrou efetivamente realizada na história. Aquele que se submete à ordália reencontra no final suas premissas, ou seja, o Outro diante do qual essa ordália se apresenta, o Juiz, no fim das contas, da dita-cuja. É justamente isso o que confere o tom próprio dessa literatura, que nos apresenta a dimensão da erótica de uma maneira talvez jamais reencontrada, inigualável. Seguramente deveremos, no decurso de nossa investigação, propor ao nosso próprio julgamento o que a análise conserva de afinidade, de parentesco, de raiz em uma tal experiência.

Estamos tocando aqui numa direção que foi pouco explorada na análise. Parece que a partir da sondagem, do flash que a experiência freudiana lançou sobre as origens paradoxais do desejo, sobre o caráter de perversão polimorfa de suas formas infantis, uma propensão geral levou os psicanalistas a reduzir essas origens paradoxais para mostrar sua convergência em direção a um fim de harmonia. Esse movimento caracteriza, no total, o progresso da reflexão analítica, a ponto de merecer ser colocada a questão de saber se esse progresso teórico não conduzia, no fim das contas, ao que poderíamos chamar de um moralismo mais compreensível do que nenhum outro existente até hoje. A psicanálise pareceria só ter como objetivo apaziguar a culpa — apesar de conhecermos, por nossa experiência prática, as dificuldades e os obstáculos e até mesmo as reações que uma tal empresa acarreta. Tratar-se-ia de uma domação do gozo perverso que proviria de uma demonstração de sua universalidade por um lado, e, por outro lado, de sua função.

Certamente o termo parcial, indicado para designar a pulsão perversa, adquire, no caso, todo o seu peso. No ano passado já fizemos girar em torno da expressão pulsão parcial toda uma face de nossa reflexão sobre o aprofundamento que a análise confere à função do desejo, e sobre a finalidade profunda dessa diversidade tão notável, no entanto, que dá o valor à lista que a análise nos permite estabelecer das tendências humanas.

Talvez a questão não seja bem percebida em seu verdadeiro relevo, a não ser comparando o ponto em que nossa visão do termo de desejo nos colocou com o que, por exemplo, se articula na obra de Aristóteles quando fala de ética. Dar-lhe-emos um lugar importante em nossa reflexão, e, especialmente, à obra que confere a forma mais elaborada dessa ética — a *Ética a Nicômaco.* Há em sua obra dois pontos que nos mostram um registro inteiro do desejo por ele colocado, literalmente, fora do campo da moral.

Com efeito, para Aristóteles, tratando-se de um certo tipo de desejos, não há problema ético. Ora, esses tais desejos não são nada menos do que os termos promovidos ao primeiro plano de nossa experiência. Um campo muito grande do que para nós constitui o corpo de desejos sexuais é pura e simplesmente classificado por Aristóteles dentro da dimensão das anomalias monstruosas — bestialidade é o termo que ele utiliza a respeito deles. O que ocorre nesse nível não resulta de uma avaliação moral. Os problemas éticos que Aristóteles coloca, e cujos ápice e essência indicar-lhes-ei mais adiante, situam-se inteiramente em outro lugar. Eis um ponto que possui todo seu valor.

Se consideramos, por outro lado, que o conjunto da moral de Aristóteles não perdeu absolutamente sua atualidade na moral teórica, encontra-se exatamente dimensionado nesse local o que comporta de subversão uma experiência, a nossa, que não pode deixar de tornar surpreendente, primitiva, paradoxal e, na verdade, incompreensível essa formulação.

Mas isto é apenas uma pontuação de passagem. O que desejo articular para vocês, hoje de manhã, é o nosso programa.

2

Encontramo-nos diante da questão de saber o que a análise permite formular em relação à origem da moral.

Sua contribuição, reduz-se ela à elaboração de uma mitologia mais credível, mais leiga do que aquela que se coloca como revelada? — a mitologia, essa reconstruída, de *Totem e tabu*, que parte da experiência do assassinato original do pai, daquilo que a engendra e daquilo que a ela se encadeia. Desse ponto de vista é a transformação da energia do desejo que permite conceber a gênese de sua repressão, de tal maneira que a falta, nesse caso, não é apenas algo que se propõe a nós em seu caráter formal — devemos louvarmo-nos com ela, *felix culpa*, já que se encontra no princípio de uma complexidade superior à qual a dimensão da civilização deve sua elaboração.

Em suma, será que tudo se limita à gênese do supereu, cujo esboço se elabora, se aperfeiçoa, se aprofunda e se torna mais complexo à medida que a obra de Freud vai avançando? Veremos que essa gênese do supereu não é apenas uma psicogênese e uma sociogênese. Na verdade, é impossível articulá-la mantendo-se simplesmente no registro das necessidades coletivas. Alguma coisa impõe-se aí, cuja instância distingue-se da pura e simples necessidade social — é, propriamente falando, o que tento aqui permitir-lhes individualizar sua dimensão, sob o registro da relação com o significante e a lei do discurso. É aquilo cujo termo devemos conservar em sua autonomia se quisermos poder situar de maneira rigorosa, e até mesmo simplesmente correta, nossa experiência.

Aqui, a distinção entre cultura e sociedade comporta certamente algo que pode passar por novo, até mesmo por divergente, em relação ao que se apresenta num certo tipo de ensino da experiência analítica. Essa distinção, cuja instância estou longe de ser o único a privilegiar, a indicar seu relevo necessário, espero fazer-lhes sentir de perto sua referência e sua dimensão no próprio Freud.

E para chamar imediatamente a atenção de vocês sobre a obra em que abordaremos o problema, designar-lhes-ei esse *Mal-estar na civilização*, obra de 1929, escrita por Freud após a elaboração de sua segunda tópica, ou seja, após ter levado para o primeiro plano a noção, contudo tão problemática, do instinto de morte. Verão aí, expresso em fórmulas impressionantes, que, em suma, o que ocorre no progresso da civilização, esse mal-estar que se trata de avaliar, situa-se, em relação ao homem — o homem em questão nessa circunstância, numa virada da história onde o próprio Freud e sua reflexão se alojam —, muito acima dele. Voltaremos ao alcance desta fórmula, e far-lhes-ei avaliar sua incidência no texto. Mas acredito que ela seja significativa o bastante para indicá-la, desde agora, a vocês e suficientemente já esclarecida pelo ensino onde lhes mostro a originalidade da conversão freudiana na relação do homem ao *logos*.

Esse *Mal-estar na civilização*, do qual rogo-lhes tomarem conhecimento, ou fazerem uma releitura, não é, na obra de Freud, algo como algumas anotações. Não é da ordem do que se permite a um clínico ou a um cientista, não sem certa indulgência, sob o modo de uma excursão no âmbito da reflexão filosófica, sem dar-lhe, talvez, todo o valor técnico que se reconheceria a uma tal reflexão quando vinda de alguém que se qualificaria ele mesmo da classe de filosofia. Esse ponto de vista por demais propalado entre os psicanalistas deve ser totalmente afastado. O *Mal-estar na civilização* é uma obra essencial, primeira na compreensão do pensamento freudiano e somação de sua experiência. Devemos dar-lhe toda a sua importância. Ela esclarece, acentua, dissipa as ambiguidades de pontos totalmente distintos da experiência analítica, e do que deve ser nossa posição em relação ao homem — uma vez que é com o homem, com uma demanda humana permanente, que estamos envolvidos em nossa experiência a mais cotidiana.

Como lhes disse, a experiência moral não se limita ao aspecto de resignar-se a perder o que não tem jeito, ao modo pelo qual se apresenta em cada experiência individual. Ela não está unicamente ligada a esse lento reconhecimento da função que foi definida, autonomizada por Freud sob o termo de supereu, e à exploração de seus paradoxos, que chamei de essa figura obscena e feroz, sob a qual a instância moral se apresenta quando vamos procurá-la em suas raízes.

A experiência moral em questão na análise é também aquela que se resume no imperativo original que propõe o que se poderia chamar, no caso, de a ascese freudiana — esse *Wo Es war, Soll Ich werden*, a que Freud chegou na segunda parte de suas *Vorlesungen* sobre a psicanálise. Sua raiz nos é dada numa experiência que merece o nome de experiência moral, e situa-se no próprio princípio da entrada do paciente na psicanálise.

Esse (*eu*),[2] com efeito, que deve advir lá onde isso estava, e que a análise nos ensina a avaliar, não é outra coisa senão aquilo cuja raiz já temos nesse (*eu*) que se interroga sobre o que quer. Ele não é apenas interrogado, mas, quando progride em sua experiência, coloca para si mesmo essa questão, e a coloca para si precisamente no lugar dos imperativos frequentemente estranhos, paradoxais, cruéis que lhe são propostos por sua experiência mórbida.

Vai ele submeter-se ou não a esse dever que sente em si mesmo como estranho, mais além, num segundo grau? Deve ele submeter-se ou não ao imperativo do supereu, paradoxal e mórbido, semi-inconsciente e que, além do mais, revela-se cada vez mais em sua instância na medida em que a descoberta analítica progride, e que o paciente vê que se enveredou em sua via?

Seu verdadeiro dever, se assim posso expressar-me, não é ir contra esse imperativo? Isto é algo que faz parte dos dados de nossa experiência, e igualmente dos dados pré-analíticos. Basta ver como a experiência do obsessivo estrutura-se no início para saber que o enigma em torno do termo do dever como tal já está sempre formulado, antes mesmo de ele chegar ao pedido de socorro, que é o que ele vai buscar na análise.

Na verdade, o que fornecemos aqui como resposta a um tal problema não deixa de ter seu alcance universal pelo fato de ser ilustrado manifestamente pelo conflito obsessivo, e é por isso que existem éticas, que existe uma reflexão ética. O dever, sobre o qual lançamos as mais diversas luzes — genéticas, originárias —, o dever não é simplesmente o pensamento do filósofo que se ocupa em justificá-lo. A justificação daquilo que se apresenta com um sentimento imediato de obrigação, a justificação do dever como tal, não simplesmente em tal ou tal mandamento, mas em sua forma imposta, encontra-se no centro de uma interrogação, ela mesma universal.

Somos simplesmente, nós analistas, nessa circunstância, esse algo que acolhe aqui o suplicante, que lhe dá um lugar de asilo? Somos nós simplesmente, e já é muito, esse algo que deve responder a uma demanda, à demanda de não sofrer, pelo menos sem compreender? — na esperança de que, compreendendo, liberará o sujeito não apenas de sua ignorância, mas do próprio sofrimento.

Não é evidente que, bem naturalmente, os ideais analíticos encontrem aqui seu lugar? É o que não falta. Eles florescem em abundância. Medir, discernir, situar, organizar os valores, como se diz num certo registro da reflexão moral, que propomos a nossos pacientes e em torno do que organizamos a estimativa de seu progresso e a transformação de sua via em um caminho, isto será uma parte de nosso trabalho. Por ora, desses ideais, nomearei três para vocês.

O primeiro é o ideal do amor humano.

Preciso eu acentuar o papel que fazemos desempenhar a uma certa ideia do amor concluído? Eis um termo que vocês já devem ter aprendido a reconhecer, pois, na verdade, não há autor analista que não o mencione. E vocês sabem que frequentemente tomei como alvo o caráter aproximativo, vago e maculado de não sei que moralismo otimista, do qual estão marcadas as articulações originais da forma dita da genitalização do desejo. É o ideal do amor genital — amor que é suposto modelar sozinho uma relação de objeto satisfatória — amor-médico, diria eu se quisesse acentuar num sentido cômico a denotação dessa ideologia — higiene do amor, diria eu para situar aqui aquilo a que parece limitar-se a ambição analítica.

Essa é uma questão sobre a qual não nos estenderemos infinitamente, pois apresento-a sem cessar para a meditação de vocês desde que este seminário existe. Porém, para lhe conferir um relevo mais consistente, far-lhes-ei notar que a reflexão analítica parece furtar-se ao caráter de convergência de nossa experiência. É certo que esse caráter não é negável, mas o analista parece encontrar aí um limite para além do qual não lhe é muito fácil avançar. Dizer que os problemas da experiência moral que concernem à união monogâmica estão inteiramente resolvidos seria uma formulação imprudente, excessiva e inadequada.

Por que a análise, que forneceu uma mudança de perspectiva tão importante sobre o amor, colocando-o no centro da experiência ética, que forneceu uma denotação original, certamente distinta do modo pelo qual o amor até então fora situado pelos moralistas e pelos filósofos na economia da relação inter-humana, por que a análise não foi mais longe no sentido da investigação daquilo que deveremos chamar, propriamente falando, de uma erótica? Isto é coisa que merece reflexão.

A esse respeito, o que sei ter sido colocado na ordem do dia do nosso próximo congresso, a sexualidade feminina, é um dos sinais dos mais patentes, na evolução da análise, da carência que designo no sentido de uma tal elaboração. Quase não é preciso relembrar o que Jones recolheu de uma boca que com certeza não é em nada especialmente qualificada a nosso ver, mas que se supõe ter, no mínimo, transmitido em seu texto exato, com toda a reserva, o que ela recolheu da boca de Freud. Jones nos diz ter recebido dessa pessoa a confidência de que, um dia, Freud lhe diz algo como isto — *Depois de uns trinta anos de experiência e reflexão, continua havendo um ponto sobre o qual fico sem poder dar resposta, e que é — Was will das Weib?* O que quer a mulher? Muito precisamente — O que ela deseja? — o termo *will*, nessa expressão podendo ter esse sentido na língua alemã.

Será que, nesse ponto, nós estamos mais adiantados? Não será vão mostrar-lhes, no momento propício, que tipo de evitamento respondeu, no progresso da pesquisa analítica, a uma questão sobre a qual não se pode dizer, no entanto, que a análise tenha sido sua iniciadora. Digamos que a análise, e especialmente o pensamento de Freud, está ligada a uma época que havia articulado essa questão com uma insistência toda especial. O contexto ibseniano do fim do século XIX onde o pensamento de Freud amadureceu não poderia aqui ser negligenciado. E, em suma, é muito estranho que a experiência analítica tenha, sobretudo, abafado, amortecido, eludido as zonas do problema da sexualidade vistas dentro da perspectiva da demanda feminina.

Segundo ideal, que também é totalmente espantoso na experiência analítica — vou chamá-lo de ideal da autenticidade.

Não preciso, acho eu, insistir muito nisso. A vocês não escapa que, se a análise é uma técnica de desmascaramento, ela supõe essa perspectiva. Mas, na verdade, isso vai mais longe.

Não é apenas como caminho, andar, escala de progresso que a autenticidade se propõe a nós. Deveras também é uma certa norma do produto concluído, algo de desejável, logo, um valor. É um ideal, mas sobre o qual somos levados a estabelecer normas clínicas muito finas. Mostrar-lhes-ei a ilustração disso nas mui sutis observações de Hélène Deutsch que se referem a um certo tipo de caráter e de personalidade do qual não se pode dizer que seja mal-adaptado, nem que não cumpra todas as normas exigíveis da relação social, cuja atitude, cujo comportamento em sua totalidade, é percebido no reconhecimento — de quem? do outro, de outrem — como marcado dessa característica que ela chama em inglês de *As if*, e que em alemão é *Als ob*. Sentimos isso de perto no fato de que um certo registro, que não é definido nem simples, e que não pode ser situado de outra maneira senão dentro das perspectivas morais, está presente, dirigente, exigível em toda a nossa experiência, e que convém avaliar até que ponto somos adequados a ele.

Esse algo harmonioso, essa presença plena, cujo déficit podemos como clínicos tão finamente avaliar, não estará a meio caminho daquilo que para ser obtido exige que nossa técnica pare, essa que chamei de técnica do desmascaramento? Não seria interessante perguntar-se o que significa nossa ausência no terreno do que poderíamos chamar de uma ciência das virtudes, um sentido do senso comum? Pois, na verdade, não se pode dizer que não intervenhamos nunca no campo de virtude alguma. Desobstruímos vias e caminhos e lá esperamos que aquilo que se chama virtude virá a florescer.

Da mesma maneira, há um certo tempo, forjamos um terceiro ideal sobre o qual não estou certo de que pertença à dimensão original da experiência analítica — o ideal de não-dependência, ou, mais exatamente, de uma espécie de profilaxia da dependência.

Não existe aí também um limite, uma fronteira muito sutil, que separa aquilo que designamos ao sujeito adulto como desejável nesse registro e os modos sob os quais permitimo-nos intervir para que ele o obtenha?

Basta lembrar as reservas, na verdade, fundamentais, constitutivas, da posição freudiana concernindo a tudo o que é educação. Certamente somos levados, e mais especialmente os psicanalistas de criança, a invadir esse domínio, a operar na dimensão do que chamei, em outro lugar, num sentido etimológico, de uma ortopedia. Contudo é espantoso que tanto pelos meios que empregamos quanto pelos móveis teóricos que colocamos em primeiro plano, a ética da análise — pois existe uma — comporte o apagamento, o obscurecimento, o recuo, até mesmo a ausência de uma dimensão, cujo termo basta ser dito para se perceber o que nos separa de toda a dimensão ética anterior a nós — é o hábito, o bom e o mau hábito.

Isso é algo a que nos referimos tanto menos na medida em que a articulação da análise inscreve-se em termos totalmente diferentes —

os traumas e sua persistência. Certamente aprendemos a atomizar esse trauma, essa impressão, essa marca, mas a essência mesmo do inconsciente inscreve-se num outro registro, diferente daquele que o próprio Aristóteles, na *Ética*, ressalta com um jogo de palavras, *ethos/ethos*.

Há nuances extremamente sutis que podemos ajustar no termo de caráter. A ética em Aristóteles é uma ética do caráter. Formação do caráter, dinâmica dos hábitos — ainda mais, ação em vista dos hábitos, do adestramento, da educação. É preciso que vocês percorram essa obra tão exemplar, nem que seja para medir a diferença dos modos de pensamento que são os nossos com aqueles de uma das formas mais eminentes da reflexão ética.

3

Para indicar aquilo a que as premissas de hoje nos levam, eu lhes direi isto — por mais abundantes que sejam as matérias cujas perspectivas tento mostrar-lhes hoje de manhã, é de uma posição radical que tentarei, da próxima vez, partir. Para discernir a originalidade da posição freudiana em matéria de ética é indispensável salientar um deslizamento, uma mudança de atitude na questão moral como tal.

Em Aristóteles o problema é o de um bem, de um Bem Supremo. Teremos de avaliar por que ele se atém a acentuar o problema do prazer, de sua função na economia mental da ética desde sempre. Isso é algo que podemos ainda menos eludir por tratar-se do ponto de referência da teoria freudiana que concerne aos dois sistemas φ e ψ, as duas instâncias psíquicas que ele chamou de processos primário e secundário.

Será que se trata da mesma função do prazer numa e noutra elaboração? É quase impossível discernir essa diferença, se não nos dermos conta do que ocorreu nesse intervalo. Não poderemos evitar, num dado momento, embora não seja essa a minha função, e o lugar que ocupo aqui não pareça absolutamente forçar-me a isso, uma certa investigação do progresso histórico.

É aqui que lidamos com os termos diretivos, com os termos de referência dos quais me sirvo, ou seja, o simbólico, o imaginário e o real.

Por mais de uma vez, na época em que eu falava do simbólico e do imaginário e de sua interação recíproca, alguns dentre vocês se perguntaram o que era, no fim das contas, o real. Pois bem, coisa curiosa para um pensamento sumário que pensaria que toda exploração da ética deve incidir sobre o domínio do ideal, se não do irreal, iremos, pelo contrário, ao inverso, no sentido de um aprofundamento da noção de real. A questão ética, uma vez que a posição de Freud nos faz progredir nesse domínio, articula-se por meio de uma orientação do referenciamento do homem em relação ao real. Para conceber isto, é preciso ver o que ocorreu no intervalo entre Aristóteles e Freud.

O que ocorreu no início do século XIX foi a conversão, ou reversão, utilitarista. Podemos especificar esse momento, por certo totalmente condicionado historicamente, de um declínio radical da função do mestre,[3] a qual evidentemente rege toda a reflexão aristotélica e determina sua duração através dos tempos. É em Hegel que encontramos expressada a extrema desvalorização da posição do mestre, senhor, pois ele faz deste o maior ludibriado, o corno magnífico da evolução histórica, a virtude do progresso passando pelas vias do vencido, ou seja, do escravo e de seu trabalho. Originalmente, em sua plenitude, o mestre, no tempo em que ele existe na época de Aristóteles, é coisa bem diferente da ficção hegeliana, que é apenas como o avesso, o negativo, o sinal de seu desaparecimento. Foi pouco antes desse término que, na trilha de uma certa revolução afetando as relações inter-humanas, ergueu-se o pensamento dito utilitarista, que está longe de ser a pura e simples banalidade que se supõe.

Não se trata simplesmente de um pensamento que se coloca a questão sobre o que existe como bens a repartir no mercado, e da melhor repartição desses bens. Existe aí toda uma reflexão da qual devo ao sr. Jakobson, aqui presente, ter encontrado o móvel, a pecinha mestra, na indicação que me deu daquilo que um livro de Jeremy Bentham, habitualmente negligenciado no resumo classicamente feito de sua obra, permitiria entrever.

Esse personagem está longe de merecer o descrédito e, até mesmo, a ridicularização que uma certa crítica filosófica poderia manifestar quanto a seu papel no decurso da história do progresso ético. Veremos que foi em torno de uma crítica filosófica, linguística propriamente falando, que seu esforço se desenvolveu. É impossível medir em outra parte o relevo dado, no decurso dessa revolução, ao termo de real, que, nele, é oposto a um termo que em inglês é o de *fictitious.*

Fictitious não quer dizer ilusório nem, em si mesmo, enganador. Está longe de poder ser traduzido por fictício, como não deixou de fazer aquele que foi o móvel de seu sucesso no continente, ou seja,

Étienne Dumont, que, de alguma forma, vulgarizou a sua doutrina. *Fictitious* quer dizer fictício, mas no sentido em que já articulei perante vocês que toda verdade tem uma estrutura de ficção.

O esforço de Bentham instaura-se na dialética da relação da linguagem com o real para situar o bem — o prazer, no caso, que veremos que ele o articula de maneira totalmente diferente de Aristóteles — do lado do real. E é no interior dessa oposição entre a ficção e a realidade que o movimento de báscula da experiência freudiana vem situar-se.

Uma vez operada a separação do fictício e do real, as coisas não se situam absolutamente lá onde poderíamos esperá-las. Em Freud a característica do prazer, como dimensão do que encadeia o homem, encontra-se totalmente no lado do fictício. O fictício, efetivamente, não é, por essência, o que é enganador, mas, propriamente falando, o que chamamos de simbólico.

Que o inconsciente seja estruturado em função do simbólico, que aquilo que o princípio do prazer faz o homem buscar seja o retorno de um signo, que o que há de distração naquilo que conduz o homem, sem que ele saiba, em seu comportamento seja aquilo que lhe dá prazer por ser de alguma forma uma eufonia, que aquilo que o homem busca e reencontra seja seu rastro em detrimento da pista — é a importância disso que é preciso medir no pensamento freudiano, para também poder conceber qual é, então, a função da realidade.

Certamente, Freud não duvida, não mais do que Aristóteles, de que o que o homem busca, seu fim, seja a felicidade. Coisa curiosa, o termo de felicidade, em quase todas as línguas, apresenta-se em termos de encontro — *tykhe*. Menos em inglês — e mesmo assim é muito próximo. Existe aí alguma divindade favorável. Felicidade é também, para nós, *augurum*, um bom presságio e um bom encontro.[4] *Glück* é *gelück*. *Happiness* é, no entanto, *happen*, é também um encontro, embora não se sinta aqui a necessidade de se acrescentar a partícula precedente marcando o caráter, propriamente falando, feliz da coisa.

Não é certo, contudo, que esses termos sejam sinônimos — não preciso lembrar-lhes a anedota do personagem emigrado da Alemanha para a América, a quem se pergunta — *Are you happy? Oh yes, I am very happy, I am really very, very happy, aber nicht glücklich!*

Não escapa a Freud que a felicidade é, para nós, o que deve ser proposto como termo a toda busca, por mais ética que seja. Mas o que decide, e cuja importância não se vê o suficiente com o pretexto de que se deixa de escutar um homem a partir do momento em que ele parece sair de seu âmbito puramente técnico, o que eu gostaria de ler no *Mal-estar na civilização* é que, para essa felicidade, diz-nos Freud, não há absolutamente nada preparado, nem no macrocosmo nem no microcosmo.

Esse é o ponto totalmente novo. O pensamento de Aristóteles referente ao prazer tem algo que não é contestável, e que se encontra no polo diretivo da realização do homem, uma vez que se há no homem algo divino é o fato de pertencer à natureza.

Deverão avaliar o quanto essa noção da natureza é diferente da nossa, pois comporta a exclusão de todos os desejos bestiais para fora do que é, propriamente falando, a realização do homem. Tivemos, então, no intervalo, um reviramento completo da perspectiva. Para Freud, tudo o que vai em direção à realidade exige não sei que temperança, baixa de tom do que é, propriamente falando, a energia do prazer.

Isso tem uma importância enorme, embora possa parecer-lhes, visto serem homens de seu tempo, de uma certa banalidade. Ouvi o seguinte comentário, que Lacan não diz mais do que *o rei está nu*. Aliás, tratava-se talvez de mim, mas vamos ater-nos à melhor hipótese, a de que se tratava do que ensino. Evidentemente, ensino de uma maneira talvez um pouco mais humorística do que meu crítico pensa, cujas últimas intenções, no caso, não tenho de medir. Se digo que *o rei está nu* não é exatamente como a criança a quem supõem ter feito cair a ilusão universal, mas, antes, como Alphonse Allais fazendo os transeuntes agruparem-se, alertando-os com uma voz sonora — *Que escândalo! Olhem essa mulher! Debaixo do vestido ela está nua!* E, na verdade, não digo nem mesmo isso.

Se o rei está efetivamente nu, é apenas na medida em que assim se encontra sob um certo número de trajes — fictícios, certamente, mas, no entanto, essenciais à sua nudez. E em relação a esses trajes, sua própria nudez, como o mostra uma outra ótima história de Alphonse Allais, poderia muito bem nunca estar suficientemente nua. Afinal, pode-se pelar o rei como a dançarina.

Na verdade, a perspectiva desse caráter absolutamente fechado leva-nos à maneira pela qual as ficções do desejo organizam-se. É aí que as fórmulas da fantasia, que lhes forneci no ano passado, atingem seu alcance, e que a noção do desejo como desejo do Outro adquire todo o seu peso.

Terminarei hoje por uma nota de *Traumdeutung* extraída da *Introdução à psicanálise*. Um segundo fator a nos guiar, escreve Freud, muito mais importante e totalmente negligenciado pelo profano é o seguinte. Certamente a satisfação de um voto[5] deve trazer prazer, mas — não acho estar forçando as coisas ao encontrar aqui uma acentuação lacaniana numa certa maneira de colocar as questões —, o sonhador, isso é bem conhecido, não tem uma relação simples e unívoca com seu voto. Ele o rejeita, o censura, não o quer. Encontramos aqui a dimensão essencial do desejo, sempre desejo ao segundo grau, desejo de desejo.

Na verdade, podemos esperar da análise freudiana que ela coloque um pouco de ordem naquilo em que, nesses últimos anos, acabou desembocando a pesquisa crítica, ou seja, a famosa, famosa demais, teoria dos valores — aquela que permitiu a um de seus defensores dizer que o valor de uma coisa é a sua desejabilidade. Prestem bem atenção — trata-se de saber se ela é digna de ser desejada, se é desejável que a desejemos. Entramos aqui numa espécie de lista que se poderia comparar a uma loja de roupa usada, onde se empilham as diversas formas de veredicto que no decorrer dos tempos, e ainda hoje, dominaram por sua diversidade, e até mesmo por seu caos, as aspirações dos homens.

A estrutura constituída pela relação imaginária como tal, pelo fato de o homem narcísico entrar duplicado na dialética da ficção, encontrará talvez sua expressão no final de nossa pesquisa deste ano sobre a ética da análise. Vocês verão despontar, no final, a questão colocada pelo caráter fundamental do masoquismo na economia dos instintos.

Alguma coisa, certamente, deverá permanecer aberta no que se refere ao ponto que ocupamos na evolução da erótica e do tratamento[6] a fornecer, não mais a fulano ou sicrano, mas à civilização e a seu mal-estar. Deveremos talvez fazer o luto de toda e qualquer inovação efetiva no âmbito da ética — e até um certo ponto poder-se-ia dizer que algum sinal disso se encontra no fato de que não fomos nem mesmo capazes, após todo o nosso progresso teórico, de originar uma nova perversão. Mas seria, contudo, um sinal seguro de que chegamos verdadeiramente ao âmago do problema do tema das perversões existentes ao conseguirmos aprofundar o papel econômico do masoquismo.

Ao término, para darmos disto um término que seja acessível, este é o ponto em que espero chegarmos a concluir este ano.

18 de novembro de 1959

Introdução da Coisa

II

Prazer e realidade

A instância moral presentifica o real.
Inércia e retificação.
A realidade é precária.
Oposição e entrecruzamento dos princípios.

Mel, tento fornecer-lhes meu mel — o mel de minha reflexão sobre o que, meu Deus, faço há um certo número de anos que começam a contar, mas que, com o tempo, acabam não sendo tão fora de medida em relação ao tempo que vocês mesmos passam nisso.

Se esse efeito de comunicação apresenta, por vezes, algumas dificuldades, pensem na experiência do mel. O mel ou bem é muito duro, ou bem muito fluido. Se é duro, corta-se dificilmente, pois não há nele clivagem natural. Se é muito fluido — penso que todos vocês fizeram a experiência de absorver mel na cama na hora do café-da-manhã —, logo, logo tudo fica melado.

Daí o problema dos potes. O pote de mel é uma reminiscência do pote de mostarda ao qual dei um destino. Os dois têm exatamente o mesmo sentido desde que não mais imaginemos que os hexágonos, nos quais somos levados a fazer nossa colheita, tenham uma relação natural com a estrutura do mundo — de maneira que a pergunta que fazemos é, no fim das contas, sempre a mesma — qual é a importância da fala?

Este ano, trata-se, mais especialmente, de nos darmos conta de que a questão ética de nossa práxis é estreitamente contígua a isto que podemos entrever há algum tempo, ou seja, que a insatisfação profunda na qual toda a psicologia nos deixa, inclusive aquela que fundamos graças à análise, resulta, talvez, do fato de ela ser apenas uma máscara, e algumas vezes, um álibi da tentativa de penetrar o problema de nossa própria ação, que é a essência, o fundamento mesmo de toda a reflexão ética. Em outros termos, trata-se de saber se conseguimos dar mais do que um pequenino passo fora da ética, e se, como os outros psicólogos, a nossa é apenas um dos caminhos da reflexão ética, da busca de um guia, de uma via, que se formula no final assim — que devemos fazer para agir de uma maneira reta, correta, dada nossa condição de homens?

Parece-me difícil contestar esse pensamento quando nossa ação de todos os dias sugere-nos que não estamos muito longe disso. Nossa maneira de introduzir essa ação, de apresentá-la, de justificá-la, é diferente. Seu início apresenta-se com características de demanda, de apelo, de urgência, cuja significação usual nos coloca mais no nível chão quanto ao sentido da articulação ética. Mas isso não muda em nada o fato de podermos, no fim das contas, digamos a toda hora, encontrá-la em sua posição integral, aquela que constituiu desde sempre o sentido e o intento daqueles que refletiram sobre a moral e tentaram articular diferentes éticas.

1

Da última vez, tracei para vocês o programa do que desejo percorrer este ano, e que se estende do reconhecimento da onipresença, da infiltração em toda nossa experiência do imperativo moral, até aquilo que se encontra na outra extremidade, o prazer que paradoxalmente podemos sentir aí, num segundo grau, ou seja, o masoquismo moral.

No decorrer do percurso, apontei-lhes o que constituirá o inesperado, a originalidade da perspectiva que pretendo abrir aí com referência às categorias fundamentais — o simbólico, o imaginário e o real —, as quais utilizo para orientá-los em nossa experiência. Indiquei-lhes, com efeito, que minha tese — e não se espantem que ela se apresente inicialmente de uma maneira confusa, pois é o desenvolvimento de nosso discurso que lhe conferirá seu peso —, minha tese é de que a lei moral, o mandamento moral, a presença da instância moral, é aquilo por meio do qual, em nossa atividade enquanto estruturada pelo simbólico, se presentifica o real — o real como tal, o peso do real.

Tese que pode parecer, ao mesmo tempo, verdade trivial e paradoxo. Minha tese comporta, com efeito, que a lei moral se afirma contra o prazer, e bem sentimos também que falar do real a respeito da lei moral parece colocar em questão o valor do que integramos habitualmente no vocábulo de ideal. Tampouco em nada procurarei, por enquanto, afiar de outra maneira o gume do que aqui lhes trago, pois o que pode constituir o alcance desta visada resulta justamente do sentido a conferir, na ordem das categorias que lhes ensino em função de nossa práxis de analistas, a esse termo do real.

Ele não é imediatamente acessível, se bem que alguns dentre vocês, interrogando-se sobre a importância final que posso conferir a ele, já deviam, no entanto, entrever que seu sentido deve ter alguma relação com o movimento que atravessa todo o pensamento de Freud, e que o faz partir de uma oposição primeira entre princípio de realidade e princípio do prazer para chegar, através de uma série de vacilações, de oscilações, de mudanças insensíveis em suas referências, no final de sua formulação doutrinal, a colocar para além do princípio do prazer alguma coisa sobre a qual podemos perguntar em que pode ela consistir em relação à primeira oposição. Para além do princípio do prazer aparece-nos essa face opaca — tão obscura que pode parecer, para alguns, a antinomia de todo pensamento, não apenas biológico, mas até mesmo simplesmente científico — que se chama instinto de morte.

O que é o instinto de morte? O que é essa espécie de lei para além de toda a lei, que só pode estabelecer-se a partir de uma estrutura final, de um ponto de fuga de toda realidade possível de atingir? No pareamento do princípio do prazer com o princípio de realidade, o princípio de realidade poderia aparecer como um prolongamento, uma aplicação do princípio do prazer. Mas, opostamente, essa posição dependente e reduzida parece fazer surgir mais além alguma coisa que governa, no sentido mais amplo, o conjunto de nossa relação com o mundo. É esse desvelamento, esse reachado[7] que está em questão no *Além do princípio do prazer.* E nesse processo, nesse progresso, o que aparece diante de nosso olhar é o caráter problemático do que Freud coloca sob o termo de realidade.

Trata-se da realidade cotidiana, imediata, social? Do conformismo às categorias estabelecidas, aos costumes admitidos? Da realidade descoberta pela ciência, ou daquela que absolutamente ainda não o é? Será a realidade psíquica?

Essa realidade, nós mesmos, como analistas, encontramo-nos justamente na via de sua busca, e esta nos arrasta para um lugar bem diferente de algo que possa expressar-se por uma categoria de conjunto —

arrasta-nos para um campo preciso, o da realidade psíquica, que se apresenta a nós com o caráter problemático de uma ordem até então jamais igualada.

Vou, portanto, tentar primeiro sondar a função que o termo de realidade desempenhou no pensamento do inventor da análise, e em seguida, da mesma feita, no nosso, nós que enveredados estamos em suas vias. Por outro lado — para que vocês não esqueçam, ou para que não acreditem que estou-me enveredando nessa direção referindo-me apenas à instância imperativa na experiência —, indico desde já que a ação moral nos coloca problemas precisamente nisto que, se a análise talvez nos prepare para ela, no fim das contas, nos deixa à sua porta.

A ação moral, com efeito, enxertou-se no real. Ela introduz no real a novidade, criando aí um sulco onde o ponto de nossa presença é sancionado. Em que será que a análise nos torna aptos a esta ação — se é que ela o faz? Em que será que a análise nos leva a isso, digamos, ao pé da obra? E por que nos leva assim a isso? Por que também ela para nesse limiar? Este é outro termo que será o eixo do que espero formular aqui, dando maior precisão ao que já indiquei da última vez como sendo os limites do que articulamos, e em que nos apresentamos como capazes de articular uma ética. Direi imediatamente que os limites éticos da análise coincidem com os limites de sua práxis. Sua práxis não é senão prelúdio à ação moral como tal — a dita ação sendo aquela pela qual desembocamos no real.

De todos aqueles que fizeram antes de nós a análise de uma ética, Aristóteles situa-se entre os mais exemplares e seguramente os mais válidos. A leitura de sua obra é apaixonante, e só posso aconselhar-lhes com insistência, como um exercício, a tirarem a prova disso — vocês não se entediarão nem um instante. Leiam a *Ética a Nicômaco*, que os especialistas consideram como o mais seguro de seus tratados a dever ser-lhe atribuído, e que certamente é o mais legível. Certamente, encontrar-se-ão algumas dificuldades no texto de seu enunciado, em seus circunlóquios, na ordem do que ele discute. Mas passem por cima dos trechos que lhes parecerem por demais complicados, ou então, tenham uma edição com boas notas que lhes deem a referência do que é necessário conhecer de sua Lógica, quando for o caso, para compreenderem os problemas que evoca. Sobretudo não se embaracem em querer apreender tudo, parágrafo por parágrafo, mas tentem primeiro ler de ponta a ponta, e obterão seguramente sua recompensa.

Uma coisa, em todo caso, depreender-se-á, que ele tem, até um certo nível, em comum com todas as outras éticas — ele tende a referir-se a uma ordem. Essa ordem apresenta-se primeiro como ciência, *episteme*, ciência do que deve ser feito, ordem não contestada que define a norma de um certo caráter, *ethos*. O problema se coloca, então, da maneira pela qual essa ordem pode ser estabelecida no sujeito. Como é que, no sujeito, a adequação pode ser obtida, quem o fará entrar nessa ordem, e submeter-se a ela?

O estabelecimento do *ethos* é feito como que diferenciando o ser vivo do ser inanimado, inerte. Como salienta Aristóteles, por mais vezes que vocês lancem uma pedra no ar ela não se habituará à sua trajetória, enquanto que o homem, este, se habitua — esse é o *ethos*. E esse *ethos*, trata-se de obtê-lo conforme ao *ethos*, ou seja, a uma ordem que é preciso reunir, na perspectiva lógica que é a de Aristóteles, num Bem Supremo, ponto de inserção, de vínculo, de convergência, em que uma ordem particular se unifica num conhecimento mais universal, em que a ética desemboca numa política e, mais além, numa imitação da ordem cósmica. Macrocosmo e microcosmo estão supostos no princípio de toda a meditação aristotélica.

Trata-se, portanto, de uma conformação do sujeito a algo que, no real, não é contestado como supondo as vias dessa ordem. Qual é o problema perpetuamente retomado e colocado no interior da lógica aristotélica? Comecemos por aquele que possui essa ciência. É evidente que aquele a quem Aristóteles se dirige, o aluno, o discípulo, é presumido, pelo próprio fato de escutar, participar desse discurso da ciência. O discurso em questão, *orthos logos*, o discurso reto, o discurso conforme, já é portanto introduzido pelo próprio fato de a questão ética ser colocada. Daí certamente o problema ser trazido de volta ao ponto em que Sócrates o havia deixado, com um otimismo cujo excesso não deixou de marcar seus sucessores mais imediatos — se a regra da ação está no *orthos logos*, se não pode haver boa ação senão conforme a este último, como é que subsiste o que Aristóteles articula como a intemperança? Como é que no sujeito os pendores dirigem-se para outro lugar? Como isso é explicável?

Essa exigência de explicação, por mais superficial que nos possa parecer, a nós que acreditamos saber muito mais sobre isso, nem por isso deixa de constituir a maior parte da substância da meditação aristotélica na *Ética*. Voltarei a isso mais tarde a respeito da meditação de Freud no mesmo âmbito.

Para Aristóteles, o problema é cingido pelas condições de um certo ideal humano, que já lhes indiquei brevemente de passagem como sendo o do mestre. Trata-se, para ele, de elucidar a relação que pode haver entre a *akolasia*, a intemperança e o defeito manifestado referente ao que é a virtude essencial daquele a quem ele se dirige, ou seja, o mestre.

O mestre[3] antigo — será que lhes indiquei suficientemente da última vez? — não é exatamente esse brutamontes heroico que nos é representado na dialética hegeliana, servindo-lhe de eixo e de ponto de virada. Não me estenderei aqui sobre o que representa seu tipo, basta-lhes saber que é o que nos permite apreciar, em seu justo valor, o que a ética aristotélica nos fornece. Essa observação tem certamente, a nosso ver, como consequência limitar o valor dessa ética, historicizá-la, mas seria um erro acreditarmos que é a única conclusão a ser tirada. Na perspectiva aristotélica o mestre antigo é uma presença, uma condição humana muito menos estritamente crítica ligada ao escravo do que como a perspectiva hegeliana o articula. De fato, o problema colocado é justamente aquele que permanece sem resolução na perspectiva hegeliana, o de uma sociedade de mestres.

Outras observações podem igualmente contribuir a limitar o alcance da ética aristotélica. Reparem, por exemplo, que o ideal desse mestre, tal como deus no centro do mundo aristotélico governado pelo *nous*, parece ser justamente o de tirar seu corpo fora da jogada do trabalho — quero dizer, o de deixar para o intendente o governo dos escravos, para dirigir-se a um ideal de contemplação, sem o qual a ética não encontra sua justa perspectiva. Isto é para dizer-lhes o que a ética aristotélica comporta de idealização.

Essa ética é, portanto, localizada, diria quase, num tipo social, num exemplar privilegiado, vamos dizê-lo, de ociosidade — o próprio termo de *skholastikos* o evoca. Pois bem, do lado oposto, é ainda mais espantoso ver o quanto essa ética, articulada no interior dessa condição especial, permanece, para nós, rica de ressonâncias e de ensinamentos. Os esquemas que ela nos fornece não são inutilizáveis. Eles se encontram, é claro que não perfeitamente reconhecíveis, no nível em que vamos agora abordar a experiência freudiana. Esses esquemas podem ser recompostos, transpostos de tal maneira que não será nos mesmos velhos odres que colocaremos nosso novo mel.

À primeira vista, pode-se dizer que a busca de uma via, de uma verdade não está ausente de nossa experiência. Pois, que outra coisa procuramos na análise senão uma verdade libertadora?

Mas cuidado, há motivos para não se confiar nas palavras e nas etiquetas. Essa verdade que procuramos numa experiência concreta não é a de uma lei superior. Se a verdade que procuramos é uma verdade libertadora, trata-se de uma verdade que vamos procurar num ponto de sonegação de nosso sujeito. É uma verdade particular.

Mas se a forma de sua articulação que encontramos em cada um pode ser a mesma reencontrada — sempre nova — nos outros, é na medida em que ela se apresenta, para cada um, em sua especificidade íntima, com um caráter de *Wunsch* imperioso. Nada, que permita julgá-la do exterior, poderia opor-se a isso. A melhor qualidade que podemos encontrar para ela é de ser o verdadeiro *Wunsch* que se encontrava no princípio de um comportamento desatinado ou atípico.

Esse *Wunsch*, nós o encontramos, em seu caráter particular irredutível, como uma modificação que não supõe outra normativação senão a de uma experiência de prazer ou de penar, mas uma experiência derradeira de onde ele jorra, e a partir da qual ele se conserva na profundeza do sujeito sob uma forma irredutível. O *Wunsch* não tem o caráter de uma lei universal, mas, pelo contrário, da lei mais particular — mesmo que seja universal que essa particularidade se encontre em cada um dos seres humanos. Nós o encontramos sob uma forma que qualificamos de fase regressiva, infantil, irrealista, com o caráter de um pensamento entregue ao desejo, de um desejo tomado pela realidade.

Isso seguramente constitui o texto de nossa experiência. Mas é só isso toda a nossa descoberta, só isso toda a nossa moral? — a atenuação, o esclarecimento, a descoberta desse pensamento de desejo, da verdade desse pensamento? Será que é apenas a partir de sua revelação que esperamos que seja dado um lugar nítido a um pensamento diferente? De uma certa maneira, sim, é assim, simples. Mas também, formulando as coisas dessa forma, tudo nos é verdadeiramente velado.

Se era a isso que o benefício, a novidade da experiência analítica devia limitar-se, ela não iria mais longe do que esse pensamento datado, que nasceu bem antes da psicanálise, que a criança é o pai do homem. A fórmula, citada pelo próprio Freud com respeito, é de Wordsworth, o poeta romântico inglês.

Não é por nada que o encontramos aí com não sei o quê de novidade, de abalador e até mesmo de irrespirável, que se desencadeia no início do século XIX com a Revolução Industrial, no país mais avançado na ordem dos fatos, ou seja, a Inglaterra. O romantismo inglês apresenta-se, com efeito, com seus traços particulares que constituem o valor dado às recordações de infância, ao mundo da infância, aos ideais e aos votos da criança, com os quais os poetas da época constituem a raiz, não apenas da inspiração, mas da exploração de seus temas principais — no que se distinguem dos poetas que os precederam, e especialmente dessa admirável poesia que chamam, não sei por quê, de metafísica, do século XVII e do início do século XVIII.

A referência à infância, a ideia da criança que há no homem, a ideia de que algo exige do homem ser outra coisa além de uma criança, e que, no entanto, as exigências da criança fazem-se sempre sentir dentro dele, tudo isso é, na ordem da psicologia, perfeitamente situável historicamente.

Um homem que vivia também na primeira metade do século XIX, um vitoriano da primeira época, o historiador Macaulay, fazia notar que nessa época, sem querer tratar alguém de homem desonesto ou de perfeito imbecil, tinha-se uma excelente arma ao acusá-lo de não ser um espírito completamente adulto, de conservar traços de mentalidade infantil. Esse argumento, tão datável historicamente que vocês não podem encontrar em momento algum da história seu testemunho antes dessa época, indica uma escansão, um corte na evolução histórica. Se no tempo de Pascal se fala da infância, é para dizer que uma criança não é um homem. Se se fala do pensamento do adulto nunca é, em caso algum, para encontrar aí os traços de um pensamento infantil.

Para nós a questão não se coloca nesses termos. O fato de que, no entanto, a coloquemos constantemente assim, se ele se justifica pelos conteúdos e pelo texto de nossa relação com o neurótico, ele também nos vela o que há por detrás. Pois, no final das contas, por mais verdadeiro que seja, há uma tensão totalmente diferente entre o pensamento com o qual lidamos no inconsciente e aquele que qualificamos, sabe Deus por que, de pensamento adulto. Nós nos deparamos constantemente é com o fato de que este último está ficando para trás em relação ao famoso pensamento da criança de que nos servimos para julgar nosso adulto. Nós o utilizamos, não como cavilha-repuxo, mas como ponto de referência, ponto de perspectiva onde os inacabamentos e até mesmo as degradações viriam confluir, desembocar. Existe aí uma contradição perpétua no uso que fazemos dessa referência.

Antes de vir para cá, eu estava lendo em Jones uma espécie de exclamação sobre as sublimes virtudes da pressão social sem a qual nossos contemporâneos, nossos irmãos, os homens apresentar-se-iam como vaidosos, egoístas, sórdidos, estéreis etc. Somos tentados a fazer uma pontuação à margem — mas serão o que são? E quando falamos do ser adulto a que referência estamo-nos referindo? Onde está o modelo do ser adulto?

Essas considerações incitam-nos a reinterrogarmos a aresta verdadeira, a dura aresta do pensamento de Freud. A análise, certamente, chega a ordenar todo o material de sua experiência em termos de desenvolvimento ideal. Mas em sua origem ela encontra seus termos num sistema de referência totalmente diferente, ao qual o desenvolvimento, a gênese — acho que os fiz pressentirem-no suficientemente, embora seja forçado aqui a fazê-lo de uma forma cursiva —, não dá senão um suporte inconstante. Essa referência fundamental é a tensão, a oposição, para colocá-la aí designada enfim por seu nome, entre processo primário e processo secundário, entre princípio do prazer e princípio de realidade.

2

Freud, durante sua chamada autoanálise, escreve numa curta carta, a carta 73 — *Meine Analyse geht weiter*, minha análise prossegue, ela é meu principal interesse, *mein Hauptinteresse*, tudo permanece ainda obscuro, até mesmo os problemas em questão, mas há um sentimento reconfortante — é como se tivéssemos, diz ele, apenas de ir pegar numa despensa aquilo de que se precisa. O mais desagradável, diz ele, são *die Stimmungen* — no sentido mais geral que podemos dar a essa palavra que tem sua ressonância em alemão, os estados de humor, os sentimentos — que, por sua natureza, encobrem, escondem, o quê? —, *die Wirklichkeit*, a realidade.

É em termos de *Wirklichkeit* que Freud interroga o que se apresenta a ele como *Stimmung*. A *Stimmung* é o que lhe desvela aquilo que ele deve buscar em sua autoanálise, aquilo que ele interroga, aquilo mesmo onde ele tem a impressão de ter, como num quarto escuro, numa despensa, *Vorratskammer*, tudo de que precisa, e que lá o espera, em reserva. Porém, ele não é guiado em direção a isso por suas *Stimmungen*. Este é o sentido de sua frase — o mais desagradável, *das Unangenehmste*, são as *Stimmungen*. A experiência de Freud instaura-se a partir da busca da realidade que há em alguma parte dentro dele mesmo, e é isso que constitui a originalidade de seu ponto de partida. Aliás, ele acrescenta na mesma linha — até mesmo a excitação sexual é, para alguém como eu, inutilizável nessa via. Não confio nem mesmo nisso para ver onde estão as realidades últimas. E ele acrescenta — conservo, nessa história toda, meu bom humor. Antes de chegarmos ao resultado devemos saber ainda conservar um momento de paciência.

Assinalo de passagem para vocês um pequeno livro de Erich Fromm, do qual não posso dizer que lhes recomendo a leitura, pois é um trabalho mui singularmente discordante, quase insidioso, e no limite do difamatório. Esse livro, *Sigmund Freud's Mission*, coloca questões insinuantes, mas certamente não desprovidas de interesse, que dizem respeito aos traços especiais da personalidade de Freud num sentido, evidentemente, sempre desvalorizante. Particularmente, ele extrai do texto as frases de Freud sobre a excitação sexual para fazer-nos concluir que aos quarenta anos Freud já era impotente.

Ei-nos, portanto, aptos a interrogar o manuscrito de Freud de 1895, que o destino das coisas nos trouxe às mãos, relativo à sua concepção fundamental da estrutura psíquica. Pensou intitulá-lo *Psicologia para o uso de neurologistas.* Como nunca o publicou, o rascunho permaneceu anexado ao pacote de cartas a Fliess, e nós o possuímos graças à recuperação dessas coleções.

É, portanto, não apenas legítimo mas obrigatório que seja daí que partamos para interrogar o que quer dizer, em sua reflexão, a temática do princípio de realidade como oposto ao princípio do prazer. Existe ou não aí uma distinção entre o que constitui o encaminhamento de seu pensamento e, da mesma feita, as direções de nossa experiência? É aí que podemos encontrar essa aresta mais profunda que, acredito, é exigível nesse caso.

A oposição do princípio do prazer ao princípio de realidade foi rearticulada ao longo de toda a obra de Freud — 1895, o *Entwurf* — 1900, o capítulo VII da *Traumdeutung*, com a primeira rearticulação pública dos processos ditos primário e secundário, um governado pelo princípio do prazer, o outro pelo de realidade — 1914, retomada do artigo de onde extraí o sonho que mostrei amplamente no ano passado, o do pai morto, *ele não o sabia* — o artigo *Formulierungen über die zwei Prinzipien des psychischen Geschehens*, que se poderia traduzir, *da estrutura psíquica* — 1930, esse *Mal-estar na civilização* ao qual chegaremos, como prometi, no final.

Outros antes de Freud falaram do prazer como de uma função diretriz da ética. Aristóteles não apenas se interessa por ele, como não pode deixar de o levar para o próprio centro do campo de sua direção ética. O que é a felicidade se ela não comporta a flor do prazer? Uma parte importante da discussão da *Ética a Nicômaco* é realizada para recolocar no devido lugar a verdadeira função do prazer, conduzida, aliás curiosamente, de maneira a fazer dele um estado que não é simplesmente passivo. O prazer em Aristóteles é uma atividade, comparada com a flor que se depreende da atividade da juventude — ele é, de alguma maneira, sua irradiação. Ademais, ele é também o sinal do desabrochamento de uma ação, no sentido próprio de *enêrgeia* — termo em que se articula a verdadeira práxis, como que comportando em si mesma sua própria finalidade.

O prazer, sem dúvida alguma, encontrou muitas outras modulações através dos tempos como sinal, estigma, ou benefício, ou substância da vivência psíquica. Mas vejamos como ele é tratado naquele que nos interroga — em Freud.

O que não pode deixar, primeiramente, de nos surpreender é que seu princípio do prazer é um princípio de inércia. Sua eficácia consiste em regular, por uma espécie de automatismo, tudo o que converge de um processo que Freud tende, em sua primeira formulação aparente, a apresentar como o resultado de um aparelho pré-formado, estreitamente limitado ao aparelho neurônico. Este regula os trilhamentos que ele conserva após ter sofrido seus efeitos. Trata-se essencialmente de tudo o que resulta dos efeitos de uma profunda tendência à descarga, em que uma quantidade é destinada a escoar-se. Esta é a perspectiva na qual nos é inicialmente articulado o funcionamento do princípio do prazer.

Essa tentativa de formulação hipotética se apresenta com um caráter único no que nos resta escrito de Freud — e não se deve esquecer que ele se cansou dela e não quis publicá-la. Certamente ele a colocou preto no branco para responder às exigências de uma coerência dele com ele mesmo, diante dele mesmo. Mas é preciso dizer que ela não faz referência alguma, pelo menos aparentemente, aos fatos clínicos, que constituem, para Freud, todo o peso das exigências com as quais lida. Aqui, ele está conversando consigo mesmo, ou com Fliess, o que, no caso, é quase a mesma coisa. Ele faz para si mesmo uma representação provável, coerente, uma hipótese de trabalho para responder a algo cuja dimensão se encontra, aqui, mascarada, eludida.

Trata-se, diz ele, de explicar um funcionamento normal do espírito. Para fazê-lo, ele parte de um aparelho cujos dados são os mais opostos a um resultado de adequação e de equilíbrio. Ele parte de um aparelho que, por sua própria tendência, se dirige ao engodo e ao erro. Esse organismo por inteiro parece feito não para satisfazer a necessidade, mas para aluciná-la. Convém, portanto, que um outro aparelho, que se oponha a ele, entre em jogo para exercer uma instância de realidade e se apresente, essencialmente, como um princípio de correção, de chamada à ordem. Não estou forçando as coisas — o próprio Freud bem percebe que deve haver uma distinção entre os aparelhos, sobre a qual ele confessa não ver nenhum vestígio nos suportes anatômicos.

O princípio de realidade, ou seja, aquilo a que o funcionamento do aparelho neurônico deve, no fim das contas, sua eficiência, apresenta-se como um aparelho que faz muito mais do que um simples controle — trata-se de retificação. O modo pelo qual opera é apenas rodeio, precaução, retoque, retenção. Ele corrige, compensa o que parece ser a tendência fundamental do aparelho psíquico e, fundamentalmente, opõe-se a ela.

O conflito é introduzido aqui na base, na origem mesmo de um organismo que parece, afinal, vamos dizê-lo, sobretudo destinado a viver. Nunca ninguém, nunca nenhum sistema de reconstituição da ação humana fora tão longe na acentuação desse caráter fundamentalmente conflituoso. Nenhum sistema levara mais longe a explicação a ser dada do organismo no sentido de uma inadequação radical, na medida em que o desdobramento dos sistemas é efetuado para ir contra a profunda inadequação de um dos dois.

Essa oposição do sistema φ com o sistema ψ, articulada de ponta a ponta, parece quase uma aposta. Pois o que a justifica? — senão a experiência das quantidades incontroláveis com as quais Freud lida em sua experiência com a neurose. Isso é o que constitui a exigência de todo o sistema.

O que justifica colocar em primeiro plano a quantidade como tal é outra coisa bem distinta — percebemos isso da maneira mais direta — do desejo de Freud de estar em conformidade com os ideais mecanistas de Helmholtz e de Brücke. Isso corresponde, para ele, à experiência vivida mais imediata, aquela da inércia que, no nível dos sintomas, as coisas lhe opõem e cujo caráter irreversível ele percebe. Eis sua primeira penetração na obscuridade em direção a essa *Wirklichkeit*, que é em torno da qual ele coloca sua questão, esse é o móvel, o relevo de toda sua construção. Peço-lhes para fazerem a releitura desse texto sem se interrogarem, com os anotadores, comentadores e conotadores que o publicaram, se isso ou aquilo está mais ou menos próximo do pensamento psicológico ou fisiológico, se isso ou aquilo se refere a Herbart, a Helmholtz ou a tal outro — e vocês perceberão que, sob essa forma fria, abstrata, escolástica, complicada, árida, percebe-se uma experiência, e que essa experiência é, no fundo, de ordem moral.

Fazem história a partir desse assunto, como se houvesse uma importância essencial em explicar um autor como Freud pelas influências, pela maior ou menor homonímia certas fórmulas suas com aquelas que foram empregadas antes dele por um pensador num contexto diferente. Porém, já que se trata de exercício ao qual se entregam, por que não faria eu o mesmo — à minha maneira? O funcionamento do aparelho que suporta o princípio de realidade não é singularmente próximo daquilo que Aristóteles articula?

Trata-se para Freud de explicar-nos como se opera a atividade de retorno e retenção, ou seja, como o aparelho que suporta os processos segundos contorna os desencadeamentos de catástrofes acarretadas fatalmente por um tempo, grande ou curto demais, de abandono do aparelho do prazer a si mesmo. Se este for largado cedo demais, o movimento será desencadeado simplesmente por um *Wunschgedanke* e será forçosamente doloroso, desembocará num desprazer. Se, em compensação, o segundo aparelho intervier tarde demais, não der essa pequena descarga que vai no sentido de uma tentativa, graças à qual um começo de solução adequada poderá ser dado na ação, aparecerá, então, a descarga regressiva, ou seja, alucinação, ela mesma igualmente fonte de desprazer.

Pois bem, essa construção não deixa de ter relação com o que Aristóteles desenvolve quando coloca a questão de saber como é que aquele que sabe pode ser intemperante. Ele dá várias soluções. Vou dispensar as primeiras em que intervêm elementos silogísticos e dialéticos que estão bem longe do nosso interesse nesse caso, mas ele fornece uma alternativa de solução não mais dialética, mas física — que ele promove, no entanto, sob a forma de um certo silogismo do desejável.

Acredito que o quinto capítulo do livro VII sobre o prazer vale a pena ser lido inteiramente. Ao lado da proposição universal — é preciso provar tudo o que é doce — haveria uma menor particular, concreta — isto aqui. E o princípio da ação errada residiria no erro que poderia comportar o julgamento dessa menor. Em quê? Justamente nisto, que o desejo, na medida em que está subjacente à proposição universal, faria surgir o julgamento errado que se refere à atualidade do pretenso doce em direção ao qual a atividade se precipita.

Não podemos deixar de pensar que Freud, que assistiu em 1887 ao curso de Brentano sobre Aristóteles, transponha aqui, na perspectiva de sua mecânica hipotética, a articulação propriamente ética do problema certamente de uma maneira puramente formal, e com uma acentuação completamente diferente.

A bem dizer, não se trata mais de uma psicologia do que qualquer uma daquelas que foram elucubradas na mesma época. Não nos iludamos — em psicologia, nada vale mais, até a presente data, do que o *Entwurf* de Freud. Tudo o que foi elucubrado sobre o funcionamento psicológico, supondo que os aparelhos nervosos pudessem dar conta do que é concretamente para nós o campo da ação psicológica, conserva o mesmo aspecto de hipótese aloprada.

Se Freud retoma, portanto, as articulações lógicas, silogísticas que foram sempre praticadas pelos éticos nesse mesmo campo, é para lhes dar uma importância totalmente diferente. Pensemos nisso para interpretá-lo em seu verdadeiro conteúdo, que é este, e que lhes ensino — o *orthos logos* em questão para nós não são, justamente, proposições universais, é a maneira que lhes ensino de articular o que ocorre no inconsciente, é o discurso que se atém ao nível do princípio do prazer.

É em relação a esse *orthos*, entre aspas de ironia, que o princípio de realidade deve guiar o sujeito para que ele chegue a uma ação possível.

3

Na perspectiva freudiana, o princípio de realidade apresenta-se como que se exercendo de uma maneira que é essencialmente precária.

Nenhuma filosofia, até então, levou as coisas tão longe nesse sentido. Não que a realidade seja aí colocada em questão — não é certamente colocada em questão no sentido em que os idealistas puderam fazê-lo. Ao lado de Freud, os idealistas da tradição filosófica não são mais que bagatela, pois, no fim das contas, essa famosa realidade, eles não a contestam seriamente, eles a domam. O idealismo consiste em dizer que somos nós que damos a medida da realidade, e que não se deve buscar para além disso. É uma posição reconfortante. A de Freud, aliás como a de todo homem sensato, é coisa bem diferente.

A realidade é precária. E é justamente na medida em que seu acesso é tão precário que os mandamentos que traçam sua via são tirânicos. Enquanto guias para o real, os sentimentos são enganadores.

Não é de outra maneira que é expressada a intuição que anima toda a pesquisa autoanalítica de Freud sobre a abordagem do real. Seu próprio processo só pode ser feito, primeiro, pela via de uma defesa primária. A ambiguidade profunda dessa abordagem exige do homem para o real se inscrever primeiro em termos de defesa. Defesa que já existe antes mesmo de as condições do recalque como tal se formularem.

Para acentuar bem o que estou chamando aqui de paradoxo da relação com o real, em Freud, gostaria de colocar isto no quadro-negro — princípio do prazer de um lado, princípio de realidade do outro. Desde que vocês foram embalados ao som desses dois termos, as coisas parecem caminhar sozinhas. *Grosso modo*, de um lado é o inconsciente, do outro a consciência. Rogo-lhes que retardem aqui sua atenção para seguirem os pontos que vou tentar fazê-los observar.

Somos levados a articular o aparelho de percepção com o quê? Com a realidade, é claro. Entretanto, se seguirmos a hipótese de Freud, sobre o que, em princípio, se exerce o governo do princípio do prazer? Precisamente sobre a percepção, e é essa a novidade que ele traz. O processo primário, nos diz ele na sétima parte da *Traumdeutung*, tende a se exercer no sentido de uma identidade de percepção. Pouco importa que seja real ou alucinatória, ela tenderá sempre a se estabelecer. Se ela não tiver a sorte de coincidir com o real, será alucinatória. Esse é todo o perigo, no caso de o processo primário ganhar a rodada.

Por outro lado, o processo secundário tende a quê? Vejam igualmente o capítulo VII, mas isto já está articulado no *Entwurf* — a uma identidade de pensamento. O que isso quer dizer? Quer dizer que o funcionamento interior do aparelho psíquico — voltaremos na próxima vez à maneira pela qual podemos esquematizá-lo — se exerce no sentido de um tateamento, de uma prova retificativa, graças à qual o sujeito, conduzido pelas descargas que se produzem segundo os *Bahnungen* já trilhados, fará a série de tentativas, rodeios que pouco a pouco o levarão à anastomose, ao ultrapassamento da prova imposta ao sistema circundante dos objetos presentes nesse momento da experiência. O que forma a trama de fundo da experiência é, digamos assim, a ereção de um certo sistema de *Wunsch*, ou de *Erwartung* de prazer, definido como o prazer esperado, e que tende, por esse fato, a realizar-se em seu próprio campo de uma maneira autônoma, sem nada esperar, em princípio, do exterior. Ele vai diretamente à realização mais oposta ao que tende a desencadear-se.

Nessa primeira abordagem, o pensamento deveria, portanto, parecer-nos, no nível do princípio de realidade, estar na mesma coluna que ele. No entanto, não é absolutamente o caso, pois esse processo, tal como nos é descrito por Freud, é, por si mesmo e por sua natureza, inconsciente. Devemos compreender que — diferentemente do que chega ao sujeito, dentro da ordem perceptiva, vindo do mundo exterior — nada do que se produz no nível dessas tentativas, por meio das quais os trilhamentos, que permitem ao sujeito a adequação de sua ação, se realizam no psiquismo por via de aproximação, nada desses trilhamentos é perceptível como tal. Todo pensamento, por sua natureza, se exerce por vias inconscientes. Certamente não é o princípio do prazer que o governa, mas o pensamento se produz num campo que, na qualidade de campo inconsciente, deve ser, de preferência, situado como que submetido a ele.

Do que ocorre no nível dos processos internos — e o processo do pensamento faz parte disso — o sujeito não recebe em sua consciência, diz-nos Freud, outros sinais que não sejam sinais de prazer ou de pena. Como para todos os outros processos inconscientes, nada mais chega na consciência senão esses sinais.

Como é que temos, então, alguma apreensão desses processos do pensamento? Ainda aqui, Freud responde de uma maneira plenamente articulada — unicamente na medida em que se produzem palavras. O que se interpreta habitualmente — com essa tendência à facilidade própria a toda reflexão que permanece, sempre e apesar dela, maculada de paralelismo — dizendo — Mas claro, Freud nos diz que as palavras são o que caracteriza a passagem no pré-consciente. Mas, passagem, justamente, de quê?

De quê? — senão dos movimentos, dado que são os do inconsciente. Os processos do pensamento, diz-nos Freud, só nos são conhecidos pelas palavras, o conhecido do inconsciente vem a nós em função das palavras. Isso é articulado da maneira mais precisa e mais forte no *Entwurf*. Por exemplo, sem o grito que ele nos faz soltar, só teríamos do objeto desagradável a mais confusa noção, que, na verdade, jamais o destacaria do contexto do qual ele simplesmente seria o ponto maldito, mas arrancaria com ele todo o contexto circunstancial. O objeto enquanto hostil, diz-nos Freud, só é sinalizado no nível da consciência na medida em que a dor faz o sujeito soltar um grito. A existência do *feindliche Objekt* como tal é o grito do sujeito. Isso é articulado desde o *Entwurf*. O grito cumpre aí uma função de descarga e desempenha um papel de uma ponte no nível do qual algo do que ocorre pode ser pego e identificado na consciência do sujeito. Esse algo permaneceria obscuro e inconsciente se o grito não lhe viesse conferir, no que diz respeito à consciência, o sinal que lhe confere seu valor, sua presença, sua estrutura — da mesma feita, com o desenvolvimento que lhe é conferido pelo fato de que os objetos mais importantes em questão para o sujeito humano são objetos falantes, que lhe permitirão ver, no discurso dos outros, revelarem-se os processos que habitam efetivamente seu inconsciente.

No final das contas, não apreendemos o inconsciente senão em sua explicação, no que dele é articulado que passa em palavras. É daí que temos o direito — e isso, ainda mais porque a continuação da descoberta freudiana no-lo mostra — de nos darmos conta de que esse inconsciente não tem, ele mesmo, afinal, outra estrutura senão uma estrutura de linguagem.

É isso que constitui o valor das teorias atomistas. Estas não recobrem absolutamente nada do que pretendem recobrir, ou seja, um certo número de átomos do aparelho neurônico, elementos pretensamente individualizados da trama nervosa. Mas, em compensação, as teorias das relações de contiguidade e de continuidade ilustram admiravelmente a estrutura significante como tal, na medida em que ela está interessada em toda operação de linguagem.

Que vemos, então, se apresentar com esse duplo entrecruzamento dos efeitos do princípio de realidade e do princípio do prazer, um sobre o outro?

O princípio de realidade governa o que ocorre no nível do pensamento, mas é apenas na medida em que do pensamento retorna alguma coisa que, na experiência humana, ocorre ser articulada em palavras, que ele pode, como princípio do pensamento, vir à consciência do sujeito, no consciente.

Inversamente, o inconsciente, este, deve ser situado no nível dos elementos, de compostos lógicos que são da ordem do *logos*, articulados sob a forma de um *orthos logos* escondido no âmago do lugar em que, para o sujeito, se exercem as passagens, as transferências motivadas pela atração e pela necessidade, a inércia do prazer, e que valorizarão indiferentemente para ele tal sinal em vez de tal outro — visto que ele pode vir a substituir o primeiro sinal, ou, pelo contrário, ver transferir-se para ele a carga afetiva ligada a uma primeira experiência.

Vemos, então, nesses três níveis, ordenarem-se três ordens, que são respectivamente as seguintes.

Há primeiro, digamos, uma substância, ou um sujeito da experiência que corresponde à oposição princípio de realidade/princípio do prazer.

Há, em seguida, um processo da experiência que corresponde à oposição entre o pensamento e a percepção. O que vemos aqui? O processo divide-se conforme tratar-se da percepção — ligada à atividade alucinatória, ao princípio do prazer — ou do pensamento. É o que Freud chama de realidade psíquica. De um lado está o processo enquanto processo de ficção. Do outro, estão os processos de pensamento, pelos quais se realiza, efetivamente, a atividade tendencial, isto é, o processo apetitivo — processo de busca, de reconhecimento e, como Freud explicou mais tarde, de reencontro do objeto. Essa é a outra face da realidade psíquica, seu processo como inconsciente, que é também processo de apetite.

Enfim, no nível da objetivação, ou do objeto, o conhecido e o desconhecido opõem-se. É porque o que é conhecido não pode ser conhecido senão em palavras, que o que é desconhecido apresenta-se como tendo uma estrutura de linguagem. Isso nos permite recolocar a questão do que ocorre no nível do sujeito.

As oposições ficção/apetite, cognoscível/não cognoscível dividem o que ocorre no nível do processo e no nível do objeto. E no nível do sujeito? Devemos interrogar-nos em que consistem as duas vertentes a serem repartidas nesse nível entre os dois princípios.

Pois bem, proponho-lhes isto. O que, no nível do princípio do prazer, se apresenta ao sujeito como substância é o seu bem. Uma vez que o prazer governa a atividade subjetiva é o bem, a ideia do bem que o sustenta. É a razão pela qual, em todos os tempos, os éticos não puderam fazer menos do que tentar identificar esses dois termos, no entanto, tão fundamentalmente antinômicos, que são o prazer e o bem.

Mas, em frente, como qualificar o substrato de realidade da operação subjetiva? Proponho-lhes, por ora, colocar aí um ponto de interrogação.

Qual é a figura nova que nos é fornecida por Freud na oposição princípio de realidade/princípio de prazer? É seguramente uma figura problemática. Freud não pensa nem um instante em identificar a adequação à realidade a um bem qualquer. No *Mal-estar na civilização*, diz-nos — seguramente a civilização, a cultura, pede demais ao sujeito. Se há algo que se chama seu bem e sua felicidade, não há nada para isso ser esperado nem do microcosmo, isto é, dele mesmo, nem do macrocosmo.

É neste ponto de interrogação que terminarei hoje.

	Princípio do prazer	*Princípio de realidade*
SUJEITO	Seu bem	?
PROCESSO	Pensamento	Percepção
OBJETO	Inconsciente	Conhecido (palavras)

25 de novembro de 1959

III

Uma releitura do *Entwurf*

Uma ética, não uma psicologia.
Como a realidade se constitui.
Uma topologia da subjetividade.

Deparei-me, em meu caminho, com certos pontos da obra de Freud, e vocês viram, da última vez, como fui levado a recorrer de maneira especial a essa obra curiosamente situada que é o *Entwurf*.

Vocês conhecem as reservas que se pode ter em relação à correspondência com Fliess. Não é uma obra, o texto que temos não é completo, mas é, seguramente, uma coisa muito preciosa, especialmente os trabalhos anexos, entre os quais o *Entwurf* tem um lugar eminente.

1

O *Entwurf* é extremamente revelador de uma espécie de embasamento da reflexão freudiana. Seu evidente parentesco com todas as formulações de sua experiência, que em seguida Freud foi levado a produzir, torna-o verdadeiramente precioso.

O que eu disse sobre ele da última vez articulava suficientemente o ângulo pelo qual ele se insere em meu assunto deste ano. Contrariamente ao que é admitido, acredito que a oposição entre o princípio do prazer e o princípio de realidade, a do processo primário e do processo secundário sejam menos da ordem da psicologia do que da ordem da experiência propriamente ética.

Houve em Freud a percepção da dimensão própria em que a ação humana se desenrola, e não se deve ver apenas, na aparência de um ideal de reducionismo mecanista que aparece no *Entwurf*, a compensação, a contrapartida da descoberta freudiana dos fatos da neurose que é, desde o princípio, percebida na dimensão ética em que efetivamente se situa. O que no-lo mostra é que o conflito se encontra aí em primeiro plano e que desde o início o conflito é, vamos dizê-lo, massivamente de ordem moral.

Isso não é assim tão novo. Todos os fabricantes de éticas lidaram com o mesmo problema. É justamente por isso que é interessante fazer história, ou a genealogia, da moral. Não no sentido de Nietzsche, mas como sucessão das éticas, ou seja, da reflexão teórica sobre a experiência moral. Damo-nos conta, então, da significação central dos problemas tal como são colocados desde a origem, e tal como são mantidos com uma certa constância.

Por que, afinal, foi preciso que os éticos voltassem sempre ao problema enigmático da relação do prazer com o bem final, naquilo que dirige a ação humana enquanto moral? Por que sempre voltar a esse mesmo tema do prazer? A exigência interna que coage o ético a tentar reduzir as antinomias que se ligam a esse tema provém de quê? — do fato de o prazer aparecer, em muitos casos, como o termo oposto ao esforço moral, e de ser preciso, no entanto, que ele encontre aí a referência final, aquela à qual o bem que orienta a ação humana deve, no fim das contas, reduzir-se. Eis um exemplo — não é o único — dessa espécie de nó que é proposto na solução do problema. Ele é instrutivo por mostrar-nos a constância com a qual o problema do conflito se coloca no interior de toda elaboração moral.

Freud vem aí apenas como um sucessor. Mas ele nos fornece uma coisa de um peso incomparável que muda para nós os problemas da dimensão ética até um ponto do qual não temos consciência. É por isso que precisamos de referências, e já fiz alusão a algumas daquelas que deveremos ter este ano.

É preciso escolhê-las bem, pois não colocaremos em primeiro plano todos os autores que falaram da moral. Falei de Aristóteles porque creio que a *Ética a Nicômaco* é o primeiro livro verdadeiramente articulado, propriamente falando, em torno do problema ético. Como vocês sabem, houve muitos outros ao redor, antes, depois, em Aristóteles mesmo, que colocaram o problema do prazer em primeiro plano. Não utilizaremos aqui Epicteto e Sêneca, mas teremos de falar da teoria utilitarista, uma vez que ela é significativa da virada que desemboca em Freud.

O interesse do comentário que fazemos de certas obras, eu o expressaria, hoje, nos próprios termos dos quais Freud se serve no *Entwurf* para designar algo que, pelo menos a meu ver, está muito próximo da linguagem que lhes ensinei, ao longo desses anos, a colocar no primeiro plano do funcionamento do processo primário *Bahnung*, trilhamento.[8]

O discurso freudiano trilha, no enunciado do problema ético, algo que, por sua articulação, permite-nos ir mais longe do que nunca se foi naquilo que é o essencial do problema moral. Essa será a inspiração de nosso progresso deste ano — é em torno do termo de realidade, do verdadeiro sentido dessa palavra, empregada por nós sempre de uma maneira tão inconsiderada, que se situa a força da concepção de Freud, a qual é preciso medir com a persistência do próprio nome de Freud no desenvolvimento de nossa atividade analítica.

É claro que o que constitui o interesse ardente que podemos ter lendo o *Entwurf* não é a pobre contribuiçãozinha a uma fisiologia fantasista que ele comporta.

Esse texto é, sem dúvida alguma, como ouvirão dizer, difícil, mas também é apaixonante. Menos em francês do que em alemão, pois a tradução é extraordinariamente ingrata — faltam-lhe, a todo momento, precisão, inflexão, vibração. Em suma, sou forçado aqui a evocar ou a provocar o pesar que alguns podem sentir em não saber alemão. Em alemão é um texto de um brilho, de uma pureza..., um primeiro jato ainda sensível, totalmente espantoso. Os contornos da tradução francesa apagam-no e tornam-no cinzento. Façam o esforço de lê-lo e verão como é autêntica a minha observação de que aí se trata de uma coisa bem diferente de uma construção de hipóteses — é a primeira contenda de Freud com o próprio *pathos* da realidade com a qual ele lida em seus pacientes. É isto — perto dos quarenta anos ele descobre a dimensão própria, a vida significativa, dessa realidade.

Não é por uma vã preocupação de referência textual que dirijo a atenção de vocês para esse texto. Mas, afinal, por que não? Vocês sabem que sei, quando é o caso, tomar liberdade e distância com o texto de Freud. Se ensinei-lhes, por exemplo, uma doutrina da prevalência de um significante na cadeia inconsciente no sujeito é na medida em que acentuo alguns traços de nossa experiência. O trabalho apresentado ontem à noite chamava isso, por meio de uma divisão à qual não dou inteiramente minha adesão, de experiência do conteúdo, à qual ela opunha o empilhamento dos conceitos. Pois bem, o que lhes proponho este ano não é simplesmente serem fiéis ao texto freudiano e fazerem sua exegese como se aí estivesse a fonte de uma verdade *ne varietur* que seria o modelo, o leito, a vestimenta a impor a toda a nossa experiência.

Que vamos fazer? Vamos buscar o filo, o desenvolvimento dos conceitos em Freud — o *Entwurf* —, o capítulo VII da *Traumdeutung*, a primeira vez que publica a oposição processo primário/processo secundário, e a maneira pela qual ele concebe as relações do consciente, do pré-consciente e do inconsciente — a introdução do narcisismo nessa economia —, em seguida o que se chama de segunda tópica com a valorização das funções recíprocas do eu, do supereu, do mundo exterior, que confere uma expressão acabada a coisas cujos germes já entrevemos com surpresa no *Entwurf* — enfim, os textos ulteriores sempre centrados no mesmo tema, como a realidade se constitui para o homem?, ou seja, o artigo de 1925 sobre a *Verneinung*, que teremos de rever, e o *Mal-estar na civilização*, mal-estar da posição do homem no mundo. O termo em alemão é *Kultur* e teremos, talvez, de tentar cingir exatamente seu alcance na escrita de Freud, que nunca acolhe os conceitos de maneira neutra, banal. Para ele o conceito tem sempre uma importância verdadeiramente assumida.

Pois bem, se aproximamos de tão perto, este ano, a evolução da metapsicologia freudiana é porque podemos aí encontrar o rastro de uma elaboração que reflete um pensamento ético. Esta se encontra no centro de nosso trabalho, quaisquer que sejam as dificuldades das quais teremos, talvez, de tomar consciência, e é ela que mantém coeso todo esse mundo que a comunidade analítica representa, dispersão — que frequentemente dá a impressão de espalhamento — de uma intuição fundamental que é, por cada uma, retomada sob um de seus aspectos.

Se sempre voltamos a Freud é porque ele partiu de uma intuição inicial, central, que é de ordem ética. Acredito ser essencial valorizá-la para compreender nossa experiência, para animá-la, para não nos extraviarmos, para não a deixarmos se degradar. É por isso que, este ano, ataquei esse assunto.

2

Na última vez tive o prazer de obter um eco, uma espécie de resposta.

Duas pessoas dentre vocês, que estão fazendo, para outros fins — a elaboração de um vocabulário e, talvez, por interesse pessoal —, a releitura do *Entwurf*, vieram depois do meu seminário dizer-me a satisfação que puderam ter pela maneira que dele lhes falei, e que justificava um pouco para eles o interesse dessa releitura.

Da mesma forma, não tive dificuldade alguma em lembrar-me, por ser para mim uma preocupação lancinante, que este seminário é um seminário, e que conviria que não fosse apenas o significante de seminário que mantivesse o direito a essa denominação, é por isso que pedi a um deles que viesse dizer as reflexões que lhe foram inspiradas pela maneira com a qual eu levei a atualidade deste seminário a esse texto. Vocês vão ouvir Jean-Bertrand Lefèvre-Pontalis, mas todos os dois, Jean Laplanche igualmente, estão particularmente, neste momento, a par deste *Entwurf*, o qual, como notava há pouco Valabrega, é preciso verdadeiramente ter presente na memória para dele se poder falar de forma válida. Será isto bem verdadeiro? Não sei, pois acaba-se percebendo que não é tão complicado assim.

Sr. Lefèvre-Pontalis: — *Há um pequeno mal-entendido a dissipar. Eu não sou um especialista do* Entwurf, *e não o reli — estou lendo-o. O Dr. Lacan pediu-me para voltar a certos pontos de seu seminário da semana passada, em particular, à questão da relação com a realidade, que ele nos descreveu como muito problemática, e até mesmo francamente paradoxal, no texto original de Freud.* [Segue-se a comunicação do sr. Lefèvre-Pontalis.]

3

Agradeço-lhe pelo que o senhor fez hoje, que nos permitirá, talvez, inaugurar, este ano, uma escansão que, embora me forneça alguma folga, algumas pausas, terá uma utilidade bem diferente.

Parece-me que o senhor apresentou, com uma elegância particular, as arestas vivas de uma questão em que só havia risco em perder-se num detalhe que, devo dizê-lo, é extremamente tentador. Eu mesmo pude lamentar, em certos momentos, que o senhor não entrasse no detalhe da posição da *Bahnung* por um lado, da *Befriedigungserlebnis* por outro lado, e que não tivesse relembrado a topologia que o sistema, φ, ψ, ω, supõe — talvez isso tivesse, contudo, esclarecido as coisas. Mas é óbvio que passaremos o trimestre, ou até mesmo um ano, nem que seja para retificar tudo o que a tradução inglesa forneceu de distorção a certas intuições originais do *Entwurf*.

Aqui há um exemplo no qual bati os olhos por acaso, *Bahnung* é traduzido em inglês por *facilitation*. É óbvio que essa palavra tem um alcance estritamente oposto, *Bahnung* evoca a constituição de uma via de continuidade, uma cadeia, e penso até que isso pode ser aproximado da cadeia significante, uma vez que Freud diz que a evolução do aparelho ψ substitui a quantidade simples pela quantidade mais a *Bahnung*, ou seja, sua articulação. A tradução inglesa deixa a coisa escorregar completamente.

A tradução francesa foi feita a partir do texto inglês, de maneira que seus erros foram multiplicados, e há, verdadeiramente, casos em que seu texto é absolutamente ininteligível comparado a um texto simples em alemão.

Acredito que o senhor, entretanto, tenha ressaltado os pontos para os quais dirigir-se-á a continuação de nossas palestras, as quais nos levarão de volta à relação entre o princípio de realidade e o princípio do prazer. O senhor mostrou bem o paradoxo dizendo que o princípio do prazer não é suscetível de inscrição alguma numa referência biológica. Mas, afinal, meu Deus, o mistério não é tão grande assim se observarmos que esse estado de fato é suportado pelo fato de que a experiência de satisfação do sujeito é inteiramente suspensa ao outro, àquele que Freud designa com uma belíssima expressão que o senhor não frisou — é uma lástima —, o *Nebenmensch*. Terei ocasião de fazer-lhe algumas citações para mostrar que é por intermédio desse *Nebenmensch*, como sujeito falante, que tudo o que se refere aos processos de pensamento pode tomar forma na subjetividade do sujeito.

Rogo-lhe que o senhor se refira à dupla coluna que edifiquei perante vocês, da última vez, com sua dupla decussação. Esse esquema, que nos servirá até o fim de nossa exposição, permite-nos conceber a função do prazer e a da realidade numa relação que precisamos sempre vincular mais intimamente. Se o senhor as concebe de outra forma, chegará ao paradoxo, que o senhor talvez tenha acentuado um pouco demais hoje, ou seja, que não há nenhuma razão plausível para que a realidade se faça ouvir e chegue, no fim das contas, a prevalecer —

a experiência nos mostra isso de forma demasiadamente superabundante para a espécie humana, que, até nova ordem, não está em vias de extinção. A perspectiva é exatamente oposta. O prazer não se articula na economia humana senão numa relação com esse ponto, certamente deixado vazio, enigmático, mas que apresenta uma certa relação com o que é para o homem a realidade. E é por aí que chegamos a aproximar, cada vez mais de perto, essa intuição, essa apercepção da realidade que anima todo o desenvolvimento do pensamento freudiano.

Freud estabelece que o sistema ψ deve sempre reter um certo nível de quantidade *Q*ή que desempenhará um papel essencial até o fim. A descarga não pode, com efeito, ser completa, atingir o nível zero, ao cabo de que o aparelho psíquico chegaria a um repouso derradeiro que não é certamente a meta, nem a finalidade que se pode conceber como plausível para o funcionamento do princípio do prazer. Freud, então, interroga-se — e a tradução deixa isso escapar — como justificar que seja a um tal nível que essa quantidade, que é a regulação de tudo, se mantém.

O senhor talvez tenha passado um pouco rápido sobre a referência do sistema ψ e do sistema φ. Se um tem relação com as excitações exógenas, não basta apenas dizer que o outro tem relações com as excitações endógenas. Há uma parte importante do sistema ψ que se constitui justamente a partir do fato de que as quantidades *Q* brutas, que vêm do mundo exterior, são transformadas em quantidades que nada têm de comparável com as que caracterizam o sistema ψ, e nas quais este último organiza o que lhe vem do sistema exterior, e isto, de uma maneira muito claramente expressa por Freud, provavelmente no mesmo sentido que a elaboração de Fechner — trata-se da transformação do que é quantidade pura e simples em complicação, Freud utiliza mesmo o termo latino — *complicationes*.

Temos, portanto, o esquema seguinte. Aqui o sistema φ. Lá, o ψ, rede extremamente complexa suscetível de encolhimento e também de *Aufbau*, isto é, de extensão. Entre os dois, desde esse momento da elaboração, há uma transposição, indicada até no pequeno esquema de Freud. O que vem aqui como quantidade, uma vez transposto um certo limite, transforma-se completamente quanto à sua estrutura quantitativa. Essa noção de estrutura, de *Aufbau*, é dada por Freud como essencial. Ele distingue nesse aparelho ψ seu *Aufbau*, reter a quantidade, e sua função, que é a de descarregá-la, *die Funktion der Abfuhr*. A função não é mais simplesmente de circuito e de escoamento, ela aparece, nesse nível, como que desdobrada.

É preciso observar bem que esse aparelho nos é apresentado como isolado no ser vivo. É o aparelho nervoso que é estudado e não a totalidade do organismo. Esse é um ponto extremamente importante e cuja tradução é, a meu ver, totalmente evidente. Ela se superpõe a ele, ela se sustenta de maneira totalmente diferente dessas hipóteses das quais Freud fala muito bem dizendo que quando se tem gosto por elas só cabe levá-las a sério uma vez atenuado o que têm de arbitrário — *die Willkürlichkeit der Constructio ad hoc.* Para nós é óbvio que esse aparelho é essencialmente uma topologia da subjetividade — da subjetividade uma vez que ela é edificada e construída na superfície de um organismo.

Há também no sistema ψ uma parte importante que Freud distingue da parte chamada núcleo, os *Spinalneuronen* que, estes, estão abertos a uma excitação endógena, aquela do lado da qual não há aparelho transformando as quantidades.

Existem aí riquezas de todo tipo que, com o desígnio muito legítimo que teve de simplificar, o senhor não evocou. Para dar continuidade ao que retomarei na próxima vez, eu o farei.

Há, por exemplo, a noção dos *Schlüsselneuronen*, que desempenham uma certa função em relação à parte do ψ que é voltada para o endógeno e que dele recebe as quantidades. Os *Schlüsselneuronen* são um modo particular de descarga que se produz no interior do sistema ψ. Mas, paradoxalmente, essa descarga não tem por função senão aumentar ainda mais a carga. Esses *Schlüsselneuronen*, ele os chama também — e não creio que seja um lapso — de *motorische Neuronen.* Eles provocam excitações que se produzem no interior do sistema — uma série de movimentos que aumentam ainda mais a tensão e encontram-se, por conseguinte, no princípio das neuroses atuais —, problema que foi por demais negligenciado, mas que permanece para nós do mais alto interesse.

Deixemos isso de lado. O importante é que tudo o que ocorre aqui apresenta o paradoxo de estar no próprio lugar onde reina o princípio da articulação pela *Bahnung*, o lugar também onde se produz todo o fenômeno alucinatório da percepção, da falsa realidade à qual o organismo humano é, em suma, predestinado. É nesse mesmo lugar que se formam, e de uma maneira inconsciente, os processos orientados e dominados pela realidade, uma vez que se trata de o sujeito reencontrar o caminho da satisfação. Nessa ocasião a satisfação não poderá ser confundida com o princípio do prazer. Isso é algo que mui curiosamente desponta no final da terceira parte do texto. O senhor não pôde fazer para nós todo o percurso desse texto tão rico. Quando Freud traça o esboço daquilo que pode representar o funcionamento normal do aparelho, ele fala não de reação específica, mas de ação específica como o correspondente da satisfação. Há um grande sistema por trás dessa *spezifische Aktion*, pois justamente ela não pode corresponder senão ao objeto reachado. Esse é o fundamento do princípio da repetição em Freud, e teremos de voltar a ele. A essa *spezifische Aktion* faltará sempre alguma coisa. Nisto, ela não se distingue do que ocorre no momento em que a reação motora se produz, pois ela é efetivamente reação, ato puro, descarga de uma ação.

Há aqui todo um trecho extenso que terei oportunidade de retomar e de extrair o sumo para vocês. Não há comentário mais vivo dessa margem tão inerente à experiência humana, dessa distância que se manifesta no homem entre a articulação do anseio e o que ocorre quando seu desejo toma o caminho de realizar-se. Freud articula o porquê de haver sempre aí algo que está muito longe da satisfação, e que não comporta as características buscadas na ação específica. E ele termina com a palavra — creio que é a última de seu ensaio — de qualidade monótona. Em relação a tudo o que o sujeito persegue, o que pode produzir-se no âmbito da descarga motora tem sempre um caráter reduzido.

Não podemos deixar de dar a essa observação a sanção da mais profunda experiência moral.

Para, hoje, concluir nesse ponto, dirigirei o pensamento de vocês para a analogia que existe entre, de um lado, a busca de uma qualidade arcaica, diria quase regressiva, de prazer indefinível, que anima toda a tendência inconsciente, e, do outro lado, o que pode haver nisso de realizável e de satisfatório no sentido mais completo, no sentido moral como tal.

Isso, indo mais longe do que uma analogia, chega até a alcançar uma profundidade que, talvez, até hoje nunca tenha sido articulada como tal.

2 de dezembro de 1959

IV

Das Ding

Sache und Wort.
Niederschriften.
Nebenmensch.
Fremde.

Vou tentar falar-lhes hoje da coisa — *das Ding.*

Se introduzi esse termo é porque existem, em Freud, certas ambiguidades, certas insuficiências referentes ao verdadeiro sentido da oposição entre o princípio de realidade e o princípio do prazer — ou seja, daquilo na pista de que tento levá-los, este ano, para fazer com que vocês compreendam sua importância para nossa prática enquanto ética, e que essas ambiguidades resultam de algo que é da ordem do significante e até mesmo da ordem linguística. É preciso, aqui, um significante concreto, positivo, particular, e não vejo o que, na língua francesa, pode corresponder — ficaria grato àqueles a quem essas observações estimulassem o suficiente para me proporem uma solução — à oposição em alemão, sutil e que não é fácil colocar em evidência, entre dois termos que dizem *a coisa* — *das Ding* e *die Sache.*

1

Em francês só temos uma palavra, a palavra *chose*, derivando do latim *causa.* Sua referência etimológica jurídica indica-nos o que se apresenta a nós como o envelope e a designação do concreto. Não tenham dúvida — na língua alemã a coisa não deixa de significar, em seu sentido original, operação, deliberação, debate jurídico. *Das Ding* pode visar não tanto a própria operação judiciária quanto a reunião que a condiciona, a *Volksversammlung*.

Não acreditem que essa promoção da etimologia — aliás conforme ao que Freud nos lembra o tempo todo, que, para reencontrar o rastro da experiência acumulada da tradição, das gerações, o aprofundamento linguístico é o veículo mais seguro da transmissão de uma elaboração que marca a realidade psíquica —, não acreditem que preferimos esses bosquejos, essas sondagens rápidas para guiar-nos. O emprego atual, o discernimento do uso do significante em sua sincronia nos é infinitamente mais preciso. Damos muito mais peso à maneira pela qual *Ding* e *Sache* são utilizados correntemente.

Aliás, se nos referirmos a um dicionário etimológico encontraremos também em *Sache* que se trata, em sua origem, de uma operação jurídica. A *Sache* é a coisa colocada na questão jurídica, ou, no nosso vocabulário, a passagem à ordem simbólica de um conflito entre os homens.

No entanto, os dois termos não são absolutamente equivalentes. E vocês puderam igualmente notar, por exemplo, nas palavras do sr. Lefèvre-Pontalis, da última vez, a citação meritória feita por ele, pois não sabe alemão, dos termos, cujo relevo fez intervir em sua exposição, para colocar essa questão, diria eu, contra a minha doutrina. Trata-se do trecho do artigo de Freud, o *Inconsciente*, em que a representação das coisas, *Sachvorstellung*, é, a cada vez, oposta à das palavras, *Wortvorstellung*.

Não entrarei hoje na discussão do que permitia responder a esse trecho frequentemente invocado, pelo menos como um ponto de interrogação, por aqueles de vocês a quem minhas lições incitam a ler Freud, e que lhes parece fazer objeção ao relevo que deu à articulação significante como fornecendo a verdadeira estrutura do inconsciente.

Esse trecho parece ir contra isso ao opor a *Sachvorstellung*, como pertencendo ao inconsciente, à *Wortvorstellung*, como pertencendo ao pré-consciente. Gostaria apenas de rogar àqueles que se detêm nisso — talvez não seja a maioria de vocês que vai aos textos de Freud verificar o que proponho aqui no meu comentário — que leiam de uma só tacada, direto, o artigo "Die Verdrängung, O recalque",[9] que precede o artigo sobre o inconsciente, e em seguida esse próprio artigo, antes de chegar nesse trecho. Indico, para os outros, que ele se refere expressamente à questão que a atitude esquizofrênica coloca para Freud, ou seja, a prevalência extraordinária manifesta das afinidades das palavras no que se poderia chamar de o mundo esquizofrênico.

Tudo o que precede parece-me poder caminhar apenas num único sentido, ou seja, que tudo aquilo sobre o qual a *Verdrängung* opera são significantes. É em torno de uma relação do sujeito ao significante que a posição fundamental do recalque se organiza. É apenas a partir disso que Freud ressalta que é possível falar, no sentido analítico do termo, no sentido rigoroso, e diríamos operacional, de inconsciente e de consciente. Ele se dá conta de que a posição particular do esquizofrênico coloca-nos, de uma maneira mais aguda do que em qualquer outra forma neurótica, na presença do problema da representação.

Teremos, talvez, a ocasião em seguida de voltar a esse texto, mas vejam que ao dar a solução que ele parece propor opondo a *Wortvorstellung* à *Sachvorstellung*, há uma dificuldade, um impasse que o próprio Freud ressalta e que se explica pelo estado da linguística em sua época. No entanto, ele compreendeu admiravelmente e formulou a distinção a ser feita entre a operação da linguagem como função, ou seja, no momento em que ela se articula e desempenha, com efeito, um papel essencial no pré-consciente, e a estrutura da linguagem, segundo a qual os elementos colocados em jogo no inconsciente se ordenam. Entre elas, estabelecem-se essas coordenações, essas *Bahnungen*, esse encadeamento, que domina sua economia.

Fiz aí um rodeio longo demais, pois quero hoje limitar-me a esta observação que, em todo caso, Freud fala de *Sachvorstellung* e não de *Dingvorstellung*. Não é, igualmente, em vão que as *Sachvorstellungen* estejam ligadas às *Wortvorstellungen*, mostrando-nos assim que há uma relação entre coisa e palavra. A palha das palavras só nos aparece como palha na medida em que dela separamos o grão das coisas, e é inicialmente essa palha que carregou esse grão.[10]

Não quero aqui pôr-me a elaborar uma teoria do conhecimento, mas é bem evidente que as coisas do mundo humano são coisas de um universo estruturado em palavras, que a linguagem, que os processos simbólicos dominam, governam tudo. Quando nos esforçamos em sondar no limite entre o mundo animal e o mundo humano aparece — e esse fenômeno não pode deixar de ser para nós um motivo de espanto — o quanto o processo simbólico como tal é inoperante no mundo animal. Uma diferença de inteligência, de flexibilidade e de complexidade dos aparelhos não poderia ser o único móvel que nos permitiria designar essa ausência. O fato de o homem estar envolvido nos processos simbólicos de uma maneira à qual nenhum animal tem igualmente acesso não poderia ser resolvido em termos de psicologia, mas implica que tenhamos primeiro um conhecimento completo, estrito, do que o processo simbólico quer dizer.

A *Sache* é justamente a coisa, produto da indústria ou da ação humana enquanto governada pela linguagem. Por mais implícitas que estejam inicialmente na gênese dessa ação, as coisas estão sempre na superfície, estão sempre ao alcance de serem explicitadas. Na medida em que é subjacente, implícita, em toda ação humana, a atividade, da qual as coisas são os frutos, é da ordem do pré-consciente, ou seja, de algo que nosso interesse pode fazer vir à consciência, com a condição de prestarmos bastante atenção a ela, de a notarmos. A palavra encontra-se aí em posição recíproca, visto que se articula, que vem aqui explicar-se com a coisa, visto que uma ação, ela mesma dominada pela linguagem, até mesmo pelo mandamento, o terá, este objeto, destacado e feito nascer.

Sache e *Wort* estão, portanto, estreitamente ligados, formam um par. *Das Ding* situa-se em outro lugar.

Esse *das Ding*, gostaria hoje de mostrá-lo a vocês na vida e nesse princípio de realidade que Freud faz entrar em jogo no início de seu pensamento até o seu termo. Vou marcar, para vocês, sua indicação em tal trecho do *Entwurf* sobre o princípio de realidade, e no artigo Die Verneinung, A denegação,[11] onde se trata de um ponto essencial.

Esse *das Ding* não está na relação — de algum modo refletida, na medida em que é explicitável — que faz o homem colocar em questão suas palavras como referindo-se às coisas que, no entanto, elas criaram. Há outra coisa em *das Ding*.

O que há em *das Ding* é o verdadeiro segredo. Pois há um segredo desse princípio de realidade cujo paradoxo Lefèvre-Pontalis ressaltou para vocês da última vez. Se Freud fala de princípio de realidade é para nos mostrá-lo, por um certo lado, sempre em fracasso e não chegando a valorizar-se senão de forma marginal, e por uma espécie de pressão da qual poder-se-ia dizer, se as coisas não fossem infinitamente mais longe, que é o que Freud chama não de necessidades vitais, como se diz frequentemente para ressaltar o papel do processo secundário, mas, no texto alemão, de *die Not des Lebens*. Fórmula infinitamente mais forte. Alguma coisa que quer. A necessidade (*besoin*) e não as necessidades (*besoins*). A pressão, a urgência. O estado de *Not* é o estado de urgência da vida.

Essa *Not des Lebens* intervém no nível do processo secundário, mas de uma maneira mais profunda do que por essa atividade corretiva, para determinar o nível *Q*ή, a quantidade de energia conservada pelo organismo à medida da resposta, e que é necessária à conservação da vida. Notem bem isto, é no nível do processo secundário que se exerce o nível dessa determinação necessária.

Retomemos o princípio de realidade que nos é então invocado sob a forma de sua incidência de necessidade (*nécessité*). Essa observação coloca-nos na via do que estou chamando de seu segredo, e que é isto aqui — assim que tentamos articulá-lo para fazê-lo depender do mundo físico, ao qual o desígnio de Freud parece exigir referi-lo, é claro que o princípio de realidade funciona, de fato, como que isolando o sujeito da realidade.

Não encontramos aí nada mais do que, efetivamente, a biologia nos ensina, ou seja, que a estrutura de um ser vivo é dominada por um processo de homeostase, de isolamento em relação à realidade. Será que isso é tudo o que Freud nos disse quando nos fala do funcionamento do princípio de realidade? Aparentemente sim. E ele nos mostra que nem o elemento quantitativo, nem o elemento qualitativo, na realidade, passam no reino — é o termo que emprega, *Reich* — do processo secundário.

A quantidade exterior entra em contato com o aparelho chamado sistema φ, isto é, aquilo que no conjunto neurônico encontra-se dirigido para o exterior, digamos, *grosso modo*, as terminações nervosas no nível da pele, dos tendões, até mesmo dos músculos ou dos ossos, a sensibilidade profunda. Tudo é feito para que essa quantidade *Q* seja barrada, detida em relação ao que será sustentado por uma outra quantidade, *Q*ή, a qual determina o nível que distingue o aparelho ψ no conjunto neurônico. Pois o *Entwurf* é a teoria de um aparelho neurônico em relação ao qual o organismo permanece exterior, assim como o mundo exterior.

Passemos à qualidade. Aqui também o mundo exterior não perde toda qualidade, mas, esta vem-se inscrever, como a teoria dos órgãos sensoriais o mostra, de uma maneira descontínua, segundo uma escala cortada nas duas extremidades, e encurtada segundo os diferentes campos da sensorialidade que dele participam. Um aparelho sensorial, diz-nos Freud, não desempenha apenas o papel de um extintor ou de um amortecedor, como o aparelho φ em geral, mas o papel de um crivo.

Aqui ele não vai mais além nas tentativas de solução propostas pelo fisiologista, daquele que escreve, como o sr. Piéron, *A sensação, guia de vida*. A questão de saber se a escolha é feita de tal ou tal maneira no campo apto a provocar percepções visuais, auditivas ou outras não é abordada de outro modo. Só que temos aqui, da mesma forma, a noção de uma profunda subjetivação do mundo exterior — alguma coisa tria, criva de tal maneira que a realidade só é entrevista pelo homem, pelo menos no estado natural, espontâneo, de uma forma profundamente escolhida. O homem lida com peças escolhidas da realidade.

Na verdade, isso só intervém numa função que, em relação à economia do conjunto, é localizada — ela concerne não à qualidade, na medida em que esta nos informaria mais profundamente, que ela atingiria uma essência, mas os signos. Freud só os faz intervir na medida em que são *Qualitätszeichen*, mas a função do signo não se exerce tanto em relação à qualidade, opaca e enigmática. Trata-se de um signo na medida em que nos avisa da presença de alguma coisa que se refere efetivamente ao mundo exterior, assinalando à consciência que é com esse mundo exterior que ela lida.

Esse mundo exterior é a coisa com a qual ela tem de se virar, e com a qual, desde que existem homens, que pensam, e que tentam uma teoria do conhecimento, ela tentou se virar. Freud não aprofunda o problema senão para dizer que ele é seguramente muito complexo e que estamos muito longe de poder sequer esboçar a solução do que pode organicamente determinar com precisão sua gênese particular.

Mas, a partir daí, será que é disso que se trata quando Freud nos fala do princípio de realidade? Essa realidade, afinal, será apenas o que os teóricos de um certo behaviorismo nos fazem perceber? — o que representam as chances de um organismo perante um mundo onde ele possui, certamente, aquilo com que se nutrir, do qual ele pode assimilar certos elementos, mas que é em princípio feito de acasos, encontros — caótico. Será que é justamente isso tudo o que Freud articula quando nos fala do princípio de realidade?

É a questão que, hoje, estou propondo perante vocês com a noção de *das Ding*.

2

Antes de entrar nisso, torno a fazer vocês observarem o que o pequeno quadro de coluna dupla, que introduzi para vocês há duas semanas, comporta.

Numa coluna o *Lustprinzip*, o *Realitätsprinzip* na outra. O que é inconsciente funciona do lado do princípio do prazer. O princípio de realidade domina o que, consciente ou pré-consciente, apresenta-se, em todo caso, na ordem do discurso refletido, articulável, acessível, que sai do pré-consciente. Observei-lhes que os processos de pensamento, na medida em que o princípio do prazer os domina, são inconscientes, Freud ressalta isso. Eles não chegam à consciência senão na medida em que se pode verbalizá-los, em que uma explicação refletida os traz de volta ao alcance do princípio de realidade, ao alcance de uma consciência enquanto perpetuamente atenta, interessada pelo investimento da atenção em surpreender algo que se pode produzir, para permitir-lhe orientar-se em relação ao mundo real.

É em suas próprias palavras que o sujeito, de uma maneira quão problemática, chega a apreender as astúcias às quais suas ideias vêm agenciar-se em seu pensamento, ideias que emergem frequentemente de uma maneira quão enigmática. A necessidade de falá-las, de articulá-las introduz entre elas uma ordem, frequentemente artificial. Freud comprazia-se em acentuar esse ponto dizendo que se encontram sempre razões para ver surgir em si tal disposição, tal humor, um após o outro, mas que nada, afinal, nos confirma que o verdadeiro móvel dessa emergência sucessiva nos seja dado. Isso é precisamente o que a análise fornece à nossa experiência.

Há sempre superabundância de razões para nos fazer acreditar em não sei qual racionalidade da sucessão de nossas formas endopsíquicas. No entanto, na maioria dos casos, é justamente em outro lugar, como sabemos, que sua verdadeira ligação pode ser apreendida.

Logo, o processo de pensamento — na medida em que é, contudo, nele que caminha o acesso à realidade, o *Not des Lebens*, que mantém num certo nível o investimento do aparelho — encontra-se no campo do inconsciente. Ele não nos é acessível senão pelo artifício da fala articulada. Freud chega até a dizer que é na medida em que nós nos ouvimos falar que há *Bewegung*, movimento da fala — não creio que o uso dessa palavra em alemão seja corrente, e não é a troco de nada que Freud a emprega, mas para ressaltar a estranheza da noção na qual ele insiste —, é na medida em que esse *Bewegung*, se anuncia para o sistema ω que algo pode ser conhecido do que, em algum grau, se intercala no circuito que, no nível do aparelho φ, tende, antes de mais nada, a se descarregar em movimento para manter a tensão no nível mais baixo.

O sujeito consciente só apreende o que quer que seja daquilo que se encontra interessado no processo de *Abfuhr*, e que entra com a marca do princípio do prazer, na medida em que há algo de centrípeto no movimento, que há sensação de movimento para falar, sensação de esforço. E isso limitar-se-ia a uma percepção obscura, capaz, no máximo, de opor no mundo as duas qualidades que Freud não deixa de qualificar de monótonas, o imóvel e o móvel, o que pode mover-se e o que é impossível de mover, se não houvesse certos movimentos que são de estrutura diferente, os movimentos articulados da fala. Isso é algo que participa ainda da monotonia, da palidez, da falta de cor, mas é por meio disso que chega à consciência tudo o que se refere aos processos do pensamento, a esses ensaios miúdos do encaminhamento de *Vorstellung* em *Vorstellung*, de representação em representação, em torno do que todo o mundo se organiza. É na medida em que algo no circuito sensação-motricidade vem interessar, num certo nível, o sistema ψ que algo é retroativamente percebido, sensível sob a forma de *Wortvorstellung*.

Eis como o sistema da consciência, o sistema ω, pode registrar algo do que ocorre no psiquismo — a que Freud faz alusão em vários momentos, sempre com prudência e algumas vezes com ambiguidade, como percepção endopsíquica.

Acentuemos ainda o que está em questão no sistema ψ. Freud isola desde o *Entwurf* um sistema do *Ich*. Teremos de ver suas metamorfoses e transformações nos desenvolvimentos ulteriores da teoria, mas ele se apresenta de saída com toda a ambiguidade que Freud restabelecerá mais tarde dizendo que o *Ich* é em grande parte inconsciente.

O *Ich* é estritamente definido em *Einführung des Ichs*, como um sistema investido uniformemente por algo que tem uma *Gleichbesetzung* — Freud não escreveu esse termo, mas encontro-me na corrente do que ele expressa evocando um investimento igual, uniforme. Há no sistema ψ algo que se constitui como *Ich* e que é *eine Gruppe von Neuronen (...) die konstant besetzt ist, also dem durch die sekundäre Funktion erforderten Vorratsträger entspricht* — o termo *Vorrat* é aqui especialmente repetido. A manutenção desse investimento caracteriza aí uma função reguladora. E eu falo aqui de função. Se há inconsciente é justamente o *Ich* enquanto é aqui inconsciente em função, e é na medida em que é regulado por essa *Besetzung*, essa *Gleichbesetzung* que lidamos com ele. Daí o valor dessa decussação na qual insisto, e que veremos mantida em sua dualidade no recurso do desenvolvimento do pensamento de Freud.

Ora, o sistema que percebe, que registra e que se chamará mais tarde *Wahrnehmungsbewusstsein* não está no nível do eu na medida em que ele mantém a *Besetzung*, que regula o funcionamento do pensamento, igual e uniforme e, tanto quanto possível, constante. A consciência está em outro lugar, é um aparelho que Freud precisa inventar, que ele nos diz ser intermediário entre o sistema ψ e o sistema φ, e que, ao mesmo tempo, tudo no texto nos obriga a não colocá-lo no limite entre os dois. Pois o sistema ψ penetra diretamente, certamente através de um outro aparelho, ramifica-se diretamente no sistema φ, no qual abandona apenas uma parte da quantidade que ele lhe traz.

É em outro lugar e numa posição mais isolada, menos situável do que qualquer outro aparelho, que o sistema ω funciona. Com efeito, não é da quantidade exterior que os neurônios ω recolhem sua energia, diz Freud, pode-se conceber no máximo que eles *sich die Periode aneignen*, apropriam-se ao período. É a isso que eu fazia alusão, há pouco, falando da escolha do aparelho sensorial. Ele desempenha aí um papel de guia em relação às contribuições que os *Qualitätszeichen* fornecem, para permitir, ao mínimo movimento, todas essas saídas que se individualizam enquanto atenção sobre tal ou tal ponto escolhido do circuito, e permitirão uma melhor aproximação em relação ao processo do que aquela que o princípio do prazer tenderia a fazer automaticamente.

Algo nos surpreende assim que Freud tenta articular a função desse sistema a propósito desse par, dessa união que parece uma coalescência, da *Wahrnehmung*, a percepção, com a *Bewusstsein*, a consciência, o que exprime o símbolo W-Bw. Rogo-lhes que se refiram à carta 52, sobre a qual Lefèvre-Pontalis chamava a atenção, da última vez, que mencionei em vários momentos, e na qual Freud começa, em sua confidência a Fliess, a fornecer a concepção de que é preciso se ter do funcionamento do inconsciente. Toda a sua teoria da memória gira em torno da sucessão das *Niederschriften*, das inscrições. A exigência fundamental de todo esse sistema consiste em ordenar numa concepção coerente do aparelho psíquico os campos diversos do que ele vê efetivamente funcionar nos traços mnêmicos.

Na carta 52, a *Wahrnehmung*, ou seja, a impressão do mundo exterior como bruta, original, primitiva está fora do campo que corresponde a uma experiência notável, ou seja, efetivamente inscrita em algo sobre o qual é completamente surpreendente que na origem de seu pensamento Freud o expresse como uma *Niederschrift*, algo que se propõe, portanto, não simplesmente em termos de *Prägung* e de impressão, mas no sentido de algo que constitui signo e que é da ordem da escrita — não fui eu quem o fez escolher esse termo.

A primeira *Niederschrift* se produz numa idade tal que sua primeira aproximação faz com que ele a situe antes dos quatro anos, pouco importa. Mais tarde, até a idade de oito anos, uma outra *Niederschrift*, mais organizada, organizada em função das recordações, parecer-nos-á constituir, mais especialmente, um inconsciente. Pouco importa se Freud se engana ou não — desde então vimos que podemos fazer o inconsciente e sua organização de pensamento remontarem a muito mais cedo. O que importa é que, em seguida, temos o nível do *Vorbewusstsein* e depois o do *Bewusstsein* na medida em que ele não é mais a indicação de um tempo, mas de um termo. Em outros termos, a elaboração que nos faz progredir de uma significação do mundo a uma fala que pode formular-se, a cadeia que vai do mais arcaico inconsciente à forma articulada da fala no sujeito, tudo isso ocorre entre *Wahrnehmung* e *Bewusstsein*, como se diz entre dentes.[12] O progresso ao qual Freud se interessa situa-se em algum lugar que não se deve tanto identificar, do ponto de vista da topologia subjetiva, com um aparelho neurônico. O que ocorre entre *Wahrnehmung* e *Bewusstsein* deve, contudo, ter a ver, pois é assim que Freud o representa para nós, com o inconsciente — desta vez não apenas em função, mas em *Aufbau*, em estrutura, como ele próprio se expressa fazendo a oposição.

Em outros termos, é na medida em que a estrutura significante interpõe-se entre a percepção e a consciência que o inconsciente intervém, que o princípio do prazer intervém, não mais enquanto *Gleichbesetzung*, função da manutenção de um certo investimento, mas na medida em que ele concerne as *Bahnungen*. A estrutura da experiência acumulada reside aí e permanece aí inscrita.

No nível do *Ich*, do inconsciente em função, algo se regula, que tende a afastar o mundo exterior. Pelo contrário, o que está em exercício no nível da *Übung* é descarga — e reencontra-se aqui o mesmo entrecruzamento que na economia total do aparelho. É a estrutura que regula a descarga, é a função que a retém. Freud também chama isso de *Vorrat*, provisão — é a palavra que utilizou para designar a despensa de provisões, *Vorratskammer*, de seu próprio inconsciente. *Vorratsträger* é o *Ich* como o suporte de quantidade e de energia que constitui o âmago do aparelho psíquico.

Sobre essa base entra em jogo o que vamos agora ver funcionar como a primeira apreensão da realidade pelo sujeito. É aqui que intervém essa realidade que tem relação com o sujeito da maneira mais íntima — o *Nebenmensch*. Fórmula totalmente surpreendente na medida em que articula energicamente o à-parte[13] e a similitude, a separação e a identidade.

Seria preciso que eu lesse para vocês todo o trecho, porém contentar-me-ei do ápice — *Deste modo, o complexo do* Nebenmensch *se divide em duas partes, das quais uma se impõe por um aparelho constante, que permanece coesa como coisa* — als Ding.[14]

Eis o que a tradução detestável, com a qual vocês se deparam em francês, deixa perder dizendo que *quelque chose reste comme tout cohérent.* Não se trata de modo algum de uma alusão a um todo coerente que se daria pela transferência do verbo ao substantivo, muito pelo contrário. O *Ding* é o elemento que é, originalmente, isolado pelo sujeito em sua experiência do *Nebenmensch* como sendo, por sua natureza, estranho, *Fremde.*[15] O complexo do objeto é dividido em duas partes, há divisão, diferença na abordagem do julgamento. Tudo aquilo que é qualidade do objeto, que pode ser formulado como atributo, entra no investimento do sistema ψ e constitui as *Vorstellungen* primitivas em torno das quais estará em jogo o destino do que é regulado segundo as leis do *Lust* e do *Unlust,* do prazer e do desprazer, naquilo que se pode chamar de as entradas primitivas do sujeito. *Das Ding* é absolutamente outra coisa.

Essa é uma divisão original da experiência da realidade. Reencontramos isso na *Verneinung.* Refiram-se ao texto, vocês reencontrarão, com a mesma importância, a mesma função daquilo que, do interior do sujeito, encontra-se originalmente levado para um primeiro exterior — um exterior, diz-nos Freud, que nada tem a ver com essa realidade na qual o sujeito terá, em seguida, de discernir as *Qualitätszeichen*, que lhe indicam que ele está no rumo certo para a busca de sua satisfação.

Isso é algo que, antes da prova dessa busca, estabelece seu termo, sua meta e sua visada. É isso que Freud designa para nós quando nos diz *que o objetivo primeiro e imediato da prova da realidade não é o de encontrar na percepção real um objeto que corresponda ao representado, mas reencontrá-lo, convencer-se de que ele ainda está presente.*[16]

O *Ding* como *Fremde*, estranho e podendo mesmo ser hostil num dado momento, em todo caso como o primeiro exterior, é em torno do que se orienta todo o encaminhamento do sujeito. É sem dúvida alguma um encaminhamento de controle, de referência, em relação a quê? — ao mundo de seus desejos. Ele faz a prova de que alguma coisa, afinal, encontra-se justamente aí, que, até um certo ponto, pode servir. Servir a quê? — a nada mais do que a referenciar, em relação a esse mundo de anseios e de espera orientado em direção ao que servirá, quando for o caso, para atingir *das Ding*. Esse objeto estará aí quando todas as condições forem preenchidas, no final das contas — evidentemente, é claro que o que se trata de encontrar não pode ser reencontrado. É por sua natureza que o objeto é perdido como tal. Jamais ele será reencontrado. Alguma coisa está aí esperando algo melhor, ou esperando algo pior, mas esperando.

O mundo freudiano, ou seja, o da nossa experiência, comporta que é esse objeto, *das Ding*, enquanto o Outro absoluto do sujeito, que se trata de reencontrar. Reencontramo-lo no máximo como saudade. Não é ele que reencontramos, mas suas coordenadas de prazer, e nesse estado de ansiar por ele e de esperá-lo que será buscada, em nome do princípio do prazer, a tensão ótima abaixo da qual não há mais nem percepção nem esforço.

No final das contas, sem algo que o alucine enquanto sistema de referência, nenhum mundo da percepção chega a ordenar-se de maneira válida, a constituir-se de maneira humana. O mundo da percepção nos é dado por Freud como que dependendo dessa alucinação fundamental sem a qual não haveria nenhuma atenção disponível.

3

Chegamos aqui na noção da *spezifische Aktion*, da qual Freud fala tantas vezes e que eu gostaria aqui de esclarecer para vocês. Há efetivamente uma ambiguidade na *Befriedigungserlebnis*. O que é buscado é o objeto em relação ao qual o princípio do prazer funciona. Esse funcionamento é, no tecido, na trama, o suporte a que se refere toda a experiência prática. Pois bem, essa experiência, essa ação específica, como é que Freud a concebe?

É aqui que é preciso ler a correspondência com Fliess para sentir bem seu alcance, e especialmente a carta 52, que ainda não acabou de nos confiar seus segredos. Ele diz — o acesso histérico não é uma descarga. Advertência àqueles que sentem sempre a necessidade de colocar em primeiro plano a incidência da quantidade na função do afeto. Não há campo mais favorável do que o da histeria para mostrar o quanto o fato, no desencadeamento dos acontecimentos psíquicos, é uma contingência correlativa. Não é de modo algum uma descarga, *sondern eine Aktion*, mas uma ação que é *Mittel zur Reproduktion von Lust*.

Vamos ver aí se esclarecer o que Freud chama de uma ação. O caráter propriamente original de toda ação é de ser *Mittel*, meio de reprodução. Ela é isso pelo menos em sua raiz, *Das ist er [der hysterische Anfall] wenigstens in der Wurzel.* Por outro lado, *sonst motiviert er sich vor dem Vorbewusstein mit allerlei Gründen*, ela pode motivar-se de toda a espécie de fundamentos tomados ao nível do pré-consciente.

Freud nos confia logo a seguir o que se encontra na essência disso e nos dá a ilustração, ao mesmo tempo, do que quer dizer a ação como *Mittel zur Reproduktion.* No caso da histeria, da crise de choro, tudo é calculado, regulado, como que apoiado em *dem Anderen*, no Outro, o Outro pré-histórico, inesquecível que ninguém mais tarde atingirá nunca mais.

O que encontramos aqui permite-nos uma primeira aproximação daquilo que está em questão na neurose e de compreender o seu correlativo, o seu termo regulador. Se o fim da ação específica que visa à experiência de satisfação é o de reproduzir o estado inicial, de reencontrar *das Ding*, o objeto, compreendemos vários modos do comportamento neurótico.

A conduta da histérica, por exemplo, tem como objetivo recriar um estado centrado pelo objeto, na medida em que esse objeto, *das Ding*, é, como Freud escreve em algum canto, o suporte de uma aversão. É na medida em que o objeto primeiro é objeto de insatisfação que o *Erlebnis* específico da histérica se ordena.

Em oposição — a distinção é de Freud e não há motivo para ser abandonada —, na neurose obsessiva o objeto em relação a que a experiência de fundo se organiza, a experiência de prazer, é um objeto que, literalmente, traz prazer demais. Freud o percebeu muito bem, e isso foi sua primeira apercepção da neurose obsessiva. O que, nos diversos andamentos do obsessivo e em todos os seus arroiozinhos, indica e significa o comportamento do obsessivo é que ele sempre se regula para evitar aquilo que o sujeito vê, frequentemente de modo bastante claro, como sendo a meta e o fim de seu desejo. A motivação desse evitamento é extraordinariamente radical, pois o princípio do prazer nos é efetivamente dado como tendo um modo de funcionamento que é justamente de evitar o excesso, o prazer em demasia.

Para dizer logo — tão logo quanto Freud em suas primeiras apercepções da realidade ética na medida em que ela funciona no sujeito com o qual ele lida —, evocarei a posição do sujeito na terceira das grandes categorias que Freud discerne inicialmente — histeria, neurose obsessiva e paranoia. Na paranoia, coisa curiosa, Freud nos fornece este termo, sobre o qual rogo-lhes que meditem em seu jorro primordial — *Versagen des Glaubens.* Esse primeiro estranho em relação ao qual o sujeito tem de referir-se inicialmente, o paranoico não acredita nele.

O fato de fazer funcionar o termo de crença parece-me estar acentuado por um sentido menos psicológico do que aparece à primeira vista. Na atitude radical do paranoico, tal como Freud a designa, interessa o modo mais profundo da relação do homem com a realidade, isto é, o que se articula como fé. Vocês podem ver aqui como se faz o vínculo com uma outra perspectiva, que vem a seu encontro — já a designei para vocês dizendo-lhes que o móvel da paranoia é essencialmente rejeição de um certo apoio na ordem simbólica, desse apoio específico em torno do qual pode fazer-se — veremos isso nas próximas palestras — a divisão em duas vertentes da relação com *das Ding.*

Das Ding é originalmente o que chamaremos de o fora-do-significado. É em função desse fora-do-significado e de uma relação patética a ele que o sujeito conserva sua distância e constitui-se num mundo de relação, de afeto primário, anterior a todo recalque. Toda a primeira articulação do *Entwurf* é feita em torno disso. O recalque, não esqueçamos, constitui ainda um problema para Freud, e tudo o que ele dirá sobre o recalque em seguida não pode ser concebido, em seu extraordinário refinamento, senão como que respondendo à necessidade de compreender a especificidade do recalque em relação a todas as outras formas de defesa.

Pois bem, aqui, é em relação a esse *das Ding* original que é feita a primeira orientação, a primeira escolha, o primeiro assento da orientação subjetiva que chamaremos, no caso, de *Neurosenwahl*, a escolha da neurose. Essa primeira moagem regulará doravante toda a função do princípio do prazer.

Resta-nos ver que é no mesmo lugar que vem-se organizar alguma coisa que é, ao mesmo tempo, o oposto, o avesso e o idêntico disso, e que, em última instância, substitui essa realidade muda que é *das Ding* — ou seja, a realidade que comanda, que ordena. É o que é indicado na filosofia de alguém que, mais do que qualquer outro, entreviu a função de *das Ding*, embora abordando-a apenas pelas vias da filosofia da ciência, ou seja, Kant. No final das contas é concebível que seja como trama significante pura, como máxima universal, como a coisa mais despojada de relações com o indivíduo que os termos de *das Ding* devam apresentar-se. É aí que devemos ver, com Kant, o ponto de mira, de visada, de convergência segundo o qual uma ação, que qualificaremos de moral, apresentar-se-á, e veremos o quão paradoxalmente ela se apresenta, ela mesma, como sendo a regra de um certo *Gute.*

Por hoje, quero apenas insistir nisto — a Coisa só se apresenta a nós na medida em que ela acerta na palavra, como se diz *acertar na mosca.* No texto de Freud, a maneira pela qual o estranho, o hostil aparece na primeira experiência da realidade para o sujeito humano é o grito. Esse grito, eu diria que não precisamos dele. Gostaria aqui de fazer referência a algo que está mais inscrito na língua francesa do que na língua alemã — cada língua tem suas vantagens. Em alemão, *das Wort* é, ao mesmo tempo, a palavra e a fala. Em francês a palavra *mot* tem um peso e um sentido particular. *Mot*[17] é essencialmente *nenhuma resposta. Mot,* diz La Fontaine a certa altura, é o que se cala, é justamente aquilo para o qual nenhuma palavra é pronunciada. As coisas que estão em questão — e que alguns poderiam contestar-me como sendo por Freud colocadas num nível superior ao desse mundo de significantes sobre o qual lhes digo o que ele é, ou seja, o verdadeiro móvel do funcionamento no homem do processo qualificado de primário — são as coisas enquanto mudas. E as coisas mudas não são exatamente a mesma coisa que as coisas que não têm relação alguma com as palavras.

Basta evocar uma figura inesquecível para cada um dentre vocês, a do terrível mudo dos quatro Irmãos Marx — Harpo. Existe algo que possa colocar uma questão mais presente, mais urgente, mais envolvente, mais transtornadora, mais nauseabunda, mais constituída para lançar no abismo e no nada tudo o que acontece diante dele do que a figura, marcada por esse sorriso do qual não se sabe se é aquele da mais extrema perversidade ou da mais completa palermice, do Harpo Marx? Esse mudo, sozinho, é suficiente para suportar a atmosfera de questionamento e de aniquilamento radical que constitui a trama da formidável farsa dos Marx e do jogo de *jokes* não descontínuo que confere todo o valor de seu exercício.

Ainda uma palavra. Falei-lhes hoje do Outro como *Ding.* Gostaria de terminar com algo que é muito mais acessível à nossa experiência — é o emprego isolado de certas formas especializadas que o francês reserva para o pronome vocativo.

O que será que representa para nós a emissão, a articulação, o surgimento fora de nossa voz desse *Tu!* que pode vir-nos aos lábios em tal momento de desarvoramento, de desolação, de surpresa em presença de alguma coisa que não chamarei precipitadamente de a morte mas, seguramente, um outrem por nós privilegiado em torno do qual giram nossas maiores preocupações e que não deixa, nem por isso, de nos embaraçar?

Não creio que esse *Tu* — esse *Tu* de devoção em que, num dado momento, qualquer manifestação da necessidade de querer bem pode vir topar — seja simples. Creio haver nele a tentação de domar o Outro, o Outro pré-histórico, o Outro inesquecível que corre o risco de, de repente, nos surpreender e de nos precipitar de lá de cima de sua aparição. *Tu* contém não sei que defesa — e diria que, no momento em que é pronunciado, é inteiramente nesse *Tu* que reside aquilo que lhes apresentei hoje em *das Ding*.

Para não terminar com algo que poderia parecer-lhes tão otimista vou mostrar o peso da identidade da coisa e da palavra que podemos encontrar num outro emprego isolado da palavra.

A esse *Tu*, que designei como de domação, e que não doma nada, *Tu* de vão chamado encantatório, de vã ligação, corresponde aquilo que nos ocorre quando alguma ordem nos vem do para além do aparelho onde pulula o que conosco lida com *das Ding*. É o que respondemos quando algo nos é imputado, ao nosso encargo ou à nossa conta — *Eu!* O que é esse *Eu*? *Eu*, sozinho, o que é? — se não é um *Eu* de desculpa, um *Eu* de rejeição, um *Eu* de *muito pouco para mim.*

Assim, desde sua origem o eu, na medida em que ele se expulsa, também ele, por meio de um movimento contrário, o eu enquanto defesa, enquanto — primeiramente e antes de tudo — eu que rejeita e que, ao contrário de anunciar, denuncia, o eu na experiência isolada de seu surgimento que talvez deva também ser considerado como seu declínio original, o eu aqui se articula.

É desse eu que voltaremos a falar da próxima vez, para ir mais adiante naquilo em que a ação moral se apresenta como experiência de satisfação.

9 de dezembro de 1959

V

Das Ding (II)

Combinatória das Vorstellungen.
O limite da dor.
Entre percepção e consciência.
O entredito da Verneinung.
A mãe como das Ding.

Freud repara a certa altura que, se a psicanálise pôde levantar a inquietação de certas pessoas promovendo excessivamente o reino dos instintos, nem por isso ela deixou de promover a importância da instância moral.

Isso é uma verdade de evidência — que nos é cotidianamente assegurada por nossa experiência de clínicos.

Da mesma forma, talvez tampouco ainda se meça suficientemente, fora dela, o caráter exorbitante da instância do sentimento de culpa, que se exerce sem que o sujeito saiba. O que se apresenta sob o aspecto massivo do sentimento de culpa inconsciente é aquilo que, este ano, acreditei ser necessário apreender mais de perto e articular de maneira a colocar em evidência a originalidade, a revolução de pensamento que o efeito da experiência freudiana, no que diz respeito ao domínio ético, comporta.

1

Tentei da última vez mostrar-lhes, na psicologia freudiana, o sentido desse *Entwurf* em torno de que Freud organizou sua primeira intuição daquilo que está em questão na experiência do neurótico. Tentei particularmente mostrar-lhes a função pivô que devemos conferir a alguma coisa que se encontra num dos meandros do texto — um meandro que convém não perder, e tanto menos que Freud o retoma sempre, sob diversas formas, até o fim. Trata-se de *das Ding*.

Das Ding é o que — no ponto inicial, logicamente e, da mesma feita, cronologicamente, da organização do mundo no psiquismo — se apresenta, e se isola, como o termo de estranho[15] em torno do qual gira todo o movimento da *Vorstellung*, que Freud nos mostra governado por um princípio regulador, o dito princípio do prazer vinculado ao funcionamento do aparelho neurônico. É em torno desse *das Ding* que roda todo esse processo adaptativo, tão particular no homem visto que o processo simbólico mostra-se aí inextricavelmente tramado.

Esse *das Ding*, nós o reencontramos na *Verneinung* — artigo de 1925, tão rico em recursos e também em interrogações — na fórmula que devemos considerar como essencial já que está colocada no centro e, digamos assim, colocada como ponto de enigma do texto. *Das Ding* deve, com efeito, ser identificado com o *Wiederzufinden*, a tendência a reencontrar, que, para Freud, funda a orientação do sujeito humano em direção ao objeto. Esse objeto, observamos bem, não nos é nem mesmo dito. Podemos aqui dar todo o valor a uma certa crítica textual, cujo apego ao significante parece por vezes ter uma forma talmúdica — é notável que o objeto em questão não seja articulado por Freud em parte alguma.

Da mesma forma, esse objeto, pois trata-se de o reencontrar, nós o qualificamos igualmente de objeto perdido. Mas esse objeto, em suma, nunca foi perdido, apesar de tratar-se essencialmente de reencontrá-lo. Nessa orientação em direção ao objeto, a regulação da trama, as *Vorstellungen* atraem-se uma à outra segundo as leis de uma organização de memória, de um complexo de memória, de uma *Bahnung* — ou seja, de um trilhamento, mas também de uma concatenação, diríamos mais firmemente, cujo jogo o aparelho neurônico nos deixa talvez entrever sob uma forma material e cujo funcionamento é regulado pela lei do princípio do prazer.

O princípio do prazer governa a busca do objeto e lhe impõe esses rodeios que conservam sua distância em relação ao seu fim. A etimologia — mesmo na língua francesa, que substituiu o termo *quérir* em desuso — remete a *circa*, o rodeio. A transferência de quantidade de *Vorstellung* em *Vorstellung* mantém a busca sempre a uma certa distância daquilo em torno do que ela gira. O objeto a ser reencontrado lhes dá sua lei invisível, mas por outro lado não é ele que regula seus trajetos. O que as fixa, o que modela o retorno delas — e esse retorno é, ele mesmo, mantido a distância — é o princípio do prazer que a submete a reencontrar no fim das contas apenas a satisfação da *Not des Lebens.*

A busca encontra assim, pelo caminho, uma série de satisfações vinculadas à relação com o objeto, polarizadas por ela, e que, a cada instante, modelam, temperam, embasam seus procedimentos segundo a lei própria ao princípio do prazer. Essa lei fixa o nível de uma certa quantidade de excitação que não poderia ser ultrapassada sem transpor o limite da polarização *Lust/Unlust*, prazer e desprazer sendo apenas as duas formas sob as quais esta única e mesma regulação, que se chama princípio do prazer, se expressa.

A admissão da quantidade é regulada — a coisa é metaforicamente articulada por Freud, mas quase como se fosse ao pé da letra — pela dimensão das vias de condução, pelo diâmetro individual daquilo que o organismo pode suportar. O que ocorre para além do limite? A impulsão psíquica nem por isso tornou-se capaz de ir mais longe em direção ao que seria a sua meta — mas antes, justamente, ela se espalha, se difunde no organismo psíquico, a quantidade transforma-se em complexidade. Numa espécie de expansão da zona iluminada do organismo neurônico ela vai acender mais longe, aqui, acolá, segundo as regras do trilhamento associativo, constelações de *Vorstellungen* que regulam a associação das ideias, *Gedanken* inconscientes, segundo o princípio do prazer.

O limite tem um nome. É coisa diferente da *Lust/Unlust* da qual fala Freud.

Queria que vocês notassem que aquilo que primitivamente, antes mesmo da entrada nessa função do sistema, intervém normalmente para regular a invasão da quantidade segundo o princípio do prazer — é o evitamento, a fuga, o movimento. É à motricidade que cabe, em última instância, a função de regular, para o organismo, o nível de tensão suportável, homeostático. Mas a homeostase do aparelho nervoso, lugar de uma regulação autônoma, é distinta, com tudo o que isto pode comportar de discordância, da homeostase geral, aquela que põe em jogo, por exemplo, o equilíbrio dos humores. O equilíbrio dos humores intervém, porém, como ordem de estimulação vinda do interior. É justamente assim que Freud se expressa — há estimulações que vêm do interior do organismo nervoso, e que ele compara com as estimulações exteriores.

Gostaria que parássemos um instante nesse limite da dor.

Os comentadores que recolheram as cartas a Fliess consideram que Freud, num dado momento, faz um lapso utilizando o termo *motorisch*, motor, no lugar da palavra *sekretorisch*, célula, núcleo, órgão. Eu já disse um dia que não me parecia evidente que fosse tanto um lapso. Freud nos diz efetivamente que, na maioria dos casos, a reação de dor sobrevém do fato de que a reação motora, a reação de fuga, é impossível, e isto na medida em que a estimulação, a excitação, vem do interior. A partir disso parece-me que esse pretenso lapso aí se encontra para nos indicar a profunda homologia da relação da dor com a reação motora. Aliás — a coisa surpreendeu-me há muito tempo, e, espero, não lhes parecerá absurdo —, na organização da medula espinhal os neurônios e os axônios da dor encontram-se no mesmo nível, no mesmo lugar que certos neurônios e axônios vinculados à motricidade tônica.

Da mesma forma, a dor não deve ser considerada pura e simplesmente dentro do registro das reações sensoriais. Diria — é o que a cirurgia da dor nos mostra — que nela não existe algo de simples que possa ser considerado como uma simples qualidade da reação sensorial. O caráter complexo da dor, seu caráter, por assim dizer, intermediário entre o aferente e o eferente nos é sugerido pelos resultados surpreendentes de tal secção que permite, em certas afecções internas, especialmente as cancerosas, a conservação da notação dor embora a supressão, ou a remoção, de uma certa qualidade subjetiva que constitui seu caráter insuportável seja efetiva.

Isso é da ordem de uma exploração fisiológica moderna que ainda não nos permite plenamente articulá-la, assim, contentar-me-ei em sugerir que deveríamos talvez conceber a dor como um campo que, na ordem da existência, abre-se precisamente no limite em que não há possibilidade para o ser de mover-se.

Alguma coisa não nos é anunciada em não sei qual apercepção dos poetas, com o mito de Dafne transformando-se em árvore sob a pressão de uma dor da qual não pode mais escapar? Não é verdade que o ser vivo que não tem a possibilidade de mover-se nos sugere, até em sua forma, a presença do que se poderia chamar de uma dor petrificada? Naquilo que fazemos do reino da pedra, na medida em que não a deixamos mais rolar, que a erigimos, que dela fazemos alguma coisa imóvel, não existe na própria arquitetura algo como a presentificação da dor?

O que iria nesse sentido é o que ocorreu no tempo do barroco, sob a influência de um momento da história no qual vamo-nos deter daqui a pouco. Algo foi tentado, na época, para fazer da própria arquitetura não sei que esforço em direção ao prazer, para conferir-lhe não sei qual liberação, que a faz efetivamente arder no que nos aparece como um paradoxo na história da construção e da edificação. E esse esforço em direção ao prazer, quais as formas que ele nos fornece? — senão as formas que chamamos, em nossa linguagem aqui metafórica e que, como tal, vai longe, de torturadas.

Vocês vão-me perdoar essa excursão, já que ela não deixa de lançar antes da hora uma ponta em direção ao que seremos levados a retomar daqui a pouco a propósito da época do homem do prazer, o século XVIII, e o estilo muito especial que ele introduziu na investigação do erotismo.

Retornemos às nossas *Vorstellungen* e tratemos agora de compreendê-las, de surpreendê-las, de pará-las em seu funcionamento para nos darmos conta do que se trata na psicologia freudiana.

O caráter de composição imaginária, de elemento imaginário do objeto, faz dele o que se poderia chamar de a substância da aparência, o material de um engodo vital, uma aparição sujeita à decepção de uma *Erscheinung*, diria eu se me permitisse falar alemão, isto é, aquilo em que a aparência se sustenta, mas que é igualmente a aparição da assombração, a aparição corriqueira, o que forja esse *Vor*, esse terceiro, o que se produz a partir da Coisa. A *Vorstellung* é algo de essencialmente descomposto. É aquilo em torno do qual gira, desde sempre, a filosofia do Ocidente, desde Aristóteles, e a *phantasia*.

Em Freud a *Vorstellung* é apreendida em seu caráter radical sob a forma pela qual é introduzida numa filosofia que é essencialmente traçada pela teoria do conhecimento. E é isso que é notável — ele lhe designa até ao extremo, o caráter ao qual os filósofos, precisamente, não puderam decidir-se a reduzi-la, o de um corpo vazio, de um fantasma, de um pálido íncubo da relação com o mundo, de um gozo extenuado que constitui seu traço essencial através de toda a interrogação do filósofo. E isolando-a nessa função Freud a extrai da tradição.

E a esfera, a ordem, a gravitação das *Vorstellungen*, onde as coloca ele? Disse-lhes da última vez que, quando se lê bem Freud, se deve situá-las entre percepção e consciência, como se diz entre dentes.[12]

É entre percepção e consciência que aquilo que funciona no nível do princípio do prazer se insere. Ou seja, o quê? — os processos de pensamento na medida em que regulam, pelo princípio do prazer, o investimento das *Vorstellungen* e a estrutura na qual o inconsciente se organiza, a estrutura na qual a subjacência dos mecanismos inconscientes se flocula, o que constitui o grumo da representação, ou seja, algo que tem a mesma estrutura — esse é o ponto no qual insisto — do significante. Isso não é simplesmente *Vorstellung*, mas, como o escreve Freud mais tarde em seu artigo sobre o *Inconsciente*, *Vorstellungsrepräsentanz*, o que constitui a *Vorstellung* como um elemento associativo, combinatório. Desse modo, o mundo da *Vorstellung* é desde então organizado segundo as possibilidades do significante como tal. Desde então, no nível do inconsciente, isso se organiza segundo leis que não são forçosamente, Freud o diz mui justamente, as leis da contradição, nem as da gramática, mas as leis da condensação e do deslocamento, as que chamo, para vocês, de as leis da metáfora e da metonímia.

Será, então, que é tão espantoso Freud dizer-nos que esses processos do pensamento que ocorrem entre percepção e consciência nada seriam para a consciência se não pudessem a ela serem levados pelo intermédio de um discurso, do que se pode explicitar na *Vorbewusstsein*, no pré-consciente? O que significa isto? Freud não nos deixa dúvida alguma — trata-se de palavras. E é claro que essas *Wortvorstellungen* em questão, é preciso também que as situemos em relação ao que aqui articulamos.

Não é o mesmo, diz-nos Freud, que as *Vorstellungen* cujo processo de superposição, de metáfora e de metonímia, seguimos através do mecanismo inconsciente. É coisa bem diferente. As *Wortvorstellungen* instauram um discurso que se articula sobre os processos do pensamento. Em outros termos, não conhecemos nada dos processos do pensamento — deixem-me dizê-lo para frisar meu pensamento — se não praticarmos psicologia. Só os conhecemos porque falamos do que nos ocorre, porque falamos disso em termos inevitáveis, dos quais estamos cientes, por outro lado, de sua indignidade, de seu vazio, de sua futilidade. É a partir do momento em que falamos de nossa vontade, ou de nosso entendimento, como de faculdades distintas que temos uma pré-consciência, e que somos capazes, com efeito, de articular num discurso algo desse palavrório pelo qual nos articulamos em nós mesmos, justificamo-nos, racionalizamos para nós mesmos, em tal ou tal circunstância, o encaminhamento do nosso desejo.

Trata-se, com efeito, justamente de um discurso. E Freud frisa que, afinal, nada mais sabemos além desse discurso. O que chega à

Bewusstsein é a *Wahrnehmung*, a percepção desse discurso, e nada mais. É exatamente esse o seu pensamento.

É o que faz com que ele tenha tendência a reduzir à nulidade representações superficiais ou, para empregar um termo de Silberer, o fenômeno funcional. Certamente existem, em tal fase do sonho, coisas que nos representam o funcionamento psíquico de forma imajada — retomando um exemplo notório, as camadas do psiquismo sob a forma do jogo do ganso.[18] O que diz Freud? Que se trata aí apenas da produção de sonhos de um espírito levado à metafísica, entenda-se à psicologia, levado a amplificar o que o discurso nos impõe como necessário quando, para nós, se trata de distinguir uma certa escansão de nossa experiência íntima. Mas essa representação, diz-nos Freud, deixa escapar a estrutura, a mais profunda gravitação, que se funda no nível das *Vorstellungen.* E essas *Vorstellungen*, afirma, gravitam, permutam-se, modulam-se segundo as leis que vocês podem reconhecer, se seguem meu ensino, como as leis mais fundamentais do funcionamento da cadeia significante.

Será que me fiz compreender bem? É difícil, parece-me, ser mais claro sobre esse ponto essencial.

2

Ei-nos, portanto, levados a distinguir a articulação efetiva de um discurso, de uma gravitação das *Vorstellungen* sob a forma de *Vorstellungsrepräsentanzen* dessas articulações inconscientes. Trata-se de ver o que chamamos, em tais circunstâncias, de *Sachvorstellungen.* Estas últimas devem ser situadas em oposição polar aos jogos de palavras, às *Wortvorstellungen*, porém, nesse nível aquelas não se apresentam sem estas. Quanto a *das Ding*, trata-se de outra coisa — é uma função primordial que se situa no nível de instauração da gravitação das *Vorstellungen* inconscientes.

Faltou-me tempo da última vez para fazer-lhes sentir no uso corrente da língua a diferença que existe entre *Ding* e *Sache.*

É claro que não a empregaremos indiferentemente em cada caso e, mesmo que haja casos em que podemos empregar uma e outra, escolher uma ou outra confere, em alemão, uma acentuação preferencial ao discurso. Peço àqueles que sabem alemão de se referirem aos exemplos do dicionário. Diremos *Sache* para os assuntos de religião, mas diremos, contudo, que a fé não é *Jedermannding*, a coisa de todo o mundo. Mestre Eckhart emprega *Ding* para falar da alma, e sabe Deus se em Mestre Eckhart a alma é uma *Grossding*, das coisas a maior — certamente ele não empregaria o termo *Sache*. Se eu quisesse fazê-los perceber a diferença, dando-lhes uma espécie de referência global do que se reparte no emprego do significante de uma maneira diferente em alemão e em francês, eu lhes diria esta frase que me estava na ponta da língua da última vez e que retive, pois, afinal, não sou germanógeno e quis aproveitar o intervalo para testá-la aos ouvidos de algumas pessoas das quais é a língua materna — *Die Sache*, poder-se-ia dizer, *ist das Wort des Dinges*. Traduzindo em francês — *l'affaire est le mot de la Chose*.[19]

É justamente na medida em que passamos para o discurso que *das Ding*, a Coisa, resolve-se em uma série de efeitos — no sentido mesmo em que se pode dizer *meine Sache*. É toda a minha tralha, e é coisa bem diferente de *das Ding*, a Coisa, à qual nos é preciso voltar agora.

Vocês não se surpreenderão se eu lhes disser que no nível das *Vorstellungen* a Coisa não é nada, porém, literalmente não é — ela se distingue como ausente, alheia.[15]

Tudo o que dela se articula como bom e mau divide o sujeito com respeito a ela irreprimivelmente, diria eu, irremediavelmente e, sem dúvida alguma, com relação à mesma Coisa. Não há bom e mau objeto, há bom e mau e, em seguida, existe a Coisa. O bom e o mau entram desde logo na ordem da *Vorstellung*, estão lá como índices do que orienta a posição do sujeito, segundo o princípio do prazer, em relação ao que nunca deixará de ser apenas representação, apenas busca de um estado eleito, de um estado de anseio, de espera de quê? De algo que está sempre a uma certa distância da Coisa, ainda que seja regulado por essa Coisa, a qual está mais além.

Observamos isso no nível do que, noutro dia, anotamos como as etapas do sistema. Aqui *Wahrnehmungszeichen*, aqui *Vorbewusstsein*, aqui as *Wortvorstellungen* visto refletirem num discurso o que ocorre no nível dos processos de pensamento, os quais são eles mesmos regulados pelas leis do *Unbewusst*, isto é, pelo princípio do prazer. As *Wortvorstellungen* opõem-se, como reflexo de discurso, ao que aqui se ordena segundo uma economia de palavras, nas *Vorstellungsrepräsentanzen*, que Freud chama no *Entwurf* de recordações conceituais, o que é apenas uma primeira aproximação da mesma noção.

No nível do sistema φ, isto é, no nível do que ocorre antes da entrada no sistema ψ, e a passagem na extensão da *Bahnung*, da organização das *Vorstellungen*, a reação típica do organismo enquanto regulado pelo aparelho neurônico é o processo de elisão. As coisas são *vermeidet*, elididas. O nível das *Vorstellungsrepräsentanzen* é o lugar de eleição da *Verdrängung*. O nível das *Wortvorstellungen* é o lugar da *Verneinung*.

Detenho-me aqui um instante para mostrar-lhes a significação de um ponto que constitui ainda um problema para alguns de vocês a propósito da *Verneinung*. Como Freud observa, trata-se do modo privilegiado de conotação no nível do discurso daquilo que, no inconsciente, é *verdrängt*, recalcado. O *Verneinen* — o modo paradoxal pelo qual se situa, no discurso pronunciado, enunciado, no discurso do *Bewusstwerden*, o que está escondido, *verborgen*, no inconsciente, o modo sob o qual se confessa o que, para o sujeito, se encontra, ao mesmo tempo, presentificado e renegado.

Seria preciso prolongar esse estudo da *Verneinung*, como já encetei, pelo estudo da partícula negativa. Já pus em relevo para vocês, no rastro de Pichon, o emprego tão sutilmente diferenciado na língua francesa deste *ne* discordancial, sobre o qual mostrei-lhes o que o faz aparecer de modo paradoxal quando, por exemplo, o sujeito anuncia seu próprio temor.

Je crains, não como a lógica parece indicar, *qu'il vienne* — é justamente isso que o sujeito quer dizer, *temo que ele venha* —, mas sim *je crains qu'il ne vienne*. Esse *ne* tem seu lugar flutuante entre os dois níveis do grafo que ensinei-lhes a utilizar para encontrar a distinção entre eles, o da enunciação e do enunciado. Enunciando *je crains... quelque chose*, temo... alguma coisa, faço-o surgir em sua existência e, da mesma feita, em sua existência de voto — *qu'il vienne*, *que ele venha*. É aí que se introduz esse pequeno *ne* que mostra a discordância da enunciação com o enunciado.[20]

A partícula negativa *ne* só aparece a partir do momento em que falo verdadeiramente, e não no momento em que sou falado, se estou no nível do inconsciente. É certamente isso o que Freud quer dizer. E creio ser bom interpretar desse modo o que diz Freud quando diz que não há negação no nível do inconsciente — pois logo após ele bem nos mostra que existe, isto é, que no inconsciente há todo tipo de maneiras de representá-la metaforicamente. Há todo tipo de maneiras de representá-la no sonho, salvo, evidentemente, a partícula *ne*, pois só faz parte do discurso.

Esses exemplos mostram-nos a distinção que existe entre a função do discurso e a da fala.

Destarte a *Verneinung*, longe de ser o puro e simples paradoxo do que se apresenta sob a forma do não, não é um não qualquer. Há todo um mundo do não-dito, do interdito, pois é exatamente essa a forma sob a qual se apresenta essencialmente o *Verdrängt* que é a inconsciência. Mas a *Verneinung* é a ponta mais afirmada do que eu poderia chamar de *entredito*, como se diz — entrevista. Poder-se-ia igualmente procurar no emprego corrente do leque sentimental tudo aquilo que se pode dizer ao dizer — *Não digo*. Ou simplesmente, como se expressa em Corneille — *Non, je ne vous hais point* — *Não, de modo algum vos odeio.*

Nesse jogo do ganso[18] vocês veem a *Verneinung* representar, de um certo ponto de vista, a forma invertida da *Verdrängung* e a diferença de organização que existe, entre uma e outra, em relação à função da confissão. Indico aqueles para quem isto constitui ainda um problema, que vocês encontram igualmente uma correspondência entre aquilo que se articula plenamente no nível do inconsciente, a *Verurteilung*, e o que ocorre no nível distinguido por Freud na carta 52, na primeira significação significante da *Verneinung*, a da *Verwerfung*.

Um de vocês, Laplanche, para não nomeá-lo, em sua tese sobre Hölderlin, com a qual deveremos, assim espero, nos entreter aqui, interroga-se e interroga-me, um dia, sobre o que essa *Verwerfung* pode ser, dizendo — trata-se do Nome-*de*-Pai, como se trata na paranoia, ou trata-se do Nome-*do*-Pai? Se é disso que se trata, poucos exemplos patológicos colocam-nos na presença de sua ausência, de sua recusa efetiva. Se é o Nome-do-Pai, será que não entramos numa sequência de dificuldades que dizem respeito ao fato de haver sempre algo de significado para o sujeito que é vinculado à experiência, esteja ela presente ou ausente, desse algo que, qualquer que seja sua qualidade, seu nível, veio-lhe ocupar esse lugar?

Evidentemente essa noção da substância significante não pode deixar de constituir um problema para todo espírito bem pensante. Mas não esqueçam que lidamos com o sistema de *Wahrnehmungszeichen*, sinais da percepção, isto é, com o sistema primeiro dos significantes, com a sincronia primitiva do sistema significante. Tudo começa na medida em que é ao mesmo tempo, na *Gleichzeitigkeit*, que vários significantes podem apresentar-se ao sujeito. É nesse nível que o *Fort* é correlativo ao *Da*. O *Fort* só pode expressar-se na alternância a partir de uma sincronia fundamental. É a partir dessa sincronia que algo se organiza, algo que o simples jogo do *Fort* e do *Da* não bastaria para constituir.

Já coloquei o problema diante de vocês — qual é o mínimo inicial concebível de uma bateria significante para que o registro do significante possa começar a se organizar? Não poderia haver dois sem três, e isso deve seguramente, acho eu, comportar o quatro, o quadripartito, o *Geviert* como diz Heidegger num dado momento. É na medida em que um termo pode ser recusado, que mantém a base do sistema das palavras numa certa distância ou dimensão relacional, que veremos desenvolver-se toda a psicologia do psicótico — falta alguma coisa, em direção a que tende desesperadamente seu verdadeiro esforço de suprimento, de significantização. Deixo-os com a esperança de que deveremos talvez voltar a isso, com, igualmente, a notável explicitação que Laplanche deu do caso de uma experiência poética que desenvolve, desvela, torna isso sensível de uma maneira especialmente esclarecedora, ou seja, o caso de Hölderlin.

A função desse lugar é de ser aquele que contém as palavras, no sentido em que contém quer dizer retém, razão pela qual uma distância e uma articulação são possíveis, razão pela qual a sincronia se introduz, sobre a qual pode, em seguida, escalonar-se a dialética essencial, aquela em que o Outro pode encontrar-se como Outro do Outro.

Esse Outro do Outro não se encontra aí senão por seu lugar. Ele pode encontrar seu lugar mesmo que não possamos encontrá-lo em parte alguma no real, mesmo que tudo o que possamos encontrar no real para ocupar esse lugar só valha por ocupar esse lugar, mas não lhe pode dar nenhuma outra garantia a não ser a de estar nesse lugar.

Eis aqui situada dessa maneira uma outra topologia, a topologia que a relação com o real institui. Essa relação com o real, vamos agora poder defini-la e nos dar conta do que significa efetivamente o princípio de realidade.

3

É ao princípio de realidade que está vinculada toda a função que vem articular-se em Freud com o termo de *supereu*, *Überich*, o que seria, confessemos, um reles jogo de palavras se fosse apenas uma maneira substitutiva de designar o que se chama de consciência moral ou algo de análogo.

Freud fornece-nos uma articulação verdadeiramente nova mostrando-nos a raiz, o funcionamento psíquico do que, na constituição humana, pesa, e meu Deus, como pesa, sobre todas essas formas das quais não se convém desconhecer nenhuma, até aquela, a mais simples, a dos mandamentos, e mesmo, diria, os dez mandamentos.

Não hesitarei em falar-lhes desses dez mandamentos, os quais podemos pensar ter passado todos em revista. É claro que os vemos funcionar, senão em nós, em todo caso nas coisas de uma maneira singularmente vigorosa, e que conviria talvez rever o que Freud aqui articula.

O que Freud articula, enunciá-lo-ei nestes termos, cujos comentários parecem ser promovidos apenas para nos fazer esquecê-los. Freud fornece, quanto ao fundamento moral, a descoberta, diriam uns, a afirmação, diriam outros, a afirmação da descoberta, creio, de que a lei fundamental, a lei primordial, aquela onde começa a cultura na medida em que se opõe à natureza — pois as duas coisas são perfeitamente individualizadas em Freud no sentido moderno, quero dizer, no sentido em que Lévi-Strauss pode articulá-la hoje em dia —, que a lei fundamental é a lei da interdição do incesto.

Todo o desenvolvimento da psicanálise o confirma de maneira cada vez mais grosseira, embora o ressalte cada vez menos. Quero dizer que tudo o que se desenvolve no nível da interpsicologia criança-mãe e que expressamos mal nas categorias ditas de frustração, da gratificação e da dependência não é senão um imenso desenvolvimento da coisa materna, da mãe na medida em que ela ocupa o lugar dessa coisa, de *das Ding*.

Todo mundo sabe que o correlato disso é esse desejo do incesto, que é o grande achado de Freud. Podem dizer-nos que o vemos a uma certa altura em Platão, ou que Diderot falou dele em *O sobrinho de Rameau* no *Suplemento à viagem de Bougainville* — isto me é indiferente. É importante que tenha havido um homem que, num momento dado da história, tenha-se levantado para dizer — Eis o desejo essencial.

É isto que se trata de segurar firmemente em nossa mão — Freud designa na interdição do incesto o princípio da lei primordial da qual todos os desenvolvimentos culturais são apenas as consequências e as ramificações — e, ao mesmo tempo, ele identifica o incesto com o desejo mais fundamental.

Claude Lévi-Strauss confirma, certamente, em seu estudo magistral, o caráter primordial da Lei como tal, ou seja, a introdução do significante e de sua combinatória na natureza humana por intermédio das leis do casamento regulado por uma organização de trocas que ele qualifica de estruturas elementares — na medida em que são dadas indicações preferenciais para a escolha do cônjuge, ou seja, que uma ordem é introduzida na aliança produzindo assim uma dimensão nova ao lado da ordem da hereditariedade. Mas mesmo quando ele faz isso e dá muitas voltas em torno da questão do incesto para nos explicar o que torna necessária sua interdição, ele não vai mais além de nos indicar por que o pai não esposa sua filha — é preciso que as filhas sejam trocadas. Mas por que o filho não dorme com a mãe? Aí, algo permanece velado.

Evidentemente, ele refuta as justificações pelos efeitos pretensamente nefastos dos cruzamentos demasiadamente próximos. Ele demonstra que longe de produzir esses efeitos de ressurgimento do recessivo, dos quais se pode temer que introduzam elementos de degenerescência, tal endogamia é correntemente empregada em todos os ramos da domesticação para melhorar uma raça, seja ela vegetal ou animal. É na ordem da cultura que a lei se exerce. A lei tem como consequência excluir o incesto fundamental, o incesto filho-mãe, que é o que Freud salienta.

Se em torno disso tudo é justificado, o fato é que esse ponto central permanece. É o ponto, o vemos bem ao lermos atentamente o texto de Lévi-Strauss, mais enigmático, mais irredutível, entre natureza e cultura.

É nesse ponto que quero detê-los. O que encontramos na lei do incesto situa-se como tal no nível da relação inconsciente com *das Ding*, a Coisa. O desejo pela mãe não poderia ser satisfeito pois ele é o fim, o término, a abolição do mundo inteiro da demanda, que é o que estrutura mais profundamente o inconsciente do homem. É na própria medida em que a função do princípio do prazer é fazer com que o homem busque sempre aquilo que ele deve reencontrar, mas que não poderá atingir, que nesse ponto reside o essencial, esse móvel, essa relação que se chama a lei da interdição do incesto.

Essa inspeção metafísica só merece mesmo ser retida se pudermos confirmá-la no nível do discurso efetivo que pode vir para o homem ao alcance de seu saber, do discurso pré-consciente ou consciente, isto é, da lei efetiva, isto é, enfim, desses famosos dez mandamentos de que há pouco falava.

Esses mandamentos são dez? Quem sabe, talvez sim. Tentei contar de novo voltando às fontes. Fui consultar meu exemplar de Silvestre de Sacy. É o que temos na França de mais próximo dessas versões da Bíblia que exerceram uma influência tão decisiva no pensamento e na história de outros povos, uma inaugurando a cultura eslava com são Cirilo, uma outra, a versão autorizada dos ingleses, da qual se pode dizer que se não a conhecemos de cor na terra deles somos excluídos. Não temos isso, mas aconselho-os, entretanto, a se referirem a essa versão do século XVII, apesar de suas impropriedades e inexatidões, pois era a versão que as pessoas liam e sobre a qual gerações de pastores escreveram e batalharam acerca da interpretação de tal interdição, presente ou passada, inscrita nos textos.

Fui, portanto, lá pegar o texto desse Decálogo que Deus articula diante de Moisés, no terceiro dia do terceiro mês após a saída do Egito, na névoa sombria do Sinai, com relâmpagos e a interdição ao povo de se aproximar. Devo dizer que gostaria, um dia, de deixar a palavra a alguém mais qualificado do que eu para analisar a série dos avatares que a articulação significante desses dez mandamentos sofreu através dos tempos, desde os textos hebraicos até aquele em que se apresenta no ramerrão dos versículos-hemistíquios do catequismo.

Esses dez mandamentos, por mais negativos que pareçam — fazem-nos sempre a observação de que não há apenas o lado negativo da moral, mas também o lado positivo — não vou deter-me tanto no seu caráter interditivo, mas direi, como já indiquei aqui, que talvez sejam apenas os mandamentos da fala, quero dizer que explicitam aquilo sem o que não existe fala — eu não disse discurso — possível.

Dei apenas uma indicação, pois não podia, então, ir mais além, e retomo aqui essa trilha. Quero fazê-los observar isto — nesses dez mandamentos, que constituem aproximadamente tudo o que, contra tudo e contra todos, é admitido como mandamentos pelo conjunto da humanidade civilizada — civilizada ou não, ou quase, porém aquela que não o é não a conhecemos a não ser através de um certo número de criptogramas, então, vamos ater-nos à tal da civilizada —, nesses dez mandamentos, em parte alguma está assinalado que não se deve dormir com a mãe. Não acho que o mandamento de honrá-la possa ser considerado como a menor indicação nesse sentido, nem positivo nem negativo — apesar daquilo que se chama nas histórias de Marius e Olive de *faire une bonne manière.*[21]

Os dez mandamentos, não poderíamos, da próxima vez, interpretá-los como algo muito próximo daquilo que funciona efetivamente no recalque do inconsciente? Os dez mandamentos são interpretáveis como destinados a manter o sujeito a distância de toda realização do incesto, como uma condição, e uma só, que é a de nos darmos conta de que a interdição do incesto não é outra coisa senão a condição para que subsista a fala.

Isso traz-nos de volta à interrogação sobre o sentido dos dez mandamentos uma vez que estão vinculados, da maneira mais profunda, àquilo que regula a distância do sujeito a *das Ding*, uma vez que essa distância é justamente a condição da fala, uma vez que os dez mandamentos são a condição da subsistência da fala como tal.

Estou apenas abordando nessa margem, mas, desde agora, que ninguém, peço-lhes, se detenha na ideia de que os dez mandamentos seriam a condição de toda vida social. Pois, na verdade, como, sob um outro ângulo, não se dar conta, simplesmente enunciando-os de que eles são a lista e o capítulo de nossas transações de cada instante? Eles expõem a dimensão de nossas ações como propriamente humanas. Em outros termos, passamos nosso tempo violando os dez mandamentos, e é justamente por isso que uma sociedade é possível.

Para tal não preciso chegar ao extremo dos paradoxos de um Bernard de Mandeville que mostra, na *Fábula das abelhas*, os vícios privados formarem a fortuna pública. Não se trata disso, mas de ver a que responde o caráter de imanência pré-consciente dos dez mandamentos. É aí que retomarei as coisas da próxima vez — não sem dar ainda uma volta pela referência essencial que utilizei quando falei, pela primeira vez diante de vocês, daquilo que se pode chamar de o real.

O real, disse-lhes eu, é o que se reencontra sempre no mesmo lugar. Vocês o verão na história da ciência e dos pensamentos. Dar essa volta é indispensável para nos levar à grande crise revolucionária da moral, ou seja, ao questionamento dos princípios lá onde eles devem ser requestionados, isto é, no nível do imperativo. Este é o ápice, ao mesmo tempo, kantiano e sadista da Coisa, o que faz com que a moral se torne, por um lado, pura e simples aplicação da máxima universal, por outro, puro e simples objeto.

É essencial compreender esse ponto para ver o passo que é transposto por Freud. O que quero hoje simplesmente indicar é isto, que um poeta, que é um dos meus amigos, escreveu a certa altura — *O problema do mal só merece ser levantado enquanto não estivermos quites com a ideia da transcendência de um bem qualquer que puder ditar deveres ao homem. Até lá a representação exaltada do mal conservará seu maior valor revolucionário.*

Pois bem, o passo dado por Freud, no nível do princípio do prazer, é o de mostrar-nos que não há Bem Supremo — que o Bem Supremo, que é *das Ding*, que é a mãe, o objeto do incesto, é um bem proibido e que não há outro bem. Tal é o fundamento, derrubado, invertido, em Freud, da lei moral.

Trata-se agora de conceber de onde vem a lei moral positiva, que permaneceu bem intacta, e de tal maneira que podemos literalmente, empregando um termo tornado célebre no cinema, antes quebrar *a cabeça na parede* a vê-la derrubada.

O que significa? Significa, é essa a direção na qual os estou enveredando, que o que se buscou no lugar do objeto inencontrável é justamente o objeto que se reencontra sempre na realidade. No lugar do objeto impossível de reencontrar (reachar) no nível do princípio do prazer algo aconteceu que não é nada mais do que isto, que se reencontra sempre, mas apresenta-se sob uma forma completamente fechada, cega, enigmática — o mundo da física moderna.

Eis em torno de que, verão vocês, desenrolou-se, efetivamente, no final do século XVIII, durante a Revolução Francesa, a crise da moral, eis a que a doutrina freudiana traz uma resposta. Ela introduz aqui uma luz, que espero mostrar-lhes que ainda não liberou todas as suas consequências.

16 de dezembro de 1959

VI

Da lei moral

A Crítica da razão prática.
A Filosofia na alcova.
Os dez mandamentos.
A Epístola aos Romanos.

Mandemos entrar o simplório, façamo-lo sentar-se na primeira fila e perguntemos a ele o que Lacan quer dizer.

O simplório levanta-se, vem ao quadro e explica — Lacan nos fala desde o início do ano de *das Ding* nos seguintes termos — ele o coloca no âmago de um mundo subjetivo que é aquele cuja economia, segundo Freud, ele nos descreve há anos. Esse mundo subjetivo define-se assim — o significante é, no homem, desde logo entronizado no nível inconsciente, misturando suas referências com as possibilidades de orientação que seu funcionamento de organismo natural de ser vivo lhe confere.

Desde logo, basta inscrevê-lo desta forma neste quadro, colocando *das Ding* no centro, e em volta o mundo subjetivo do inconsciente organizado em relações significantes, para vocês verem a dificuldade de sua representação topológica. Pois esse *das Ding* está justamente no centro, no sentido de estar excluído. Quer dizer que, na realidade, ele deve ser estabelecido como exterior, esse *das Ding*, esse Outro pré-histórico impossível de esquecer, do qual Freud afirma a necessidade da posição primeira sob a forma de alguma coisa que é *entfremdet*, alheia[15] a mim, embora esteja no âmago desse eu, alguma coisa que, no nível do inconsciente, só uma representação representa.

1

Digo — *alguma coisa que só uma representação representa.* Não vejam aí um simples pleonasmo, pois *representação* e *representa* são aqui duas coisas diferentes, como indica o termo *Vorstellungsrepräsentanz.* Trata-se daquilo que, no inconsciente, representa como signo a representação como função de apreensão — da maneira pela qual toda representação se representa uma vez que ela evoca o bem que *das Ding* traz consigo.

Mas, dizer *o bem* já é uma metáfora, um atributo. Tudo o que qualifica as representações na ordem do bem encontra-se tomado na refração, no sistema de decomposição que lhe impõe a estrutura dos trilhamentos inconscientes, a complexificação no sistema significante dos elementos. É somente por meio disso que o sujeito se relaciona com o que, para ele, se apresenta em seu horizonte como seu bem. Seu bem já lhe é indicado como a resultante significativa de uma composição significante que se encontra convocada no nível inconsciente, isto é, lá onde ele absolutamente não domina o sistema de direções, de investimentos, que regulam profundamente sua conduta.

Empregarei aqui um termo que apenas aqueles que ainda têm as fórmulas kantianas da *Crítica da razão prática* suficientemente presentes no espírito poderão verdadeiramente apreciar seu justo valor — e aqueles que não as têm suficientemente presentes, ou que ainda não fizeram, até agora, a experiência desse livro extraordinário sob vários pontos de vista incito-os, nesse ponto, a preencher as lacunas da memória da cultura.

É impossível progredirmos neste seminário nas questões colocadas pela ética psicanalítica se não tiverem esse livro como termo de referência.

Que me baste ressaltar, nem que seja para inspirar-lhes a vontade de a ele se referirem, que ele é, seguramente, extraordinário do ponto de vista do humor. Manter-se no ápice da mais extrema necessidade conceitual não deixa de causar um efeito de plenitude, ao mesmo tempo de contentamento e vertigem, em que vocês não poderão perder a oportunidade de perceber, em tal momento, entreabrir-se não sei que abismo do cômico. E não vejo por que vocês recusariam abrir essa porta. Veremos aliás, daqui a pouco, em que sentido podemos, nós mesmos, fazê-lo aqui.

Trata-se, portanto, de um termo kantiano, para dizê-lo expressamente do *Wohl*, que destacarei para designar o bem em questão. Trata-se do conforto do sujeito na medida em que, se ele se refere a *das Ding* como seu horizonte, funciona para ele o princípio do prazer que dá a lei onde se resolve uma tensão, segundo a fórmula freudiana, vinculada ao que chamaremos de os engodos bem-sucedidos — ou ainda melhor, signos que a realidade honra ou não honra. Aqui, o signo quase confina com a moeda representativa, e evoca a frase que há muito tempo integrei num de meus primeiros discursos, aquele sobre a *Causalidade psíquica*, numa fórmula que inaugura um de seus parágrafos — *mais inacessíveis a nossos olhos feitos para os sinais do cambista.*

Continuo com a imagem — os sinais do cambista já estão presentes no fundo da estrutura inconsciente que se regula segundo a lei do *Lust* e do *Unlust*, segundo a regra do *Wunsch* indestrutível, ávido de repetição, da repetição dos signos. É por meio disso que o sujeito regula sua distância a *das Ding*, fonte de todo *Wohl* em nível de princípio do prazer, e que fornece desde logo, mas em seu âmago, aquilo que, segundo a referência kantiana, e como aqueles que praticam a psicanálise não deixaram de fazê-lo, nós qualificamos de *das Gute des Objekts*, o bom objeto.

No horizonte, para além do princípio do prazer, delineia-se o *Gute*, *das Ding*, introduzindo, no nível inconsciente o que deveria forçar-nos a recolocar a questão propriamente kantiana da *causa noumenon*. *Das Ding* apresenta-se ao nível da experiência inconsciente como aquilo que desde logo constitui a lei. Todavia é preciso dar a este vocábulo, a lei, a inflexão que toma nos jogos mais brutais da sociedade elementar que um livro recente de Roger Vaillant evoca. Trata-se de uma lei de capricho, arbitrária, de oráculo também, uma lei de signos em que o sujeito não está garantido por nada, em relação a que ele não tem nenhuma *Sicherung*, para empregar ainda um termo kantiano. É por isso que esse *Gute*, no nível do inconsciente, é também, e no seu fundo, o mau objeto, do qual a articulação kleiniana também nos fala.

Todavia é preciso dizer que *das Ding*, nesse nível, não é diferenciado como mau. O sujeito não tem o menor acesso ao mau objeto, pois, desde logo, em relação ao bom objeto ele se mantém a distância. Ele já não pode suportar o extremo bem que *das Ding* lhe pode trazer, quanto mais se situar em relação ao mau objeto. Ele pode gemer, explodir, amaldiçoar, ele não entende — nada aqui se articula, nem mesmo pela metáfora. Ele faz sintomas, como se diz, e esses sintomas são, originalmente, sintomas de defesa.

A defesa, como devemos concebê-la nesse nível? Há uma defesa orgânica — o eu defende-se mutilando-se, como o caranguejo abandona sua pata, mostrando assim essa ligação que fiz da última vez entre motricidade e dor. Mas como o homem se defende de outra maneira que o animal que se automutila? A distinção é aqui introduzida pela estruturação significante no inconsciente humano. Mas a defesa, a mutilação que é a do homem, não se constitui somente por substituição, deslocamento, metáfora e tudo o que estrutura sua gravitação em relação ao bom objeto. Ela se constitui por algo que tem um nome, e que é, propriamente falando, a mentira sobre o mal.

No nível do inconsciente o sujeito mente. E essa mentira é sua maneira de dizer a verdade acerca disso. O *orthos logos* do inconsciente, nesse nível, articula-se — Freud o escreve no *Entwurf* a propósito da histeria — *proton pseudos*, a primeira mentira.

Preciso eu, após ter falado algumas vezes do *Entwurf*, relembrar-lhes o exemplo que ele dá de uma doente da qual ele não volta a falar, Emma, que não tem nada a ver com a Emma dos *Studien*? Trata-se de uma mulher que tem a fobia de entrar sozinha nas lojas, onde tem medo que zombem dela por causa de sua roupa.

Inicialmente tudo está ligado a uma primeira recordação. Aos doze anos ela já tinha entrado numa loja e os empregados riram, aparentemente, de sua roupa. Um deles lhe agradou, até mesmo a perturbou de maneira singular em sua puberdade nascente. Por detrás, reencontramos a recordação causal, a de uma agressão sofrida aos oito anos, numa loja, da parte de um *Greissler*. A tradução francesa, feita a partir da inglesa, ela mesma feita com uma especial falta de cuidado, diz *boutiquier* — mas trata-se de um barbaças, de um homem de uma certa idade,[22] que a beliscou não-sei-onde debaixo da saia de uma maneira bem direta. Essa recordação entra, portanto, em ressonância com a ideia da atração sexual sentida na outra recordação.

Tudo o que resta no sintoma é vinculado à roupa, à zombaria devida à roupa. Mas a direção da verdade é indicada, sob uma cobertura, sob a *Vorstellung* mentirosa da roupa. Há uma alusão, de forma opaca, ao que não aconteceu no momento da primeira recordação, mas na segunda. Algo que não foi apreensível originalmente, só-depois[23] o é, e pelo intermédio dessa transformação mentirosa — *proton pseudos*. É por meio disso que temos a indicação do que, no sujeito, marca para sempre sua relação com *das Ding* como mau — que ele não pode, no entanto, formular que seja mau de outra maneira que não seja pelo sintoma.

Eis o que a experiência do inconsciente força-nos a acrescentar a nossas premissas quando retomamos a interrogação ética tal como foi colocada ao longo dos tempos e tal como foi-nos legada na ética kantiana, uma vez que esta permanece — em nossa reflexão, senão em nossa experiência — o ponto até onde as coisas foram levadas.

A via na qual os princípios éticos se formulam, na medida em que se impõem à consciência ou que estão sempre prestes a emergir do pré-consciente como mandamentos, tem a mais estreita relação com o segundo princípio introduzido por Freud, ou seja, o princípio de realidade.

O princípio de realidade é o correlato dialético do princípio do prazer. Um não é apenas, como se acredita inicialmente, a aplicação da continuação do outro, cada um é verdadeiramente o correlato polar do outro, sem o qual nem um nem outro teria sentido. Somos agora levados, uma vez mais, a aprofundar o princípio de realidade tal como já lhes indiquei no horizonte da experiência paranoica.

O princípio de realidade não é simplesmente, tal como aparece no *Entwurf*, a amostragem que se produz, às vezes no nível do sistema, ou do sistema da *Wahrnehmungsbewusstsein*. Ele não funciona apenas no nível desse sistema pelo qual o sujeito, aferindo na realidade o que lhe dá o sinal de uma realidade presente, pode corrigir a adequação do surgimento engodador da *Vorstellung* tal como é provocada pela repetição no nível do princípio do prazer. Ele é algo mais. A realidade se coloca para o homem, e é por isso que ela o interessa, como sendo estruturada, e como sendo o que se apresenta em sua experiência como o que retorna sempre ao mesmo lugar.

Mostrei-lhes isso no momento em que fazia o comentário do presidente Schreber. A função dos astros no sistema delirante desse sujeito exemplar indica-nos, à maneira de uma bússola, a estrela polar da relação do homem com o real. O estudo da história da ciência torna verossímil a mesma coisa. Não é mesmo singular, paradoxal, que seja a observação feita pelo pastor, pelo marinheiro mediterrâneo, do retorno ao mesmo lugar do objeto que parece menos interessar a experiência humana — o astro, que indica para o agricultor quando convém semear seu trigo? Pensem no papel tão importante que as Plêiades desempenharam no itinerário da marinha mediterrânea. Não é considerável que seja a observação do retorno dos astros sempre ao mesmo lugar que, prosseguindo através dos tempos, desemboca nessa estruturação da realidade pela física que se chama ciência? As leis fecundas desceram do céu para a terra, da física peripatética a Galileu. Mas da terra, onde se reencontra as leis do céu, a física galileana volta a subir ao céu mostrando-nos que os astros não são nada daquilo que inicialmente se acreditara, que não são incorruptíveis, que estão submetidos às mesmas leis que o mundo terrestre.

Mais ainda, se um passo decisivo na história da ciência já foi dado pelo admirável Nicolau de Cusa, um dos primeiros a formular que os astros não são incorruptíveis, sabemos, nós, ainda mais, que poderiam não estar no mesmo lugar.

Destarte, a exigência primeira que nos fez, através da história, sulcar a estruturação do real para disso constituir a ciência, supremamente eficaz, mas também supremamente decepcionante, essa exigência primeira que é a de *das Ding* — encontrar o que se repete, o que retorna e nos garante retornar ao mesmo lugar — impeliu-nos até o ponto extremo em que estamos, em que podemos colocar todos os lugares em questão e onde nada mais, nessa realidade que aprendemos tão admiravelmente a transtornar, responde a esse apelo da segurança do retorno.

No entanto, é nessa pesquisa do que retorna sempre ao mesmo lugar que permanece apenso o que se elaborou ao longo dos tempos sobre aquilo que chamamos de ética. A ética não é o simples fato de haver obrigações, um laço que encadeia, ordena e constitui a lei da sociedade. Há também aquilo a que nos referimos tão frequentemente aqui com o termo de estruturas elementares do parentesco — da propriedade igualmente e da troca dos bens — que faz com que, nas sociedades ditas primitivas — entendam por isto todas as sociedades em seu nível de base —, o homem constitua-se, ele mesmo, signo, elemento, objeto da troca regulada, de que o estudo de um Claude Lévi-Strauss mostra-lhes o caráter seguro em sua relativa inconsciência. O que, através das gerações, preside a essa nova ordem sobrenatural das estruturas é exatamente o que dá a razão da submissão do homem à lei do inconsciente. Mas a ética começa, todavia, para além disso.

Ela começa no momento em que o sujeito coloca a questão desse bem que buscara inconscientemente nas estruturas sociais — e onde, da mesma feita, foi levado a descobrir a ligação profunda pela qual o que se apresenta para ele como lei está estreitamente ligado à própria estrutura do desejo. Se ele não descobre imediatamente esse desejo final que a exploração freudiana descobriu com o nome de desejo do incesto, descobre o que articula sua conduta de uma maneira tal que o objeto de seu desejo seja, para ele, sempre mantido a distância. Essa distância não é completamente uma distância, é uma distância íntima que se chama proximidade, que não é idêntica a ele mesmo, que lhe é literalmente próxima, no sentido em que se pode dizer que o *Nebenmensch* do qual Freud nos fala no fundamento da coisa é o seu próximo.

Se algo, no ápice do mandamento ético, termina de uma maneira tão estranha, tão escandalosa para o sentimento de alguns, articulando-se sob a forma do *Amarás teu próximo como a ti mesmo*, é por ser próprio à lei da relação do sujeito humano consigo mesmo que ele se constitua, ele mesmo, como seu próprio próximo em sua relação ao seu desejo.

Minha tese é de que a lei moral se articula com a visada do real como tal, do real na medida em que ele pode ser a garantia da Coisa. É por isso que lhes convido a se interessarem pelo que podemos chamar de o acme da crise da ética, e que lhes designei, desde o início, como sendo vinculada ao momento em que aparece a *Crítica da razão prática.*

2

A ética kantiana surge no momento em que se descortina o efeito desorientador da física, que chegou a seu ponto de independência em relação a *das Ding*, *das Ding* humano, sob a forma da física newtoniana.

É a física newtoniana que força Kant a uma revisão radical da função da razão enquanto pura, e é enquanto expressamente apensa a esse questionamento de origem científica que se propõe a nós uma moral cujas arestas, em seu rigor, nunca puderam até então nem mesmo ser entrevistas — essa moral que se destaca expressamente de toda referência a um objeto, qualquer que seja, da afeição, de toda referência ao que Kant chama de *pathologisches Objekt*, um objeto patológico, o que quer apenas dizer um objeto de uma paixão, qualquer que seja ela.

Nenhum *Wohl*, que seja o nosso ou o do nosso próximo, não deve entrar como tal na finalidade da ação moral. A única definição da ação moral possível é aquela cuja fórmula bem-conhecida é dada por Kant — *Faz de tal modo que a máxima de tua ação possa ser tomada como uma máxima universal.* A ação só é, portanto, moral na medida em que ela só é comandada pelo único motivo que a máxima articula. Traduzir *Allgemeine* por *universal* coloca um pequeno problema, pois é mais próximo de comum. Kant opõe *geral* a *universal*, que ele retoma sob a forma latina — o que bem prova que algo é aqui deixado numa certa indeterminação. *Handle so, dass die Maxime deines Willens jederzeit zugleich als Prinzip einer allgemeinen Gesetzgebung gelten könne. Age de tal modo que a máxima da tua vontade possa sempre valer como princípio de uma legislação que seja para todos.*

Essa fórmula, que é, como vocês sabem, a fórmula central da ética de Kant, é por ele levada adiante às mais extremadas consequências. Esse radicalismo chega até a esse paradoxo, que, no final das contas, a *gute Willen*, a boa vontade, se coloca como exclusiva de toda ação benéfica. Para dizer a verdade, creio que a efetuação de uma subjetividade que mereça ser chamada de contemporânea, de um homem de nossos dias, que tem a sorte de ter nascido em nossa época, não pode ignorar esse texto. Ressalto isto assim, assim, pois a gente pode abster-se de tudo — o vizinho da direita e o vizinho da esquerda são da nossa época, se não próximos pelo menos personagens bastante próximos volumetricamente para nos impedir de cair no chão. Mas é preciso ter atravessado a prova da leitura desse texto para medir o caráter extremista, e quase insensato, do ponto em que nos acua algo que possui, contudo, sua presença na história — a existência, a insistência da ciência.

Se evidentemente ninguém jamais pôde — o próprio Kant não duvidava disso um só instante — colocar em prática, de alguma maneira, tal axioma moral, contudo não é indiferente dar-se conta do ponto a que as coisas chegaram. Para dizer a verdade, lançamos uma grande ponte a mais na relação com a realidade. Já há algum tempo a própria estética transcendental — estou falando daquilo que é designado desta maneira na *Crítica da razão pura* — pôde ser colocada em causa, pelo menos no plano desse jogo de escrituração em que atualmente a teoria física vem despontar. Daí, no ponto a que chegamos de nossa ciência, uma renovação, um esclarecimento do imperativo categórico poderia expressar-se assim, empregando a linguagem da eletrônica e da automação — *Nunca ajas senão de modo que tua ação possa ser programada.* O que nos faz dar um passo a mais no sentido de um desprendimento, ainda mais acentuado, se não o mais acentuado, em relação àquilo que se chama de um Bem Supremo.

Entendam bem isto — Kant convida-nos, quando consideramos a máxima que regula nossa ação, a considerá-la por um instante como a lei de uma natureza na qual seríamos convocados a viver. É esse, parece-lhe, o aparelho que nos fará repelir com horror essa ou aquela das máximas às quais nossos pendores de bom grado nos arrastariam. Dá-nos exemplos a respeito disso, e não deixa de ser interessante tomar nota deles concretamente, pois, por mais evidentes que pareçam, podem prestar-se, pelo menos para o analista, a alguma reflexão. Mas observem que ele nos diz as leis *de uma natureza*, não *de uma sociedade*. É mais do que evidente que não apenas as sociedades vivem muito bem com referências a leis que estão longe de suportar o estabelecimento de uma aplicação universal, mas bem mais, como já lhes indiquei da última vez, é pela transgressão dessas máximas que as sociedades prosperam.

Trata-se, portanto, da referência mental a uma natureza na medida em que esta é ordenada por leis de um objeto construído por ocasião da questão que nos colocamos sobre a matéria de nossa regra de conduta. Isso tem consequências notáveis, nas quais não vou entrar imediatamente.

Quero apenas aqui, para operar o efeito de choque, efeito de abrir os olhos, que me parece necessário no caminho de nosso progresso, fazê-los notar isto — se a *Crítica da razão prática* foi lançada em 1788, sete anos depois da primeira edição da *Crítica da razão pura*, há um outro livro que, este, foi lançado seis anos depois da *Crítica da razão prática*, mais ou menos nos dias que se seguiram ao Termidor, em 1795, e que se chama *A Filosofia na alcova*.

A Filosofia na alcova, como todos vocês sabem, acho eu, é a obra de um certo marquês de Sade, célebre por diversas razões. Sua celebridade de escândalo não deixou, no início, de acompanhar-se de grandes infortúnios, e, pode-se dizer, de abuso de poder cometido a seu respeito, pois ele também ficou no cativeiro uns vinte e cinco anos, o que é muito para alguém que, meu Deus, não cometeu, a nosso conhecimento, nenhum crime essencial, e que chega aos nossos dias, na ideologia de alguns, a tal ponto de promoção que se poderia também dizer que comporta, pelo menos, algo de confuso, se não de excessivo.

Ainda que possa passar, aos olhos de alguns, como que comportando a abertura para certos divertimentos, a obra do marquês de Sade não é, propriamente falando, das mais regozijantes, e as partes mais apreciadas podem parecer também as mais chatas. Mas não se pode pretender que lhe falte coerência e, em suma, são exatamente os critérios kantianos os que ela destaca para justificar as posições do que se pode chamar de uma espécie de antimoral.

Seu paradoxo é sustentado com a maior coerência nesse livro que se intitula *A Filosofia na alcova*. Um pequeno trecho encontra-se aí incluído que, visto o conjunto dos ouvidos que me escutam, é o único que recomendo expressamente a leitura — *Franceses, mais um esforço para serem republicanos.*

Após esse apelo, suposto ser colhido por um movimento de folhetos que se agitam nesse momento na Paris revolucionária, o marquês de Sade nos propõe como máxima universal de nossa conduta, visto o que, nas premissas desse livro, consiste a ruína das autoridades, o advento de uma verdadeira república, o contrário do que pôde ser até então considerado como o mínimo vital de uma vida moral viável e coerente.

E, na verdade, ele não sustenta nada mal isso. Não é absolutamente por acaso que encontramos inicialmente na *Filosofia na alcova* um elogio da calúnia. A calúnia, diz-nos ele, não poderia, em nenhum caso, ser nociva — se ela imputa a nosso próximo algo muito pior do que se pode com razão atribuir-lhe, ela tem por mérito alertar-nos contra suas empreitadas. E prossegue deste modo, justificando ponto por ponto o derrubamento dos imperativos fundamentais da lei moral, e preconizando o incesto, o adultério, o roubo e tudo o que vocês podem acrescentar. Peguem o contrário de todas as leis do Decálogo e terão a exposição coerente de algo cujo móvel final articula-se em suma assim — tomemos como máxima universal de nossa ação o direito de gozar de outrem, quem quer que seja, como instrumento de nosso prazer.

Sade demonstra, com muita coerência, que, uma vez universalizada essa lei, se ela confere aos libertinos a livre disposição de todas as mulheres indistintamente, consentindo elas ou não, libera-as inversamente de todos os deveres que uma sociedade civilizada lhes impõe em suas relações conjugais, matrimoniais e outras. Essa concepção abre todas as comportas que ele propõe imaginariamente no horizonte do desejo, cada um sendo solicitado a levar a seu extremo as exigências de sua cobiça e de realizá-las.

Se a mesma abertura é dada a todos, ver-se-á o que será uma sociedade natural. Nossa repugnância pode ser legitimamente assimilada ao que Kant, ele mesmo, pretende eliminar dos critérios da ação moral, ou seja, a um elemento sentimental.

Se é eliminado da moral todo elemento de sentimento, se no-lo retiram, se se invalida todo guia que exista em nosso sentimento, de modo extremo o mundo sadista é concebível — mesmo que ele seja seu avesso e sua caricatura — como uma das efetivações possíveis do mundo governado por uma ética radical, pela ética kantiana tal como ela se inscreve em 1788.

Creiam-me, não faltam ressonâncias kantianas nas tentativas de articulação moral que se encontra numa vasta literatura que podemos chamar de libertina, a do homem do prazer, que é uma forma igualmente caricatural deste problema que durante tanto tempo preocupou o Antigo Regime ao longo dos tempos, e isto, desde Fénelon — a educação das meninas. Vocês veem isso levado até as suas mais humoristicamente paradoxais consequências em *A cortina levantada* de Mirabeau.

Pois bem, tocamos aqui naquilo pelo qual, em sua busca de justificação, de assentamento, de apoio, no sentido da referência ao princípio de realidade, a ética encontra seu próprio impedimento, seu fracasso — quero dizer, onde explode uma aporia da articulação mental que se chama ética. Da mesma forma que a ética kantiana não tem outra continuação senão esse exercício ginástico, cuja função formadora para todo aquele que pensa já fiz vocês notarem, da mesma forma a ética sadista não teve espécie alguma de continuação social. Entendam bem que não sei se os franceses fizeram verdadeiramente um esforço para serem republicanos, mas seguramente, assim como os outros povos da Terra, e mesmo aqueles que fizeram depois deles revoluções ainda mais atrevidas, mais ambiciosas, mais radicais ainda, deixaram estritamente intactas as bases, que eu qualificaria de religiosas, dos dez mandamentos, levando-os mesmo até um grau em que a denotação puritana se vai acusando cada vez mais. Chegou-se ao ponto em que um chefe de um grande Estado socialista, indo visitar as civilizações coexistentes, escandaliza-se ao ver às margens do oceano Pacífico as dançarinas do nobre país da América levantarem a perna um pouco alto demais.

Encontramo-nos aí, contudo, diante de uma questão — precisamente a questão da relação com *das Ding*.

Essa relação parece-me, também, suficientemente ressaltada no terceiro capítulo que concerne aos móveis da razão pura prática. Com efeito, Kant admite, contudo, *um* correlato sentimental da lei moral em sua pureza, e, mui singularmente, rogo-lhes que anotem isto, segundo parágrafo dessa terceira parte — não é outra coisa senão a própria dor. Leio-lhes a passagem — *Por conseguinte, podemos ver* a priori *que a lei moral como princípio de determinação da vontade, pela mesma razão que ela causa danos a todas as nossas inclinações, deve produzir um sentimento que pode ser chamado de dor. E é esse aqui o primeiro, e talvez o único caso em que nos seja permitido determinar, por conceitos* a priori, *a relação de um conhecimento; que vem deste modo da razão pura prática, com o sentimento do prazer ou do penar.*

Em suma, Kant tem a mesma opinião de Sade. Pois, para atingir absolutamente *das Ding*, para abrir todas as comportas do desejo, o que Sade nos mostra no horizonte? Essencialmente a dor. A dor de outrem e, igualmente, a dor própria do sujeito, pois são, no caso, apenas uma só e mesma coisa. O extremo do prazer, na medida em que consiste em forçar o acesso à Coisa, nós não podemos suportá-lo. É o que constitui o lado derrisório, o lado — para empregar um termo popular — maníaco que salta a nossos olhos nas construções romanceadas de um Sade — a cada instante se manifesta o mal-estar da construção viva, exatamente isso que torna tão difícil, para nossos neuróticos, a confissão de algumas de suas fantasias.

As fantasias, com efeito, num certo grau, num certo limite, não suportam a revelação da fala.

3

Ei-nos, portanto, trazidos de volta à lei moral na medida em que ela se encarna num certo número de mandamentos. Quero dizer esses dez mandamentos cuja reunião encontra-se na origem, não tão perdida no passado, de um povo que se distingue, ele próprio, como eleito.

Disse-lhes que, esses mandamentos, conviria retomá-los. Indiquei, da última vez, que existe aí um estudo a ser feito para o qual eu convocaria um de vocês como representante de uma tradição de teologia moral. Diversas questões mereceriam que nelas nos detivéssemos. Falei do número de mandamentos, mas há também sua forma, a maneira pela qual nos são transmitidos no futuro. Chamaria, de muito bom grado, para ajudar-me, alguém que tivesse bastante prática do hebraico para poder responder-me. No texto hebraico, será também um futuro, será alguma forma de volitivo que é empregada no *Deuteronômio* e nos *Números*, em que vemos as primeiras formulações do Decálogo?

O que quero abordar hoje é somente seu caráter privilegiado em relação à estrutura da lei. Eu queria, hoje, deter-me em dois deles.

Devo deixar de lado as imensas questões que são colocadas pela promulgação desses dez mandamentos por algo que se anuncia como — *Sou o que sou.*[24] Convém, com efeito, não solicitar o texto no sentido de uma metafísica grega traduzindo *aquele que é*, ou até mesmo *aquele que sou. I am that I am*, a tradução inglesa, é mais próxima, no dizer dos hebraístas, do que significa a articulação do versículo. Talvez eu me engane, mas, não conhecendo o hebraico e esperando o que poderia ser-me trazido como complemento de informação, refiro-me às melhores autoridades e creio-as sem equívoco.

Esse *Sou o que sou* anuncia-se, inicialmente, acerca de um pequeno povo como sendo aquele que o tirou das misérias do Egito, e começa a articular — *Não terás outro deus diante de mim.* Deixo aberta a questão de saber o que quer dizer *diante de mim.* Quererá dizer que quando não se está diante de Deus, isto é, fora de Canaã, a adoração de outros deuses não é, para o judeu fiel, inconcebível? Um texto do segundo Samuel, na boca de Davi, deixa-o aparecer.

Fato é que o segundo mandamento, aquele que exclui formalmente não apenas todo culto, mas toda imagem, toda representação do que está no céu, na terra, no abismo, parece-me mostrar que o que está em questão encontra-se numa relação totalmente particular com a afeição humana em seu conjunto. Em suma, a eliminação da função do imaginário se oferece a meus olhos, e acho que aos de vocês também, como o princípio da relação com o simbólico, no sentido em que aqui compreendemos, isto é, em suma, com a fala. Ele encontra aí sua condição principal.

Deixo de lado o repouso do *shabat*, mas creio que esse imperativo extraordinário graças ao qual, num país de mestres e senhores, vemos ainda um dia por semana se passar numa inocupação que, no dizer dos provérbios humorísticos, não deixa ao homem comum meio-termo entre a ocupação do amor ou o tédio mais sombrio, essa suspensão, esse vazio, introduz seguramente na vida humana o sinal de um furo, de um para além em relação a qualquer lei da utilidade. Parece-me haver por aí a conexão mais próxima em cuja pista estamos aqui caminhando.

Deixo de lado a interdição do assassinato, pois, teremos de a ela voltar a propósito do alcance respectivo do ato e de sua retribuição.

Quero chegar à interdição da mentira, uma vez que ela torna a encontrar o que se apresentou a nós como a relação essencial do homem com a Coisa, uma vez que é comandada pelo princípio do prazer, ou seja, essa mentira com a qual lidamos todos os dias no inconsciente.

O *Não mentirás* é o mandamento em que, para nós, faz-se sentir, da maneira mais tangível, o íntimo laço do desejo, em sua função estruturante, com a lei. Na verdade, esse mandamento está aí para nos fazer sentir a verdadeira função da lei. E eu nada melhor posso fazer além de aproximar disto o sofisma pelo qual se manifesta ao máximo o tipo de ingenuidade mais oposto àquele da discussão judaica, talmúdica, isto é, o paradoxo de Epimênides, aquele que sustenta que todos os homens são mentirosos. Que digo, indo adiante com a articulação que lhes dei do inconsciente, que digo? — responde o sofisma — senão que eu mesmo minto, e que deste modo nada posso sustentar de válido no que diz respeito não apenas à função da verdade, mas à própria significação da mentira.

O *Não mentirás*, preceito negativo, tem por função retirar do enunciado o sujeito da enunciação. Lembrem-se do grafo. É justamente aí — na medida em que minto, que recalco, que sou eu, mentiroso, quem fala — que posso dizer *Não mentirás.* Nesse *Não mentirás*, como lei, está incluída a possibilidade da mentira como o desejo mais fundamental.

Vou-lhes dar uma prova disso, que a meu ver não deixa de ser válida. É a célebre fórmula de Proudhon — *A propriedade é o roubo.* Uma outra prova são os gritos de ulcerados que soltam os advogados desde que se trata, sob uma forma sempre mais ou menos funambulesca e mítica, de fazer um detector de mentiras entrar em jogo. Devemos concluir que o respeito da pessoa humana é o direito de mentir? Isso é seguramente uma questão, e responder *sim, certamente* não é uma resposta. Como se poderia dizer, a questão não é assim tão simples.

De onde vem essa insurreição diante do fato de que algo possa reduzir a questão da fala do sujeito a uma aplicação universalmente objetivante? É que essa fala, ela própria, não sabe o que diz quando mente, e que, por outro lado, mentindo há alguma verdade que ela promove. E é nessa função antinômica, que a fala condiciona, entre o desejo e a lei, que reside o móvel primordial que faz desse mandamento, entre os outros dez, uma das pedras angulares do que podemos chamar de a condição humana, na medida em que ela merece ser respeitada.

Como o tempo está passando, vou saltar um pouco mais longe para chegar, enfim, ao que constitui, hoje, o ápice de nossa reflexão sobre as relações do desejo e da lei. É o famoso mandamento que se expressa assim — ele faz sempre sorrir, mas quando se pensa bem o sorriso não dura muito — *Não cobiçarás a mulher do próximo. Não cobiçarás sua casa, nem seu campo, nem seu escravo, nem sua escrava, nem seu boi, nem seu jumento, nem nada do que lhe pertence.*

Colocar a mulher entre a casa e o burrico sugeriu, por diversas ideias, que se poderia ver aí as exigências de uma sociedade primitiva — beduínos, cabritos, ratos, a turcalhada.[25] Pois bem, eu não penso assim.

Essa lei, sempre viva no coração de homens que a violam a cada dia, pelo menos no que diz respeito à mulher do próximo, deve certamente ter alguma relação com o que é aqui nosso objeto, ou seja, *das Ding.*

Pois, não se trata aqui, de modo algum, de um bem qualquer. Não se trata, de modo algum, daquilo que constitui a lei da troca e cobre com uma legalidade, digamos, divertida, com uma *Sicherung* social, os movimentos, o *impetus* dos instintos humanos. Trata-se de algo que adquire seu valor pelo fato de que nenhum desses objetos não deixa de ter a mais estreita relação com aquilo no qual o ser humano pode repousar-se como sendo *das Trude*, *das Ding*, não na medida em que ele é seu bem, mas o bem em que ele se repousa. Acrescento *das Ding* como o próprio correlato da lei da fala em sua mais primitiva origem, nesse sentido que esse *das Ding* estava já no início, que é a primeira coisa que pôde separar-se de tudo o que o sujeito começou a nomear e a articular, que a própria cobiça em questão se dirige, não a uma coisa qualquer que eu deseje, mas a uma coisa na medida em que é a Coisa de meu próximo.

E na medida em que preserva essa distância da Coisa enquanto fundada pela fala mesma que esse mandamento adquire seu valor.

Mas aí, onde vamos parar?

É a Lei a Coisa? De modo algum. Mas eu não conheci a Coisa senão pela Lei. Porque não teria ideia da concupiscência se a Lei não dissesse — Não cobiçarás. Foi a Coisa, portanto, que, aproveitando-se da ocasião que lhe foi dada pelo mandamento, excitou em mim todas as concupiscências; porque sem a Lei a Coisa estava morta. Quando eu estava sem a Lei, eu vivia; mas, sobrevindo o mandamento, a Coisa recobrou vida, e eu morri. Assim o mandamento que me devia dar a vida conduziu-me à morte. Porque a Coisa, aproveitando da ocasião do mandamento, seduziu-me, e por ele fez-me desejo de morte.[26]

Imagino que, já há alguns instantes, alguns dentre vocês pelo menos desconfiam de que não sou mais eu quem fala. Com efeito, com a exceção de uma pequena modificação — *Coisa* no lugar de *pecado* — este é o discurso de são Paulo concernindo às relações da lei e do pecado, Epístola aos Romanos, capítulo 7, parágrafo 7.

Pense o que se quiser em certos meios, vocês não terão razão em acreditar que os autores sagrados não sejam uma boa leitura. Quanto a mim, só encontrei recompensas de nela mergulhar, e mui especialmente este, que lhes indico como dever de férias, far-lhes-á bastante companhia.

A relação entre a Coisa e a Lei não poderia ser mais bem definida do que nesses termos. É aqui que a retomaremos. A relação dialética do desejo com a Lei faz nosso desejo não arder senão numa relação com a Lei, pela qual ele se torna desejo de morte. É somente pelo fato da Lei que o pecado, *hamartia*, o que em grego quer dizer falta (*manque*), e não participação à Coisa, adquire um caráter desmesurado, hiperbólico. A descoberta freudiana, a ética psicanalítica deixam-nos suspensos a essa dialética? Temos de explorar o que o ser humano, ao longo dos tempos, foi capaz de elaborar que transgredisse essa Lei, colocando-o numa relação com o desejo que ultrapassasse esse vínculo de interdição, e introduzisse, por cima da moral, uma erótica.

Não acho que vocês devam ficar espantados com uma tal questão, pois, foi o que fizeram todas as religiões, todos os misticismos, tudo o que Kant chama, com um certo desdém, de *Religionsschwärmereien*, devaneios religiosos — é bem difícil traduzir. O que é, senão uma maneira de reencontrar, a certa altura para além da lei, a relação com *das Ding*? Certamente, há outras. Certamente, falando de erótica, teremos nós de falar do que se fomentou, ao longo dos tempos, de regras do amor. Freud diz num dado momento que poderia ter falado de sua doutrina como uma erótica, mas, diz ele, não o fiz porque teria sido ceder nas palavras, e quem cede nas palavras cede nas coisas — eu falei de teoria da sexualidade.

É verdade — Freud colocou no primeiro plano da interrogação ética a relação simples entre o homem e a mulher. Coisa muito singular, as coisas nada fizeram de melhor do que ficarem no mesmo ponto. A questão de *das Ding* permanece, hoje, suspensa ao que existe de aberto, de faltoso, de hiante, no centro de nosso desejo. Eu diria, se me permitirem este jogo de palavras, que se trata para nós de saber o que podemos fazer desse dano para transformá-lo em dama, em nossa dama.

Não sorriam desse manuseio, pois a língua o fez antes de mim.[27] Se vocês notarem a etimologia da palavra *danger*, perigo, verão que se trata exatamente do mesmo equívoco, que o funda em francês — o perigo é originalmente *domniarium*, dominação. A palavra *dame*, *dama*, veio docemente contaminar isso. E, efetivamente, quando estamos no poder de um outro, estamos em grande perigo.

Assim, no próximo ano, tentaremos avançar-nos por essas zonas incontestavelmente perigosas.

23 de dezembro de 1959

O Problema da Sublimação

VII

As pulsões e os engodos

A dimensão da pastoral.
O paradoxo da consciência moral.
O mundo e o corpo.
Lutero.
O problema da relação com o objeto.

Durante esse tempo de recolhimento das férias senti que precisava fazer uma excursão a uma certa zona do tesouro literário inglês e francês — *Quaerens*, não *quem devorem*, mas muito mais *quod doceam vobis*, o que lhes ensinar, e como, sobre o assunto para o qual dirigimos nosso leme com o título da ética da psicanálise? Vocês estão sentindo bem que ele nos deve levar a um ponto problemático, não apenas da doutrina de Freud, mas do que se pode chamar de nossa responsabilidade de analista.

Esse ponto, vocês ainda não o viram despontar no horizonte — meu Deus, não há razão para tê-lo visto, pois, neste ano, evitei mesmo o termo até aqui —, tão problemático para os teóricos da psicanálise, como vocês poderão ver seus testemunhos nas citações que lhes farei, ponto, no entanto, tão essencial, é o que Freud chama de *Sublimierung*, a sublimação.

1

A sublimação é, com efeito, a outra face da exploração que Freud efetua como pioneiro das raízes do sentimento ético, na medida em que este se impõe sob a forma de interdições, de consciência moral. É a sua face, que é, para os ouvidos um pouco sensíveis, tão imprópria e tão comicamente designada no século — entendo por isso o que é exterior a nosso campo analítico — como filosofia dos valores.

Nós que nos encontramos com Freud em posição de fornecer uma crítica tão nova quanto às fontes e à incidência da reflexão ética, estamos na mesma postura feliz no que se refere à face positiva, à elevação moral e espiritual, à escala de valores? O problema aparece aí muito mais movediço e delicado, mas não se pode, no entanto, dizer que possamos nos desinteressar dele em benefício das preocupações mais imediatas de uma ação simplesmente terapêutica.

Freud, nos *Três ensaios sobre a teoria da sexualidade*, emprega, no que se refere aos efeitos da aventura libidinal individual, dois termos correlativos — *Fixierbarkeit* é a fixação, com a qual constituímos o registro de explicação do que é inexplicável, e *Haftbarkeit*, que se traduz como se pode por perseverança, mas que tem, todavia, uma curiosa ressonância em alemão pois, sobretudo, quer dizer responsabilidade, comprometimento. E é justamente disso que se trata aqui — de nossa própria história coletiva, de analistas.

Estamos apreendidos numa aventura que tem um certo sentido, uma certa contingência, etapas. Não foi apenas com uma única tirada que Freud prosseguiu o caminho cujas balizas nos deixou. Pode ser também que estejamos, pelo efeito dos rodeios de Freud, agarrados a um certo ponto da evolução de seu pensamento, sem termos muito bem podido nos dar conta da contingência que ele apresenta, como todo efeito da história humana.

Tratemos, portanto, segundo um método que vocês conhecem, pois se não é o nosso, em todo caso, é familiar — demos alguns passos para trás, dois por exemplo, antes de darmos três para a frente, na esperança de ganhar um.

O passo para trás — lembremos o que a análise poderia parecer na ordem ética à primeira vista. Ela poderia parecer ser — e, meu Deus, um certo canto de sereia poderia entreter aí um mal-entendido — a busca de uma moral natural. E por todo um lado de sua ação e de sua doutrina ela efetivamente se apresenta assim, como que tendendo a nos simplificar algum embaraço de origem externa da ordem do desconhecimento, até mesmo do mal-entendido, a nos trazer de volta para um equilíbrio normativo com o mundo, a que naturalmente a maturação dos instintos conduziria. Pode-se ver, de tempos em tempos, pregar esse evangelho sob a forma dessa relação genital, cujo tema evoquei mais de uma vez aqui com mais do que reserva e até mesmo com mais do que ceticismo.

Muitas coisas se apresentam imediatamente contra. Não é de um modo tão simples, em todo caso, que a análise nos envereda no que se poderia chamar, por um termo que não creio introduzir aqui apenas por razões pitorescas, de dimensão da pastoral.

A dimensão da pastoral nunca está ausente da civilização e nunca deixa de se oferecer como um recurso a seu mal-estar. Se assim a chamo é por ter ocorrido que, através dos tempos, ela assim se apresentasse descoberta. Hoje em dia, ela é mais mascarada, por exemplo, sob a forma, mais severa e pedante, da infalibilidade da consciência proletária, que nos ocupou por tanto tempo, embora ela tenha tomado, desde então, uma certa distância — ou, igualmente, sob a forma da noção um pouco mítica, que eu evocava há pouco, que concentra as esperanças, mesmo incertas, que a revolução freudiana pudera dar efetivamente. Mas, trata-se sempre da mesma pastoral e, vocês o verão, de uma discussão muito séria.

Para nós, trata-se, talvez, de redescobri-la, de redescobrir seu sentido. Talvez haja mesmo razão para se tornar a tratar da forma arcaica da pastoral, de um certo retorno à natureza, da esperança colocada numa natureza sobre a qual não se deve acreditar, afinal, que nossos antepassados a conceberam de maneira mais simples do que ela se oferece a nós. Teremos de ver se as invenções que o *ingenium* de nossos antepassados tentou, desde então, nessa via não nos ensinam algo que, talvez, precise também ser elucidado por nós.

Seguramente, assim que percorremos com os olhos o que a meditação freudiana nos fornece, vemos bem que desde o início algo resiste a ser assimilado a essa dimensão, e é por isso que comecei a abordar, este ano, o problema da ética da análise. Aquilo com o que Freud nos permite, com efeito, medir o caráter paradoxal, a aporia prática, não pertence absolutamente à ordem das dificuldades que uma natureza melhorada, ou uma melhora natural, pode apresentar. É algo que se apresenta imediatamente com um caráter totalmente particular de maldade, de incidência má — é o sentido da palavra *malvado.* Freud depreende isso cada vez mais do decorrer de sua obra, até o ponto em que o leva a seu máximo de articulação no *Mal-estar na civilização*, ou ainda quando estuda os mecanismos de um fenômeno como a melancolia.

Qual é esse paradoxo? É aquilo em que a consciência moral, diz-nos ele, se manifesta de maneira tanto mais exigente quanto mais é afinada — tanto mais cruel quanto menos, de fato, a ofendemos — tanto mais pontilhosa por ser na própria intimidade de nossos elãs e de nossos desejos que a forçamos, por nossa abstenção nos atos, a ir buscar-nos. Em suma, o caráter inextinguível dessa consciência moral, sua crueldade paradoxal, faz dela, no indivíduo, como que um parasita nutrido pelas satisfações que se lhe concedem. Proporcionalmente, a ética persegue o indivíduo muito menos em função de suas faltas do que de suas desgraças.

Esse é o paradoxo da consciência moral em sua forma, digamos, espontânea. Mais do que falar aqui de investigação da consciência moral funcionando em estado natural — não nos poderíamos mais orientar aí —, tomemos a outra face, cujo emprego do termo de natural serve para recobrir a significação, e chamemos isso de crítica, pela análise, da ética selvagem, não cultivada, tal como a encontramos funcionando sozinha especialmente naqueles com quem lidamos dado que avançamos no plano do *pathos*, da patologia.

É justamente sobre isto que a análise traz esclarecimentos — em última instância sobre o que podemos chamar, no fundo do homem, de ódio de si. É o que se depreende da comédia antiga que traz o título de *Aquele-que-se-pune-a-si-mesmo.*

Trata-se de uma pequena peça que pertence à nova comédia tomada da Grécia pela latinidade, e a qual não lhes aconselho especialmente a leitura pois, após esse belo título, indo ao texto vocês não poderão deixar de se decepcionar. Vocês aí só encontrarão, como em toda parte, sátira concreta de traços do caráter, destacamento do ridículo. Mas não esqueçam, no entanto, que a função da comédia só aparentemente é leve. Pelo único fato do jogo de significantes, pela simples força da articulação significante, ocorre-nos ir para além do que aparece como pintura, descrição contingente, ir ao desvelamento do fundo. A comédia nos faz reencontrar o que Freud nos mostrou estar presente no exercício do não-senso.

O que vemos surgir é o fundo, algo que se delineia para além do exercício do inconsciente e em que a exploração freudiana nos convida a reconhecer o ponto por onde se desmascara o *Trieb* — *Trieb* e não *Instinkt.* Pois o *Trieb* não está longe desse campo de *das Ding*, em cuja direção incito-os, este ano, a recentrarem o modo sob o qual se colocam os problemas em torno de nós.

Os *Triebe* foram descobertos e explorados por Freud no interior de uma experiência fundada na confiança no jogo dos significantes, em seu jogo de substituição, de tal maneira que não podemos absolutamente confundir o domínio dos *Triebe* com uma reclassificação, por mais nova que se suponha, das familiaridades do ser humano com seu meio natural. O *Trieb* deve ser traduzido o mais próximo possível do equívoco e comprazemo-nos, às vezes, em dizer — a *deriva*. Aliás, é *drive* que traduz em inglês o termo alemão. Essa deriva, para a qual toda a ação do princípio do prazer se motiva, dirige-nos para esse ponto mítico que foi articulado nos termos da relação de objeto. Devemo-nos obrigar a apurar seu sentido e criticar as confusões introduzidas, as ambiguidades significativas, bem mais graves do que qualquer equívoco significante.

Aproximamo-nos, agora, do que Freud disse de mais profundo sobre a natureza dos *Triebe*, e especialmente na medida em que estes podem fornecer ao sujeito matéria para a satisfação de mais de uma maneira, nomeadamente deixando aberta a porta, a via, a carreira da sublimação. Até agora, isso permaneceu, no pensamento analítico, um domínio quase reservado no qual apenas os mais audaciosos ousaram tocar e, ainda por cima, não sem manifestar a insatisfação, a sede em que as formulações de Freud os deixaram. Vamo-nos referir aqui a alguns textos extraídos de mais de um ponto de sua obra, desde os *Três ensaios sobre a teoria da sexualidade* até *Moisés e o monoteísmo*, passando pelo *Einführung*, as *Vorlesungen* e o *Mal-estar na civilização.*

Freud incita-nos a refletir sobre a sublimação, ou mais exatamente, propõe-nos, à maneira pela qual ele mesmo tenta definir seu campo, todo tipo de dificuldades que merecem que nos detenhamos nela hoje.

2

Já que é no campo dos *Triebe* que se coloca para nós o problema da sublimação, gostaria inicialmente de nos deter um instante num texto extraído das *Vorlesungen*, isto é, do que se traduziu em francês por *Introduction à la psychanalyse*, página 358 das *Gesammelte Werke*, volume XI.[28]

Assim, devemos levar em consideração que as pulsões, Triebe, *as comoções pulsionais sexuais, são extraordinariamente plásticas. Elas podem entrar em jogo umas no lugar das outras. Uma pode pegar para si a intensidade das outras. Quando a satisfação de umas é recusada pela realidade, a satisfação de uma outra pode oferecer-lhe uma completa compensação.*

Elas se comportam umas em relação às outras como uma rede, como canais comunicantes preenchidos por um líquido.

Vemos aí aparecer a metáfora que se encontra, fora de dúvida, na origem dessa obra surrealista que se chama *Os vasos comunicantes.*

Freud prossegue — estou abreviando — elas se comportam, portanto, dessa maneira, e, isto, apesar de poderem cair sob a dominação, sob a supremacia da *Genitalprimat.* O que, portanto, não deve ser considerado como tão fácil de se reunir numa única *Vorstellung*, representação.

Freud nos adverte nessa passagem — mas existem muitas outras — que, mesmo quando o conjunto do *Netz* dos *Triebe* caiu sob o *Genitalprimat*, este não é tão fácil de ser concebido em sua estrutura como uma *korstellung* unitária, uma resolução das contradições.

Sabemos isso de cor — o que não elimina em nada o caráter comunicante e, portanto, fugitivo, plástico, como ele mesmo se expressa, da economia dos *Triebregungen.* Em suma, como lhes ensino após longos anos, essa estrutura destina a libido humana do sujeito a deslizar no jogo dos signos, a ser subjugada pela estrutura do mundo dos signos, que é o único universal e *Primat* dominante. E o signo, segundo a expressão de Pierce, é o que está no lugar de algo para alguém.

A articulação como tal das possibilidades da *Verschiebbarkeit*, isto é, do deslocamento da preparação natural, é demoradamente articulada para chegar, nessa passagem, na elucidação do *Partiallust* na própria libido genital. Em suma, para começar o problema da *Sublimierung*, a plasticidade dos instintos deve ser primeiramente relembrada, devendo-se dizer em seguida que, por razões que desde então restam a elucidar, nem toda sublimação é possível no indivíduo. No indivíduo — visto tratar-se do indivíduo e colocando-se, portanto, a propósito disso, tanto a questão das disposições internas como das ações externas — encontramo-nos diante de limites. Alguma coisa não pode ser sublimada, há uma exigência libidinal, a exigência de uma certa dose, de uma certa taxa de satisfação direta, sem o que resultam danos e perturbações graves.

Mas nosso ponto de partida é a ligação da libido com esse *Netz*, com essa *Flüssigkeit*, com essa *Verschiebbarkeit* dos signos como tais. É para aí, aliás, que somos levados de volta cada vez que lemos Freud atentamente.

Estabeleçamos aqui mais um ponto de articulação essencial necessário antes que possamos tornar a seguir adiante.

É claro que a libido, com seus aspectos paradoxais, arcaicos, ditos pré-genitais, com seu polimorfismo eterno, com esse mundo de imagens ligadas aos modos pulsionais dos diferentes estados, orais, anais e genitais — e que é, sem dúvida alguma, a originalidade da dimensão freudiana —, em suma, que todo o microcosmo não tem absolutamente nada a ver com o macrocosmo e não engendra um mundo senão na imaginação.[29] Essa é a doutrina freudiana, contrariamente ao rumo em que um tal de seus discípulos, Jung para citá-lo, tenta arrastá-la — esse ponto de bifurcação do grupo freudiano que se situa em torno de 1910.

Isso é importante, particularmente num momento em que é totalmente evidente que, se acaso os fizeram aí habitar, não é absolutamente mais preciso procurar o falo, nem o anel anal, sob a abóbada estrelada — eles estão definitivamente expulsos daí. Durante muito tempo, no próprio pensamento científico, homens puderam habitar projeções cosmológicas. Por muito tempo houve uma alma do mundo, e o pensamento pôde embalar-se com alguma relação profunda de nossas imagens com o mundo que nos rodeia. É um ponto do qual não se parece notar a importância, que a investigação freudiana fez entrar o mundo inteiro em nós, recolocou-o definitivamente em seu lugar, ou seja, em nosso corpo, e não alhures. A respeito disso, permitir-me-ei relembrar-lhes a que ponto o pensamento científico e o pensamento teológico puderam estar ocupados, no período que precedeu imediatamente a liberação do homem moderno, com algo que Freud não hesitou em falar e a chamá-lo por seu nome, mas do qual nunca mais falamos, ou seja, aquele que foi designado durante muito tempo como o princípio desse mundo — *Diabolus.* Simbólico aqui se completa por diabólico — com todas as formas que a predicação teológica articulou tão poderosamente.

Leiam um pouco Lutero, não apenas as *Conversas à mesa*, mas os *Sermões*, para se darem conta de até onde se pode afirmar o poder das imagens que nos são das mais familiares por terem sido investidas pelo caráter de autentificação científica que nossa experiência analítica de todos os dias lhes confere. É justamente a essas aí que se refere o pensamento de um profeta tão poderoso em sua incidência, e que renova o fundo do ensinamento cristão quando procura expressar nossa derrelição, nossa queda num mundo em que caímos no abandono. Seus termos, no final das contas, são infinitamente mais analíticos do que tudo o que uma fenomenologia moderna pode articular com as formas relativamente ternas do abandono do seio materno — qual é essa negligência que deixa secar seu leite? Lutero diz literalmente — *Sois o dejeto que cai no mundo pelo ânus do diabo.*

Esse é o esquema essencialmente digestivo e excrementoso forjado por um pensamento que impele às últimas consequências o modo de exílio em que o homem se encontra em relação a qualquer bem que seja no mundo.

Eis onde Lutero nos leva. Não creiam que essas coisas não tenham seu efeito no pensamento e nos modos de viver das pessoas desse tempo. O que aqui se articula é justamente a virada essencial de uma crise de onde saiu toda a nossa instalação moderna no mundo. É a isso que Freud vem dar sua sanção, sua última estampilha fazendo entrar, de uma vez por todas, essa imagem do mundo, esses arquétipos falaciosos, lá onde devem estar, isto é, em nosso corpo.

Doravante, lidamos com esse mundo aí onde ele está. Será que é uma perspectiva cor-de-rosa, e sujeita ao otimismo pastoral, que essas zonas erógenas, esses pontos de fixação fundamentais nos abrem? Será isto uma via sujeita à liberação? — ou à mais severa servidão? Essas zonas erógenas, que se pode bem considerar, até a mais ampla explicação do pensamento de Freud, como genéricas e que se limitam a pontos eleitos, a pontos de hiância, a um número limitado de bocas na superfície do corpo, são os pontos de onde Eros terá de extrair sua fonte.

Para se dar conta do que Freud introduz aí de essencial, de original, basta se referir a essas aberturas que o exercício do canto poético confere ao pensamento. Imaginem conforme tal poeta, conforme um Walt Whitman por exemplo, o que, como homem, se poderia desejar de seu próprio corpo. Poder-se-ia sonhar com um contato epidérmico, completo, total entre o corpo e o mundo, ele mesmo aberto e palpitante, sonhar com um contato e, no horizonte, com um estilo de vida cujas direção e via o poeta nos mostra, esperar uma revelação de harmonia do desaparecimento da presença insinuante, perpétua, da sensação opressora de alguma maldição original.

Pois bem, totalmente ao contrário disso, Freud marca, no nível do que podemos chamar de fonte dos *Triebe*, um ponto de inserção, um ponto de limite, um ponto irredutível. E é justamente isso que a experiência encontra no caráter irredutível — encontramos aqui mais uma vez a ambiguidade — desses resíduos das formas arcaicas da libido.

Estas, dizem-nos por um lado, não são suscetíveis de *Befriedigung*. As mais arcaicas aspirações da criança são, ao mesmo tempo, um ponto de partida e um núcleo nunca inteiramente resolvido sob um primado da genitalidade qualquer, ou uma pura e simples *Vorstellung* do homem sob a forma humana, por mais total que se suponha, por fusão andrógena. Há sempre sonhos dessas formas primárias, arcaicas da libido. Esse é um primeiro ponto que a experiência acentua, como o discurso freudiano o articula.

Por um outro lado, Freud mostra-nos a abertura, que parece, à primeira vista, quase sem limite, das substituições que podem ser feitas, na outra extremidade, no nível do alvo.

Evitei a palavra *Objekt*, que, no entanto, aparece a todo instante em sua escrita desde que se trata de diferenciar aquilo de que se trata no que diz respeito à sublimação. O que quer que ele faça, não pode qualificar a forma sublimada do instinto sem referência ao objeto. Vou ler para vocês daqui a pouco as passagens que lhes mostrarão onde está o móvel da dificuldade encontrada.

Trata-se do objeto. Mas, o que quer dizer isso, o objeto, nesse nível? Quando Freud começa, no início dos modos de acentuação de sua doutrina, em sua primeira tópica, a articular aquilo que concerne à sublimação, nomeadamente nos *Três ensaios sobre a teoria da sexualidade*, a sublimação caracteriza-se por uma mudança nos objetos, ou na libido, que não se faz por intermédio de um retorno do recalcado, que não se faz sintomaticamente, indiretamente, mas diretamente, de uma maneira que se satisfaz diretamente. A libido vem encontrar sua satisfação nos objetos — como distingui-los inicialmente? Muito simplesmente, muito massivamente, e, para dizer a verdade, não sem abrir um campo de perplexidade infinita, como objetos socialmente valorizados, objetos aos quais o grupo pode dar sua aprovação, uma vez que são objetos de utilidade pública. É desse modo que a possibilidade de sublimação é definida.

Encontramo-nos aqui aptos a segurar firmemente as duas extremidades de uma cadeia.

Por um lado, há possibilidade de satisfação, ainda que seja substitutiva, e pelo intermédio daquilo que o texto chamava de *Surrogate*. Por outro lado, trata-se de objetos que vão adquirir um valor social coletivo. Encontramo-nos diante de uma cilada onde o pensamento, no seu pendor à facilidade, pede apenas para nela se precipitar, e que seria a de aí construir uma posição fácil, e uma conciliação fácil, entre o indivíduo e o coletivo.

Não parece colocar problema o fato de que o coletivo possa encontrar satisfação lá onde ocorre de o indivíduo ter de trocar suas estratégias, suas miras — e onde, por outro lado, tratar-se-ia, nessa ocasião, de uma satisfação individual correndo por conta própria, sozinha. Mas foi-nos dito originalmente o quanto a satisfação da libido é problemática. Tudo que é da ordem do *Trieb* coloca a questão de sua plasticidade e também de seus limites. Essa formulação está igualmente longe de ser daquelas às quais Freud se pode ater.

Longe de ater-se a ela, nos *Três ensaios* ele põe a sublimação em seus mais óbvios efeitos sociais, em relação com o que chama de *Reaktionsbildung*. Quer dizer que, desde então, numa etapa em que as coisas não podem ser mais fortemente articuladas por falta do complemento tópico que ele fornecerá em seguida, ele faz intervir a noção de formação de reação. Em outros termos, ele ilustra o tal traço de caráter, tal traço adquirido da regulação social, como algo que longe de se estabelecer no prolongamento, na linha reta de uma satisfação instintual, necessita da construção de um sistema de defesas, antagônico, por exemplo, à pulsão anal. Ele faz intervir, portanto, uma oposição, uma antinomia como fundamental à construção da sublimação de um instinto. Ele introduz, portanto, o problema de uma contradição em sua própria formulação.

O que se propõe desse modo como construção oposta à tendência instintual não pode absolutamente ser reduzido a uma satisfação direta, em que a própria pulsão se saturaria de uma maneira que só teria por característica a de poder receber a estampilha da aprovação coletiva.

Na verdade, os problemas que Freud coloca na ordem da sublimação só vêm totalmente à luz no momento de sua segunda tópica. Devemos abordá-la a partir de *Zur Einführung des Narzissmus*, que não é apenas a introdução do narcisismo, mas a introdução à segunda tópica.

3

Nesse texto, traduzido para uso da *Société*,[30] por nosso amigo Jean Laplanche, e ao qual lhes rogo se referirem nas *Gesammelte Werke*, volume X, páginas 161-2, vocês encontrarão a seguinte articulação — *Somos naturalmente levados a examinar a relação entre essa formação de um ideal e a sublimação. A sublimação é um processo que diz respeito à libido objetal.*[31]

Observem que a posição *Ichlibido-Objektilibido* só começa a ser articulada como tal, isto é, no plano analítico, com a *Einführung*. Este texto complementa a articulação fornecida inicialmente por Freud da posição profundamente conflituosa do homem quanto à sua satisfação como tal. É por essa razão que é essencial fazer *das Ding* intervir de saída.

Das Ding, uma vez que o homem, para seguir o caminho de seu prazer, deve literalmente contorná-lo. O tempo que se leva para se reconhecer, para se orientar, o tempo mesmo para se dar conta de que Freud nos diz a mesma coisa que são Paulo, é para saber que o que nos governa no caminho de nosso prazer não é nenhum Bem Supremo, e que para além de um certo limite de nosso prazer, estamos, no que diz respeito ao que *das Ding* recepta, numa posição inteiramente enigmática, pois não há regra ética que faça mediação entre nosso prazer e sua regra real.

E por trás de são Paulo, vocês têm o ensinamento de Cristo quando vêm interrogá-lo pouco antes da Páscoa. Há duas formas, a do Evangelho de são Mateus e a dos dois Evangelhos de Marcos e de Lucas. No Evangelho de são Mateus, onde é mais nítido, dizem-lhe — *Que devemos fazer de bom para aceder à vida eterna?* Ele responde, no texto grego — *Que vêm vocês falar-me de bom? Quem sabe o que é bom? Somente Ele, Aquele que está mais além, o Pai nosso, sabe o que é bom,* e ele lhes disse, façam isso e façam aquilo, que não vão mais além disso. Basta, tão simplesmente, seguir seus mandamentos. E mais além, há o enunciado *Amarás teu próximo como a ti mesmo.* É o mandamento que devia, com razão, e com que pertinência, constituir o ponto de parada do *Mal-estar na civilização,* termo ideal onde a necessidade de sua própria interrogação o conduz — pois Freud jamais recuou diante do que quer fosse que se apresentasse a seu exame.

Nesta ocasião, eu não poderia mais incitar-lhes, se vocês são capazes, a se darem conta daquilo que, na resposta de Cristo, não deixa de estar, há muito tempo, fechado a toda apercepção auricular, com exceção dos ouvidos avisados — se eles têm ouvidos para não ouvir, o Evangelho é um exemplo disso. Experimentem um pouco ler as palavras daquele de quem se diz que nunca riu — lê-las pelo que são. De vez em quando isso não deixará de surpreendê-los como sendo de um humor que ultrapassa tudo.

A parábola do administrador infiel, por exemplo — estamos habituados há algum tempo, por menos que se tenha frequentado as igrejas, a ver isso estourar em cima de nossas cabeças, e ninguém pensa em se espantar que o Filho do Homem, o puro entre os puros, nos diga, em suma, que a melhor maneira de se chegar à salvação da alma seja especulando com os fundos dos quais se está encarregado, pois isso também pode atrair sobre vocês se não méritos pelo menos algum reconhecimento da parte dos filhos da luz. Existe aí uma certa contradição no plano de uma moral homogênea, uniforme e banal, mas, talvez, poder-se-ia recortar outros bosquejos dessa espécie — sem contar os outros, esta piada formidável — *Dai a César o que é de César*, e agora virem-se. Estilo de paradoxo que está entregue, no caso, a todas as evasões, a todas as rupturas, a todas as hiâncias do não-senso — diálogos insidiosos em que o interlocutor sabe sempre escapulir magistralmente para fora das ciladas que lhe armam.

Para voltar ao que é por enquanto o nosso assunto, o bem como tal, que foi o eterno objeto da pesquisa filosófica no que diz respeito à ética, a pedra filosofal de todos os moralistas, o bem é negado por Freud. Ele é recusado na origem de seu pensamento na própria noção do princípio do prazer como regra da mais profunda tendência, da ordem das pulsões. Ele se combina de mil maneiras e se encontra, em particular, plenamente coerente com a interrogação central de Freud que, como vocês sabem, concerne ao Pai.

Para bem conceber a posição de Freud concernente ao Pai, é preciso ter ido buscar a articulação do pensamento de um Lutero, quando este foi titilado no nível das narinas por Erasmo, o qual, não sem que durante longos anos tivessem puxado sua orelha, sabe Deus, havia finalmente publicado seu *De libero arbitrio* para relembrar a esse louco furioso de Wittenberg que toda a autoridade cristã, desde as palavras de Cristo até são Paulo, santo Agostinho e toda a tradição dos padres, fazia pensar que as obras, as boas obras, não eram pouca coisa, e que, em suma, a tradição dos filósofos, aquela do Bem Supremo, não devia ser jogada fora.

Lutero, até aí extremamente reservado em relação à pessoa de Erasmo, embora conservando uma certa ironia a seu respeito, publica então o *De servo arbitrio* para acentuar o caráter radicalmente mau da relação que o homem entretém com o homem, e o que se encontra no âmago de seu destino, esse *Ding*, essa *causa*, que, noutro dia, eu designava como análoga ao que é designado por Kant no horizonte da *Razão prática* — com a exceção de que é seu contrapeso. Inventando um termo cuja grecidade aproximativa peço que me perdoem, trata-se da *causa pathomenon,* a *causa* da paixão humana mais fundamental.

Lutero escreve isto — o ódio eterno de Deus contra os homens, não apenas contra as fraquezas e contra as obras de uma livre vontade, mas um ódio que existia antes mesmo que o mundo fosse criado. Vocês estão vendo que tenho algumas razões para lhes aconselhar a ler, de vez em quando, os autores religiosos — quero dizer os bons e não aqueles que são água-com-açúcar —, mas mesmo estes são por vezes frutuosos. São Francisco de Sales sobre o casamento, asseguro-lhes que bem se equivale ao livro de Van de Velde sobre o casamento perfeito. Mas Lutero, na minha opinião, representa muito mais. Esse ódio que existia antes mesmo que o mundo fosse criado, que é correlativo da relação que há entre uma certa incidência da lei como tal e uma certa concepção de *das Ding* como sendo o problema radical e, em suma, do mal — penso que a vocês não escapa que é exatamente aquilo com que Freud lida quando a questão que ele coloca sobre o Pai o conduz a nos mostrar nele o tirano da horda, aquele contra o qual o crime primitivo foi destinado, e introduziu, por isso mesmo, a ordem, a essência e o fundamento do âmbito da lei

Não reconhecer a filiação ou a paternidade cultural que há entre Freud e uma certa virada do pensamento, manifesta nesse ponto de fratura que se situa em torno do início do século XVI, mas que prolonga poderosamente suas repercussões até o fim do século XVII, equivale a desconhecer totalmente a que tipo de problemas a interrogação freudiana se dirige.

Acabo de fazer um parêntese de vinte e cinco minutos, pois tudo isso era para lhes dizer que com a *Einführung*, Freud nos introduz, pouco depois de 1914, em algo que vai precisamente escamotear de novo o problema, ao articular coisas naturalmente essenciais, mas é preciso ver em que contexto elas se inserem, ou seja, o problema da relação com o objeto.

Esse problema da relação com o objeto deve ser lido freudianamente. Vocês o veem emergir numa relação narcísica, relação imaginária. Nesse nível o objeto é introduzido na medida em que ele é perpetuamente intercambiável com o amor que o sujeito tem por sua própria imagem. *Ichlibido* e *Objektlibido* são introduzidos por Freud com relação à diferença entre *Ich-Ideal* e *Ideal-Ich*, e entre a miragem do eu e a formação de um ideal. Esse ideal ocupa sozinho seu campo, vem no interior do sujeito dar forma a algo que se torna preferível e ao qual doravante ele vai-se submeter. O problema da identificação está ligado a esse desdobramento psicológico que situa o sujeito numa dependência em relação a uma imagem idealizada, forçada, de si mesmo da qual Freud sempre fará tanto caso daí por diante.

É nessa relação de miragem que a noção de objeto é introduzida. Mas esse objeto não é a mesma coisa que aquele visado no horizonte da tendência. Entre o objeto, tal como é estruturado pela relação narcísica, e *das Ding* há uma diferença, e é justamente na vertente dessa diferença que se situa, para nós, o problema da sublimação.

Freud, numa pequena nota dos *Três ensaios*, dá uma espécie de flash, que é bem do estilo do ensaio, sobre a diferença que nos retém entre a vida amorosa dos antigos, trata-se dos pré-cristãos, e a nossa. Ela reside nisto, diz ele, os antigos davam relevância à tendência ela mesma, enquanto nós damos ao objeto. Os antigos rodeavam a tendência com festas, e estavam prontos também a fazer as honras, pelo intermédio da tendência, de um objeto de menos valor, de valor comum, ao passo que nós reduzimos o valor da manifestação da tendência e exigimos o suporte do objeto pelos traços prevalentes do objeto.

Freud, aliás, ainda escreveu longas páginas para nos falar de certas depreciações da vida amorosa — depreciações que se fazem em nome de quê? — em nome de um ideal que é incontestável. Leiam ainda isto no *Mal-estar* — *Dentre as obras deste delicado autor inglês, Galsworthy, cujo valor é hoje em dia reconhecido internacionalmente, uma novela outrora muito me agradara, chama-se* The Apple-Tree *e mostra como não há mais lugar, em nossa vida civilizada de hoje, para o amor simples e natural, o eco pastoral, de dois seres humanos.*

Tudo isso, que se expressa espontaneamente e como que saindo da fonte, eu intitulo de excursão excessiva. Como sabe Freud que damos relevância ao objeto, e que os antigos davam à tendência? Vocês dirão que não há exaltação ideal em nenhuma tragédia antiga, diferentemente de nossas tragédias clássicas. Mas, enfim, Freud não dá nenhum motivo.

Teremos, da próxima vez, de comparar nosso ideal do amor com o dos antigos referindo-nos a obras históricas, e a um certo momento que também deve ser situado. Trata-se deveras, com efeito, de uma estruturação, de uma modificação histórica do Eros. Que o amor cortês, a exaltação da mulher, que um certo estilo cristão do amor do qual Freud fala, tenham marcado data, isso tem, com efeito, toda a sua importância, e é justamente nesse terreno que pretendo levá-los.

Fato é, vou-lhes mostrar, que nos autores antigos e, coisa curiosa, mais nos latinos do que nos gregos, já existem alguns e talvez todos os elementos que caracterizam o culto do objeto idealizado, o qual foi determinante quanto à elaboração, que é preciso chamar de sublimada, de uma certa relação. E o que Freud expressa de maneira apressada e provavelmente invertida refere-se, com efeito, a uma degradação que visa, quando se observa de perto, talvez menos a vida amorosa do que um certo cordão perdido, uma crise, que concerne ao objeto.

Tomar o rumo de reencontrar a tendência provém de fato de uma certa perda, esta cultural, do objeto. Que possa haver um tal problema no centro da crise mental de onde sai o freudismo, é a questão que temos de colocar. A nostalgia que se expressa na ideia de que os antigos estavam mais próximos do que nós da tendência não quer dizer, talvez, outra coisa senão, como todo sonho da Idade de Ouro, de Eldorado, que estamos recolocando as questões no nível da tendência por ainda não saber como fazer com relação ao objeto.

No nível da sublimação o objeto é inseparável de elaborações imaginárias e, muito especialmente, culturais. Não é que a coletividade as reconheça simplesmente como objetos úteis — ela encontra aí o campo de descanso pelo qual ela pode, de algum modo, engodar-se a respeito de *das Ding*, colonizar com suas formações imaginárias o campo de *das Ding*. É nesse sentido que as sublimações coletivas, socialmente recebidas, se exercem.

A sociedade encontra uma certa felicidade nas miragens que lhes fornecem moralistas, artistas, artesãos, fabricantes de vestidos ou de chapéus, os criadores de formas imaginárias. Mas não é apenas na sanção que ela confere a isso, ao se contentar, que devemos buscar o móvel da sublimação. É na função imaginária, muito especialmente, aquela a propósito da qual a simbolização da fantasia ($\$ \lozenge a$) nos servirá, que é a forma na qual o desejo do sujeito se apoia.

Nas formas especificadas historicamente, socialmente, os elementos *a*, elementos imaginários da fantasia, vêm recobrir, engodar o sujeito no ponto mesmo de *das Ding*. É aqui que faremos incidir a questão da sublimação, e é por isso que lhes falarei, da próxima vez, do amor cortês na Idade Média e nomeadamente do *Minnesang*.

De maneira aniversariante, como no ano passado falei-lhes de *Hamlet*, falar-lhes-ei do teatro elisabetano que é o ponto de virada do erotismo europeu e, da mesma feita, civilizado. É nesse momento, com efeito, que se produziu a promoção do objeto idealizado do qual Freud fala em sua nota.

Freud deixou-nos diante do problema de uma hiância renovada concernente a *das Ding*, que é o dos religiosos e dos místicos, no momento em que não mais podíamos colocá-lo, por nada, sob a garantia do Pai.

13 de janeiro de 1960

VIII

O OBJETO E A COISA

A psicologia dos afetos.
O mito kleiniano da mãe.
Os apólogos kantianos.
Sublimação e perversão.
Apólogo de Jacques Prévert colecionador.

Faço girar aquilo dentro do qual avançamos, este ano, em torno de um pivô que acredito ser necessário, esse *das Ding* que não deixa de constituir um problema e, até mesmo, de fazer surgir algumas dúvidas sobre sua legitimidade freudiana para aqueles que refletem e que conservam, como devem, o espírito crítico na presença do que eu formulo para vocês.

Assumo plenamente a responsabilidade desse *das Ding*, cuja exata importância vocês poderão conceber na medida em que ele aparecerá como necessário a nosso progresso. É evidentemente em seu manejo que vocês poderão apreciar seu justo fundamento. No entanto, torno a falar dele.

1

Certas pessoas podem dizer ou pensar que se trata de apenas um pequeno detalhe do texto freudiano que fui pescar no *Entwurf*.

Mas, justamente, creio que nos textos como os de Freud — a experiência no-lo ensina — nada é caduco, no sentido em que seria algo enxertado, produto de algum psitacismo escolar e que não estaria marcado por essa poderosa necessidade articulatória que distingue seu discurso. É o que torna tão importante a apercepção dos pontos em que ele permanece aberto, hiante, sem deixar de implicar uma necessidade que creio ter podido fazê-los perceber em diversas ocasiões.

E tem mais. Esse *das Ding*, tal como tento fazê-los perceber seu lugar e sua importância, é totalmente essencial no que tange ao pensamento freudiano, e vocês o reconhecerão à medida que avançarmos.

Trata-se desse interior excluído que, para retomarmos os próprios termos do *Entwurf*, é, deste modo, excluído no interior. No interior de quê? De algo que se articula, mui precisamente nesse momento, como o *Real-Ich* que quer dizer, então, o real derradeiro da organização psíquica, real concebido como hipotético, no sentido em que ele é suposto necessariamente *Lust-Ich*. É neste último que se manifestam os primeiros esboços de organização psíquica, isto é, desse organismo ψ, que a continuação vai-nos mostrar ser dominado pela função das *Vorstellungsrepräsentanzen*. Não são apenas representações, porém, os representantes da representação, o que corresponde mui precisamente ao rumo que, antes de Freud, tomou todo o conhecimento dito psicológico, dado que, primeiramente, ele tomou a forma de um atomismo. Esta elementaridade ideacional é, em suma, a verdade do tal atomismo.

Por uma espécie de necessidade essencial, todo o esforço da psicologia tentou dela desprender-se. Mas ela não pôde desprender-se, insurgir-se contra o atomismo, a não ser desconhecendo essa floculação que submete sua matéria — e sua matéria é o psiquismo — à textura sobre a qual o pensamento se estabelece, em outros termos, a textura do discurso como cadeia significante. Essa é a própria trama sobre a qual a lógica se edifica, com o que ela acrescenta a mais e fornece de essencial, que é a negação, o *splitting*, a *Spaltung*, a divisão, o rasgão que a imissão do sujeito aí introduz. A psicologia está submetida à condição atomista de ter de manejar as *Vorstellungsrepräsentanzen*, uma vez que a matéria psíquica está floculada nelas mesmas. Com certeza a psicologia tenta eximir-se, mas suas tentativas nesse sentido foram, até hoje, desastradas.

Não preciso fazer mais do que lembrar-lhes o caráter confuso dos recursos à afetividade, e isso a tal ponto que, mesmo quando é no interior da análise que essa referência é feita, ela nos leva sempre para algo da ordem do impasse, e, a respeito da qual, percebemos que não se trata da linha na qual nossa pesquisa pode deveras progredir.

É claro que não se trata de modo algum de negar aqui a importância dos afetos. Trata-se, porém, de não confundi-los com a substância do que buscamos no *Real-Ich*, para além da articulação significante tal como podemos, nós, artistas da fala analítica, manipulá-la.

A propósito dos afetos, Freud fornece de passagem alguns toques sempre significativos e indicativos sobre sua psicologia. Ele sempre insiste em seu caráter convencional, artificial, no caráter, não de significante, mas de sinal, a que, no final das contas, podemos reduzi-los. Esse caráter também constitui seu alcance como deslocável, e apresenta, do ponto de vista da economia, um certo número de necessidades, por exemplo a irredutibilidade. Mas não são os afetos que dão a chave dessa essência econômica, e até mesmo dinâmica, que é profundamente buscada no horizonte, no limite, dentro da perspectiva analítica. É algo mais opaco e mais obscuro, ou seja, as noções energéticas da metafísica analítica.

É verdade que essa metapsicologia chega, hoje, a ordenar-se em categorias estranhamente qualitativas. Basta-nos indicar aqui a função recentemente promovida do termo de libido dessexualizada. Essa referência a uma tal noção qualitativa é cada vez mais difícil de ser sustentada por uma experiência qualquer, e bem menos ainda por uma experiência que se poderia chamar de afetiva.

A psicologia dos afetos, teremos, talvez um dia, de estudá-la juntos. Gostaria simplesmente, para forçar o caráter inadequado do que foi efetuado nessa ordem até hoje, e especialmente na análise, de propor-lhes incidentemente alguns temas de meditação, por exemplo, sobre um afeto como a cólera. São pequenos exercícios práticos, laterais, que lhes forneço. O emprego das categorias precisas às quais os incito a se referirem poderia, talvez, explicar por que, na história da psicologia e da ética, se interessaram tanto pela cólera e por que nos interessamos tão pouco na análise.

O que Descartes, por exemplo, articula sobre a cólera satisfaz plenamente a vocês? A hipótese de trabalho que lhes sugiro, a qual seria preciso ver se cola ou se não cola, é de que a cólera é certamente uma paixão que se manifesta por meio de tal correlato orgânico ou fisiológico, por meio de tal sentimento mais ou menos hipertônico, e até mesmo elativo, mas que necessita, talvez, como que de uma reação do sujeito a uma decepção, ao fracasso de uma correlação esperada entre uma ordem simbólica e a resposta do real. Em outros termos, a cólera está essencialmente ligada ao que expressa essa fórmula de Péguy, que o disse numa circunstância humorística — é quando as cavilhazinhas não entram nos furinhos.

Reflitam sobre isso e vejam se pode servir-lhes. Isso tem todo o tipo de aplicação possível, até mesmo e inclusive de se ver aí o índice de um esboço de organização simbólica do mundo nas raras espécies animais em que se pode efetivamente contestar algo que se assemelhe com a cólera. Pois é bastante surpreendente que a cólera esteja notavelmente ausente do reino animal no conjunto de sua extensão.

A direção na qual se envereda o pensamento freudiano é sempre a de colocar o afeto na rubrica do sinal. Que Freud tenha chegado a colocar, no termo da articulação de seu pensamento, a angústia na cota do sinal já deve ser, para nós, suficientemente significativo. Mas o que buscamos está para além da organização do *Lust-Ich*, uma vez que está ligado, num caráter fenomenal, ao maior ou menor investimento do sistema das *Vorstellungsrepräsentanzen*, ou seja, dos elementos significantes no psiquismo. Eis algo que está aí para permitir-nos, pelo menos operacionalmente, definir o campo de *das Ding* na medida em que tentamos avançar no terreno da ética. E como o pensamento de Freud progrediu a partir de um ponto de partida terapêutico, podemos tentar definir o campo do sujeito na medida em que ele não é apenas o sujeito intersubjetivo, o sujeito submetido à mediação significante, mas o que está por trás desse sujeito.

Com esse campo que chamo de campo do *das Ding*, somos projetados para algo que está muito além do âmbito da afetividade, movediço, confuso, mal discernido por falta de uma organização suficiente de seu registro — algo de muito mais essencial, que tento, desde então, designar-lhes em nossas palestras anteriores às deste ano. Não é o registro da simples *Wille*, no sentido schopenhaueriano do termo, uma vez que, ao contrário da representação, Schopenhauer quer fazer da essência da vida seu suporte. É um registro em que existe, ao mesmo tempo, a boa vontade e a má vontade, esse *nolens volens* que é o verdadeiro sentido dessa ambivalência que se apreende mal quando é abordada no nível do amor e do ódio.

É no nível da boa e da má vontade, e até mesmo da preferência pela má no nível da reação terapêutica negativa, que Freud, no termo de seu pensamento, reencontra o campo de *das Ding*, e designa-nos o plano do para além do princípio do prazer. É como um paradoxo ético que o campo de *das Ding* é reencontrado no final, e que Freud aí nos designa o que na vida pode preferir a morte. E ele se aproxima por meio disso, mais do que qualquer outro, do problema do mal, mais precisamente do projeto do mal como tal.

Isso é-nos designado através de tudo o que vimos no início deste ano de seminário. Está isso num canto da obra de Freud, em que se poderia deixá-lo passar, considerá-lo como contingente, e até mesmo caduco? Acredito que tudo, do pensamento de Freud, nos mostra que não é nada disso. E no final Freud designa-nos esse campo como sendo aquele em torno do qual o campo do princípio do prazer gravita, no sentido em que o campo do princípio do prazer está para além do princípio do prazer. Nem o prazer, nem as tendências organizadoras, unificadoras, eróticas da vida de modo algum bastam para fazer do organismo vivo, das necessidades e precisões da vida, o centro do desenvolvimento psíquico.

O termo *operacional* adquire seguramente, neste caso, assim como em todo processo de pensamento, todo o seu valor. Esse *das Ding* não está completamente elucidado, mesmo que, no entanto, dele nos sirvamos. A etiqueta *operacional* pode deixar-lhes numa certa insatisfação humorística, pois o que tentamos designar por isto é precisamente aquilo com o que lidamos, cada um e todos, da maneira menos operacional.

Não quero deslizar numa espécie de dramatização. Todas as épocas acreditaram ter chegado ao máximo do ponto de acuidade de uma confrontação com não sei que terminal, para além do mundo, pelo qual o mundo se sentiria ameaçado. Mas o ruído do mundo e da sociedade fornece-nos justamente a sombra de uma certa arma incrível, absoluta, que é manejada diante de nossos olhos de uma maneira verdadeiramente digna das musas. Não creiam que seja imediatamente para amanhã — já no tempo de Leibniz, podia-se acreditar, sob formas menos precisas, que o fim do mundo estava iminente. Mas, no entanto, essa arma suspensa em cima de nossas cabeças, cem mil vezes mais destrutiva do que aquela que já é centenas de mil vezes mais destrutiva do que aquelas que a precederam, imaginem-na sendo arremessada contra nós, do fundo dos espaços, num satélite portador. Não sou eu quem está inventando isso, pois todos os dias sacodem na nossa frente uma arma que poderia pôr em causa o próprio planeta como suporte da humanidade.

Apliquem-se a essa coisa, talvez um pouco mais presentificada para nós pelo progresso do saber do que ela jamais foi na imaginação dos homens, a qual, entretanto, não deixou de com ela se divertir — apliquem-se, portanto, a essa confrontação com o momento em que um homem, um grupo de homens, pode fazer com que a questão da existência fique suspensa para a totalidade da espécie humana, e verão, então, no interior de vocês mesmos, que nesse momento *das Ding* encontra-se do lado do sujeito.

Verão que vocês suplicarão ao sujeito do saber que terá engendrado a coisa em questão — essa outra coisa, a arma absoluta — para fazer o balanço, e como vocês almejarão que a verdadeira Coisa esteja, nesse exato momento, nele — em outros termos, que ele não libere a outra, como simplesmente se diz *é preciso que isso exploda* — ou que se saiba por quê.

Pois bem, após essa pequena digressão que a palavra *operacional* me sugeriu, e sem recorrer a visões tão dramáticas — não se ousa mais dizer escatológicas,[32] visto a materialização muito precisa das coisas — vamos retomar a essência de *das Ding* lá onde efetivamente lidamos com ela. Mais exatamente, como é que lidamos com ela no âmbito da ética?

2

Trata-se para nós não apenas de aproximar *das Ding*, mas seus efeitos, sua própria presença no âmago da tramoia humana, ou seja, de se ir vivendo no meio da floresta dos desejos, e dos compromissos que os tais desejos estabelecem com uma certa realidade, seguramente não tão confusa quanto se pode imaginar.

As exigências da realidade apresentam-se, com efeito, facilmente sob a forma das exigências que chamamos da sociedade. Freud não pode deixar de levar isso seriamente em consideração, mas é preciso dizer imediatamente por que viés ele o aborda, e que lhe permite ultrapassar a pura e simples antinomia sociedade-indivíduo, em que o indivíduo é desde então estabelecido como o eventual lugar da desordem.

Observemos imediatamente que é totalmente impensável, em nossa época, falar abstratamente da sociedade. É impossível historicamente, e também filosoficamente — na medida em que um senhor chamado Hegel nos mostrou a função moderna do Estado e a ligação de toda uma fenomenologia do espírito com a necessidade que torna perfeitamente coerente uma legalidade. Toda uma filosofia do direito, a partir do Estado, envolve toda a existência humana até, e inclusive, o casal monogâmico, que ela toma como ponto de partida.

Estou apresentando aqui a ética da psicanálise e não lhes posso apresentar, ao mesmo tempo, a ética hegeliana. O que quero assinalar é que elas não se confundem. No ponto de chegada de uma certa fenomenologia, a divergência entre o indivíduo e a cidade, entre o indivíduo e o Estado se rompe. Em Platão, igualmente, as desordens da alma encontram-se referidas à mesma dimensão — trata-se da reprodução na escala psíquica das desordens da cidade. Tudo isso depende de uma problemática que não é freudiana. O indivíduo doente, tal como Freud o aborda, depende de uma outra dimensão que não aquela das desordens do Estado e dos distúrbios da hierarquia. Freud lida com o indivíduo doente como tal, com o neurótico, com o psicótico, ele lida diretamente com as potências da vida na medida em que desembocam nas da morte, ele lida diretamente com as potências que emanam do conhecimento do bem e do mal.

Ei-nos, portanto, com *das Ding*, tendo de nos virar com ele.

O que lhes digo, para dizer a verdade, não deveria absolutamente surpreender, pois quero apenas designar-lhes o que ocorre na comunidade analítica. Os analistas estão tão possuídos por esse campo do *das Ding*, que tanto responde à necessidade interna de sua experiência, que a evolução da teoria analítica está dominada pela existência da escola dita kleiniana, e é absolutamente espantoso ver que, quaisquer que sejam as distâncias, as reservas e até mesmo o desprezo que tal outra seção da comunidade analítica pode testemunhar-lhe, é ela que polariza e orienta toda a evolução do pensamento analítico, e até o esforço que é feito por nosso grupo.

Pois bem, rogo-lhes reconsiderar toda a articulação kleiniana com a chave que lhes forneço. A articulação kleiniana consiste nisto — ter colocado no lugar central de *das Ding* o corpo mítico da mãe.

Primeiramente, é em relação a ele que se manifesta a tendência agressiva, transgressiva, mais primordial, as agressões primitivas e as agressões retornadas. Por outro lado, no registro em que agora temos de nos interrogar sobre o que é a noção da sublimação na economia freudiana, encontramos a escola kleiniana cheia de ensinamentos, ou seja, a própria Melanie Klein, ou Ella Sharpe, na medida em que, nesse ponto, ela a segue plenamente. Recentemente um autor americano, que no entanto não é absolutamente kleiniano, escreveu sobre a sublimação como princípio da criação nas Belas-Artes. Em seu artigo, ao qual voltarei, *A Theory Concerning the Creation in the Free Arts*, o sr. Lee, após um exame crítico mais ou menos exaustivo das formulações freudianas da sublimação, e depois de tentativas kleinianas para conferir-lhe seu pleno sentido, chega a fazer dela essencialmente uma função restitutiva, isto é, mais ou menos um esforço de reparação simbólica das lesões imaginárias ocasionadas na imagem fundamental do corpo materno.

Trar-lhes-ei os textos, se vocês já não os conhecem. Mas, digo-lhes logo que a redução da noção de sublimação a um esforço restitutivo do sujeito em relação à fantasia lesada do corpo materno não é seguramente a melhor solução do problema da sublimação nem do próprio problema topológico, metapsicológico. Não obstante, há aí uma tentativa de abordar as relações do sujeito com algo primordial, seu apego ao objeto fundamental, o mais arcaico, do qual meu campo, operacionalmente definido, do *das Ding*, confere o contexto. Ele permite conceber as condições oferecidas ao florescimento do que se poderia chamar, no caso, de o mito kleiniano, mas também situá-lo, e restabelecer com respeito à sublimação uma função mais ampla do que aquela à qual necessariamente se chega ao seguir as categorias kleinianas.

Os analistas mais ou menos adeptos destas últimas chegam — indico-lhes imediatamente, nem que tenha de justificá-lo depois — a uma noção bastante reduzida, e bastante pueril, do que se poderia chamar de uma terapia. O conjunto do que se coloca na rubrica de Belas-Artes, isto é, um certo número de exercícios ginásticos, dançantes, e outros, é suposto poder trazer satisfações ao sujeito, um elemento de solução a seus problemas, um equilíbrio. Isto é observado numa série de relatos de casos que conservam seu valor enriquecedor. Penso especialmente nos artigos de Ella Sharpe, de quem estou longe de fazer pouco caso — *Certos aspectos da sublimação e do delírio,* ou *Determinantes inconscientes semelhantes e divergentes, que são subjacentes às sublimações da arte pura e da ciência pura.*

A leitura confirmar-lhes-á a redução que o problema da sublimação sofreu nessa perspectiva, e uma certa puerilidade dos pretensos resultados obtidos por essa via. Isso consiste em valorizar atividades que bem parecem se situar no registro da explosão mais ou menos transitória de supostos dons artísticos, que parecem, nos casos considerados, mais do que discutíveis. Deixa-se, assim, completamente de lado isto que deve sempre ser acentuado no que diz respeito ao que se pode chamar de uma produção artística, e que paradoxalmente foi promovido por Freud — e é justamente o que surpreende os autores —, ou seja, o reconhecimento social. Esses objetos desempenham um papel em algo que talvez Freud não tenha levado tão longe quanto poderíamos desejar, mas que incontestavelmente está ligado à promoção de um certo progresso — e Deus sabe que essa noção está longe de ser unilinear em Freud —, de uma certa elevação de algo reconhecido socialmente. Por enquanto não vou mais adiante. Basta-me indicar que Freud articula isso de uma maneira que pode parecer totalmente alheia ao registro metapsicológico.

Reparem que não há avaliação correta possível da sublimação na arte se não pensamos nisto — que toda a produção da arte, especialmente das Belas-Artes, é historicamente datada. Não se pinta na época de Picasso como se pintava na época de Velázquez, não se escreve tampouco um romance em 1930 como se escrevia no tempo de Stendhal. Este é um elemento absolutamente essencial que não devemos, por enquanto, conotar no registro do coletivo ou do individual — coloquemo-lo no registro do cultural. O que é que a sociedade pode aí encontrar de satisfatório? É o que para nós se encontra agora colocado em questão.

É aí que reside o problema da sublimação, uma vez que é criadora de um certo número de formas, da qual a arte não é a única — e para nós tratar-se-á de uma arte em particular, a arte literária, tão próxima para nós do domínio ético. Pois é em função do problema ético que devemos julgar essa sublimação enquanto criadora de tais valores, socialmente reconhecidos.

Para recentrar as coisas no plano ético não se poderia fazer melhor do que se referir àquilo que forneceu nesse âmbito uma expressão pivô, por mais paradoxal que seja, isto é, a perspectiva kantiana.

Na presença de *das Ding*, uma vez que esperamos que ele pese do lado certo da balança, oposto a ele temos a fórmula kantiana do dever. É uma outra maneira de dar o peso. Kant faz intervir a regra da conduta universalmente aplicável, em outros termos — o peso da razão. Certamente, mas é preciso ainda mostrar como a razão pode pesar na balança.

É sempre proveitoso ler os autores no original. Outro dia mostrei-lhes o trecho da transposição do horizonte do *Schmerz*, da dor como correlativa do ato ético. Pude dar-me conta de que mesmo para alguns dentre vocês, para quem esses textos tiveram num dado momento uma familiaridade muito grande, isso passou despercebido. Pois bem, se vocês abrirem a *Crítica da razão prática* verão que Kant, para fazer-nos acreditar na incidência do peso da razão, inventa um exemplo para o nosso emprego que tem, em seu frescor, um caráter magnífico — trata-se de um apólogo duplo, com a intenção de fazer-nos perceber o peso do princípio ético puro e simples, a prevalência possível do dever como tal para com e contra tudo, isto é, para com e contra tudo concebido justamente como vitalmente desejável.

O móvel da prova reside na comparação de duas situações. Suponham, diz Kant, que para conter os desregramentos de um luxurioso realiza-se a seguinte situação. Lá no quarto está a dama em direção à qual momentaneamente seus desejos o conduzem. É-lhe deixada a possibilidade de entrar nesse quarto para satisfazer seu desejo, ou sua necessidade, mas na porta de saída há o cadafalso onde ele será enforcado. Isso não é nada, e não é aí que está o fundamento da moralidade de Kant. Verão em que reside o móvel da prova. Kant nem pisca ao afirmar que o cadafalso será uma inibição suficiente — não há possibilidade de um cara ir trepar pensando que vai para o cadafalso na saída. Em seguida, mesma situação no que diz respeito ao término trágico, trata-se, porém, de um tirano que oferece a alguém a escolha entre o cadafalso e sua graça, com a condição de que ele preste falso testemunho contra seu amigo. Kant põe em evidência, e com razão, que se pode conceber que alguém coloque na balança a sua vida contra o fato de prestar um falso testemunho, sobretudo se, nesse caso, o falso testemunho não deixa de ter consequências fatais para a pessoa contra a qual é dirigido.

O ponto espantoso é que o poder da prova é aqui restituído à realidade, quero dizer, ao comportamento real do sujeito. É no real que Kant nos roga olhar qual é a incidência do peso da razão, que ele identifica aqui com o peso do dever.

Ao segui-lo nesse terreno, há, no entanto, uma coisa que lhe parece escapar — é que, afinal, não está excluído que o sujeito da primeira cena, em determinadas condições, não digo que se ofereça ao suplício, pois em nenhum momento o apólogo é levado a esse termo, mas que ele considere oferecer-se.

Nosso filósofo de Königsberg, personagem tão simpático — e não estou dizendo que se trata de alguém de pequena envergadura nem que tenha mirradas capacidades passionais —, não parece de jeito algum considerar que em condições suficientes do que Freud chamaria *Überschätzung*, supervalorização do objeto — e que vou desde agora chamar de sublimação do objeto —, em condições em que o objeto da paixão amorosa toma uma certa significação — e é nesse sentido que tenho a intenção de introduzir a dialética onde pretendo ensinar-lhes a situar o que é realmente a sublimação —, portanto, que em certas condições de sublimação do objeto feminino, em outros termos, de exaltação do amor — exaltação historicamente datável, e da qual

Freud nos dá até mesmo o indício nessa pequena nota, da qual lhes falei noutro dia, em que nos diz que, para o moderno, o relevo da libido é atribuído antes ao objeto do que à tendência — isso coloca, aliás, uma questão imensa e é a ela que pretendo introduzi-los, se, é claro, isso lhes convier, e ela nos levará a passar algumas sessões sobre algo do qual já lhes disse, noutro dia, a uniformidade com Hamlet, na história germânica, ou seja, a *Minne*, isto é, uma certa teoria e prática do amor cortês — e por que nos recusaríamos a isso se passamos tanto tempo com explorações etnográficas? — sobretudo se lhes afirmar que isso interessa certos rastros em nós da relação com o objeto que não são concebíveis sem esses antecedentes históricos —, portanto, que em certas condições de sublimação, esse ultrapassamento seja concebível — e, de todo modo, a literatura dos contos representa algo do ponto de vista fantasioso, se não estritamente histórico — mas, afinal, bem que existem *faits divers*, ocorrências, a se recolher —, se bem que se pode dizer que não é impossível que um cavalheiro que durma com uma mulher estando seguríssimo de ser, pelo cadafalso ou por outra coisa, estraçalhado na saída — isto, é claro, permanecendo na seção dos excessos passionais, seção que nos coloca outras tantas questões —, não é impossível que esse senhor considere friamente esse final na saída — pelo prazer de cortar a dama em pedaços, por exemplo.

Trata-se de outro caso que se pode igualmente considerar, do qual os anais criminológicos nos fornecem um maior número de exemplos acessíveis. Isso, evidentemente, modifica um pouco os dados, e, pelo menos, o valor demonstrativo do exemplo kantiano.

Destarte, aproximei, para vocês, dois casos que Kant não considera, duas formas da transgressão, para além dos limites normalmente designados, ao princípio do prazer diante do princípio de realidade considerado como critério, ou seja, a sublimação excessiva do objeto, e o que se chama comumente de perversão. Sublimação e perversão constituem, uma e outra, uma certa relação do desejo que chama a nossa atenção sobre a possibilidade de formular, sob a forma de um ponto de interrogação, um outro critério de uma outra, ou da mesma, moralidade, diante do princípio de realidade. Pois há um registro da moralidade que é dirigido do lado do que existe no nível de *das Ding*, ou seja, esse registro que faz o sujeito hesitar no momento de prestar falso testemunho contra *das Ding*, isto é, o lugar de seu desejo, seja ele perverso ou sublimado.

3

Aqui nós só podemos progredir grosseiramente, e nas veredas de nosso bom senso, o de analistas, que não é um bom senso assim tão alheio ao bom senso em geral. O que há no nível de *das Ding* desde o momento em que é revelado é o lugar dos *Triebe*, na medida em que nada têm a ver, enquanto revelados pela doutrina freudiana, com qualquer coisa que seja que se satisfaça de uma temperança, daquela que ordena bem certinho as relações do ser humano com seu semelhante nos diferentes níveis hierárquicos da sociedade, desde o casal até o Estado, numa construção harmônica.

Cabe-nos aqui voltar à significação da sublimação, cuja fórmula Freud tenta nos dar.

A sublimação é, para ele, vinculada aos *Triebe* como tais e é o que constitui, para os analistas, toda a dificuldade de sua teorização.

Rogo-lhes dispensarem-me, por hoje, da leitura, afinal de contas cansativa para vocês, de tal trecho de Freud, que virá em seu tempo, quando verão o interesse que há em decidir num sentido ou num outro, confirmar se estamos, sim ou não, na verdadeira articulação freudiana. Mas não penso poder sustentar esse interesse para a massa da assembleia de vocês sem mostrar-lhes o que viso, quer dizer, aonde quero levá-los.

Trata-se na sublimação de uma certa forma, diz-nos Freud, de satisfação dos *Triebe*, que se traduz impropriamente por instintos, e que é preciso traduzir severamente por pulsões — ou por derivas, para marcar que o *Trieb* é desviado do que ele chama de *Ziel*, seu alvo.

A sublimação nos é representada como distinta dessa economia de substituição, onde se satisfaz habitualmente a pulsão na medida em que é recalcada. O sintoma é o retorno, por via de substituição significante, do que se encontra na ponta da pulsão como seu alvo. É aqui que a função do significante adquire toda a sua importância, pois é impossível, sem colocá-la em jogo, distinguir o retorno do recalcado da sublimação como modo de satisfação possível da pulsão. É um paradoxo — a pulsão pode encontrar seu alvo em outro lugar que não seja naquilo que é seu alvo, sem que se trate aí da substituição significante que constitui a estrutura sobredeterminada, a ambiguidade, a dupla causalidade, do que se chama de compromisso sintomático.

Essa noção não parou de propor sua dificuldade aos analistas e aos teóricos. O que pode querer dizer essa mudança de alvo? Trata-se justamente de alvo e não, propriamente falando, do objeto, embora, como já ressaltei para vocês da última vez, este entre rapidamente em consideração. Não esqueçamos que Freud nos faz precocemente observar que convém não confundir a noção de alvo com a de objeto. Há, muito especialmente, um trecho, que lerei para vocês quando for conveniente, mas do qual posso desde agora lhes dar a referência. Na *Einführung des Narzissmus*, se não me falha a memória, no que diz respeito ao objeto, Freud acentua a diferença existente entre sublimação e idealização, uma vez que a idealização faz com que a identificação do sujeito ao objeto intervenha, enquanto que a sublimação é coisa bem diferente.

Indico para aqueles que conhecem alemão um pequeno artigo de 1930, de Richard Sterba, *Zur Problematik der Sublimierungslehre*, publicado no *Internationale Zeitschrift*, que faz, bastante bem, o balanço das dificuldades que os analistas encontravam na época com essa noção, isto é, após um artigo de Bernfeld, fundamental no assunto, e ao mesmo tempo que um artigo de Glover no *International Journal of Psychoanalysis* de 1931, *Sublimation, Substitution, and Social Anxiety.*

Com esse último artigo, em inglês, vocês vão penar muito mais, pois ele é extremamente longo e difícil de compreender, porque desloca, literalmente, o padrão da sublimação por todas as noções até então conhecidas da análise para tentar ver como se pode fazê-lo colar com tal ou tal nível da teoria. O resultado desse sobrevoo é surpreendente — é uma retomada de toda a teoria analítica de ponta a ponta que mostra, em todos os casos, de forma evidente, a extraordinária dificuldade que existe em se utilizar a noção de sublimação na prática sem se chegar às contradições que pululam nesse texto.

Gostaria de tentar mostrar-lhes já em que direção vamos estabelecer a sublimação, nem que seja para que possamos em seguida experimentar seu funcionamento e seu valor.

A satisfação do *Trieb* é, portanto, paradoxal, posto que ela parece produzir-se fora do lugar em que está seu alvo. Vamo-nos contentar em dizer, com Sterba por exemplo, que efetivamente o alvo mudou, que era sexual antes e que agora não é mais? Aliás, é assim que Freud o articula. Daí é preciso concluir que a libido sexual tornou-se dessexualizada. E eis por que vossa filha é muda.[33]

Vamo-nos contentar com o registro kleiniano, que parece conter uma certa verdade, mas parcial, e falar da solução imaginária de uma necessidade de substituição, de reparação em relação ao corpo da mãe?

Essas fórmulas provocarão todo aquele que não se contentar com soluções verbais, no sentido em que isto quer dizer vazias de todo sentido, interrogando um pouco mais de perto o que está em questão na sublimação.

Vocês devem desde já pressentir em que sentido pretendo dirigir nosso assunto. A sublimação, que confere ao *Trieb* uma satisfação diferente de seu alvo — sempre definido como seu alvo natural —, é precisamente o que revela a natureza própria ao *Trieb* uma vez que ele não é puramente o instinto, mas que tem relação com *das Ding* como tal, com a Coisa dado que ela é distinta do objeto.

Para guiar-nos temos a teoria freudiana dos fundamentos narcísicos do objeto, de sua inserção no registro imaginário. O objeto — uma vez que especifica as direções, os pontos de atrativo do homem em sua embocadura, em seu mundo, uma vez que o objeto lhe interessa por ser mais ou menos sua imagem, seu reflexo —, esse objeto, precisamente, não é a Coisa, na medida em que ela está no âmago da economia libidinal. E a fórmula mais geral que lhes dou da sublimação é esta — ela eleva um objeto — e aqui não fugirei às ressonâncias de trocadilho que pode haver no emprego do termo que vou introduzir — à dignidade da Coisa.

Isso tem importância — no que diz respeito, por exemplo, ao que aludo no horizonte de nosso discurso, e a que voltarei na próxima vez —, a sublimação do objeto feminino. Toda a teoria da *Minne*, ou do amor cortês, foi efetivamente decisiva. Se bem que completamente apagado de nossos dias em seus prolongamentos sociológicos, o amor cortês deixa contudo rastros num inconsciente, para o qual o termo de coletivo não precisa absolutamente ser empregado, num inconsciente tradicional, veiculado por toda uma literatura, por todo um conjunto de imagens, que é aquele no qual vivemos nossas relações com a mulher.

Esse modo foi deliberado. Não é absolutamente uma criação da alma popular, da famosa grande alma do tempo bendito da Idade Média, como dizia Gustave Cohen. Foi de maneira deliberada que, num círculo de letrados, foram articuladas as regras de honestidade graças às quais foi possível produzir essa promoção do objeto, cujo caráter absurdo mostrar-lhes-ei em detalhe — um escritor alemão, especialista dessa literatura germânica medieval, empregou a expressão de *absurde Minne.* Esse código moral institui, no centro de uma certa sociedade, um objeto, que é, no entanto, deveras um objeto natural. Não acreditem que, nessa época, se fazia menos amor do que na nossa.

O objeto é aqui elevado à dignidade da Coisa, tal como podemos defini-la em nossa topologia freudiana, dado que ela não escorregou para dentro, mas foi cingida pela rede dos *Ziele*. É na medida em que esse novo objeto é promovido, numa certa época, à função da Coisa que se pode explicar esse fenômeno que, sociologicamente, se apresentou sempre para aqueles que o abordaram como francamente paradoxal. Não poderemos, sem dúvida, esgotar o conjunto dos signos, ritos, temas e intercâmbios de temas, especialmente de temas literários, que constituíram a substância e a incidência efetiva dessa relação humana definida segundo os lugares e as épocas por termos diferentes — amor cortês, *Minne*, e há ainda outros. Saibam que o círculo das preciosas e preciosos, no início do século XVII, é sua derradeira manifestação em nosso ciclo.

Mas nem por isso temos aí seu derradeiro termo, pois não basta dizer — fez-se assim, é assim, para que tudo esteja resolvido, para que o objeto possa vir desempenhar seu papel. Não se trata de dar-lhes simplesmente a chave desse episódio histórico, pois, o que viso, em última instância, é melhor apreender, graças a uma situação distante, o que advém para nós de uma formação coletiva a ser precisada, que se chama arte, em relação à Coisa, e como nos comportamos no plano da sublimação.

A definição que lhes dei não encerra o debate, primeiro porque é preciso que eu a confirme e a ilustre para vocês, em seguida porque devo mostrar-lhes que para que o objeto se torne assim disponível é preciso que algo tenha ocorrido no nível da relação do objeto com o desejo — que é totalmente impossível articulá-lo corretamente sem o que dissemos no ano passado concernindo ao desejo e seu comportamento.

4

Terminarei hoje com um pequeno apólogo, em que gostaria que vocês vissem apenas um exemplo, mas um exemplo paradoxal, diminuto convenho, mas, no entanto, bastante significativo daquilo que está em questão na sublimação. Já que ficamos hoje no nível do objeto e da Coisa, gostaria de mostrar-lhes o que é inventar um objeto numa função especial, que a sociedade pode estimar, valorizar e aprovar.

É das minhas recordações que tomo emprestado este apólogo, que vocês poderão colocar na rubrica psicológica da coleção. Uma pessoa, que publicou recentemente uma obra sobre os colecionadores e as vendas graças às quais se presume que os colecionadores enriqueçam, suplicou, aliás durante muito tempo, que eu lhe desse algumas ideias sobre o sentido da coleção. Abstive-me completamente, pois seria preciso dizer-lhe para vir a meu seminário durante cinco ou seis anos.

Psicologia da coleção — há muito a dizer. Eu mesmo sou um pouco colecionador, e se alguns dentre vocês acreditam que é para imitar Freud, deixo-lhes esse privilégio. Acredito ser por razões totalmente diversas das dele. Coleções de Freud, vi alguns de seus resíduos nas prateleiras de Anna Freud, e me pareceram provir mais da fascinação que sobre ele exercia, no nível do significante, a coexistência de (...) e da civilização egípcia, do que de um gosto esclarecido daquilo que se chama de objeto.

O que se chama de objeto, como fundamento da coleção, vocês devem distinguir seu sentido daquilo que se chama de objeto na análise. Na análise o objeto é um ponto de fixação imaginário dando, em qualquer registro que seja, satisfação a uma pulsão. O objeto de coleção é totalmente outra coisa, e vou mostrá-lo neste exemplo onde a coleção está reduzida a sua forma mais rudimentar. Pois se imagina que uma coleção é constituída por uma diversidade de agrupamentos — não é absolutamente obrigatório.

Durante a grande época de penitência que nosso país atravessou na era petainista, no tempo de trabalho-pátria-família e cinto apertado, fui fazer uma visita a meu amigo Jacques Prévert em Saint-Paul-de-Vence. E lá eu vi — não sei por que a recordação disso ressurgiu na minha memória — uma coleção de caixas de fósforos.

Era uma coleção que se podia facilmente fazer nessa época, era talvez mesmo tudo o que havia para se colecionar. Só que as caixas de fósforos se apresentavam desta maneira — todas eram as mesmas e dispostas de uma maneira extremamente graciosa que consistia no fato de que, cada uma tendo sido aproximada da outra por um ligeiro deslocamento da gaveta interior, se encaixavam umas nas outras, formando uma fita coerente que corria sobre o rebordo da lareira, subia na murada, passava de ponta a ponta pelas cimalhas e descia de novo ao longo de uma porta. Não digo que ia desse modo ao infinito, mas era excessivamente satisfatório do ponto de vista ornamental.

Não creio, todavia, que isso fosse o principal e a substância do que esse colecionismo tinha de surpreendente, e a satisfação que daí poderia obter aquele que era responsável por isso. Creio que o choque, a novidade, do efeito realizado por esse ajuntamento de caixas de fósforos vazias — esse ponto é essencial — era de fazer aparecer isto, no qual talvez nos detenhamos demasiadamente pouco, é que uma caixa de fósforos não é de modo algum simplesmente um objeto, mas pode, sob a forma, *Erscheinung*, em que estava proposta em sua multiplicidade verdadeiramente imponente, ser uma Coisa.

Em outros termos, esse arranjo manifestava que uma caixa de fósforos não é simplesmente algo com uma certa utilidade, que não é nem mesmo um tipo, no sentido platoniano, a caixa de fósforos abstrata, que a caixa de fósforos sozinha é uma coisa, com sua coerência de ser. O caráter completamente gratuito, proliferante e supérfluo, quase absurdo, dessa coleção visava, com efeito, sua coisidade de caixa de fósforos. O colecionador encontrava assim sua razão nesse modo de apreensão que incidia menos na caixa de fósforos do que nessa Coisa que subsiste na caixa de fósforos.

O que quer que se faça, não se encontra isso indiferentemente em qualquer objeto. Pois, se vocês pensarem bem, a caixa de fósforos apresenta-se, para vocês, como uma forma vagabunda do que, para nós, tem tanta importância a ponto de poder adquirir, quando for o caso, um sentido moral, e que se chama gaveta. Aqui, essa gaveta liberada, e não mais tomada em sua amplitude ventral, cômoda, apresentava-se com um poder copulatório, que a imagem desenhada pela composição prevertiana estava destinada a tornar sensível a nossos olhos.

Pois bem, esse pequeno apólogo da revelação da Coisa para além do objeto mostra-lhes uma das formas, a mais inocente, da sublimação. Talvez vocês possam ver despontar aí com que, meu Deus, a sociedade pode se satisfazer.

Se é uma satisfação, pelo menos nesse caso, é uma satisfação que não pede nada a ninguém.

20 de janeiro de 1960

IX

DA CRIAÇÃO *EX NIHILO*

As maravilhas da psicanálise.
O que do real padece do significante.
Apólogo do pote e do vaso.
Introdução ao catarismo.
A pulsão, noção ontológica.

Para retomar o que eu dizia sobre a função que faço a Coisa desempenhar na definição da sublimação, vou começar por uma coisa engraçada.

Noutro dia, após tê-los deixado, vítima desses escrúpulos que sempre me fazem lastimar não ter esgotado a bibliografia concernindo aos assuntos que tratamos, reportei-me, nessa mesma tarde, a dois artigos de Melanie Klein citados por Glover, e que foram recolhidos nas *Contribuições à psicanálise.*

O primeiro, *Infant Analysis*, de 1923, contém coisas muito importantes sobre a sublimação e o fato secundário da inibição, ou seja, sobre como algumas funções, que se encontram na criança — essa é a concepção kleiniana — suficientemente libidinizadas, sofrem, pelo fato de serem sublimadas, portanto num segundo tempo, um efeito de inibição.

Inicialmente, não vou deter-me nele pois é à própria concepção da sublimação que tento suspendê-los, já que todas as confusões que se seguiram vêm da visão insuficiente do problema.

É o segundo artigo, de 1929, *Infantile Anxiety-Situations Reflected in a Work of Art in the Creative Impulse*, isto é, *Situações infantis de angústia refletidas numa obra de arte no impulso criador*, que eu tinha o remorso de nunca ter olhado. Ele é curto, mas, como acontece, trouxe-me a satisfação de assentar-me como uma luva.

1

A primeira parte é um desenvolvimento a respeito da obra musical de Ravel sobre um enredo de Colette que se chama *A criança e os sortilégios.* Gravei isto com prazer, o que não é evidente, pois ela só fala dele por intermédio das traduções alemãs e inglesas.

Melanie Klein fica maravilhada com o fato de a obra concordar tão bem com a sucessão de fantasias da criança concernindo ao corpo da mãe, com a agressividade primitiva e a contra-agressão que experimenta em relação a ela. Em suma, trata-se de uma enunciação bastante longa e muito agradável do que, na imaginação do criador da obra, e especialmente na do músico, se encontra admiravelmente de acordo com o campo primordial, central, da elaboração psíquica que as fantasias kleinianas, tais como são valorizadas pela análise da criança, nos indicam. E é surpreendente ver sua convergência com as formas estruturais que aparecem na obra de arte — não que isso seja, é claro, plenamente satisfatório para nós.

A segunda parte do artigo é mais notável e é ela que é engraçada. Trata-se desta vez de uma referência ao artigo de uma analista, Karin Mikailis, que, com o título de *O espaço vazio*, nos conta um caso clínico que não deixa de ser picante. Pela leitura das quatro páginas que o resumem trata-se de um caso-limite, muito espantoso, mas que não nos é descrito de uma maneira tal que possamos emitir um diagnóstico certeiro e saber se ele merece ou não ser qualificado de depressão melancólica.

Trata-se de uma doente, cuja vida nos é mui brevemente esboçada, que se chama Ruth Kjär. Ela nunca foi pintora na vida, mas, em plena vivência de suas crises depressivas, esta mulher sempre queixou-se do que chama de um espaço vazio nela, que ela nunca pode preencher.

Dispenso-os das peripécias de sua biografia. Seja como for, ajudada por sua analista, ela se casa e, tendo-se casado, no começo as coisas vão bastante bem. Porém, após um curto período, temos a recorrência dos acessos melancólicos. E é aí que está a maravilha do caso. Estamos, com efeito, no domínio das maravilhas da psicanálise que tais trabalhos valorizam de bom grado, não sem certa satisfação um tanto ingênua.

Por uma razão que não é esclarecida de outro modo, a casa do jovem casal é revestida, particularmente um cômodo, de quadros do cunhado que é pintor. Em seguida, num dado momento, como esse cunhado é um pintor de talento — isso é indicado, mas, não há outro meio de verificar —, ele vende um de seus quadros, que pega da parede e leva. Isso deixa na muralha um espaço vazio.

Acontece que esse espaço vazio desempenha um papel polarizante, precipitador das crises de depressão melancólica que tornam a despontar nesse momento na vida da paciente. Ela sai disso da seguinte maneira — um belo dia ela se decide a *to daub a little*, dar umas poucas pinceladas na parede para preencher esse maldito espaço vazio que adquiriu para ela um valor cristalizante, e cuja função, em seu caso, gostaríamos de conhecer melhor, por uma melhor descrição clínica. Para encher esse espaço, imitando seu cunhado, ela tenta fazer uma pintura que seja a mais próxima possível da das outras telas. Ela vai à loja de tintas buscar as cores que são as da palheta do cunhado, e se põe a trabalhar com um ardor que nos parece característico de um movimento de fase que vai, de preferência, no sentido depressivo. E acaba saindo uma obra.

O mais engraçado é que a coisa sendo mostrada ao cunhado, o coração da paciente batendo de angústia diante do veredicto do especialista, o *connaisseur*, este quase se encoleriza — *Você jamais me fará imaginar*, diz ele, *que foi você quem pintou isso, isso é obra de um artista, não apenas experimentado, mas de um veterano. Que sua história vá para o diabo, quem então pode ter sido?* Não se consegue convencê-lo, e ele continua jurando que, se foi a cunhada quem fez isso, está disposto a se meter a reger uma sinfonia de Beethoven na Capela Real, embora não conheça nenhuma nota musical.

Esse relato nos é narrado com uma falta de crítica na ordem do boato que não deixa de nos inspirar algumas reservas. Um tal milagre da técnica mereceria, entretanto, ser submetido a algumas interrogações primeiras. Mas, pouco se nos dá — Melanie Klein encontra aí a confirmação de uma estrutura que lhe parece aqui ilustrada de maneira exemplar, e vocês não podem deixar de ver a que ponto ela coincide com o plano central pelo qual esquematizo topologicamente a maneira como é colocada a questão a respeito do que aqui chamamos de a Coisa.

Como lhes disse, a doutrina kleiniana coloca aí essencialmente o corpo da mãe e aí situa as fases de toda e qualquer sublimação, inclusive as sublimações tão miraculosas como a desse acesso espontâneo, iluminativo, digamos, de uma noviça aos modos mais peritos da técnica pictural. A sra. Klein vê sua teoria confirmada — e é certamente o que lhe evita o espanto — pela série de temas pintados pela paciente com o desígnio de preencher esse espaço vazio. Há primeiro uma negra nua, em seguida uma mulher muito velha, com todos os aspectos do peso dos anos da desilusão, da resignação inconsolável da idade mais avançada, e isso culmina, no final, com o renascimento, o reaparecimento de sua própria mãe em seus anos mais deslumbrantes. Mediante o que, c.q.d., temos aqui, segundo Melanie Klein, a motivação suficiente de todo o fenômeno.

O que é engraçado é seguramente o que nos é aqui fornecido concernindo à topologia onde os fenômenos da sublimação se situam. Mas vocês devem sentir que não ficamos satisfeitos quanto a suas possibilidades.

Tento aqui fornecer-lhes as coordenadas exigíveis da sublimação para que possamos dar conta de sua relação com o que chamamos de a Coisa — em sua situação central quanto à constituição da realidade do sujeito. Como defini-la melhor em nossa topologia?

O pequeno exemplo da última vez, extraído da psicologia da coleção — e sobre o qual vocês se enganariam se esperassem que ele esgotasse o assunto, embora permita ir bastante longe no sentido do que está em questão —, ilustra, em suma, a transformação de um objeto em uma coisa, a elevação, repentina, da caixa de fósforos a uma dignidade que ela não tinha de modo algum anteriormente. Mas, é claro, é uma coisa que nem por isso é, de modo algum, a Coisa.

A Coisa, se no fundo ela não está velada, não estaríamos nesse modo de relação com ela que nos obriga — como todo psiquismo é obrigado — a cingi-la, ou até mesmo a contorná-la, para concebê-la. Lá onde ela se afirma, ela se afirma em campos domesticados. É justamente por isso que os campos são assim definidos — ela se apresenta sempre como unidade velada.

Digamos, hoje, que se ela ocupa esse lugar na constituição psíquica que Freud definiu sobre a base da temática do princípio do prazer, é que ela é, essa Coisa, o que do real — entendam aqui um real que não temos ainda que limitar, o real em sua totalidade, tanto o real que é o do sujeito quanto o real com o qual ele lida como lhe sendo exterior — o que, do real primordial, diremos, padece do significante.

Com efeito, a primeira relação que se constitui no sujeito no sistema psíquico, o qual é, ele mesmo, submetido à homeostase, lei do princípio do prazer, flocula, cristaliza em elementos significantes. A organização significante domina o aparelho psíquico tal como nos é fornecido pelo exame do doente. Daí podermos dizer de uma forma negativa que não há nada entre a organização na rede significante, na rede das *Vorstellungsrepräsentanzen*, e a constituição no real desse espaço, desse lugar central sob o qual o campo da Coisa, como tal, se apresenta para nós.

É mui precisamente nesse campo que deve situar-se o que Freud nos apresenta, por outro lado, como devendo responder ao achado como tal, como devendo ser o objeto *wiedergefundene*, reencontrado, reachado. Tal é a definição fundamental do objeto, para Freud, em sua função diretriz, da qual já mostrei o paradoxo, pois, esse objeto, não nos é dito que ele tenha sido realmente perdido. O objeto é, por sua natureza, um objeto reencontrado. Que ele tenha sido perdido é a consequência disso — mas só-depois.[23] E, portanto, ele é reencontrado, sendo que a única maneira de saber que foi perdido é por meio desses reencontros, desses reachados.[7]

Reencontramos aí uma estrutura fundamental, que nos permite articular que a Coisa em questão é suscetível, em sua estrutura, de ser representada pelo que chamamos, há tempos, a respeito do discurso do tédio e da prece, de a Outra coisa. A Outra coisa é, essencialmente, a Coisa.

Essa é a segunda característica da Coisa como velada — por sua natureza ela é, em seus reachados[7] do objeto, representada por outra coisa.

Vocês não podem absolutamente deixar de ver na célebre frase de Picasso, *Eu não procuro, acho*, que é o achar, o *trobar* dos trovadores e dos troveiros, de todas as retóricas, que toma a dianteira do procurar.

É claro, o que é achado é procurado, mas procurado nas vias de significante. Ora, essa busca é, de alguma forma, uma busca antipsíquica que, por seu lugar e sua função, está para além do princípio do prazer. Pois, segundo as leis do princípio do prazer, o significante projeta nesse para além a equalização, a homeostase, a tendência ao investimento uniforme do sistema do eu como tal — fazendo-o faltar. A função do princípio do prazer é, com efeito, conduzir o sujeito de significante em significante, colocando quantos significantes forem necessários para manter o mais baixo possível o nível de tensão que regula todo o funcionamento do aparelho psíquico.

Ei-nos, portanto, trazidos à relação do homem com esse significante, o que nos vai permitir dar o passo seguinte.

Se o princípio do prazer regula por meio de uma lei de engodo a especulação humana através desse imenso discurso que não é simplesmente feito daquilo que o articula, mas, igualmente, de toda a sua ação, uma vez que ela é dominada por essa busca que o conduz a reencontrar as coisas nos signos — como é que a relação do homem com o significante, na medida em que ele pode ser o seu manipulador, pode colocá-lo em relação com um objeto que representa a Coisa? É aqui que intervém a questão de saber o que o homem faz quando modela um significante.

2

No que diz respeito ao significante, a dificuldade é de não se precipitar sobre o fato de que o homem é o artesão de seus suportes.

Durante longos anos fiz vocês se dobrarem à noção, que deve permanecer primeira e prevalente, do que constitui o significante como tal, ou seja, as estruturas de oposição cuja emergência modifica profundamente o mundo humano. Só que esses significantes são, em sua individualidade, modelados pelo homem, e provavelmente ainda mais com suas mãos do que com sua alma.

Aqui está nosso encontro marcado com o emprego da linguagem que, pelo menos para a sublimação da arte, nunca hesita em falar de criação. A noção de criação deve ser promovida agora por nós, com o que ela comporta, um saber da criatura e do criador, pois ela é central não apenas em nosso tema, o motivo da sublimação, mas no da ética no sentido mais amplo.

Estabeleço isto — um objeto pode preencher essa função que lhe permite não evitar a Coisa como significante, mas representá-la na medida em que esse objeto é criado. Por meio de um apólogo que nos é fornecido pela corrente das gerações, e que nada nos proíbe utilizar, vamo-nos referir à função artística talvez mais primitiva, a do oleiro.

Da última vez falei-lhes da caixa de fósforos, tinha minhas razões, e vocês verão que a reencontraremos e que ela nos permitirá, talvez, ir mais adiante em nossa dialética sobre o vaso. Mas o vaso é mais simples. Sem dúvida nasceu antes da caixa de fósforos. Está aí desde sempre. É talvez o elemento mais primordial da indústria humana. É seguramente um instrumento, um utensílio que nos permite, sem ambiguidade, afirmar a presença humana lá onde o encontramos. Esse vaso, que está aí desde sempre e que foi empregado para fazer-nos conceber parabolicamente, analogicamente, metaforicamente os mistérios da criação, pode ainda nos ser útil.

Para verem confirmada a apropriação do vaso a esse emprego, refiram-se ao que Heidegger, o último que meditou sobre o assunto da criação, nos apresenta quando se trata para ele de falar-nos de *das Ding* — é em torno de um vaso que ele nos desenvolve sua dialética.

Não me enveredarei na função de *das Ding* na perspectiva heideggeriana da revelação contemporânea, vinculada ao final da metafísica, do que ele chama de o Ser. Vocês podem, facilmente, todos vocês indistintamente, reportar-se à coletânea intitulada *Ensaios e conferências* e ao artigo sobre *a Coisa.* Verão a função que Heidegger lhe confere, num processo humano essencial, de conjunção das potências celestes e terrestres em torno dele.

Quero simplesmente, hoje, ater-nos à distinção elementar, no vaso, entre seu emprego de utensílio e sua função significante. Se ele é deveras significante e se é o primeiro significante modelado pelas mãos do homem, ele não é significante, em sua essência de significante, de outra coisa senão de tudo o que é significante — em outros termos, de nada particularmente significado. Heidegger o coloca no centro da essência do céu e da terra. Ele o vincula primitivamente pela virtude do ato de libação, pelo fato de sua dupla orientação — para cima para receber, em relação à terra da qual ele eleva alguma coisa. É justamente essa a função do vaso.

Esse nada de particular que o caracteriza em sua função significante é justamente, em sua forma encarnada, aquilo que caracteriza o vaso como tal. É justamente o vazio que ele cria, introduzindo assim a própria perspectiva de preenchê-lo. O vazio e o pleno são introduzidos pelo vaso num mundo que, por si mesmo, não conhece semelhante. É a partir desse significante modelado que é o vaso, que o vazio e o pleno entram como tais no mundo, nem mais nem menos, e com o mesmo sentido.

Esta é a ocasião de sentir de perto o que há de falaz na oposição entre o pretenso concreto e o pretenso figurado — se o vaso pode estar pleno é na medida em que, primeiro, em sua essência, ele é vazio. E é, muito exatamente, no mesmo sentido, que a fala e o discurso podem ser plenos ou vazios.

Eis o que abordamos num certo congresso de Royaumont, quando eu insistia sobre o fato de que o pote de mostarda tem como essência, em nossa vida prática, de apresentar-se a nós como um pote de mostarda vazio. Isso, que na época pode ter passado por um *concetto*, um gracejo, vai encontrar sua explicação na perspectiva em que avançamos. Vocês podem ir tão longe, nessa direção, quanto a imaginação de vocês lhes permitir, e, nesse caso, eu não ficaria chocado se vocês reconhecessem no nome Bornibus, que corresponde a uma das mais familiares e ricas apresentações do pote de mostarda, um dos nomes divinos, já que é Bornibus quem enche os potes de mostarda, é justamente aqui, com efeito, que podemo-nos restringir.[34]

O exemplo do pote de mostarda e do vaso permite-nos introduzir aquilo em torno de que girou o problema central da Coisa na medida em que ele é o problema central da ética, ou seja — se foi uma potência razoável, se foi Deus quem criou o mundo, como é possível que, primeiro, façamos o que for, segundo, deixemos de fazê-lo, o mundo vá tão mal?

O oleiro faz o vaso a partir de uma terra mais ou menos fina ou refinada, e é nesse momento que nossos pregadores religiosos nos detêm para nos fazerem ouvir os gemidos do vaso nas mãos do oleiro. O pregador, algumas vezes, fá-lo falar, e da maneira mais emocionante, até gemer, e perguntar ao criador por que ele é tratado com tanta rudeza ou, contrariamente, com doçura. Mas, nesse exemplo que cito da mitologia criacionista, o que nos é dissimulado, e singularmente por aqueles mesmos que utilizam o exemplo do vaso, tão fundamental nas imagens do ato criador — disse-lhes, são sempre autores no limite do religioso e do místico, e não é sem razão — o vaso é feito a partir de uma matéria. Nada é feito a partir de nada.

Toda a filosofia antiga se articula em torno disso. Se nos é difícil pensar a filosofia aristotélica, é porque ela deve ser pensada segundo um modo que jamais omite que a matéria é eterna e que nada é feito de nada. Mediante o que ela resta enviscada numa imagem do mundo que jamais permitiu, nem mesmo a Aristóteles — é difícil imaginar, entretanto, em toda a história do pensamento humano, um espírito com uma tal potência —, sair da clausura que a superfície celeste, a seus olhos, apresentava, e não considerar o mundo, inclusive o mundo das relações inter-humanas, o mundo da linguagem, como incluído na natureza eterna, que é, profundamente, limitada.

Ora, se vocês considerarem o vaso, na perspectiva que inicialmente promovi, como um objeto feito para representar a existência do vazio no centro do real que se chama a Coisa, esse vazio, tal como ele se apresenta na representação, apresenta-se, efetivamente, como um *nihil*, como nada. E é por isso que o oleiro, assim como vocês para quem eu falo, cria o vaso em torno desse vazio com sua mão, o cria assim como o criador mítico, *ex nihilo*, a partir do furo.

Todo mundo faz piada a respeito do macarrão, que é um furo com algo em volta, ou ainda a respeito dos canhões. O fato de rir não muda em nada o que está em questão — há uma identidade entre a modelagem do significante e a introdução no real de uma hiância, de um furo.

Lembro-me que um dia, quando eu estava jantando na casa de um descendente desses banqueiros reais que acolhiam Henri Heine há pouco mais de um século em Paris, eu o espantei muito informando-o — e o deixei espantado até hoje, e certamente não perto de se recuperar desse espanto — que a ciência moderna, a nascida de Galileu, não se pôde desenvolver senão a partir da ideologia bíblica, judaica, e não da filosofia antiga e da perspectiva aristotélica. O progresso da eficácia da apreensão simbólica não cessa de estender seu domínio desde Galileu, de consumir em torno dela toda referência que a limita aos dados intuitivos, e, deixando inteiramente seu jogo aos significantes, desemboca nessa ciência cujas leis vão sempre em direção a uma coerência cada vez maior, mas sem que nada seja menos motivado do que o que existe em algum ponto em particular.

Em outros termos, a abóbada celeste não existe mais, e o conjunto dos corpos celestes, que aí são a melhor referência, apresenta-se como que podendo igualmente não estar aí — sua realidade é essencialmente marcada, como diz o existencialismo, por um caráter de facticidade, eles são, no fundo, contingentes.

Tampouco é vão nos darmos conta de que, no máximo, o que para nós se delineia na equivalência articulada entre a energia e a matéria é que num dia derradeiro poderia acontecer de toda a trama da aparência se rasgar a partir dessa hiância, que aí introduzimos, e se esvanecer.

A introdução desse significante modelado que é o vaso já constitui a noção inteira da criação *ex nihilo*. E ocorre que a noção da criação *ex nihilo* é coextensiva da exata situação da Coisa como tal. Efetivamente, é justamente desse modo que, no decorrer dos tempos, e nomeadamente dos tempos que nos são mais próximos, dos que nos formaram, é situada a articulação, a balança do problema moral.

Um trecho da Bíblia, marcado por uma inflexão de alegria otimista, nos diz que quando o Senhor fez a sua criação dos famosos seis dias, no final ele contemplou tudo e viu que estava bom. Pode-se dizer o mesmo do oleiro, após ter feito o vaso — está bom, está bem, está firme. Em outros termos, do lado da obra é sempre belo.

Cada um, entretanto, sabe o que pode sair de um vaso, ou o que pode entrar nele, e claro está que esse otimismo não é absolutamente justificado pelo funcionamento das coisas no mundo humano, nem naquilo que as obras engendram. É também em torno do benefício e do malefício da obra que se cristalizou essa crise de consciência que, pelo menos no Ocidente, oscilou durante longos séculos e culminou nesse período ao qual fiz alusão no dia em que trouxe, diante de vocês, a citação clássica de Lutero, o qual atormentou por muito tempo a consciência cristã, até articular que nenhum mérito podia ser colocado na conta de nenhuma obra.

Não é que isso seja uma posição herética, não válida — há profundas razões para que essa posição seja tomada. Para orientá-los no fluxo das seitas que se dividiram, consciente ou inconscientemente, em torno do problema do mal, a simplíssima tripartição que sai do exemplo do vaso, tal como a articulamos, é excelente.

Em sua busca ansiosa da fonte do mal, o homem encontra-se diante da escolha dessas três, porque não há outras.

Há a obra — e essa é a posição de renúncia, onde muitas outras sabedorias que não a nossa se situaram. Toda obra é, por si mesma, nociva e só engendra as consequências que ela mesma comporta, ou seja, pelo menos, tanto de negativo quanto de positivo. Essa posição é formalmente expressa no taoísmo, por exemplo, a ponto de que quase não seja permitido utilizar o vaso sob a forma de colher — a introdução de uma colher no mundo já é fonte de todo o fluxo de contradições dialéticas.

Em seguida há a matéria. Nisto, encontramo-nos diante dessas teorias das quais, penso, vocês ouviram falar um pouco, que chamam de cátaras, não se sabe, aliás, muito bem por quê.

Vou-lhes desenvolver um pouco isso.

3

Não vou dar aqui uma aula sobre o catarismo, mas indico-lhes onde encontrarão facilmente uma boa bibliografia sobre o assunto num livro, do qual todos vocês certamente ouviram falar, que não é o melhor sobre o assunto, nem o mais profundo, mas muito divertido — *O amor e o Ocidente*, de Denis de Rougemont.

Eu o reli completamente na edição revisada, e, na segunda leitura, desagradou-me menos do que eu esperava e chegou mesmo a me agradar. Nele, vocês verão, a respeito da concepção particular do autor, todos os tipos de dados, bastante bem articulados, que nos permitem representar, para nós, essa crise profunda que a ideologia, digamos, a teologia cátara representa na evolução do pensamento do homem do Ocidente, já que é dele que se trata — embora o autor nos mostre que as coisas em questão têm provavelmente sua raiz num campo limítrofe daquilo que se está habituado a chamar de Ocidente, termo ao qual não me atenho em nenhum nível, e estaríamos totalmente errados ao fazer dele o pivô de nossos pensamentos.

Seja como for, numa certa virada da vida comum na Europa, a questão do que não está indo bem na criação como tal se colocou. Ela se colocou para pessoas sobre as quais nos é muito difícil saber o que pensavam exatamente, e o que efetivamente representou, em suas incidências profundas, esse movimento religioso e místico que chamam de heresia cátara. Pode-se até mesmo dizer que é o único exemplo histórico em que ocorreu que uma potência temporal tivesse uma tal eficácia, pois conseguiu suprimir quase todos os vestígios do processo. Essa é a forçagem que a santa Igreja católica e romana realizou. Resta-nos procurar nas entrelinhas dos documentos dentre os quais poucos têm um caráter satisfatório. Os próprios processos da Inquisição volatizaram-se e não possuímos mais do que alguns testemunhos laterais aqui e acolá. Um padre dominicano nos diz, por exemplo, que os cátaros eram gente muito boa, no fundo católicos em sua maneira de viver, e de costumes excepcionalmente puros.

Acredito que seus costumes fossem de uma pureza excepcional, já que no fundo lhes era preciso abster-se de qualquer ato que pudesse, de alguma maneira, favorecer a perpetuação desse mundo, em sua essência execrável e mau. A prática da perfeição consistia essencialmente, portanto, em visar atingir a morte no mais avançado estado de desprendimento, sinal de reintegração num mundo adâmico caracterizado pela pureza e a luz, o mundo verdadeiro, do bom Criador original, cuja criação fora contaminada pela intervenção do mau Criador, do Demiurgo, que nele introduziu esse elemento medonho, a geração, e igualmente a putrefação, isto é, a transformação.

É na perspectiva aristotélica da transformação da matéria numa outra matéria que se engendra ela mesma que a perpetuidade da matéria era o lugar do mal.

A solução, como vocês estão vendo, é simples. Ela tem uma certa coerência, mesmo que, talvez, não tenha todo o rigor desejável.

Um dos raros documentos sólidos que temos sobre o empreendimento — pois não sabemos qual era no fundo a doutrina cátara — é uma obra descoberta em 1939 e publicada com o nome de *Livro dos dois princípios.* Encontram-no facilmente com o título de *Escritos cátaros*, um livro muito bonito feito por René Nelli.

O mal está na matéria. Mas o mal pode também estar alhures. A questão permanece aberta, e é certamente um pivô indispensável para compreender o que aconteceu historicamente no que se refere ao pensamento moral em torno do problema do mal. O mal pode estar não apenas nas obras, não apenas nessa execrável matéria — daí todo o esforço da ascese vai consistir em dela se afastar, sem cair num mundo que chamam de místico, e que pode, igualmente, parecer-nos mítico ou mesmo ilusório —, o mal pode estar na Coisa.

Pode estar na Coisa dado que ela não é o significado que guia a obra, dado que tampouco é a matéria da obra, mas, dado que, no âmago do mito da criação ao qual está suspensa toda a questão — e o que quer que façam, e mesmo que vocês estejam se lixando para o Criador como para a morte da bezerra, o fato é que é em termos criacionistas que vocês pensam o termo do mal e o colocam em questão — ela mantém a presença do humano. Trata-se, com efeito, da Coisa, ela dado ser definida por isto — ela define o humano, embora, justamente, o humano nos escape.

Neste ponto, o que chamamos de humano não poderia ser definido de outra maneira senão por aquela com a qual defini, há pouco, a Coisa, ou seja, o que do real padece do significante.

Observem bem isto — aquilo para o que o pensamento freudiano nos dirige consiste em nos colocar o problema do que há no âmago do funcionamento do princípio do prazer, ou seja, um para além desse princípio do prazer, e muito provavelmente o que, outro dia, chamei de uma profunda boa ou má vontade. Evidentemente, todos os tipos de armadilhas e de fascinações se oferecem ao pensamento de vocês, como a questão de saber se o homem, como dizem — como se fosse tão simples definir o homem —, é no fundo bom ou mau. Mas não se trata disso, trata-se do conjunto. Trata-se do fato de o homem modelar esse significante e introduzi-lo no mundo — em outros termos, de saber o que faz modelando o significante à imagem da Coisa, enquanto que esta se caracteriza pelo fato de que nos é impossível imaginarmo-la para nós. É aí que se situa o problema da sublimação.

É por isso que tomo como ponto de partida a história da *Minne.* Tomei-a através desse termo porque ele é particularmente exemplar, e não tem ambiguidade na língua germânica. A *Minne* é deveras distinta da *Liebe*, enquanto que em francês servimo-nos da mesma palavra *amour*.

O problema do autor em questão é conhecer a ligação que pode haver entre a heresia tão profunda e tão secreta que se põe a dominar a Europa a partir do final do século XI, sem que se possa saber se as coisas não remontam a mais tempo, e o aparecimento, a articulação, o exercício de toda uma moral, de toda uma ética, de todo um estilo de vida que se chama amor cortês.

Não estou forçando nada ao lhes dizer que, uma vez recolhidos todos os dados históricos, sociais, políticos, econômicos, e todos nossos métodos de interpretação de uma superestrutura colocados em exercício, os historiadores atuais tomam o partido, de maneira verdadeiramente unívoca, de entregar os pontos. Nada fornece uma explicação completamente satisfatória do sucesso dessa extraordinária moda, numa época que não era tão amena, nem policiada — peço-lhes o favor de acreditarem —, pelo contrário. Acaba-se de sair da primeira feudalidade que se resumia, na prática, à dominação de costumes de bandidos sobre uma grande superfície geométrica, e eis aqui elaboradas as regras de uma relação do homem com a mulher que se apresenta com todas as características de um paradoxo estupeficante.

Dado o avançado da hora, não vou nem mesmo começar a articular isso para vocês hoje. Não obstante, saibam em que consistirá minha fala da próxima vez — consistirá no problema ambíguo e enigmático do que está em questão no objeto feminino.

Não creiam que seja algo que me seja próprio — não tentarei introduzir meus frágeis meios de investigação nessa questão. Mas o fato de esse objeto do louvor, da prestação de serviço, da submissão e de todos os tipos de comportamentos sentimentais estereotipados do adepto do amor cortês em relação à Dama, acabar por fazer com que um autor diga que todos parecem louvar uma só pessoa, esse fato é deveras apto a deixar-nos numa posição interrogativa. O romanista em questão é o sr. André Morin, professor de letras da Universidade de Lille, a quem se deve igualmente uma belíssima antologia do *Minnesang* publicada por Aubier.

Essa criação é função de um objeto sobre o qual ficamo-nos interrogando quanto ao papel exato que desempenhavam os personagens em carne e osso que, no entanto, estavam deveras comprometidos nessa questão. Pode-se, no entanto, muito bem nomear as damas e as pessoas que estavam no âmago da propagação desse novo estilo de comportamento e de existência no momento em que ele emergiu. Conhecem-se as primeiras vedetes dessa espécie de epidemia social tão bem quanto se conhece o sr. Sartre e a sra. de Beauvoir. Eleonora de Aquitaine não é um personagem mítico, sua filha, a condessa de Champagne, tampouco.

O importante será ver como determinados enigmas, que se colocam a esse respeito os historiadores, podem ser por nós resolvidos em função da doutrina que lhes exponho, a doutrina psicanalítica, uma vez que ela permite explicar o fenômeno como uma obra de sublimação em seu mais puro alcance.

Verão até nos detalhes como operam aqui para conferir a um objeto, que no caso é chamado de a Dama, valor de representação da Coisa. Isso nos permitirá em seguida, para delinear-lhes o caminho que nos resta a percorrer antes das férias de fevereiro, mostrar o que dessa construção restou a título de sequela na relação com o objeto feminino, com o aspecto problemático no qual ele se apresenta para nós ainda atualmente. Teremos de concebê-lo nas formas da estrutura analítica.

Para além dessa separação de fevereiro, viso a permitir-lhes medir o justo valor que a novidade freudiana comporta.

A ideia de criação é consubstancial ao pensamento de vocês. Vocês não podem pensar, e ninguém, em outros termos senão em termos criacionistas. O que acreditam ser o modelo mais familiar do pensamento de vocês, ou seja, o evolucionismo, é, em vocês como em todos os seus contemporâneos, uma forma de defesa, de aferro aos ideais religiosos, que lhes impede de ver o que ocorre no mundo em torno de vocês. Mas não é por vocês estarem, como todo o mundo, saibam vocês ou não, presos na noção de criação, que o Criador está, para vocês, numa posição bem clara.

É claro que Deus está morto. É o que Freud expressa de ponta a ponta em seu mito — já que Deus sai do fato de que o Pai está morto, isso certamente quer dizer que nos demos conta de que Deus está morto, e é por isso que Freud cogita tão firmemente sobre isso. Porém, igualmente, já que é o Pai morto a quem Deus originalmente serve, ele também estava morto desde sempre. A questão do Criador em Freud é, portanto, saber a que deve ser apenso, em nossos dias, aquilo que dessa ordem continua se exercendo.

Esse é o termo de nossa pesquisa deste ano — o modo pelo qual a questão do que se trata na Coisa se coloca para nós. É isso que Freud aborda em sua psicologia da pulsão, pois o *Trieb* não pode de modo algum limitar-se a uma noção psicológica — é uma noção ontológica absolutamente fundamental, que responde a uma crise de consciência que não somos forçados a discernir plenamente, pois estamos vivendo-a.

De qualquer maneira que a vivamos, o sentido do que tento articular diante de vocês é tentar fazê-los tomar consciência disso.

27 de janeiro de 1960

X

Pequenos comentários à margem

O elemento gnômico.
Arte, religião, ciência.
A respeito de Spitz.
Anamorfose e arquitetura.
Primazia do Es.

Não estou, hoje, com ímpeto suficiente, segundo meus próprios critérios, para fazer-lhes meu seminário como de hábito — isto no que diz respeito mais particularmente ao ponto em que chegamos, já que desejo poder colocar diante de vocês fórmulas totalmente precisas. Portanto, vocês me permitirão diferir até a próxima vez.

O corte causado por minha ausência de quinze dias cai mal, pois gostaria de já poder prosseguir mais além do que, da última vez, lhes anunciei que trataria — após havê-lo tratado, evidentemente.

1

O amor cortês é, com efeito, uma forma exemplar, um paradigma de sublimação. Só por meio da arte, essencialmente, que dele temos testemunhos documentários, mas ainda hoje sentimos suas ressonâncias éticas.

Mesmo que do amor cortês só tenhamos os testemunhos documentários da arte, sob uma forma quase morta, excluindo o vivíssimo interesse arqueológico que podemos prestar-lhe, suas ressonâncias são, manifestamente, ainda sensíveis nas relações entre os sexos.

O longo alcance dos efeitos de um fenômeno que se poderia acreditar estar localizado num problema que é de estética é, desse modo, apto a tornar-nos sensíveis à importância da sublimação, que a análise trouxe para o primeiro plano.

Desejo estar em plena forma para poder mostrar-lhes como o problema se coloca historicamente, como ele se coloca em método e que, ainda neste ponto, nos encontramos na posição de poder esclarecer as dificuldades confessadas que os historiadores, os romanistas, os filólogos, os diversos especialistas que se ativeram a esse problema encontraram, e que reconhecem não terem absolutamente chegado a reduzir o fenômeno do amor cortês em seu aparecimento histórico a algum condicionamento discernido.

Essa confissão é comum e, diria eu, quase uniforme. Há aqui um fenômeno paradoxal — e, evidentemente, como a cada vez que se se encontra na presença de um fenômeno desta ordem, os pesquisadores foram frequentemente levados a perscrutar suas influências, o que em muitos casos é apenas uma maneira de adiar o problema. Dizem-nos — o problema tem sua origem na comunicação de algo que se produziu paralelamente. Ainda que seja preciso saber como isso se produziu paralelamente — porém, precisamente nesse caso, é justamente o que escapa.

No caso, o recurso às influências está longe de ter esclarecido o problema. Nós, é em seu âmago que tentaremos aprendê-lo, e veremos que a teoria freudiana é apta a trazer aí uma certa luz. Nessa qualidade, portanto, tomo-o não apenas por seu valor de método.

Partir desse ponto tão localizado não quer dizer que tudo o que concerne à sublimação deva ser considerado nessa linha aqui traçada, ou seja, a partir da relação homem–mulher, do casal. Não pretendo absolutamente reduzir a isso o problema da sublimação, nem mesmo centrá-lo nisso. Creio, pelo contrário, que partir desse exemplo é capital para chegar a uma fórmula geral cujo delineamento já encontramos em Freud, se sabemos onde lê-la — não quero dizer procurar em tal ou tal detalhe.

Se algumas vezes procedo valorizando uma frase, uma fórmula isolada de Freud, e quase ia dizendo um elemento gnômico — esse elemento gnômico, estou muito cônscio de tentar colocá-lo para mim em ação. Quando lhes dou uma fórmula como o *desejo do homem é o desejo do Outro*, trata-se de uma fórmula gnômica, embora Freud não tenha procurado fornecê-la como tal. Mas de tempos em tempos o fez, sem fazê-lo propositalmente. Destarte citei-lhes uma fórmula muito curta que aproxima os mecanismos respectivos da histeria, da neurose obsessiva e da paranoia, de três termos de sublimação — a arte, a religião e a ciência. Em outro lugar ele aproxima a paranoia do discurso científico. Essas indicações nos ajudarão a articular, em toda a sua generalidade, a fórmula com que, no final, chegaremos a ordenar a função da sublimação na referência à Coisa.

Essa Coisa é acessível em exemplos muito elementares que são quase da natureza da demonstração filosófica clássica, com a ajuda do quadro-negro e do pedaço de giz. Da última vez, tomei o exemplo esquemático do vaso para permitir-lhes apreender onde se situa a Coisa na relação que coloca o homem em função do *medium* entre o real e o significante. Essa Coisa, da qual todas as formas criadas pelo homem são do registro da sublimação, será sempre representada por um vazio, precisamente pelo fato de ela não poder ser representada por outra coisa — ou, mais exatamente, de ela não poder ser representada senão por outra coisa. Mas em toda forma de sublimação o vazio será determinante.

Indico-lhes desde logo três modos diferentes nos quais ocorre que a arte, a religião e o discurso da ciência têm a ver com isso — por três fórmulas das quais não lhes digo que, no último termo, retê-las-ei quando tivermos percorrido juntos nosso caminho.

Toda arte se caracteriza por um certo modo de organização em torno desse vazio. Não creio que seja uma fórmula vã, malgrado sua generalidade, para orientar aqueles que se interessam pela elucidação dos problemas da arte, e penso dispor dos meios para lhes ilustrar de maneira múltipla e muito sensível.

A religião consiste em todos os modos de evitar esse vazio. Podemos dizê-lo forçando um pouco a análise freudiana, uma vez que Freud salientou os traços obsessivos do comportamento religioso. Porém, embora toda a fase cerimonial do que constitui o corpo dos comportamentos religiosos entre efetivamente nesse contexto, não nos poderíamos satisfazer com essa fórmula, e uma palavra como *respeitar* esse vazio talvez tenha mais alcance. De qualquer maneira, o vazio permanece no centro, é precisamente nisso que se trata de sublimação.

Para o terceiro termo, ou seja, o discurso da ciência, na medida em que para a nossa tradição ele é originado no discurso da sabedoria, no discurso da filosofia, adquire aqui seu pleno valor o termo empregado por Freud a respeito da paranoia e de sua relação com a realidade psíquica — *Unglauben.*

Já ressaltei de passagem para vocês num de meus últimos seminários — o *Unglauben* não é a negação da fenomenologia do *Glauben*, da crença. Freud não voltou a isso de maneira global e definitiva, mas, não obstante, isso percorre toda a sua obra e ele dá uma extrema importância a essa função no *Entwurf.* A fenomenologia da crença permaneceu para ele, até o final, uma obsessão — *Moisés e o monoteísmo* também é inteiramente construído para explicar os fenômenos fundamentais da crença.

Mais profundo, mais dinamicamente significativo para nós, é o fenômeno da descrença, que não é a supressão da crença — é um modo próprio da relação do homem com seu mundo e, na verdade, aquele no qual ele subsiste.

Nesse ponto, vocês estariam extremamente errados em confiar em oposições sumárias, e em pensar que a história conheceu guinadas sensacionais, como seria a passagem da idade teocrática às formas ditas humanistas da liberação do indivíduo e da realidade. A concepção do mundo aqui não é algo decisivo. Não se trata aqui do que quer que seja que pareça com uma *Weltanschauung* qualquer — da minha tampouco. Estou aqui apenas na qualidade de indicador, para ajudá-los a se orientarem na bibliografia do que se pode encontrar de mais sério como referências sobre esse assunto, graças a pessoas que, cada uma na sua especialidade, são dotadas de alguma capacidade de reflexão. Aconselhar-lhes-ei aqui se referirem à obra de um historiador, Lucien Febvre, que, numa coleção muito acessível, escreveu, com o título de *Problema da descrença no século XVI*, um livro que é apto a mostrar-lhes como um emprego sadio dos métodos históricos nos permite colocar de maneira mais nuançada do que se costuma a questão dos modos de evolução do pensamento no que diz respeito aos problemas da fé.

Se vocês tiverem tempo e desejarem ler coisas afinal bastante agradáveis, lerão também um livrinho do mesmo autor, anexo, mas de modo algum secundário, barquinho atado no rastro do navio, que se chama *Em torno do Heptaméron.* Trata-se de Margarida de Navarra que ninguém dentre vocês confunde, espero, com a rainha Margot, e que não é simplesmente uma autora libertina, mas ocorre ter escrito um tratado místico, coisa que não é feita para provocar o espanto do historiador.

O historiador tenta mostrar-nos no contexto do tempo, e no contexto psicológico da autora, o que essas coletâneas de contos que trazem como título *Heptaméron* podem significar. E isso tem a aptidão para nos permitir lê-lo com, não se pode nem mesmo dizer um olhar mais esclarecido, mas um olhar que não censura o texto, ou seja, as reflexões de cada um dos personagens após cada um dos relatos que são tidos por verdadeiros, e que, em grande parte, seguramente o são. Os pensamentos dos interlocutores, que se situam num registro de reflexão moral, e até mesmo formalmente religiosa, são geralmente censurados por se considerar que isso é apenas o tempero. Mas é justamente sobre o que convém não se enganar — num prato o tempero é sempre o essencial. Lucien Febvre ensina-nos a ler o *Heptaméron*, e, na verdade, se soubéssemos lê-lo não precisaríamos dele.

Quanto à descrença, há aí, na nossa perspectiva, uma posição do discurso que se concebe muito precisamente em relação à Coisa — a Coisa aí é rejeitada no sentido próprio da *Verwerfung*.

Assim como na arte em que há uma *Verdrängung*, um recalque da Coisa — como na religião talvez haja uma *Verschiebung* — é, propriamente falando, de *Verwerfung*, que se trata no discurso da ciência. O discurso da ciência rejeita a presença da Coisa, uma vez que em sua perspectiva se delineia o ideal do saber absoluto, isto é, de algo que estabelece, no entanto, a Coisa, não a levando ao mesmo tempo em conta. Todos sabem que essa perspectiva se revela na história, no final das contas, como que representando um fracasso.

O discurso da ciência é determinado por essa *Verwerfung*, e é provavelmente por isso — o que é rejeitado do simbólico reaparecendo, segundo minha fórmula, no real — que aconteça de ele desembocar numa perspectiva em que é justamente algo de tão enigmático como a Coisa que se delineia ao termo da física.

Remeto, portanto, para a próxima vez meu paradigma referente ao amor cortês, exemplo de uma sublimação da arte cujos efeitos encontramos ainda vivos. Segui-los-emos quando eu voltar de minha ausência, fixaremos uma amostragem desses vestígios, dos efeitos indiscutíveis da construção significante primitiva que é determinante no fenômeno do amor cortês, e tentaremos reconhecer nos fatos atuais algo que só é explicável pelo recurso a essa origem.

Já que me estou consagrando hoje a fazer um pequeno comentário à margem, gostaria de que vocês notassem, de passagem, que essa noção da Coisa, que lhes trago este ano como uma elaboração nova, vocês estariam errados em acreditar que ela não é absolutamente imanente ao que abordamos nos anos precedentes.

E já que, igualmente, alguns se interrogam algumas vezes sobre certas propriedades do que chamam de meu estilo, devo relembrar-lhes, por exemplo, a expressão a *Coisa freudiana*, que dei como título a uma coisa que escrevi, e à qual não seria uma má ideia que vocês se referissem. Esse texto, esse título espantaram, pois, quando se começa a comentar filosoficamente minhas intenções, ocorre de fazerem-nas entrar nessa ocupação, que esteve muito em moda durante um certo tempo, de combater a reificação. Evidentemente que, reificar, eu jamais disse algo semelhante. Mas pode-se sempre tecer intenções em torno de um discurso. É claro que, se escolhi esse título, foi de propósito. Se vocês se dispuserem a reler esse texto, perceberão que é essencialmente da Coisa que falo. Falo dela de uma maneira que é, evidentemente, a fonte do mal-estar incontestável que esse texto então produziu, ou seja, que é a Coisa que em vários momentos faço falar.

2

Gostaria agora de que nossa reunião pudesse, contudo, ser um pouco útil àqueles que vieram de longe.

Parece-me provável que alguns de vocês, no ponto em que chegamos de meu seminário, possam ter algumas perguntas a me fazer, ou algumas respostas a me propor, e me testemunhar do que significa para eles tal ponto de minha exposição.

Bem sei que nunca é cômodo romper o silêncio de um grupo para tomar a palavra e brandir a sineta, deixo-lhes, portanto, a possibilidade de me fazerem uma pergunta por escrito. Isso só tem um inconveniente, é que eu terei a liberdade de lê-la como eu quiser.

Vamos, ao mesmo tempo, ocupar-nos de algo de inesperado que não me parece nada mal. Alguns de vocês estavam ontem na seção científica de nossa *Société*[30] e não sei como ela terminou, já que eu mesmo tive de partir depois de ter respondido abundantemente aos conferencistas, por quem tenho a maior afeição, e de ter-lhes testemunhado todo o interesse que tive por seu trabalho. Eles estão aqui hoje, e eu gostaria de pedir a Smirnov algumas explicações a respeito do *No and yes* de Spitz.

Por que o senhor colocou o *yes* completamente no bolso? [Resposta do sr. Smirnov.]

Para aqueles que não conhecem o texto, trata-se de um livro que se situa na corrente de toda uma série de trabalhos fundados sobre a observação direta da criança recém-nascida, muito exatamente da criança *infans*, isto é, até o limite do aparecimento da linguagem como tal. No interior desse campo, Spitz pretende encontrar o *pattern* do não, enquanto forma semântica, num certo número de gestos, de manifestações, e, primeiramente, no *rooting* — é o gesto de oscilação da cabeça que a criança faz quando da aproximação do seio. Essa palavra é muito difícil de ser traduzida, mas há no texto um correlato, a palavra *snot*, focinho, que mostra bem do que se trata.

Esse gesto é evocado em sua plenitude de possibilidades significativas. Ontem, Smirnov se ateve a mostrar-nos que Spitz deve fazer entrar aí funções que estão em jogo na frustração que acompanha, para a criança, o não do adulto. O que surge está longe de se apresentar originalmente com sua significação final, já que em última instância poupo-lhes as outras formas em que o gesto lateral da cabeça se manifesta — é, em suma, do gesto de aproximação, de espera da satisfação que se trata.

Estou longe de ser severo para com Spitz, e, pelo contrário, é sua defesa que tomo — não digo que ele tenha razão, mas isso é muito intenso e pleno de relevância. E o critico por não ter valorizado o fato de ele chegar até a considerar o fenômeno como análogo ao que ocorre numa neurose traumática — é a última recordação, diz ele, antes da reação catastrófica que surge.

Deixei-o embaraçado ao pedir-lhe para evocar os outros trabalhos de Spitz, ou seja, sua ficção da *Primal Cavity* e, pelo menos, sua referência à tela do sonho.

Spitz não articula, de uma maneira geral, que um modo de reação proveniente de um estado anterior possa ser utilizado numa situação crítica. Isto me parece, no entanto, uma ideia muito fecunda, e que sempre deve ser valorizada. Creio que o senhor o salientou, a menos que tenha sido Laplanche.

Spitz é reduzido a fazer intervir um mecanismo tão passivo quanto o da neurose traumática. Ele implica, portanto, anteriormente, alguma frustração na alimentação infantil. Ele considera o ato de *rooting* como um rastro que resta inscrito após algo que se deve supor ser a recusa ou a retirada do seio dado que ele o antecede imediatamente. Mas é espantoso que ele o articule de maneira isolada a partir de um caso, e não de uma maneira geral.

[Intervenções dos srs. Smirnov e Laplanche; pergunta do sr. Audouard: *Por que o senhor nos fala de* das Ding *em vez de nos falar simplesmente de mediação*?]

Para tão logo lhe responder brevemente, sei que o senhor sempre ouviu a inflexão do que se pode chamar de as reinterpretações hegelianas da experiência analítica. Abordamos aqui a experiência freudiana como ética, isto é, em sua dimensão essencial, já que ela nos dirige numa ação que, sendo terapêutica, está incluída, queiramos ou não, no registro, nos termos da ética. E quanto menos o quisermos, mais estará. A experiência no-lo mostra — uma forma de análise que se vangloria de um cunho tão especialmente científico vai dar em noções normativas, da qual me apraz falar de vez em quando lembrando a maldição de são Mateus em cima daqueles que atam fardos ainda mais pesados para fazer com que sejam carregados por ombros alheios. Reforçar as categorias da normatividade afetiva tem efeitos que podem inquietar.

É claro que a relevância é dada por nós ao que há de irredutível na tendência, ao que se propõe, no horizonte de uma mediação, como o que a reificação não chega a incluir. Porém, ao cingir esse algo em torno do qual damos a volta cingimos essa imagem vazia.

A intenção deliberada de valorizar essa noção nunca esteve ausente do que eu disse até hoje. Se vocês se referirem aos textos que dei sobre esse assunto, verão que não há ambiguidade. Seguramente não me poderia ser imputado esse radicalismo hegeliano que um imprudente me atribuiu num certo momento em *Les temps modernes.* Toda a dialética do desejo que desenvolvi para vocês, e que começava justamente no momento em que o imprudente escrevia essa frase, se separava muito nitidamente disso. Está ainda bem mais acentuado este ano. O caráter inevitável parece-me especialmente marcado no efeito da sublimação.

Sr. X: — *A fórmula da sublimação que o senhor forneceu é a de elevar o objeto à dignidade da Coisa. Essa Coisa não está no início, já que a sublimação vai-nos levar a ela. Coloco a questão de saber se essa Coisa não é exatamente uma coisa, mas, contrariamente, a Não-Coisa, que pela sublimação, vai-se chegar a ver como sendo a Coisa* (...).

Tudo o que o senhor está dizendo não me parece mal-orientado, e é claro que o senhor acompanha sempre muito bem as coisas que enuncio. Alguma coisa nos é oferecida, a nós analistas, se seguimos a soma de nossa experiência e se sabemos apreciá-la. O esforço de sublimação, o senhor diz que ele tende à finalidade de realizar a Coisa, ou a salvá-la. Isso é verdade, e não é verdade. Há aí uma ilusão.

3

Nem a ciência nem a religião são aptas para salvar a Coisa, nem a nos dá-la, uma vez que o círculo encantado que dela nos separa é estabelecido por nossa relação com o significante. Como lhes disse, a Coisa é o que do real padece dessa relação fundamental, inicial, que induz o homem nas vias do significante, pelo fato mesmo de ele ser submetido ao que Freud chama de princípio do prazer, e que está claro, espero, no espírito de vocês, que não é outra coisa senão a dominância do significante — digo, o verdadeiro princípio do prazer tal como ele funciona em Freud.

Em suma, é o efeito da incidência do significante sobre o real psíquico que está em causa, e é por essa razão que a empresa sublimatória não é pura e simplesmente insensata sob todas as suas formas — responde-se com o que está em jogo.

Gostaria, hoje, para mostrar-lhes no final do seminário, de ter um objeto que exige, para ser compreendido, não para ser descrito, longo comentário na história da arte. Que tenhamos chegado a construir um semelhante objeto, e a obter prazer com ele, não deixa de necessitar de alguns rodeios.

Vou descrevê-lo para vocês. É um objeto dito de anamorfose. Penso que muitos sabem o que é — é toda espécie de construção feita de tal maneira que, por transposição ótica, uma certa forma, que não é perceptível à primeira vista, se reúne em uma imagem legível. O prazer consiste em vê-la surgir de uma forma indecifrável.

A coisa é extremamente difundida na história da arte. Basta ir ao Louvre — lá verão o quadro dos *Embaixadores* de Holbein, e aos pés de um deles, tão bem constituído quanto vocês e eu, verão no solo uma forma enigmática alongada que tem aproximadamente a forma dos ovos num prato. Colocando-se num certo ângulo em que o próprio quadro desaparece em seu relevo devido às linhas de fuga da perspectiva, verão aparecer uma caveira, insígnia do tema clássico da *Vanitas*. E isto num quadro bem-feito, um quadro de encomenda dos embaixadores na Inglaterra, que devem ter ficado contentíssimos com o trabalho de Holbein, e o que se encontra embaixo também deve tê-los divertido muito.

Esse fenômeno é datado. É no século XVI e no XVII que as coisas chegaram a adquirir essa acuidade de interesse, e até mesmo de fascinação, sobre esse ponto. Existia, numa capela construída por ordem dos jesuítas no tempo de Descartes, um muro inteiro de dezoito metros de altura que representava uma cena da vida dos santos, ou de um presépio, totalmente ilegível de um ponto qualquer da sala, mas, entrando por um certo corredor, vocês podiam ver, durante um breve instante, essas linhas extraordinariamente dispersas se reunirem, e perceber o corpo da cena.

A anamorfose que gostaria de trazer-lhes aqui era muito menos voluminosa. Pertence ao homem das coleções ao qual fiz alusão. Trata-se de um cilindro polido que desempenha a função de espelho, em torno do qual vocês colocam uma espécie de babador, isto é, uma superfície plana sobre a qual vocês têm igualmente linhas ininteligíveis. Quando estão num certo ângulo vocês veem surgir no espelho cilíndrico a imagem em questão — esta aqui é uma belíssima anamorfose de um quadro da crucificação, imitado de Rubens.

Esse objeto não poderia ter sido forjado, tido um sentido necessário, sem toda uma evolução prévia. Há por detrás dele toda a história da arquitetura, da pintura, a combinação de ambas, o impacto dessa combinação.

Falar de forma abreviada, a arquitetura primitiva pode ser definida como algo organizado em torno de um vazio. Essa também é a impressão autêntica que, por exemplo, as formas de uma catedral como a de são Marcos nos dão, e é o verdadeiro sentido de toda a arquitetura. Em seguida então, por razões econômicas, contenta-se em fazer imagens dessa arquitetura, aprende-se a pintar a arquitetura nas paredes dessa arquitetura — e a pintura é, primeiramente, algo que se organiza em torno de um vazio. Como se trata, com esse expediente menos marcado na pintura, de reencontrar o vazio sagrado da arquitetura, tenta-se fazer algo que se pareça cada vez mais com isso, isto é, descobre-se a perspectiva.

O estádio seguinte é paradoxal e bem engraçado, e mostra como se estrangula a si mesmo com seus próprios nós.

A partir do momento em que se descobriu a perspectiva na pintura, faz-se uma arquitetura que se submete à perspectiva da pintura. A arte de Palladio, por exemplo, torna-o totalmente sensível — vão ver o teatro de Palladio em Vicenza, pequena obra-prima em seu gênero, em todo caso, instrutivo e exemplar. A arquitetura neoclássica submete-se às leis da perspectiva, joga com elas, faz delas sua própria regra, isto é, as coloca no interior de algo que foi feito na pintura para reencontrar o vazio da arquitetura primitiva.

A partir desse momento, está-se amarrado num nó, que parece cada vez mais furtar-se ao sentido desse vazio. E creio que o retorno barroco a todos os jogos da forma, a todos esses procedimentos, dos quais a anamorfose é um esforço para restaurar o sentido verdadeiro da pesquisa artística — os artistas utilizam a descoberta das propriedades das linhas para fazer ressurgir alguma coisa que esteja justamente lá onde não se sabe mais para onde se virar — ou seja, exatamente, um lugar nenhum.

O quadro de Rubens que surge no lugar da imagem ininteligível mostra bem de que se trata — trata-se, de uma maneira analógica, ou anamórfica, de tornar a indicar que o que buscamos na ilusão é algo em que a ilusão, ela mesma, de algum modo transcende a si mesma, se destrói, mostrando que ela lá não está senão enquanto significante.

É o que torna a dar eminentemente a primazia do âmbito da linguagem, onde só lidamos deveras, em todos os casos, com o significante. E é o que, na ordem das artes, confere sua primazia à poesia. É justamente por isso, para abordar os problemas da relação da arte com a sublimação, que partirei do amor cortês, isto é, dos textos que mostram, de forma particularmente exemplar, seu lado convencional, no sentido em que a linguagem participa sempre do artifício em relação ao que quer que seja de intuitivo, de substancial e de vivido.

Esse fenômeno é ainda mais espantoso pelo fato de o vermos desenvolver-se numa época em que, se trepava contudo, firme e forte, quero dizer, em que não se fazia mistério disso, em que não se dizia meias palavras.

Essa coexistência de duas formas referentes a esse tema é o que há de mais espantoso.

O senhor faz a Coisa e a Não-Coisa intervir aqui. Evidentemente, se o senhor se atém a isso, a Coisa é ao mesmo tempo Não-Coisa. Na verdade, o não, justamente, sem dúvida não é individualizado de uma maneira significante. Essa é mui exatamente a dificuldade que a noção freudiana de *Todestrieb* nos propõe a respeito disso, quando, no entanto, Freud nos diz, ao mesmo tempo, que não há negação no inconsciente.

Não constituímos uma filosofia sobre isso. Reenviá-los-ei à noção que temperei, outro dia, de maneira a não parecer declinar de minhas responsabilidades — quando falo da Coisa, é certo que estou falando de alguma coisa. Mas, é claro, no entanto, que dela falo de maneira operacional, pelo lugar que ela ocupa numa certa época lógica de nosso pensamento e de nossa conceitualização, por sua função naquilo com que lidamos.

Ontem à noite evoquei e denunciei a substituição de toda a topologia clássica de Freud por um termo como o *ego*, lastimável em alguém tão profundamente nutrido pelo pensamento analítico quanto Spitz.

No entanto é difícil reconhecer aí a função essencial de onde partiu a experiência analítica, que foi seu choque e, ao mesmo tempo, seu eco e seu cortejo. Não esqueçamos, com efeito, que foi respondido imediatamente por Freud com a invenção do termo de *das Es*. Essa primazia do *Es* é atualmente totalmente esquecida.

De uma certa forma, esse *Es* não é suficientemente ressaltado pela maneira com que ele se apresenta nos textos da segunda tópica. É para relembrar o caráter primordial, primitivo, dessa intuição em nossa experiência, que esse ano, no nível da ética, estou chamando uma certa zona referencial de a Coisa.

SR. LAPLANCHE: — *Gostaria ainda de fazer uma pergunta sobre a relação do prazer com o jogo do significante.*

Essa relação repousa inteiramente nisto, que o princípio do prazer se exerce fundamentalmente na ordem do investimento, *Besetzung*, em suas *Bahnungen*, e que é facilitado pelas *Vorstellungen*, e mais ainda — esse termo aparece muito precocemente, isto é, antes do artigo sobre o *Inconsciente* — no que ele chama de *Vorstellungsrepräsentanzen*. Cada vez que um estado de necessidade é suscitado, o princípio do prazer tende a provocar um reinvestimento em seu fundo — entre aspas, já que nesse nível metapsicológico não se trata de clínica — um reinvestimento alucinatório do que anteriormente foi alucinação satisfatória.

É nisso que consiste o nervo difuso do princípio do prazer. O princípio do prazer tende ao reinvestimento da representação. A intervenção do princípio de realidade não pode ser, portanto, senão totalmente radical — ela nunca é uma segunda etapa. Evidentemente, nenhuma adaptação à realidade se faz a não ser por um fenômeno de gustação, de amostragem, pelo qual o sujeito chega a controlar, dir-se-ia quase com a língua, o que faz com que ele esteja bem seguro de não estar sonhando.

Isso é absolutamente constitutivo da novidade do pensamento freudiano, e aliás nunca foi desconhecido por ninguém. É paradoxal e provocador. O funcionamento do aparelho psíquico, ninguém, antes dele, jamais havia ousado articular desse modo. Ele o descreve a partir da experiência do que viu surgir de irredutível no fundo das substituições histéricas — a primeira coisa que o homem desarmado pode fazer quando é atormentado pela precisão é começar alucinando sua satisfação, e em seguida ele nada pode fazer senão controlar. Felizmente, ele faz, ao mesmo tempo, mais ou menos os gestos necessários para aferrar-se à zona onde essa alucinação coincide com um real aproximativo.

É desse início de miséria que se articula em termos freudianos toda a dialética da experiência, se quisermos respeitar os textos fundamentais. É o que lhes disse falando do princípio do prazer e do significante.

Pois as *Vorstellungen* já têm desde a origem o caráter de uma estrutura significante.

3 de fevereiro de 1960

XI

O amor cortês em anamorfose

Sobre a história e os fins da arte.
A sublimação do Pai.
A respeito de Bernfeld.
O vacúolo e o parceiro desumano.
A conduta do rodeio.

Por que esta anamorfose se encontra aqui nesta mesa? Para ilustrar meu pensamento.

Da última vez, fiz-lhes um resumo sobre o sentido, ou o objetivo, da arte, no sentido que conferimos atualmente a este termo, as Belas-Artes. Não fui o único quem se preocupou com isso na psicanálise, e já fiz alusão ao artigo de Ella Sharpe sobre o tema da sublimação, que toma como ponto de partida as paredes da caverna de Altamira, primeira caverna decorada a ter sido descoberta. Pode ser que aquilo que descrevemos como sendo esse lugar central, essa exterioridade íntima, essa extimidade, que é a Coisa, esclareça para nós o que resta ainda como questão, ou até mesmo como mistério, para aqueles que se interessam pela arte pré-histórica — ou seja, precisamente, seu sítio.

1

Espantam-se que uma cavidade subterrânea tenha sido escolhida. Um tal sítio não oferece senão obstáculos à visualização que se supõe necessária à criação e à contemplação das imagens impressionantes que ornam as paredes. Produzir imagens, ir contemplá-las, não deviam ser coisas totalmente fáceis nas condições de iluminação que se supõe que deviam ser as dos primitivos. E, no entanto, bem no início, é justamente nas paredes de uma cavidade que são lançadas as imagens que nos parecem ser as primeiras produções da arte primitiva.

Poder-se-ia chamá-las no duplo sentido do termo, subjetivo e objetivo, de provas. Provas certamente para o artista, pois essas imagens, como vocês sabem, recobrem-se umas às outras, como se, num lugar consagrado, fosse a ocasião, para cada sujeito capaz de se entregar a esse exercício, de desenhar, de projetar novamente o que ele tinha para manifestar, e igualmente de fazê-lo por cima do que tinha sido feito precedentemente. Isso nos fornece o pensamento de algo como o evidenciamento de uma certa possibilidade criadora. Provas no sentido objetivo igualmente, pois essas imagens não podem deixar de nos tocar como estando profundamente ligadas, ao mesmo tempo, à relação mais estreita com o mundo, quero dizer, à própria subsistência de populações que parecem ser compostas essencialmente de caçadores, mas igualmente a esse algo que, em sua subsistência, se apresenta com o caráter de um para além do sagrado, que é justamente o que tentamos fixar em sua forma mais geral por meio do termo de Coisa. É a subsistência primitiva, diria eu, sob o ângulo da Coisa.

Existe aí uma linha que se reencontra na outra extremidade no exercício, infinitamente mais próximo de nós, que é essa anamorfose, provavelmente do início do século XVII. E já lhes falei do interesse que nessa época tiveram os exercícios desse gênero para o pensamento construtivo dos artistas. Tentei fazê-los compreender muito brevemente como se pode delinear sua gênese.

Da mesma forma que o exercício na parede consiste em fixar o habitante invisível da cavidade, vemos a corrente se estabelecer do templo, enquanto organização em torno desse vazio, que designa justamente o lugar da Coisa, até a figuração do vazio nas paredes desse vazio mesmo, na medida em que a pintura aprende progressivamente a dominar esse vazio, a aproximá-lo de tão perto que ela se dedica a fixá-lo sob a forma de ilusão do espaço. Podemos organizar a história da pintura em torno do domínio progressivo da ilusão do espaço.

Estou indo depressa, e só lhes estou dando esse rápido grama para que vocês o coloquem à prova do que poderão ler em seguida sobre esse assunto.

Antes da instauração sistemática das leis geométricas da perspectiva formuladas no final do século XV e no início do século XVI, a pintura mostrou uma espécie de etapa em que os artifícios permitem estruturar esse espaço. Por exemplo, o duplo friso que se via no século VI e no século VII nas paredes de Santa Maria Maggiore é uma maneira de tratar certas estereognosias. Mas deixemos isso de lado — o importante é que num momento chega-se à ilusão. Em torno disso resta um ponto sensível, um ponto de lesão, um ponto doloroso, um ponto de reviramento de toda a história enquanto história da arte, e na medida em que nela estamos implicados — é que a ilusão do espaço é algo diferente da criação do vazio. É o que representa o aparecimento das anamorfoses no final do século XVI, início do século XVII.

Da última vez falei-lhes de um convento de jesuítas, foi um lapso — verifiquei no excelente livro de Baltrusaïtis sobre as anamorfoses, trata-se de um convento de mínimos, tanto em Roma quanto em Paris. Tampouco sei por que projetei no Louvre os *Embaixadores* de Holbein, que estão na *National Gallery.* Nesse livro lerão vocês um estudo requintado sobre esse quadro e sobre esse crânio que se vê surgir quando, após se ter passado diante do quadro, se sai do compartimento por uma porta feita com a finalidade de vê-lo em sua verdade sinistra no momento em que se vira para trás pela última vez.

Estou dizendo, portanto, que o interesse pela anamorfose é descrito como o ponto de virada em que, dessa ilusão do espaço, o artista reverte completamente sua utilização e se esforça para fazê-la entrar na meta primitiva, ou seja, de fazer dela o suporte dessa realidade enquanto escondida — uma vez que, de uma certa maneira, numa obra de arte trata-se sempre de cingir a Coisa.

Isso nos permite abordar um pouco mais de perto essa questão não resolvida referente aos fins da arte — a finalidade da arte é de imitar ou de não imitar? A arte imita o que ela representa? Quando entramos nessa maneira de colocar a questão, já estamos enredados e não há nenhum meio de não permanecer no impasse em que estamos entre a arte figurativa e a arte abstrata.

Não podemos deixar de perceber a aberração que é formulada na posição implacável do filósofo — Platão faz a arte cair no último grau das obras humanas, já que para ele tudo o que existe só existe em uma relação com a ideia, que é real. O que não existe já não é senão imitação de um mais-que-real, de um surreal. Se a arte imita, trata-se de uma sombra de sombra, uma imitação de imitação. Vocês veem, portanto, a futilidade que há na obra de arte, na obra do pincel.

Não se deve absolutamente cair na rede. É claro que as obras de arte imitam os objetos que elas representam, sua finalidade, porém, justamente não é representá-las. Fornecendo a imitação do objeto elas fazem outra coisa desse objeto. Destarte, nada fazem senão fingir imitar. O objeto é instaurado numa certa relação com a Coisa que é feita simultaneamente para cingir, para presentificar e para ausentificar.

Todo mundo sabe disso. No momento em que a pintura se volta uma vez mais sobre si mesma, no momento em que Cézanne pinta maçãs, trata-se evidentemente de que pintando maçãs ele faz algo bem diferente de imitar maçãs — embora sua última maneira de imitá-las, que é a mais impressionante, seja a mais orientada para uma técnica de presentificação do objeto. Porém, quanto mais o objeto é presentificado enquanto imitado, mais abre-nos ele essa dimensão onde a ilusão se quebra e visa outra coisa. Cada qual sabe que há um mistério na maneira que tem Cézanne de pintar maçãs, pois a relação com o real, tal como nesse momento se renova na arte, faz então surgir o objeto de uma maneira que é lustral, que constitui uma renovação de sua dignidade, por onde essas inserções imaginárias, digamos assim, são *datizadas* de uma nova maneira. Pois, como já foi observado, estas não podem ser desvinculadas dos esforços dos artistas anteriores para realizarem, eles também, a finalidade da arte.

Evidentemente a noção de historicidade não poderia ser aqui empregada sem a mais extrema prudência. O termo de história da arte é o que há de mais capcioso. Cada emergência desse modo de operar consiste sempre em derrubar a operação ilusória para tornar a voltar para a finalidade primeira que é a de projetar uma realidade que não é absolutamente a do objeto representado. Na história da arte, pelo contrário, pela própria necessidade que a suporta, há unicamente subestrutura. A relação do artista com o tempo no qual ele se manifesta é sempre contraditória. É sempre contra as normas reinantes, normas políticas por exemplo, ou até mesmo esquemas de pensamento, é sempre contra a corrente que a arte tenta operar novamente seu milagre.

Com esta anamorfose aqui, encontramo-nos diante de um jogo que lhes pode parecer assaz vão quando se pensa nos requintes operatórios de que este pequeno êxito técnico necessita. E, no entanto, como deixar de ser sensível, ou até mesmo de se emocionar, diante desse algo em que a imagem toma uma forma ascendente e descendente? Diante dessa espécie de seringa que, se eu divagasse, me pareceria um tipo de aparelho para tirar sangue, tirar sangue do Graal? — se quiserem lembrar-se de que o sangue do Graal é precisamente o que, no Graal, falta.

Do que desenvolvi para vocês aqui, no ponto em que estamos de nossa exposição, tomem apenas seu emprego metafórico. Só o fiz na medida em que lhes quero expor hoje essa forma de sublimação que se criou num momento da história da poesia e que nos interessa de maneira exemplar em relação ao que o pensamento freudiano recolocou no centro de nosso interesse na economia do psiquismo, ou seja, o Eros e o erotismo. Apenas indico-o para vocês no início — poderiam quase estruturar em torno dessa anamorfose o que delineio a respeito da ética da psicanálise e que repousa inteiramente na referência proibida que Freud encontrou no ponto terminal do que nele se pode chamar de o mito edipiano.

2

É surpreendente que a experiência do que ocorre no neurótico tenha feito Freud saltar para o plano de uma criação poética da arte, o drama de Édipo, dado que é algo datado na história cultural. Verão isto quando tomarmos *Moisés e o monoteísmo* e nos aproximarmos desse *Mal-estar na civilização* que lhes pedi para lerem durante esse intervalo — em Freud não há distância em relação aos dados da experiência greco-judaica, quero dizer as que caracterizam nossa cultura em sua vivência mais moderna.

É igualmente surpreendente que Freud não tenha podido deixar de conduzir sua meditação sobre as origens da moral até o exame da ação de Moisés. Quando lerem essa obra espantosa que é *Moisés e o monoteísmo*, verão que Freud não pode deixar de mostrar a duplicidade de sua referência essencial, ou seja, o Nome-do-Pai em sua função significante.

Formalmente ele faz com que o recurso estruturante à potência paterna intervenha como uma sublimação. No mesmo texto em que deixa no horizonte o trauma primordial do assassinato do pai, ele ressalta, e sem se preocupar com a contradição, que essa sublimação surge numa data histórica, sobre o fundo da apreensão visível, sensível, que quem engendra é a mãe. Há, diz-nos ele, um verdadeiro progresso na espiritualidade ao se afirmar a função do pai, ou seja, aquele do qual nunca se tem certeza. Esse reconhecimento implica toda uma elaboração mental. Introduzir a função do pai como primordial representa uma sublimação. Porém, pergunta Freud, como conceber esse salto, esse progresso, visto que para introduzi-lo já é preciso que algo se manifeste instituindo do lado de fora sua autoridade e sua realidade?

Ele mesmo ressalta o impasse que constitui o fato de haver a sublimação, mas que, essa sublimação, não podemos motivá-la historicamente senão pelo mito ao qual ele torna a voltar. Nesse exato momento a função do mito torna-se totalmente patente. Para dizer a verdade, esse mito nada mais é do que aquilo que se inscreve na realidade espiritual mais sensível de nosso tempo, ou seja, a morte de Deus. É em função da morte de Deus que o assassinato do pai, que a representa da maneira mais direta, é introduzido por Freud como um mito moderno.

É um mito que tem todas as propriedades do mito, isto é, não mais do que qualquer outro mito, ele não explica nada. O mito é sempre, como lhes mostrei apoiando-me em Lévi-Strauss, e sobretudo no que veio nutrir sua própria formulação, uma organização significante, um esboço, por assim dizer, que se articula para suportar as antinomias de certas relações psíquicas — e isto num nível que não é simplesmente de temperança de uma angústia individual, que não se esgota tampouco em nenhuma construção que supõe a coletividade, mas que adquire sua dimensão completa.

Supomos aí tratar-se do indivíduo e igualmente da coletividade, porém não há uma tal oposição entre eles no nível em questão. Pois, trata-se do sujeito como devendo padecer do significante. Nessa paixão do significante surge o ponto crítico, do qual a angústia é, no caso, apenas um afeto desempenhando o papel de sinal ocasional.

À questão sobre a fonte da moral Freud trouxe essa inapreciável conotação que chamou de *Mal-estar na civilização*, em outros termos, esse desregramento por meio do qual uma certa função psíquica, o supereu, parece encontrar em si mesma seu próprio agravamento por uma espécie de ruptura de freios que asseguravam sua justa incidência. Resta saber como, no interior desse desregramento, no fundo da vida psíquica, as tendências podem encontrar sua justa sublimação.

Mas, primeiro, qual é essa possibilidade chamada de sublimação? Não posso, no tempo de que dispomos, fazê-los caminhar através das dificuldades quase insanas com as quais os autores foram confrontados cada vez que tentaram conferir um sentido ao termo de sublimação. Gostaria, contudo, de que um de vocês fosse até a Biblioteca Nacional para tomar conhecimento do artigo de Bernfeld, no volume VIII da *Imago*, que se chama *Bemerkungen über Sublimierung*, e nos fizesse aqui o resumo.

Bernfeld era um espírito particularmente firme entre os da segunda geração, e as fraquezas, no fim das contas, de sua articulação no que diz respeito à sublimação servem bem para nos esclarecer. Primeiramente ele fica extremamente incomodado pela referência que Freud confere às operações da sublimação de serem sempre eticamente, culturalmente, socialmente valorizadas. Esse critério externo ao psiquismo deixa-nos seguramente embaraçados e merece sem dúvida ser destacado e criticado devido a seu caráter extrapsicológico. Veremos, porém, que esse caráter traz menos dificuldade do que poderia parecer à primeira vista.

Por outro lado, a contradição entre o lado *Zielablenkung* da *Strebung*, da tendência, do *Trieb*, e o fato de que isso ocorre num âmbito que é o da libido objetal, coloca para Bernfeld problemas de todo tipo que ele resolve com essa inabilidade extrema que caracteriza tudo o que foi dito até aqui na análise sobre a sublimação.

Segundo ele, no ponto em que se encontra, aproximadamente em 1923-24, é a partir da parte da tendência que pode ser utilizada para as finalidades do eu, para as *Ichziele*, que devemos definir a sublimação. E dá-lhe exemplos cuja ingenuidade é fulgurante. Ele pega um tal Robert Walter que, como muitas crianças, entrega-se a exercícios de poesia desde antes do aparecimento da puberdade. E que nos diz ele sobre esse assunto? Que, nele, ser poeta se trata de um *Ichziel*. É em relação a essa escolha fixada muito precocemente que tudo o que se segue será julgado, ou seja, o modo pelo qual, no momento de sua puberdade, vai-se ver pouco a pouco integrado nesse *Ichziel* o transtorno, clinicamente sensível embora bastante confuso no caso, de sua economia libidinal. Particularmente, sua atividade de pequeno poeta e suas fantasias, que no início permaneciam muito separadas, vão progressivamente coordenar-se.

Bernfeld supõe, então, o caráter primordial, primitivo, da meta que essa criança se atribuiu de tornar-se um poeta. Essa argumentação se encontra em outros exemplos, igualmente instrutivos, que ele nos dá — alguns dizem respeito à função das *Verneinungen*, denegações que se produzem espontaneamente entre grupos de crianças — com efeito, ele se interessou muito por essa questão na publicação sobre os problemas da juventude da qual era então responsável.

O importante, que se encontra em tudo o que foi formulado, mesmo em Freud, é o seguinte — Freud faz com que observemos que o artista, após ter operado no plano da sublimação, é beneficiário de sua operação uma vez que ela é reconhecida em seguida, recolhendo precisamente sob forma de glória, honra, e até mesmo de dinheiro, as satisfações fantasiosas que se encontravam no princípio da tendência, a qual se satisfaz assim pela via da sublimação.

Tudo isso é muito bonito com a condição que tenhamos por estabelecido por fora que há uma função do poeta. Que um menininho possa tomar como meta de seu eu tornar-se poeta, eis o que parece ser evidente, particularmente naqueles que Bernfeld chama de os homens eminentes. É verdade que logo em seguida ele se apressa em dizer entre parênteses que utilizando o termo de *hervorragender Mensch*, homem eminente, ele quer desprovê-lo o mais possível de toda conotação de valor, o que é justamente a coisa mais estranha que se possa dizer a partir do momento em que se fala de eminência. Em suma, a dimensão da personalidade eminente é ineliminável. E vemos igualmente em *Moisés e o monoteísmo* que não é eliminada por Freud, porém, colocada no primeiro plano.

O que deve ser justificado não são simplesmente os benefícios secundários que os indivíduos podem extrair de suas produções, mas a possibilidade original de uma função como a função poética num consenso social em estado de estrutura.

Pois bem, é um tal consenso que vemos nascer numa certa época da história em torno de um ideal que é o do amor cortês. Para um certo círculo, por mais limitado que o suponhamos, esse ideal encontrou-se no princípio de uma moral, de toda uma série de comportamentos, de lealdades, de medidas, de serviços de exemplaridades da conduta. E se isso nos interessa da maneira mais direta é que o seu pivô era o quê? Uma erótica.

3

O que está em questão surgiu muito provavelmente em meados ou no início mesmo do século XI, prolongando-se durante todo o século XII e, até mesmo, o início do século XIII na Alemanha. Trata-se do amor cortês e de seus poetas, cantores qualificando-se de trovadores no sul da França, de troveiros na França do Norte, de *Minnesänger* na área germânica, a Inglaterra e certos domínios espanhóis foram atingidos apenas secundariamente. Esses jogos, ligados a um ofício poético muito preciso, surgiram nessa época para em seguida se eclipsarem a tal ponto que os séculos não conservaram senão uma lembrança mais ou menos apagada.

Um momento máximo, que vai aproximadamente do século XI até o primeiro terço do século XIII, conheceu a técnica muito especial dos poetas de amor cortês desempenharem um papel do qual, no ponto em que estamos, não podemos absolutamente medir o alcance, mas cujos círculos, alguns deles no sentido do amor cortês, círculos de corte, círculos nobres, ocupando uma posição elevada na sociedade, foram certamente afetados da maneira mais sensível.

Pode-se colocar a questão de saber se houve verdadeiramente cortes de amor. O que Michel de Nostre-Dame, em outros termos, Nostradamus, nos representa, no século XVI, com a maneira pela qual se exercia a jurisdição das Damas, das quais diz-nos nomes reluzentes de consonância languedociana, não pode deixar de nos provocar um arrepio de estranheza. Isso foi reproduzido fielmente por Stendhal em seu *De l'Amour*, livro admirável no assunto e muito próximo do interesse romântico que se vinculava às ressurgências dessa poesia cortês que então se chamava provençal, embora ela provenha mais das regiões de Tolosa e do Limusino.

A existência e o funcionamento dessas jurisdições de casuística amorosa que Michel de Nostre-Dame nos evoca são discutíveis e discutidas. Não obstante, resta-nos textos, particularmente a obra de André o Capelão que Raynard atualizou e publicou em 1917. O título abreviado é simplesmente *De arte amandi* — plenamente homônimo portanto do tratado de Ovídio que não cessou de ser transmitido pelos clérigos.

Esse manuscrito do século XIV extraído da Biblioteca Nacional por Raynard nos dá o texto de julgamentos que foram efetivamente prestados por Damas que são perfeitamente situáveis historicamente, nomeadamente — Eleonora d'Aquitaine, que foi sucessivamente — e esse *sucessivamente* comporta uma grande participação pessoal no drama que se segue — a esposa de Luís VII, o Jovem, e de Henrique Plantagenêt, que ela esposou quando ele era duque de Normandia, e que se tornou em seguida rei da Inglaterra com tudo o que isso comportou em seguida de reivindicações quanto aos domínios do campo francês — sua filha, que esposou um certo Henrique I, conde de Champagne — e ainda outros, que são situáveis historicamente. Esse manuscrito diz que todas participaram de jurisdições de casuística amorosa, as quais supõem referências perfeitamente tipificadas, de modo algum aproximativas, com uma conotação de ideais a serem seguidos, dos quais gostaria de lhes citar alguns aqui.

Podemos extraí-los indiferentemente quer do domínio meridional, quer do domínio germânico, significante à parte, que num caso é de *oc*[35] e no outro caso da língua germânica, pois, essa poesia se desenvolve em língua vulgar. Significante à parte, os termos se recobrem, se reencontram — trata-se do mesmo sistema. Ele se organiza em torno de temas diversos, cujo primeiro é o do luto, e mesmo de um luto até a morte.

O ponto de partida do amor cortês, como expressou um daqueles que, na Alemanha no início do século XIX, colocaram em evidência essas características, é de ser uma escolástica do amor infeliz. Termos definem o registro no qual são obtidos os valores da Dama, o que representa as normas nas quais são reguladas as trocas entre os parceiros desse rito singular — de recompensa, clemência, graça — *Gnade* — felicidade. Para que vocês representem essa organização extremamente refinada e complexa, pensem, embora ela se apresente de uma forma muito mais insípida, no Mapa do Terno,[36] já que igualmente as preciosas, num outro momento da história, recolocaram no primeiro plano uma certa arte social da conversação.

Com o amor cortês as coisas são ainda mais surpreendentes por surgirem numa época cujas coordenadas históricas nos mostram que nada parecia responder ao que se poderia chamar de uma promoção, ou até mesmo uma liberação da mulher. Basta-me evocar, para dar uma ideia das coisas, a história que ocorreu em pleno período de florescimento do amor cortês, da condessa de Comminges, filha de um certo Guilherme de Montpellier.

Um certo Pedro de Aragão — rei de Aragão e com intensa ambição de se instalar no norte dos Pireneus apesar do obstáculo que lhe é posto nessa época pela primeira investida histórica do norte contra o sul da França, ou seja, a cruzada dos albigenses e as vitórias de Simão de Monfort sobre os condes de Tolosa — pelo fato de essa mulher calhar ser a herdeira natural, quando seu pai morrer, do conde de Montpellier — quer apenas por isso, possuí-la. Essa pessoa é casada e parece ser muito pouco inclinada a se envolver em intrigas sórdidas. Trata-se de uma personalidade reservada, e até mesmo próxima da santidade, no sentido religioso do termo, já que é efetivamente em Roma, e cheirando a santidade, que ela terminará. As combinações políticas, a pressão do senhor, o Pedro de Aragão, coagem-na a deixar o marido.

Uma intervenção papal força este a retomá-la, mas, quando da morte de seu pai tudo ocorre segundo as vontades do mais poderoso senhor — ela é repudiada pelo marido, que pintou e bordou, e ela desposa o tal Pedro de Aragão, que não tem a seu respeito outra conduta senão maltratá-la, a tal ponto que ela foge, e é assim que ela termina sua vida em Roma sob a proteção do papa, que se encontrava, nessa ocasião, funcionando como o único protetor da inocente perseguida.

O estilo dessa história mostra-lhes simplesmente qual é a posição efetiva da mulher numa sociedade feudal. Ela é, propriamente falando, o que as estruturas elementares de parentesco indicam — nada mais do que um correlato das funções de troca social, o suporte de um certo número de bens e de sinais de potência. Ela é essencialmente identificada com uma função social que não deixa lugar algum para sua pessoa e para sua liberdade própria — salvo com respeito ao direito religioso.

É nesse contexto que a curiosíssima função do poeta do amor cortês se põe a se exercer. É importante que vocês se representem qual é a situação social, cuja natureza bem permite lançar uma tênue luz na ideia fundamental, o grafismo que a ideologia freudiana pode dar de um modo pelo qual ocorre ao artista ser levado, sob um certo aspecto, a retardar a função.

São satisfações de potência, diz-nos Freud. É por isso que é ainda mais notável mostrar que no conjunto, por exemplo, dos *Minnesange* — há 126 na coletânea dita *Manuscrit des Manes* que se encontrava no início do século XIX na Biblioteca Nacional de Paris e diante da qual Heinrich Heine ia fazer suas devoções como se fosse a própria origem da poesia germânica, só que esse manuscrito, por via de não sei qual negociação, porém da maneira mais justificada, foi restituído aos alemães, e se encontra agora em Heidelberg — numerosos são os poetas a gozarem de situações que não são menores do que as de imperador, de rei e até mesmo de príncipe.

O primeiro dos trovadores chama-se Guilherme de Poitiers, sétimo conde de Poitiers, nono duque de Aquitaine, que parece ter sido, antes de ter-se consagrado a suas atividades poéticas inaugurais na poesia cortês, um bandido extremamente temível, do tipo do que, meu Deus, todo grande senhor que se respeitava nessa época podia ser. Em diversas circunstâncias históricas, que lhes poupo, vemo-lo comportar-se segundo as normas da mais cínica rapina. Esses são os serviços que dele se podia esperar. Depois, a partir de um certo momento, torna-se poeta desse amor singular.

Vou-lhes dar imediatamente as referências de leitura das obras especializadas que comportam uma análise temática do verdadeiro ritual de amor que aí está em jogo. A questão é saber como nós, analistas, podemos situá-lo.

Assinalo, nesta ocasião, um livro algo deprimente pela maneira de resolver as dificuldades eludindo-as elegantemente, mas pleno de recursos e citações, *La joie d'amour* do chamado Pierre Perdu, publicado pela Plon. Num outro registro convém ler, por se tratar menos de amor cortês do que de sua filiação histórica, a coletânea muito bonita que Benjamin Péret, sem que seja bem articulado o que está em questão, chamou de *Anthologie de l'amour sublime*; um livro publicado pela Hachette, de René Nelli, ao qual eu só criticaria um certo moralismo filogênico, *l'Amour et les mythes du coeur*, no qual encontrarão muitos fatos — para terminar, o livro de Henry Corbin, *l'Imagination créatrice*, pela Flammarion, que vai muito mais longe do que o domínio limitado que nos ocupa hoje.

Não me estendo nos temas totalmente discerníveis dessa poesia por falta de tempo e pelo fato de que os reencontraremos nos exemplos em que lhes mostrarei o que eu poderia chamar de sua origem convencional. Quanto a isso todos os historiadores são unívocos — o amor cortês era em suma um exercício poético, uma maneira de jogar com um certo número de temas de convenção, idealizantes, que não podiam ter nenhum correspondente concreto real. Não obstante, esses ideais, em cujo primeiro plano está a Dama, se encontram em épocas ulteriores e até na nossa. Suas incidências são totalmente concretas na organização sentimental do homem contemporâneo, e aí perpetuam sua marcha.

É com efeito uma marcha, isto é, algo que toma sua origem num certo emprego sistemático e deliberado do significante como tal.

Foram feitos muitos esforços para mostrar o parentesco desse aparelho, da organização das formas do amor cortês com não sei qual intuição de fonte religiosa, mística por exemplo, que se situaria de alguma forma nesse centro que é visado, nessa Coisa que aí está exaltada no sentido do amor cortês. Todos os esforços foram, a experiência o comprova, levados ao fracasso.

No nível da economia da referência do sujeito ao objeto de amor há certos parentescos aparentes entre o amor cortês e as experiências místicas estrangeiras, hindu, e até mesmo tibetana. Todos sabem que Denis de Rougemont faz grande caso disso, e é por isso que lhes proponho ler o livro de Henry Corbin. Não obstante, há grandes dificuldades, e até mesmo impossibilidades críticas, nem que seja por razões de data. Por exemplo, o que está em questão em certos poetas muçulmanos da península Ibérica é posterior à poesia de Guilherme de Poitiers.

O que nos interessa do ponto de vista da estrutura é que uma atividade de criação poética possa ter exercido uma influência determinante — secundariamente em seus prolongamentos históricos — nos costumes, num momento em que a origem e as palavras-chave do assunto foram esquecidas. Mas não podemos julgar da função dessa criação sublimada senão nos balizamentos de estrutura.

O objeto, nomeadamente aqui o objeto feminino, se introduz pela porta mui singular da privação, da inacessibilidade. Qualquer que seja a posição social daquele que funciona nesse registro — alguns são por vezes servidores, *sirvens*, com respeito a seu nascimento — Bernardo de Ventadour, por exemplo, era filho de um servidor no castelo de Ventadour, ele também trovador —, a inacessibilidade do objeto é aí colocada desde o início.

Não há possibilidade de cantar a Dama, em sua posição poética, sem o pressuposto de uma barreira que a cerque e a isole.

Por outro lado, esse objeto, a *Domnei* como é chamada, mas ela é frequentemente invocada por um termo masculinizado — *Mi Dom*, isto é, meu senhor — essa Dama é apresentada, portanto, com caracteres despersonalizados, de tal forma que autores puderam notar que todos parecem dirigir-se à mesma pessoa.

O fato de que, num dado momento, seu corpo seja descrito como *g'ra delgat e gen*, isto é, que exteriormente as rechonchudas faziam parte do *sex-appeal* da época — e *gen* quer dizer graciosa —, não deve enganar vocês, pois, chamam-na sempre assim. Nesse campo poético, o objeto feminino é esvaziado de toda substância real. É isso que depois torna tão fácil para um tal poeta metafísico, para Dante por exemplo, tomar uma pessoa que se sabe que deveras existiu — ou seja a pequena Beatriz por quem ele se enamorou quando ela tinha nove anos e que permaneceu no centro de sua canção desde *la vita nuova* até *A divina comédia* — e de fazê-la equivaler à filosofia, e até mesmo, em última instância, à ciência sagrada, e de lançar-lhe um apelo em termos tanto mais próximos do sensual quanto a tal pessoa é mais próxima da alegoria. Nunca se fala tanto nos termos mais crus do amor do que quando a pessoa é transformada numa função simbólica.

Vemos aqui funcionar em estado puro o móvel do lugar ocupado pela visada tendencial na sublimação, ou seja, que aquilo que o homem demanda, em relação ao qual nada pode fazer senão demandar, é ser privado de alguma coisa de real. Esse lugar, tal pessoa entre vocês, falando-me do que eu tentava mostrar em *das Ding*, o chamava, de uma maneira que acho bastante bonita, o vacúolo.

Não repudio essa expressão, embora seja uma referência quase histológica que lhe confira o seu charme. É, com efeito, algo dessa ordem que está em questão, se nos entregarmos a esse devaneio, dos mais escabrosos, que é o de certas especulações contemporâneas que nos falam de comunicação a respeito do que se transmite — tal função pseudopódica — no interior de uma estrutura orgânica. Evidentemente aí não há comunicação como tal. Mas se, num organismo monocelular, essa comunicação se organizasse esquematicamente em torno do vacúolo, visando à função do vacúolo como tal, poderíamos, efetivamente, ter aquilo que está em questão, esquematizado, na representação.

Com efeito, onde é que o vacúolo é verdadeiramente criado para nós? No centro do sistema de significantes, uma vez que essa demanda derradeira de ser privado de alguma coisa de real é essencialmente ligada à simbolização primitiva que se encontra inteiramente na significação do dom de amor.

Com respeito a isso, não pude deixar de ficar espantado em ocorrência com o fato de que o termo *domnei* é empregado na terminologia do amor cortês. O verbo correspondente é *domnoyer*, que quer dizer algo como *acariciar*, *brincar*. *Domnei*, apesar da espécie de ressonância significante que faz com o dom, nada tem a ver com essa palavra — ele visa à mesma coisa que a *Domna*, a Dama, ou seja, aquela que, num dado momento, domina.

Isto tem seu lado divertido, e seria talvez preciso explorar historicamente a quantidade de metáforas que há em torno do termo *donner*, *dar*, no amor cortês. Será que *donner* pode ser situado na relação dos parceiros como indo de modo prevalente num sentido ou no outro? Isso talvez não tenha outra origem que não seja a contaminação significante a respeito do termo *domnei* e do emprego da palavra *domnoyer*.

O que a criação da poesia cortês tende a fazer deve ser situado no lugar da Coisa, e nessa época aí, cujas coordenadas históricas nos mostram uma certa discordância entre as condições particularmente severas da realidade e certas exigências do fundo, um certo mal-estar na cultura. A criação da poesia consiste em colocar, segundo o modo da sublimação própria à arte, um objeto que eu chamaria de enlouquecedor, um parceiro desumano.

Jamais a Dama é qualificada por tais de suas virtudes reais e concretas, por sua sabedoria, sua prudência, ou até mesmo sua pertinência. Se é qualificada de sábia, não é por participar de uma sabedoria imaterial, a qual ela representa mais do que exerce funções. No entanto, ela é tão arbitrária quanto possível nas exigências da prova que impõe a seu servidor.

A Dama é essencialmente o que se chamou mais tarde, no momento das ressonâncias infantis dessa ideologia, de *cruel — e semelhante às tigresas de Ircania.* Mas em nenhum outro lugar melhor do que nos autores da época, Chrétien de Troyes por exemplo, vocês encontrarão expresso o extremo desse arbitrário.

4

Após ter ressaltado o artifício da construção cortês e antes de lhes mostrar o quanto esses artifícios se mostraram duráveis, complicando ainda mais as relações entre o homem e o serviço à mulher, gostaria de lhes dizer, ainda, que isto que está aqui diante de nós, nossa anamorfose, permitir-nos-á precisar o que permanece um pouco vago em nossa perspectiva, ou seja, a função narcísica.

Vocês sabem que a função do espelho, que acreditei ter de introduzir como exemplar da estrutura imaginária, se qualifica na relação narcísica. E colocou-se certamente em evidência o lado de exaltação ideal que é expressamente visado na ideologia do amor cortês, isto é, seu caráter profundamente narcísico. Pois bem, a pequena imagem que nos é representada por essa anamorfose está aqui para fazer-nos ver de que função do espelho se trata.

É um espelho para além do qual é apenas por acidente que se projeta o ideal do sujeito. O espelho, num dado momento, pode implicar os mecanismos do narcisismo e, nomeadamente, a diminuição destrutiva, agressiva, que reencontraremos em seguida. Mas ele desempenha um outro papel — um papel de limite. Ele é aquilo que não se pode transpor. E a organização da inacessibilidade do objeto é justamente a única coisa da qual ele participa. Mas ele não é o único que participa disso.

Há toda uma série desses motivos que constitui os pressupostos, os dados orgânicos, do amor cortês. Por exemplo, isto — o objeto não é absolutamente apenas inacessível, ele está separado daquele que se consome em atingi-lo por todos os tipos de potências maleficentes que a bonita linguagem provençal chama, entre outras denominações, de *lauzengiers.* São os ciumentos, mas também os maledicentes.

Um outro tema essencial é o do segredo. Ele comporta um certo número de equivocações, entre as quais esta, que o objeto jamais é apresentado fora sem um intermediário que é chamado de *Senhal.* Isso se reencontra na poesia árabe sobre os mesmos temas, onde esse mesmo rito curioso sempre surpreende os observadores, pois suas formas são por vezes extraordinariamente significativas. Particularmente, num certo momento de seus poemas, esse extraordinário Guilherme de Poitiers chama o objeto de seus suspiros pelo termo *Bon Vezi*, o que quer dizer Bom Vizinho. Após o que os historiadores perderam-se em conjeturas e não encontraram aí nada mais do que a designação de uma Dama sobre a qual sabe-se que desempenhou um papel importante, uma mulher decidida, pelo que parece, cujos territórios eram próximos dos de Guilherme.

Para nós, muito mais importante do que a referência à vizinha que seria a Dama, que num dado momento Guilherme de Poitiers admoestou, é a relação entre essa expressão e a que Freud empregou a respeito das primeiras fundações da Coisa, de sua gênese psicológica, o *Nebenmensch*, designando dessa forma o próprio lugar que, no desenvolvimento propriamente cristão, a apoteose do próximo virá ocupar.

Em suma, quis fazê-los perceber que se trata de uma organização artificial, artificiosa, do significante que fixa num dado momento as direções de uma certa ascese, e que sentido cabe-nos conferir, na economia psíquica, à conduta do rodeio.

O rodeio, no psiquismo, nem sempre é unicamente feito para regular a passagem que reúne o que se organiza no âmbito do princípio do prazer ao que se propõe como estrutura da realidade. Há igualmente rodeios e obstáculos que se organizam para fazer com que o âmbito do vacúolo como tal apareça. O que se trata de projetar assim é uma certa transgressão do desejo.

É aqui que entra em jogo a função ética do erotismo. O freudismo não é, em suma, senão uma perpétua alusão à fecundidade do erotismo na ética, mas ele não a formula como tal. As técnicas em questão no amor cortês — e elas são bastante precisas para permitirem-nos entrever o que podia, num dado momento, chegar ao fato, daquilo que é da ordem sexual propriamente dita, na inspiração desse erotismo — são técnicas da retenção, da suspensão, do *amor inter ruptus*. As etapas que o amor cortês propõe antes do que é chamado muito misteriosamente — não sabemos no fim das contas o que era — de *dom de misericórdia*, se articulam aproximadamente com o que Freud articula em seu *Três ensaios* como sendo da ordem dos prazeres preliminares.

Ora, o paradoxo do que se pode chamar, na perspectiva do princípio do prazer, de o efeito do *Vorlust*, dos prazeres preliminares, é justamente que eles subsistem de encontro à direção do princípio do prazer. É na medida em que se sustenta o prazer de desejar, isto é, para dizer com todo o rigor, o prazer de experimentar um desprazer, que podemos falar da valorização sexual dos estados preliminares do ato do amor.

Esse ato, essa fusão, jamais podemos saber se se trata de união mística, de reconhecimento distante do Outro, ou de outra coisa. Em numerosos casos parece que uma função como essa do cumprimento, da saudação, seja, para o apaixonado do amor cortês, o dom supremo — o sinal do Outro como tal e nada mais. Isso foi objeto de especulações que chegaram extremamente longe, até o ponto de identificarem esse cumprimento com o que regulava, no *consolamentum*, as relações das patentes mais elevadas da iniciação cátara. Antes de chegarem a esse termo, as etapas são cuidadosamente distinguidas e articuladas na técnica erótica — elas se dão por meio do beber, do falar, do tocar, o qual é identificável por um lado ao que chamam de serviços, e por meio do beijo, o *osculum*, última etapa que precede a da reunião de *misericórdia*.

Tudo isso nos é dado com um caráter tão eminentemente enigmático que para esclarecê-lo chegou-se até a fazer sua aproximação com a erótica hindu ou tibetana, que esta última parece ter sido codificada da maneira mais precisa, e constituir uma ascese de disciplina do prazer, em que uma espécie de substância vivenciada pode surgir para o sujeito. É somente por extrapolação que se supõe que o que quer que seja que se pareça com ela tenha sido efetivamente praticado pelos trovadores. Pessoalmente, não acredito em nada disso. E, sem chegar a supor uma identidade entre as práticas extraídas de áreas culturais diferentes, acredito que a influência dessa poesia foi para nós decisiva.

Após o sensível fracasso dos diferentes trabalhos consagrados a certa gênese por influência desse modo particular da instauração idealizante do objeto feminino em nossa cultura, o mais espantoso para nós é certamente que alguns dos textos mais ascéticos e mais paradoxais utilizados no registro do amor cortês são extraídos da *Arte de amar* de Ovídio.

Ovídio escreveu em versos resplandecentes um pequeno tratado para libertinos em que se pode saber particularmente em que lugares de Roma encontrar as mais lindas moçoilas, e ele desenvolve esse tema em três cantos que se terminam pela evocação direta do que não se pode chamar senão de uma brincanagem na cama.[37] No meio disso se encontram fórmulas, como *Arte regendus Amor*, o amor deve ser regido pela arte. E eis que dez séculos depois, com o auxílio dessas palavras mágicas, um grupo de poetas põe-se a fazer isso passar, ao pé da letra, numa verdadeira operação de apelo encantatório artístico.

Aí se lê igualmente *Militae species amor est*, o amor é uma espécie de serviço militar — o que quer dizer para Ovídio que essas damas de Roma não são assim tão cômodas. E eis que, no registro da cavalaria, inclusive a perspectiva tão lindamente delineada por *Don Quichotte*, esses termos chegam a retumbar como que evocando uma milícia armada em prol da mulher e da criança.

Vocês compreenderão facilmente a importância que dou a essas analogias que, estas, são atestadas, pois certo é que nos meios clericais a *Ars amandi* de Ovídio jamais foi esquecida e Chrétien de Troyes dela fez uma tradução. É por meio dessas retomadas que se pode ver o que a função do significante quer dizer. E é aqui que eu gostaria de colocar o ponto extremo do que pretendo hoje enunciar dizendo-lhes que o amor cortês foi criado aproximadamente como vocês veem surgir essa fantasia na seringa evocada há pouco.

Isso não impede, no entanto, que se trate de algo totalmente fundamental, sem o que não seria concebível que André Breton pudesse celebrar em nossos dias o *Amor louco*, como se expressa nos termos de sua preocupação, isto é, em relação ao que ele chama de acaso objetivo. Curiosa configuração significante, pois, quem compreenderá, relendo essas coisas fora de contexto, dentro de um ou dois séculos, que o acaso objetivo significa as coisas que ocorrem com um sentido tanto mais pleno que elas se situam, de alguma forma, lá onde não podemos apreender nenhum esquema racional, nem causal, nem nada que justifique de maneira alguma seu surgimento no real?

Em outros termos, é também no lugar da Coisa que Breton faz o amor louco surgir.

Para deixá-los hoje e marcar um encontro para daqui a três semanas, gostaria de terminar com quatro versos que, por uma reminiscência da memória, vieram-me ao pensamento hoje de manhã, e que são extraídos de um outro poeta surrealista, ou seja, Paul Eluard. Em seu canto, eles se encontram exatamente nessa fronteira, nesse limite, que tento, em meu discurso, poder localizar e sentir para nós.

> Nesse céu lacerado, nessas vidraças d'água doce
> Que rosto virá, concha sonora,
> Anunciar que a noite de amor tange o dia,
> Boca aberta unida à boca cerrada.

10 de fevereiro de 1960

XII

Crítica de Bernfeld

Formação reativa e sublimação.
Precocidade da sublimação.
Entre estética e ética freudianas.
Sublimação e identificação.
Uma curiosidade.

Não esqueçamos que, este ano, tomei a resolução de fazer deste seminário um verdadeiro seminário.

Isto se impõe tanto mais que dispomos de mais de uma pessoa capaz de nele tomar parte, como é o caso deste que posso chamar de nosso amigo, Pierre Kaufmann, professor da Sorbonne, que vem seguindo há muito tempo o que ocorre neste seminário e dele se ocupa da maneira mais eficaz — talvez um certo número de vocês siga em *Combat* suas crônicas filosóficas das quintas-feiras, onde diversas vezes escreveu sobre este ensino sobretudo por ocasião do congresso de Royaumont, e onde, há pouco tempo, ele teve a grande gentileza de fornecer informações úteis a um certo autor — Henri Lefebvre — que podia criticar-nos tal déficit em nosso ensino baseado unicamente numa parte deste ou num artigo.

Dito isto, há quatro seminários aludi a um pequeno artigo de Bernfeld. Tratava-se dos *Bemerkungen über "Sublimierung"*, publicado na *Imago* em 1922. O sr. Kaufmann aceitou interessar-se por isso, esse início de diálogo se amplificou de tal modo que recentemente ele me trouxe algo que me pareceu suficientemente sugestivo e promissor para que eu o incitasse a lhe conferir todo o desenvolvimento que ele quisesse e lhe aprouvesse, apresentando-nos as reflexões que esse texto lhe inspira, e os prolongamentos aos quais ele conduz.

Assinalo especialmente que, por diversas vezes, alusões interessantíssimas serão feitas no decorrer desta exposição — não posso chamá-las senão de alusões quando penso no que o próprio sr. Kaufmann aprofundou nas fontes da matéria com a qual lidava no âmbito psíquico, no momento em que ele próprio se enveredava nesse assunto. Quanto a isso, tanto na França como nos países de língua inglesa, ignoramos bastante toda uma tradição alemã extremamente rica, da qual tudo indica que Freud, pelo contrário, fez uma leitura cuidadosa e, em suma, imensa.

Em muitos pontos teríamos muito a aprender de coisas que mesmo o sr. Kaufmann ainda não esclareceu completamente, nem publicou. Vocês poderão ter uma ideia hoje.

Cedo-lhe agora a palavra agradecendo-lhe pelo que preparou para nós. [*Comunicação do sr. Kaufmann.*]

1

O que sobressai de sua exposição são as obscuridades da teoria bernfeldiana ou, pelo menos, da aplicação que ele tenta dar ao caso considerado. O resultado é assaz ambíguo e problemático. A tese de Bernfeld é de que, em suma, só se pode falar de sublimação quando há transferência de energia da libido objetal aos *Ichziele*.

Os *Ichziele* são preexistentes, há sublimação quando a energia libidinal é reanimada, reatualizada, pela fase pubertária na qual entra a criança. Uma parte de energia é transferida das metas de prazer às metas *ichgerechte*, conformes ao eu. E embora a distinção freudiana seja mantida entre *Verdrängung* e *Sublimierung*, é no entanto somente no momento em que a *Verdrängung* aparece que a *Sublimierung* é apreensível. Por exemplo, é na medida em que o amor da criança por essa Melitta se ressente de um processo de recalque que aquilo que não é completamente atingido por este último passa para o plano da sublimação. Há, portanto, para ele, como que um sincronismo entre os dois processos. Digamos que Bernfeld não chega a apreender a sublimação senão quando ele possui o correlato instantâneo do recalque.

Sr. Kaufmann: — ... *Apesar de dizer haver um equívoco nos* Três ensaios, *não obstante ele acrescenta que é claro que a sublimação se distingue da formação reativa pelo caráter não recalcado da libido.*

Dr. Lacan: — Na realidade, no nível dos *Três ensaios sobre a sexualidade*, reina a maior ambiguidade no que se refere às relações da reação espiritual e da *Sublimierung*. É desse texto, páginas 78 e 79 das *Gesammelte Werke*, que vem o problema. Nesse momento aí, essa articulação causou muitos problemas para seus comentadores — é o caso de se perguntar, segundo os trechos, se Freud faz da *Sublimierung* uma forma particular da formação reativa ou se, inversamente, a formação reativa deve ser colocada no interior de uma forma em que a *Sublimierung* teria um alcance maior.

A única coisa importante a reter é a pequena frase que se encontra abaixo da nota 79 e conclui todo o parágrafo sobre formação reativa e sublimação. Ela faz uma distinção que não foi diversamente desenvolvida de outra maneira, como muito bem observa Bernfeld — *Pode igualmente haver sublimações por outros mecanismos, e mais simples.*

Para resumir, essa maneira de analisar a economia das fontes de energia na atividade poética do caso desse Robert deixa um resíduo evidente que o próprio Bernfeld expressa na página 339 da seguinte forma — *Aus dem Rest der Melitta* — a pessoa que ele ama — *geltenden Objektlibido entwickeln sich Stimmungen.* E mais adiante, página 340 — *Die Energie, mit der die tertiäre Bearbeitung vollzogen wird, ist nun unbezweifelbar unverdrängte Objektlibido.* O problema é justamente esse, quando fazemos o fenômeno da sublimação depender da distinção entre *Libidoziel, Ichziele, Lustziele.* É também aí que Sterba, cujo artigo foi publicado no ano precedente, tropeça. Se tudo resulta da passagem da energia de uma das esferas para a outra, de um certo tipo de metas que são então marcadas por um profundo transtorno no momento da puberdade, Bernfeld é levado, no momento em que apreende o ponto de virada que lhe parece capital na produção poética do menino, a colocar muito expressamente essa espécie de vocação poética infantil no capítulo dos *Ichziele*, e a resolver a questão dizendo que tornar-se poeta é uma meta do eu que se manifestou muito cedo nesse menino. Essas atividades precoces não se distinguem, do ponto de vista de Bernfeld, senão pelo fato de refletirem o que aprendeu na escola, de uma maneira difusa e não personalizada, de modo que ele coloca um sinal de menos-valia em todas essas produções dessa época. Parece que elas se tornam interessantes somente a partir do momento em que essa personagem se sente dramaticamente comprometida em suas atividades.

Estou acentuando aqui as coisas no sentido mais favorável ao autor. Porém, de modo fugidio, quantas crianças, num período que é o período de latência, não têm atividades poéticas episódicas? Freud estava bem situado para observá-lo num de seus filhos. Há aí um problema distinto do de difusão cultural ou de imitação. O problema da sublimação deve ser colocado precocemente, mas não devemos, no entanto, limitar-nos ao campo do desenvolvimento individual. O fato de saber por que há poetas, por que o comprometimento poético pode se propor muito cedo a um jovem ser humano, não é unicamente solucionável considerando-se o desenvolvimento genético que nos é apresentado aqui e as características novas que aparecem a partir do momento em que a sexualidade entra em jogo de uma forma patente.

Não ver que a sexualidade está aí, na jovem criança, desde a origem, e mesmo, ainda muito mais, durante a fase que precede o período de latência, é ir no sentido contrário a toda aspiração e descoberta freudianas. Se tanto se insistiu sobre as fontes pré-genitais da sublimação, é justamente por isso. O problema da sublimação se coloca muito mais cedo do que no momento em que a divisão entre as metas da libido e as metas do eu se torna clara, patente, acessível, no nível da consciência.

Se me é permitido frisar aqui algo do que lhes comunico, direi que esse termo do qual me sirvo com vocês para tentar dar, enfim, à sublimação uma articulação conforme àquilo com que lidamos, *das Ding*, o que chamo de a Coisa, é um lugar decisivo em torno do qual se deve articular a definição da sublimação, antes de [*eu*][2] ter nascido e, por uma razão mais forte, antes de os *Ichziele*, as metas do [*eu*], aparecerem.

A mesma observação incidiria sobre a aproximação que o senhor propôs entre o emprego que faço da imagem da Coisa e o que Simmel faz.

Há em Simmel algo que me interessa já que ele tem a noção, não apenas de um distanciamento, mas de um objeto como que não podendo ser atingido. Mas ainda é um objeto. Ora, o que não pode ser atingido na Coisa é justamente a Coisa e não um objeto, no que há uma diferença radical com Simmel, coerente com o aparecimento, no intervalo, dessa diferença que o inconsciente freudiano constitui.

Simmel aproxima-se de algo que o senhor tomou como uma apreensão do caráter anal, mas ele não pode chegar a isso justamente por falta dessa diferença fundamental.

SR. KAUFMANN: — ... *Para Bernfeld, se na análise da sublimação se introduz a noção de valor, só se consegue complicar o problema. Diz, por exemplo, que, no nível da análise, não se deve diferenciar uma obra de artista de uma coleção de selos. ...*

DR. LACAN: — Não apenas entre coleção de obras de arte e coleção de selos, mas entre coleção de arte e, em tal criança ou tal paciente, coleção de pedaços sujos de papel. Repugna-lhe introduzir critérios alheios aos critérios do desenvolvimento psíquico.

A última parte do artigo trata de uma tentativa de articulação da sublimação com sua curiosa experiência com os grupos de jovens.

A constatação do tamanho do pênis é, a seu ver, o elemento essencial do período em que as crianças se entregam a exibições recíprocas. Aqui há, segundo ele, conflito entre o eu e a libido objetal. Por um lado, o eu se exibe narcisicamente como o mais bonito, o mais forte, o maior. Uma outra parte é contrária ao eu na medida em que conduz a uma excitação genital.

É esta a vertente decisiva, para ele, do que constitui, na história dessa associação, essa cerimônia interna ao grupo, esotérica, e é a partir desse ponto que ele considera o início do período em que se trata, propriamente falando, de sublimação na atividade coletiva do grupo.

Isso merece ser ressaltado devido a seu caráter bem problemático, sobretudo se acrescentarmos que essa exibição se acompanha, naqueles que se consideram como os mais fortes, os mais audaciosos, de uma masturbação coletiva.

SR. KAUFMANN: — ... *Em suma, Bernfeld não teve sorte — ele tratou da sublimação em relação ao eu ideal antes de Freud poder instruí-lo sobre a natureza desse eu ideal, particularmente, sobre a necessidade de levar em consideração a relação com outrem.*

DR. LACAN: — O senhor é otimista, pois, os que escreveram depois não tiraram, pelo que parece, melhor proveito da introdução do eu ideal. Leia-os, e sobretudo as *Notas sobre a sublimação*, assim como o artigo *Neutralização e sublimação*, publicado no volume de *Analysis Studies* — não há o menor esboço de articulação entre sublimação e eu ideal. E é justamente aí que nós estamos, e que vamos tentar avançar.

2

Agradeço-lhe muito pelo que fez hoje por nós. O senhor me permitirá apenas, para indicar o que adquirimos hoje, citar a frase na qual a teoria propriamente bernfeldiana se expressa — *Esses componentes de um total de comoção pulsional que se mantêm sob a ação, sob a pressão de um recalque, podem ser sublimados. As particularidades desses componentes permitem, portanto, a sustentação de uma função do eu por meio do reforço de tendências do eu que estão atualmente colocadas em perigo.*

Eis a definição à qual ele se atém e que compreende os dois extremos que o senhor ressaltou. Ou bem o eu é forte e aqueles cujas tendências do eu são precocemente educadas formam uma aristocracia, uma elite — e por mais que ele diga entre parênteses que não está colocando aí nenhuma conotação de valor, é difícil contudo não colocar nenhuma. Ou bem as tendências do eu são postas em perigo e devem chamar em seu auxílio o recurso que é fornecido pelas tendências pulsionais na medida em que podem escapar ao retorno. É essa a concepção na qual Bernfeld se detém.

É sensível para todos, penso eu, que o que lhes estou mostrando este ano pode situar-se entre uma ética e uma estética freudianas. A estética freudiana encontra-se aqui apenas na medida em que nos mostra uma das fases da função da ética, e é bem espantoso que não se ressalte isso ainda mais, ao passo que, por um outro lado, isso corre as ruas do meio psicanalítico — Jones, por exemplo, fala sempre dessa complacência moral que é, de alguma forma, aquilo por meio do qual a ética torna inacessível para nós essa Coisa que já o é desde então.

Estou também tentando fazê-los ver que a estética freudiana, no sentido mais amplo do termo, isto é, a análise de toda a economia dos significantes, nos mostra inacessível essa Coisa. Isso deve ser colocado no início do problema para tentar articular suas consequências, particularmente a questão da idealização. Viram da última vez, aliás, esboçar-se, a respeito da sublimação da moral cortês, o surgimento de um tipo ideal.

Para terminar, gostaria de introduzir uma palavra que terá toda sua importância no que diremos a seguir. Na medida em que, na ordem da ética, fazemos a distinção desses níveis que já são sensíveis na meditação dos antigos, e da qual nos fala um trecho do *De Officiis* que lhes comunicarei ulteriormente, a questão se coloca, com efeito, de saber se o *summum bonum* deve ser articulado segundo o *honestas*, o estilo do homem distinto,[38] que deve ser articulado como uma certa organização, um certo estilo de vida que se situa justamente em função da sublimação inicial — ou segundo a *utilitas*, que foi posta na base desse utilitarismo por meio do qual comecei a colocar, este ano, o problema ético e a mostrar sua essência verdadeira.

2 de março de 1960

Complemento

UMA CURIOSIDADE DA SUBLIMAÇÃO

Trouxe-lhes hoje uma curiosidade, um divertimento mesmo. Mas esses tipos de singularidades, creio que somos talvez os únicos, nós analistas, aptos a situá-los.

Anunciei-lhes da última vez após a fala do sr. Kaufmann referente ao artigo de Bernfeld e seus antecedentes, que o problema é estabelecer o vínculo entre sublimação e identificação. Antes de deixar a sublimação tal como dei seu esquema em torno da noção da Coisa — que pode permanecer enigmática e velada pelas melhores razões — trago-lhes, como que numa nota, um texto que diz respeito ao que eu poderia chamar de os paradoxos da sublimação.

A sublimação não é, com efeito, o que um zé-povinho acha e nem sempre se exerce obrigatoriamente no sentido do sublime. A mudança de objeto não faz desaparecer forçosamente, bem longe disso, o objeto sexual — o objeto sexual, ressaltado como tal, pode vir à luz na sublimação. O jogo sexual mais cru pode ser objeto de uma poesia sem que esta perca, no entanto, uma visada sublimadora.

Em suma, não creio que seja inútil ler para vocês uma peça do dossiê do amor cortês com a qual os próprios especialistas não sabem literalmente o que fazer — eles ficam tão embaraçados quanto um peixe diante de uma maçã.

Esse poema, não há dois como ele na história da poesia cortês. Trata-se de um *hapax*. Ele figura na obra de um dos mais sutis e refinados desses trovadores que se chama Arnaud Daniel, e que se distinguiu pelos achados formais e excepcionalmente ricos, notadamente na *sestina*, sobre a qual não posso estender-me aqui, mas que é preciso pelo menos que vocês saibam seu nome.

Esse Arnaud Daniel compôs um poema sobre a mais singular dessas relações de serviço de que lhes falei, entre o enamorado e a Dama, um poema inteiro que se distingue por isto — que ele transborda, na opinião dos autores espavoridos, os limites da pornografia, indo até a escatologia.

O caso, que parece ter-se produzido como um problema na casuística moral cortês, é o seguinte — uma Dama que no poema se chama Domna Ena dá a seu cavaleiro a ordem — e essa ordem constitui uma prova com a qual se medirá a dignidade de seu amor, de sua fidelidade, de seu comprometimento — a ordem de abocanhar sua trombeta. Essa expressão no texto não tem um sentido ambíguo.

Assim sendo, para não fazê-los esperar mais tempo, vou ler para vocês — em francês já que penso que nenhum de vocês pode entender essa língua perdida que é a língua d'oc,[35] que no entanto tem seu estilo e seu valor — esse poema em estrofes de nove versos de rima homogênea, a rima mudando de uma estrofe para outra.

Visto que senhor Raimon — unido ao senhor Truc Malec — defende dama Ena e suas ordens, estarei velho e esbranquiçado antes de consentir em tais requisições, donde poderia resultar uma tão grande inconveniência. Pois, para "abocanhar essa trombeta", ser-lhe-ia preciso um bico com o qual extrairia os grãos do "tubo". E depois, ele bem poderia de lá sair cego, pois, forte é a fumaça que se desprende dessas pregas. Ser-lhe-ia bem preciso ter um bico e que esse bico fosse longo e agudo, pois a trombeta é rugosa, feia e peluda e nenhum dia se encontra seca e o brejo dentro é profundo: eis por que fermenta em cima a pez que dela sem cessar escapa, transbordando. E não convém que jamais seja um favorito aquele que ponha sua boca no tubo.

Haverá muitas e muitas outras provas, mais belas e que valerão mais, e se senhor Bernart subtraiu-se a esta, por Cristo, em nenhum instante agiu como covarde por ter sido acometido por medo e pavor. Pois, se o filete d'água tivesse vindo do alto sobre si teria inteiramente escaldado o pescoço e a bochecha, e não convém que uma dama beije aquele que tivesse tocado uma trombeta fedorenta.

"Bernart, não estou absolutamente de acordo com a fala de Raimon de Durfort — para dizer que o senhor jamais esteve errado nisso; pois se o senhor tivesse trombeteado por prazer, teria encontrado rude impedimento, e o fedor tê-lo-ia levado à occisão, o qual cheira pior do que estrume num jardim. Para o senhor, quem quer que seja que procure dissuadi-lo, louve a Deus que fê-lo escapar."

Sim, escapou ele bem de um grande perigo, que teria em seguida sido recriminado a seus filhos e a todos aqueles de Cornil. Mais lhe valeria que fosse exilado do que tê-la "tangido" no funil entre o espinhaço e o púbis, por onde seguem as matérias cor de ferrugem. Jamais saberia ele tanto se garantir que ela não lhe urinaria no focinho e no sobrolho.

Dama, cuja trombeta Bernart não se dispõe em absoluto a tocar sem um grande espicho, com o qual ele cerrará o buraco do púbis e então poderá tocar sem perigo.

Esse documento assaz extraordinário abre-nos uma perspectiva singular sobre a profunda ambiguidade da imaginação sublimadora. Pode-se observar primeiramente que não conservamos todos os produtos da poesia dos troveiros e trovadores, e que só encontramos certos poemas de Arnaud Daniel em dois ou três manuscritos. Ora, esse poema, que evidentemente tem um mérito literário que a tradução não mostra, não apenas não se perdeu, mas se encontra em vinte manuscritos. Temos outros textos que mostram que dois outros troveiros, Trumalec e Raymond de Dufort, tomaram partido no sentido contrário nesse debate duvidoso, mas eu os dispenso disso.

Encontramo-nos aqui diante de uma grande reviravolta, uma singular retorsão. Deus sabe que Arnaud Daniel foi longe no sentido de conferir ao pacto amoroso a maior sutileza — e não aviva ele o extremo desejo até oferecer-se ele mesmo a um sacrifício que comporta sua própria abolição? Pois bem, ocorre ser ele o mesmo que compôs, não sem certa relutância, um poema sobre um tema que bem devia tocá-lo em algum ponto para que ele lhe consagrasse tantos cuidados.

Ocorre que a mulher idealizada, a Dama, que está na posição do Outro e do objeto, coloca de repente, brutalmente, no lugar sabiamente construído por significantes requintados, em sua crueza, o vazio de uma coisa que se revela ser a coisa, a sua, aquela que se encontra no âmago de si mesma em seu vazio cruel. Essa Coisa, da qual alguns de vocês pressentiram a função em sua relação com a sublimação, é de alguma maneira desvelada com uma potência insistente e cruel.

É difícil, contudo, não ver suas ressonâncias, pois não se trata de uma singularidade sem precedentes. Vejam, por exemplo, a origem da flauta poética em *A pastoral* de Longus. Pan persegue a ninfa Syrinx que a ele se furta e desaparece no meio dos juncos. Em seu furor, ele ceifa os juncos e é daí, diz-nos Longus, que sai a flauta de tubos desiguais, Pan querendo desse modo, acrescenta o sutil poeta, expressar que seu amor era inigualável. Syrinx é transformada no tubo da flauta de Pan. O registro de derrisão em que o poema, cuja comunicação aqui lhes faço, pode chegar a se inscrever, se situa na mesma estrutura, no mesmo esquema de vazio central, em torno do qual se articula aquilo através do qual finalmente o desejo se sublima.

Estaria sendo incompleto se eu não acrescentasse ao dossiê, para qualquer finalidade, que Dante situa Arnaud Daniel, no canto XIV do *Purgatório*, na companhia dos sodomitas. Não pude levar mais adiante a gênese particular desse poema.

Vou agora dar a palavra à sra. Hubert, que vai-lhes falar de um texto ao qual a literatura analítica se refere frequentemente, ou seja, o artigo de Sperber que se intitula *Da influência dos fatores sexuais sobre a origem e o desenvolvimento da linguagem*, mas que tange, com efeito, a todos os problemas próximos do que temos de articular aqui no que se refere à sublimação.

Jones, em seu artigo sobre a teoria do simbolismo, sobre o qual eu mesmo fiz em nossa revista um comentário cujos ecos fizeram-me saber que ele não é facilmente acessível ao leitor, fala expressamente dele. Se a teoria de Sperber é verdadeira, diz ele, se devemos considerar certos trabalhos primordiais, sobretudo os trabalhos agrícolas, as relações do homem com a terra como equivalentes do ato sexual, como certos traços engendrados cujo rastro conservamos na significação dessa relação primitiva, pode ser ele referido ao processo de simbolização? Jones diz que não. Em outros termos, dada a concepção que ele tem da função do símbolo, ele considera que não se trata de uma transposição simbólica para o que quer que seja, nem que possa ser posto no registro de um efeito de sublimação. O efeito de sublimação deve ser aqui tomado em sua liberalidade, em sua autenticidade. A copulação do lavrador com a terra não é uma simbolização, mas o equivalente de uma copulação simbólica.

Vale a pena se deter nisso, e em meu artigo tirei algumas consequências sobre as quais tornarei a voltar. Mas para que o texto adquira seu verdadeiro valor — ele figura no primeiro número de *Imago*, talvez mais impossível de achar do que os outros — a sra. Hubert aceitou trabalhá-lo e vai-lhes comunicar hoje seu conteúdo. [*Segue-se a comunicação da sra. Hubert.*]

9 de março de 1960

O Paradoxo do Gozo

XIII

A morte de Deus

Do simbolismo sexual.
Do numen *à mensagem de Moisés.*
O Grande Homem e seu assassinato.
Cristocentrismo de Freud.
O gozo e a dívida.

Se quis que vocês tomassem conhecimento do artigo de Sperber, é por ele estar atrelado a nosso trem sobre a sublimação.

1

Não me vou dedicar a uma crítica aprofundada do texto, pois, espero que, após alguns anos de ensino que vocês aqui seguiram, algo deve ter contrariado a maioria de vocês sobre o modo de proceder que ele testemunha. Se sua visada é incontestavelmente interessante, seu modo de demonstração não deixa de ser fraco. Referir-se ao fato de que palavras, com presumida significação originalmente sexual, puseram-se a veicular sucessivamente um rastilho de sentidos cada vez mais afastados de sua significação primitiva, a fim de provar a origem sexual, comum, sob uma forma sublimada, das atividades humanas fundamentais, é tomar uma via cujo caráter de demonstração parece-me ser, no parecer de todo espírito de bom senso, eminentemente refutável.

Que as palavras cuja significação era primitivamente sexual tenham progredido como bola de neve até recobrirem significações muito afastadas não quer dizer, no entanto, que todo o campo da significação esteja recoberto. Isso não quer dizer que toda a linguagem que usamos seja, no fim das contas, redutível às palavras-chave que ela fornece, e cuja valorização é consideravelmente facilitada pelo fato de que se admite como demonstrado o que há de mais contestável, a noção de raiz ou de radical, e o que seria sua vinculação constitutiva, na linguagem humana, a um sentido.

A valorização das raízes e dos radicais nas línguas flexionais coloca problemas particulares que estão longe de ser aplicáveis à universalidade das línguas. O que seria, por exemplo, do chinês, onde todos os elementos significativos são monossilábicos? A noção de raiz é das mais fugidias. Trata-se aí, com efeito, de uma ilusão ligada ao desenvolvimento significativo da linguagem, do emprego da língua que, para nós, não poderia deixar de ser muito suspeito.

Isso não quer dizer que as observações de Sperber quanto ao emprego dessas palavras, digamos, de raiz sexual, nas línguas, aliás, todas indo-europeias, não tenham interesse. Mas não nos poderiam satisfazer na perspectiva à qual penso tê-los suficientemente adestrado e formado, que consiste em distinguir bem a função do significante e a criação da significação pelo emprego metonímico e metafórico dos significantes.

É aí que o problema começa. Por que essas zonas nas quais a significação sexual progride feito bola de neve, por que esses rios nos quais, habitualmente, ela se espalha, e um sentido que, como vocês viram, não é indiferente, são especialmente escolhidos para que se ponha em uso, a fim de atingi-los, palavras que já foram empregadas na ordem sexual? Por que é justamente a respeito de um ato semifalho de secção, de um ato de cortar mais ou menos amortecido, sufocado, malfeito que se vai fazer ressurgir a origem presumida da palavra, buscada na perfuração dos mais primitivos trabalhos, com uma significação de operação sexual, de penetração fálica? Por que se vai fazer ressurgir a metáfora *foder* a respeito de algo fodido?[39] Por que é a imagem da vulva que surgirá para expressar atos diversos, entre os quais o de se furtar, de escapar, de se mandar, como diversas vezes foi traduzido o termo do texto alemão?

Sobre essa bonita expressão, *se tailler*, para dizer *escapar*, *furtar-se*, *se mandar*, tentei encontrar a atestação do momento em que a vemos aparecer na história com esse sentido. Tive muito pouco tempo para fazê-lo e, nos dicionários e aparelhos de que disponho, não descobri — é bem verdade que não tenho em Paris os dicionários sobre o emprego familiar das palavras. Desejaria que alguém fizesse uma pesquisa sobre isso.

Por que será então que, na vida, se trata, num emprego metafórico, de um certo tipo de significação, marcado por um emprego primitivo para a relação sexual? Por que, por exemplo, utilizar tal termo de gíria, que primitivamente teve uma significação sexual, para qualificar metaforicamente situações que não o são? Esse emprego metafórico é utilizado para obter uma certa modificação.

Mas, se só se tratasse de ver como, na evolução normal, diacrônica, dos empregos na linguagem, referências sexuais são utilizadas num certo emprego metafórico, isto é, se só se tratasse de lhes apresentar um exemplo a mais de certas aberrações da especulação psicanalítica, eu não teria deixado esse texto ser apresentado aqui diante de vocês. O que mantém o seu valor é o que se encontra em seu horizonte, que não é demonstrado, mas visado em sua intenção — a relação radical que existe entre as relações instrumentais primeiras, as técnicas primeiras, os atos mais importantes da agricultura, o de abrir o ventre da terra, ou ainda, os atos mais importantes da fabricação do vaso ao qual dei relevância etc., e algo muito preciso que é menos o ato sexual do que o órgão sexual feminino.

É na medida em que o órgão sexual feminino, ou mais exatamente a forma de abertura e de vazio, encontra-se no centro de todas essas metáforas, que o artigo ganha interesse, seu valor centralizador para a reflexão, pois é claro que há aí uma hiância, um salto da referência suposta.

Constata-se que o emprego de um termo que significa primitivamente *coito* é suscetível de uma extensão que se presume quase indefinida, que o emprego de um termo que significa originalmente *vulva* é suscetível de empregos metafóricos de todo tipo. A partir daí se chega a supor que a vocalização tida por acompanhar o ato sexual tenha podido fornecer aos homens o lineamento do emprego do significante para designar, seja substantivamente o órgão, e especialmente o órgão feminino, seja verbalmente o ato de copular. A prevalência do emprego vocal do significante no homem teria assim sua origem nos chamados cantos que se supõe serem os da relação sexual primitiva nos homens, como o são em tais animais, especialmente nos pássaros.

A ideia é extremamente interessante. Mas vocês percebem a diferença que há entre o grito mais ou menos tipificado que acompanha uma atividade, e o emprego de um significante que daí destaca um elemento de articulação, ou seja, ou bem o ato, ou bem o órgão. Nem por isso temos a estrutura significante — nada aqui implica que o elemento de oposição que constitui a estrutura do emprego do significante, já inteiramente desenvolvido no *Fort-Da*, do qual tiramos o exemplo original, seja dado no apelo sexual natural. Se o apelo sexual pode referir-se a uma modulação temporal de um ato, cuja repetição pode comportar a fixação de certos elementos da atividade vocal, ainda assim ele não nos pode fornecer o elemento estruturador, nem mesmo o mais primitivo, da linguagem. Existe aí uma hiância.

Não obstante, o interesse é de fazer com que nos demos conta por meio de que ângulo poder-se-ia conceber o que é tão essencial na elaboração de nossa experiência e na doutrina de Freud, ou seja, que pode ocorrer que o simbolismo sexual, no sentido comum do termo, polarize originalmente o jogo metafórico do significante.

Por hoje deter-me-ei aqui, mesmo que a isso torne a voltar ulteriormente.

2

Interroguei-me sobre a maneira pela qual retomaria o fio, e de onde, hoje, partirei.

Pensei comigo mesmo, por ter-me dado conta a partir de conversas com certas pessoas, de que não deixaria de ser interessante dar-lhes uma ideia das conferências, conversas ou papos aos quais me dediquei em Bruxelas. O fato é que, da mesma forma que quando tenho algo para lhes transmitir, isso entra na linha de meu discurso, e praticamente nada mais faço, mesmo quando o transporto para fora, do que retomá-lo aproximadamente no ponto em que o sustento.

Eu correria o risco de ultrapassá-lo rápido demais ao supor implicitamente já conhecido por vocês o que lá disse eu, o que não é o caso. Há todo o interesse em que isto não seja aqui eludido.

Pode parecer-lhes muito sem-cerimônia essa maneira de proceder, mas não tenho muito tempo, com o caminho que nos resta a percorrer, para deter-me em preocupações de professor. Não é a minha função. Até mesmo me desagrada ter de colocar-me em posição de ensinar, pois, um psicanalista que fala diante de um público não iniciado adquire sempre um sentido de propagandista. Se aceitei falar na Universidade Católica de Bruxelas, fi-lo num espírito de ajuda mútua e com fins de apoiar a presença e a ação daqueles que são nossos amigos e camaradas na Bélgica. Essa preocupação, evidentemente, não deve, a meu ver, ser sempre colocada em primeiro plano, porém em segundo.

Encontrava-me, portanto, perante um público, com certeza muito amplo e do qual tudo me deu a melhor impressão, convocado pelo chamado de uma universidade católica — e isso, por si só, explicar-lhes-á por que lhes falei primeiro do que se refere em Freud à função do Pai.

Como se poderia esperar de mim, não usei meias palavras, nem medi os termos. Não obstante, vocês conhecem qual é a minha posição no que diz respeito ao que se chama de verdades religiosas.

Isso talvez mereça ser uma vez explicado, embora creia já tê-lo tornado bastante claro. Que seja por uma posição pessoal, ou em nome de uma posição de método, de uma posição dita científica, à qual ocorre de se aterem as pessoas que, por outro lado, são crentes, mas que não obstante, num certo âmbito, acreditam ter de deixar de lado o ponto de vista propriamente confessional — há um certo paradoxo em excluir praticamente do debate e do exame das coisas termos e doutrinas que foram articulados no campo próprio da fé, com o pretexto de que pertenciam a um âmbito reservado aos fiéis.

Vocês me ouviram um dia engrenar diretamente num trecho da Epístola de são Paulo aos romanos a respeito do tema da Lei que constitui o pecado. E vocês viram que à custa de um artifício, do qual eu poderia muito bem ter-me abstido, ou seja, a substituição do termo da Coisa pelo que no texto se chama de pecado, chegava-se a uma formulação muito precisa do que eu lhes queria então dizer referente ao nó da Lei com o desejo. Pois bem, não considero que esse exemplo — que a respeito de um caso particular adquire sua própria ordem de eficácia, e que ocorre ter sido particularmente favorável para chegar, por uma espécie de escamotagem, naquilo que, naquele momento, eu tinha para lhes mostrar —, seja tomado por acaso.

Para nós, analistas, que, nos fenômenos que são de nosso próprio campo, pretendemos ir mais longe do que certas concepções de uma pré-psicologia e abordar as realidades humanas sem preconceitos, não é absolutamente preciso dar adesão a essas verdades religiosas, quaisquer que sejam, e cujo leque pode abrir-se na ordem do que se chama de fé, para que nos interessemos pelo que se articulou em termos próprios na experiência religiosa — em termos, por exemplo, do conflito entre a liberdade e a graça.

Uma noção tão articulada quanto a da graça é insubstituível quando se trata da psicologia do ato, e não encontramos nada equivalente na psicologia acadêmica clássica. E não apenas as doutrinas, mas também a história das escolhas, isto é, das heresias que são atestadas nesse registro, a linha dos arrebatamentos que motivaram um certo número de direções na ética concreta das gerações, pertencem a nosso exame e até mesmo requerem, em seu registro próprio e em seu modo de expressão, toda a nossa atenção.

Não basta que certos temas sejam usuais apenas para gente que crê crer — afinal, que sabemos disso? — para que esse âmbito lhes permaneça reservado. Para eles, se supomos que creem verdadeiramente nisso, não são crenças, são verdades. Aquilo em que creem, seja que creem crer ou não creem — nada é mais ambíguo do que a crença —, uma coisa é certa, é que eles creem sabê-lo. É um saber como os outros, e, como tal, cai no campo do exame que devemos conceder a qualquer saber, na própria medida em que, enquanto analistas, pensamos que não há saber algum que não se erga sobre um fundo de ignorância.

É isso que nos permite admitir como tais muitos outros saberes além do saber cientificamente fundado.

Não é inútil que eu tenha assim afrontado um público que representa um setor importante do domínio público. Que eu os possa ter feito prestar ouvidos resta problemático, e só o futuro dirá. Isso não terá a mesma importância para vocês, que são um público totalmente diferente.

Quanto a esse tema da experiência religiosa, Freud tomou a posição mais incisiva — disse que tudo o que nessa ordem era de apreensão sentimental nada significava e era literalmente, para ele, letra morta. Mas, se com respeito à letra nós temos aqui a postura, que é a nossa, isso não resolve nada — por mais morta que esteja, essa letra foi deveras articulada. Pois bem, perante pessoas supostas não poderem dessolidarizar-se de uma certa mensagem que interessa a função do Pai, na medida em que ela se encontra no âmago da experiência que se define como religiosa, pude avançar com toda a segurança que quanto a isso *Freud*, como expressava-me eu num subtítulo que assustou um pouco, *pesa na balança.*

Basta abrir esse pequeno livro que se chama *Moisés e o monoteísmo* que Freud preparou durante uns dez anos, pois desde *Totem e tabu* ele só pensava nisso, na história de Moisés e na religião de seus pais. E se não houve o artigo sobre a *Spaltung* do *ego*, poder-se-ia dizer que a pena cai-lhe da mão no final de *Moisés e o monoteísmo.* Contrariamente ao que me parece estar insinuado no que me contaram há algumas semanas sobre a produção intelectual de Freud no fim de sua vida, não acredito absolutamente que ela estivesse em declínio. Em todo caso, nada me parece mais firmemente articulado, e mais conforme a todo o pensamento anterior de Freud, do que essa obra.

Ele incide sobre a mensagem monoteísta como tal, onde não há dúvida, para ele, de que ela comporta em si mesma uma relevância incontestável de valor superior a qualquer outra. O fato de Freud ser ateu não muda isso em nada. Para esse ateu que é Freud, não digo para todo ateu, a visada dessa mensagem apreendida em seu fundamento radical tem um valor decisivo. À esquerda disso há certas coisas que desde então estão ultrapassadas, caducas, que não podem sustentar-se para além da manifestação dessa mensagem. À direita, é outra coisa.

A questão é totalmente clara no espírito da articulação de Freud. Isso não quer dizer que não há nada além do monoteísmo, longe disso. Ele não nos dá uma teoria dos deuses, mas, diz suficientemente sobre a atmosfera que se tem o hábito de conotar como pagã, conotação tardia vinculada à sua redução na esfera camponesa. Nessa atmosfera pagã, no tempo em que estava em plena florescência, o *numen* surge a cada passo, em todos os cantos das estradas, nas grutas, no cruzamento dos caminhos, tece a experiência humana, e podemos ainda nos dar conta de seus vestígios em muitos campos. Isso é algo que constitui um contraste em relação à profissão de fé monoteísta.

O numinoso surge a cada passo e, inversamente, cada passo do numinoso deixa um rastro, engendra um memorial. Não é preciso muito para que um templo se erga, para que um novo culto se instaure. O numinoso pulula e age por toda a parte na existência humana, tão abundante aliás, que algo de dominação deve finalmente manifestar-se, por meio do homem, que não se deixe transbordar.

É desse formidável envolvimento e, ao mesmo tempo, de uma degradação que a fábula testemunha. As fábulas antigas, tão ricas de um sentido com o qual ainda nos embalamos, temos dificuldade em conceber que elas tenham podido ser compatíveis com o que quer que seja que comporte uma fé nos deuses, visto serem marcadas, sejam elas heroicas ou vulgares, por não sei que desordem, embriaguez, anarquismo, paixões divinas. O riso dos olímpicos na *Ilíada* ilustra suficientemente esse fato no plano heroico. Haveria muito a dizer sobre esse riso. Na escrita dos filósofos, pelo contrário, temos o avesso desse riso do caráter derrisório das aventuras dos deuses. Temos dificuldade em concebê-lo.

Frente a isso temos a mensagem monoteísta. Como é possível? Como ela aflorou à superfície? A maneira pela qual Freud a articula é capital para apreciar o nível em que se situa sua processão.

Para ele tudo repousa na noção de Moisés, o egípcio, e de Moisés, o midianita. Creio que, para um auditório como o de vocês de oitenta por cento de psicanalistas, vocês devem saber esse livro de cor.

Moisés, o egípcio, é o Grande Homem, o legislador, e também o político, o racionalista, aquele cuja via Freud pretende descobrir no aparecimento histórico, no século XIV a.C., da religião de Akhenaton, atestada pelas descobertas recentes. Esta promove um unitarismo da energia, simbolizada pelo órgão solar, de onde ela irradia e se espalha sobre o mundo. Esse primeiro empreendimento de uma visão racionalista do mundo, suposta nesse unitarismo do real, nessa unidade substancial do mundo centrada no sol, fracassou. Tão logo Akhenaton desaparece, o formigamento dos temas religiosos se multiplica, mais no Egito do que em outros lugares, o pandemônio dos deuses controla a situação e o leme, e aniquila essa reforma. Um homem guarda a tocha dessa visada racionalista, é Moisés, o egípcio, que escolhe um pequeno grupo de homens para conduzi-lo através da prova que os tornará dignos de fundar uma comunidade que aceite em sua base esses princípios. Em outros termos, alguém queria fazer o socialismo num só país — com a diferença de que, além do mais, não havia país, mas um punhado de homens para fazê-lo.

Essa é a concepção freudiana do que é o verdadeiro Moisés, o Grande Homem, do qual se trata de saber como sua mensagem nos é ainda transmitida.

Dir-me-ão vocês — esse Moisés, contudo, era mágico, nem que seja um pouco, senão como é que ele operava para fazer fervilhar grilos e rãs? Isso é problema dele. Não é uma questão essencial do ponto de vista que nos ocupa de sua posição religiosa. Deixemos de lado o emprego da magia — ela, aliás, nunca o prejudicou aos olhos de ninguém.

Ao lado havia Moisés, o midianita, o genro de Jetro, que Freud chama também de o do Sinai, de Horeb, e cuja figura, ensina-nos ele, foi confundida com a do primeiro. É aquele que ouve surgir da sarça ardente a fala decisiva, que não poderia ser evitada, como o faz Freud — *Eu sou*, não como toda a gnose cristã tentou fazer com que o ouvissem, introduzindo-nos por meio disso em dificuldades referentes ao ser que estão longe de acabar, e que talvez não deixaram de comprometer a tal da exegese, *aquele que é*, mas, *Eu sou o que sou*, isto é, um Deus que se apresenta essencialmente como escondido.

Esse Deus escondido é um Deus ciumento. Parece muito difícil dissociá-lo daquele que, na mesma roda de fogo que o torna inacessível, faz, diz-nos a tradição bíblica, com que os famosos dez mandamentos sejam ouvidos pelo povo reunido em sua volta sem poder transpor um certo limite. A partir do momento em que esses mandamentos se revelam ser para nós a toda prova, quero dizer aplicando-os ou não, ainda os ouvimos, eles podem revelar-se em seu caráter indestrutível serem as próprias leis da fala, como tentei demonstrar-lhes.

Moisés, o midianita, parece-nos colocar um problema que lhe é próprio — gostaria de saber diante de quem, diante de quê, encontrava-se ele no Sinai e em Horeb. Mas, enfim, por não ter podido sustentar o esplendor da face daquele que disse *Eu sou o que sou*, contentar-nos-emos em dizer, do ponto em que estamos, que a sarça ardente era a Coisa de Moisés, e em deixá-la lá onde está. O que quer que seja, resta a suputar as consequências que essa revelação teve.

Por que via o problema é resolvido por Freud? Ele considera que Moisés, o egípcio, foi assassinado por seu populacho, menos dócil que os nossos com respeito ao socialismo de um só país. E essas pessoas consagraram-se em seguida a sabe Deus que práticas paralisantes, à medida que perturbavam inúmeros vizinhos — pois, não esqueçamos o que é efetivamente a história dos judeus. Basta ler um pouco esses livros antigos para se dar conta de que em matéria de colonialismo imperativo, eles eram peritos em Canaã — ocorre-lhes mesmo de incitarem mansamente as populações vizinhas a se deixarem circuncidar, e depois, aproveitando-se da paralisia que lhes permanece algum tempo após essa operação entre as pernas, exterminá-los como se deve. Isto não é para criticar um período da religião já terminado.

Dito isto, Freud não duvida um só instante de que o maior interesse da história judaica seja o de ser o veículo da mensagem de um Deus único.

Eis, portanto, em que pé estão as coisas. Temos a dissociação entre o Moisés racionalista e o Moisés inspirado, obscurantista do qual pouco se fala. Porém, fundamentando-se no exame dos vestígios da história, Freud só pode encontrar a via motivada para a mensagem de Moisés racionalista na medida em que essa mensagem transmitiu-se na obscuridade, isto é, que essa mensagem encontrou-se vinculada, no recalque, ao assassinato do Grande Homem. E é precisamente por meio disso que pode ser veiculada, conservada num estado de eficácia que podemos medir na história. É tão perto da tradição cristã que é impressionante — é na medida em que o assassinato primordial do Grande Homem vem emergir num segundo assassinato, o do Cristo, que, de alguma forma, o traduz e o traz à luz, que a mensagem monoteísta se termina. É na medida em que a maldição secreta do assassinato do Grande Homem cujo poder advém unicamente do fato de ressoar sobre o fundo do assassinato inaugural da humanidade, o do pai primitivo, é na medida em que este, enfim, vem à luz que se efetiva o que cabe bem chamar, pois está no texto de Freud, de redenção cristã.

Apenas essa tradição prossegue até seu término a obra de revelar o que está em questão no crime primitivo da lei primordial.

Como não constatar, depois disso, a originalidade da posição freudiana com respeito a tudo que existe em matéria de história das religiões? A história das religiões consiste essencialmente em destacar o denominador comum da religiosidade. Fabricamos uma dimensão do lado religioso do homem, no qual somos obrigados a fazer entrar religiões tão diferentes quanto uma religião de Bornéu, a religião confuciana, taoísta, a religião cristã. Isso não é feito sem dificuldades, se bem que quando se se dedica a tipificações, não há razão alguma para não se chegar a alguma coisa. E aí chega-se a uma tipificação do imaginário, que se opõe ao que distingue a origem da tradição monoteísta, e que é integrada aos mandamentos primordiais na medida em que são as leis da fala — não farás imagem talhada de mim, mas para não correr o risco de fazer, não farás imagem alguma.

E já que aconteceu de eu lhes falar da sublimação primitiva da arquitetura, diria que se coloca o problema desse templo destruído, do qual não restam vestígios. A que simbólica particular, a que precaução, a que disposições excepcionais ele respondia para ser reduzido, até seu ângulo mais recôndito, o que quer que seja sobre as paredes desse vaso que pudesse fazer ressurgir, e Deus sabe como é fácil, a imagem dos animais, das plantas e de todas as formas que se delineiam nas paredes da caverna? Esse templo, com efeito, não devia ser senão o envoltório daquilo que se encontrava no âmago, a Arca da Aliança, ou seja, o puro símbolo do pacto, do nó entre aquele que diz *Eu sou o que sou*, e dá os mandamentos e o povo que os recebeu, para que entre todos os povos esteja marcado aquele que possui as leis sábias e inteligentes. Como devia ser construído esse templo para evitar todas as armadilhas da arte?

Isso não pode ser resolvido por nós, por nenhum documento, por nenhuma imagem sensível. Deixo aqui a questão em aberto.

3

O que está em questão é que Freud, quando nos fala do tema da lei moral em *Moisés e o monoteísmo*, o integra plenamente a uma aventura que só encontrou, escreve ele textualmente, seu pleno desenvolvimento e seu acabamento na trama judaico-cristã.

Com respeito às outras religiões, que ele qualifica vagamente de orientais, fazendo alusão, penso eu, a toda a gama, Buda, Lao-Tsé e muitas outras, elas nada mais são, diz ele com uma ousadia perante a qual só nos resta inclinar-nos por mais aleatória que pareça, do que o culto ao Grande Homem. E desse modo as coisas permaneceram no meio do caminho, mais ou menos abortadas, aquém do assassinato primitivo desse Grande Homem.

Não estou absolutamente subscrevendo isso, mas na história de Buda haveria muitas coisas onde se poderia reencontrar, legitimamente ou não, o esquema de Freud, que é por não ter levado o desenvolvimento do drama até o fim, ou seja, até o termo da redenção cristã, que essas outras religiões pararam nesse ponto. Porém, inútil dizer-lhes que esse cristocentrismo singularíssimo é no mínimo surpreendente na escrita de Freud. Para que ele se deixe deslizar nisso quase sem se dar conta, é preciso, decerto, que ele tenha alguma razão para tal.

Seja como for, ei-nos trazidos de volta ao que para nós é a continuação do caminho.

Para que algo da ordem da lei seja então veiculado é preciso que passe pelo caminho traçado pelo drama primordial articulado em *Totem e tabu*, ou seja, o assassinato do pai e suas consequências, assassinato, na origem da cultura, dessa figura da qual não se pode deveras nada dizer, temível, temida assim como incerta, a do personagem onipotente, semianimal da horda primordial, morto por seus filhos. Em seguida — articulação na qual não se detém suficientemente — se instaura um consentimento inaugural que é um tempo essencial na instituição dessa lei, quanto à qual toda a arte de Freud será de vinculá-la ao assassinato do pai, de identificá-la à ambivalência que então funda as relações do filho com o pai, isto é, ao retorno do amor após efetuado o ato.

Esse ato constituía todo o mistério. Ele é feito para nos velar isto, que não apenas o assassinato do pai não abre a via para o gozo que sua presença era suposta interditar, mas ele reforça sua interdição. Tudo está aí, e é justamente isso, tanto no fato quanto na explicação, a falha. O obstáculo sendo exterminado sob a forma do assassinato, nem por isso o gozo deixa de permanecer interditado, e ainda mais, essa interdição é reforçada.

Essa falha interditiva é, portanto, sustentada, articulada, tornada sensível pelo mito, mas é, ao mesmo tempo, profundamente camuflada por ele. É justamente por isso que o importante de *Totem e tabu* é de ele ser um mito e, como se disse, talvez o único mito de que a época moderna tenha sido capaz. E foi Freud quem o inventou.

O importante é ater-nos ao que a falha comporta. Tudo o que a transpõe constitui objeto de uma dívida no Grande Livro da dívida. Todo exercício de gozo comporta algo que se inscreve no livro da dívida na Lei. E muito mais ainda, é preciso que algo nessa regulação seja, ou bem paradoxo, ou bem lugar de algum desregramento, pois, ultrapassamento da falha no outro sentido não é equivalente.

Freud escreve o *Mal-estar na civilização* para dizer-nos que tudo o que passa do gozo à interdição vai no sentido de um reforço sempre crescente de interdição. Todo aquele que se aplica em submeter-se à lei moral sempre vê reforçarem-se as exigências, sempre mais minuciosas, mais cruéis de seu supereu.

Por que será que não ocorre o mesmo no sentido contrário? Não é absolutamente o caso, é um fato, e todo aquele que avança na via do gozo sem freios, em nome de qualquer forma que seja de rejeição da moral, encontra obstáculos cuja vivacidade sob inúmeras formas nossa experiência nos mostra todos os dias, e que, talvez, não deixam de supor algo único na raiz.

É nesse ponto que chegamos à fórmula de que uma transgressão é necessária para aceder a esse gozo, e que — para reencontrarmos são Paulo — é muito precisamente para isso que serve a Lei. A transgressão no sentido do gozo só se efetiva apoiando-se no princípio contrário, sob as formas da Lei. Se as vias para o gozo têm, nelas mesmas, algo que se amortece, que tende a ser impraticável, é a interdição que lhe serve, por assim dizer, de veículo utilitário, de tanque para sair desses círculos que trazem sempre o homem, sem saber o que fazer, para a rotina de uma satisfação curta e tripudiada.

Eis a que nossa experiência nos introduz, com a condição de sermos guiados pela articulação de Freud. Foi preciso que o pecado tivesse tido a Lei para que ele, diz são Paulo, se tivesse tornado — nada diz que ele consegue, mas pôde entrever tornar-se — desmesuradamente pecador.

Enquanto isso, vemos aqui o nó estreito do desejo com a Lei. Mediante o que o ideal de Freud é esse ideal temperado de honestidade que podemos chamar, atribuindo à palavra seu sentido idílico, de honestidade patriarcal. O pai de família é aí uma figura tão lacrimejante que lhes agradará, e que lhes propõe um certo ideal humanitário que vibra em tal peça burguesa de Diderot, e até mesmo nas figuras com as quais se compraz a gravura do século XVIII. Essa honestidade patriarcal é tida por nos dar a via de acesso mais comedida a desejos temperados, normais.

O que Freud desse modo propõe por meio de seu mito não deixa, contudo, por sua novidade, de ter sido de alguma maneira exigido. A que exigência respondia ele, não é muito difícil de ver.

Se o mito da origem da Lei se encarna no assassinato do pai, é de lá que são tirados todos esses protótipos que sucessivamente se chamam animal totem, depois tal deus, mais ou menos poderoso e ciumento, e no fim das contas o deus único, Deus, o Pai. O mito do assassinato do pai é justamente o mito de um tempo para o qual Deus está morto.

Mas se Deus está morto para nós, é porque o está desde sempre, e é justamente isso que nos diz Freud. Ele nunca foi o pai a não ser na mitologia do filho, isto é, na do mandamento que ordena amá-lo, ele o pai, e no drama da paixão que nos mostra que há uma ressurreição para além da morte. Quer dizer que o homem que encarnou a morte de Deus continua existindo. Continua existindo com esse mandamento que ordena amar a Deus. É perante isso que Freud se detém, e se detém da mesma feita — a coisa é articulada no *Mal-estar na civilização* — perante o amor do próximo, que nos parece algo de insuperável, e até mesmo de incompreensível.

Tentaremos da próxima vez dizer por quê. Gostaria apenas de acentuar hoje — e não fui eu o primeiro a fazer a observação — que há uma mensagem ateia do próprio cristianismo. É por meio do cristianismo, diz Hegel, que se completa a destruição dos deuses.

O homem sobrevive à morte de Deus assumida por ele mesmo, mas fazendo isso, ele se propõe ele mesmo perante nós. A lenda pagã nos diz que no mar Egeu, no momento em que o véu do templo se rasga, retumba a mensagem — *O grande Pan morreu*. Mesmo que Freud moralize no *Mal-estar na civilização*, ele se detém diante do mandamento do amor ao próximo. É ao âmago desse problema que sua teoria do sentido da tendência nos leva de volta. As relações do grande Pan com a morte é onde vem chocar-se o psicologismo de seus discípulos presentes.

É por isso que fiz minha segunda conferência em Bruxelas girar em torno do amor ao próximo. Era também um tema de encontro com meu público. O que efetivamente encontrei, dar-lhes-ei a oportunidade de julgar da próxima vez.

16 de março de 1960

XIV

O amor ao próximo

Um Deus à parte.
Fool *e* Knave.
O verdadeiro a respeito do verdadeiro.
Em que o gozo é um mal.
São Martinho.
As historietas kantianas.

Vocês sabem, então, como retomei da última vez com vocês nosso discurso conectando-o ao meu discurso para os católicos.

Não creiam que seja lá uma maneira confortável de me safar. Não lhes servi, absolutamente, de novo o que eu havia contado em Bruxelas — o que disse para vocês, eu não dissera nem a metade para eles.

O que articulei da última vez referente à morte de Deus, o Pai, vai conduzir-nos hoje a uma outra questão, que lhes mostra Freud situando-se sem rodeios no centro de nossa experiência verdadeira. Pois ele não procura escapatórias em generalizações quanto à função religiosa no homem. Ele se ocupa do modo pelo qual ela se presentifica para nós, ou seja, o mandamento que se articula em nossa civilização como o amor ao próximo.

1

Freud se defronta plenamente com esse mandamento. E se vocês quiserem ler bem o *Mal-estar na civilização*, verão que é de lá que ele parte, contra isso que ele se mantém e nisso que ele termina. Ele só fala disso. O que ele diz deveria normalmente zunir nos ouvidos, fazer ranger os dentes. Mas não, coisa curiosa, basta que um texto esteja impresso já há um certo tempo para que ele deixe essa vertigem efetivamente precária, que se chama a virtude do sentido, se evaporar.

Vou, portanto, hoje, tentar reavivar para vocês o sentido dessas linhas. E como isso conduzir-me-á a coisas talvez um tanto fortes, resta-me aqui pedir à linguagem, ao *logos* como diria Freud, para inspirar-me um tom temperado.

Deus, portanto, está morto. Visto que está morto, o estava desde sempre. Expliquei-lhes a substância da doutrina de Freud no assunto, ou seja, o mito expresso em *Totem e tabu*. É justamente por Deus estar morto, e morto desde sempre, que uma mensagem pôde ser veiculada através de todas as crenças que o faziam aparecer sempre vivo, ressuscitado do vazio deixado por sua morte nos deuses não contraditórios, cujo lugar eleito da pululação nos é designado por Freud como sendo a terra do Egito.

Essa mensagem é a de um Deus único que é, ao mesmo tempo, o senhor do mundo e o que dispensa a luz que anima a vida, assim como difunde a clareza da consciência. Seus atributos são os de um pensamento que regula a ordem do real. Esse é o Deus de Akhenaton, Deus da mensagem secreta que o povo judeu veicula, na medida em que assassinando Moisés ele reproduz o assassinato arcaico do pai. Eis, segundo Freud, o Deus ao qual pôde dirigir-se esse sentimento que não está absolutamente ao alcance de todos que se chama *amor intellectualis Dei.*

Freud sabe também que esse amor, se ele chegou a se articular aqui e acolá no pensamento de homens de exceção como esse polidor de óculos que vivia na Holanda, não tem uma importância tão grande a ponto de ter impedido que se erguesse, na mesma época, essa Versalhes cujo estilo prova que o colosso de Daniel de pés de argila continuava de pé, como ainda está, se bem que cem vezes desmoronado.

Certamente uma ciência se ergueu sobre a frágil crença da qual eu falava, a que se expressa nos seguintes termos, sempre retomados num horizonte de nossa visada — o real é racional, o racional é real.

Coisa curiosa, se essa ciência fez algum emprego disso, nem por isso deixa de permanecer serva, a serviço do colosso do qual acabo de falar, cem vezes desmoronado, sempre lá. O culto do amor que certo solitário, que ele se chame Espinosa ou Freud, pode devotar a esse Deus da mensagem não tem nada a ver com o Deus dos fiéis. Ninguém duvida disso, e muito especialmente os próprios, que nunca deixaram de causar, sejam eles judeus ou cristãos, alguns aborrecimentos a Espinosa.

Mas é curioso ver, há algum tempo, desde que se sabe que Deus está morto, os tais dos fiéis empregarem o equívoco. Referindo-se ao Deus da dialética, eles tentam encontrar o álibi de seu culto abalado. Coisa paradoxal, e que a história absolutamente não nos havia mostrado, a tocha de Akhenaton serve facilmente em nossos dias de álibi aos sectários de Amon.

Isso absolutamente não é para denegrir o papel histórico do Deus dos fiéis, do Deus da tradição judaico-cristã. Que tenha sido em sua tradição que se tenha conservado a mensagem do Deus de Akhenaton, valia bem a pena que se confundisse o Moisés com o midianita, aquele cuja Coisa, a que fala na sarça ardente, sem se fazer de Deus único — observem — se afirma como um Deus à parte, diante do qual os outros não poderiam ser levados em consideração. Não insisto mais do que o necessário para a lista que prossigo hoje neste ponto — não é que seja, propriamente falando, proibido honrar outros deuses, mas não se deve fazê-lo em presença do Deus de Israel, nuance certamente importante para o historiador.

Nós, que tentamos articular o pensamento e a experiência de Freud para dar-lhe seu peso e sua consequência, articulamos o que ele formula da seguinte forma — se esse Deus-sintoma, esse Deus-totem tanto como tabu, merece que nos detenhamos na pretensão de fazer-se dele um mito é na medida em que ele foi o veículo do Deus de verdade.[40] É por seu intermédio que a verdade sobre Deus pôde vir à luz, isto é, que Deus foi realmente morto pelos homens, e que, a coisa tendo sido reproduzida, o assassinato primitivo foi redimido. A verdade encontrou sua via por meio daquele que a Escritura chama certamente de o Verbo, mas também o Filho do Homem, confessando assim a natureza humana do Pai.

Freud não negligencia o Nome-do-Pai. Pelo contrário, fala dele extremamente bem, em *Moisés e o monoteísmo* — de uma maneira certamente contraditória aos olhos de quem não tomaria *Totem e tabu* pelo que ele é, isto é, por um mito —, dizendo que na história humana o reconhecimento da função do Pai é uma sublimação, essencial à abertura de uma espiritualidade que representa como tal uma novidade, um passo na apreensão da realidade como tal.

Freud não negligencia, longe disso, o pai real. Para ele é desejável que no decurso de toda aventura do sujeito haja, se não o Pai como um Deus, pelo menos como um bom pai. Lerei para vocês um dia um trecho de Freud em que ele fala com uma inflexão quase carinhosa da preciosidade dessa identificação viril que decorre do amor pelo pai, e de seu papel na normalização do desejo. Mas esse efeito só se produz de modo favorável na medida em que tudo está em ordem do lado do Nome-do-Pai, isto é, do lado do Deus que não existe. Resulta para esse pai uma posição singularmente difícil — até certo ponto é um personagem manco.

Em nossa prática sabemos disso por demais, e é também o que o mito de Édipo articula — se bem que nos mostre igualmente que essas razões, seria melhor o próprio sujeito ignorá-las. Mas agora ele as conhece, essas razões, e é justamente o fato de conhecê-las que comporta algumas consequências na ética de nosso tempo.

Essas consequências são deduzidas por si mesmas. Elas são sensíveis no discurso da análise. Convém, se devemos cumprir a tarefa a que nos propusemos este ano, que elas sejam articuladas.

Ao ser o primeiro a desmistificar a função do Pai, o próprio Freud, digo de passagem, não podia ser totalmente um bom pai. Não quero ser prolixo hoje sobre isso, que percebemos através de sua biografia, e que poderia ser objeto de um capítulo especial. Basta-nos catalogá-lo pelo que ele era, um burguês que seu biógrafo e admirador, Jones, chama de *uxorioso*.[41] Como todo mundo sabe, esse não é o modelo dos pais.

Igualmente, lá onde ele é verdadeiramente o pai, pai de todos nós, o pai da psicanálise, que fez ele senão deixá-la nas mãos das mulheres e talvez também nas de bobos-ensinadores, *mâitres-sots*? Quanto às mulheres, guardemos nosso julgamento em reserva — são seres plenos de promessas, pelo menos no fato de que ainda não as cumpriram. Quanto aos bobos-ensinadores a história é outra.

2

Na medida em que um assunto delicado como o da ética não é hoje absolutamente separável do que se chama de uma ideologia, parece-me oportuno dar algumas precisões sobre o sentido político dessa virada da ética da qual somos responsáveis, nós, os herdeiros de Freud.

Falei, portanto, de bobos-ensinadores. Essa expressão pode parecer impertinente, e até mesmo um tanto desmesurada. Gostaria de fazer com que aqui fosse compreendido o que, a meu ver, está em questão.

Houve um tempo, já remoto, bem no início de nossa *Société*,[30] lembrem-se, em que, a propósito do *Menon* de Platão, se falou dos intelectuais. Gostaria de dizer, a respeito disso, coisas pesadas, mas que creio deverem ser esclarecedoras.

Existe, foi observado na época, e já há muito tempo, o intelectual de esquerda e o intelectual de direita. Gostaria de lhes dar umas fórmulas sobre isso, que por mais incisivas que possam parecer à primeira vista, podem contudo servir-nos para iluminar o caminho.

Bobo, ou ainda *parvo*, *demeuré*, termo assaz bonito pelo qual tenho uma certa queda, essas palavras só expressam aproximadamente algo para o qual a língua e a elaboração da literatura inglesa parecem-me fornecer um significante mais precioso. Uma tradição que começa com Chaucer, mas que desabrocha plenamente no teatro elisabetano, é centrada, com efeito, em torno do termo *fool*.

O *fool* é um inocente, um parvo, mas por sua boca saem verdades, que não apenas são toleradas, mas que encontram sua função, pelo fato de que esse *fool* é por vezes revestido das insígnias do bufão. Essa sombra feliz, essa *foolery* fundamental, eis a meus olhos o que constitui o valor do intelectual de esquerda.

Ao qual oporei a qualificação do que na mesma tradição nos fornece um termo estritamente contemporâneo, e empregado de forma conjugada — mostrar-lhes-ei, se tivermos tempo, os textos que são abundantes e sem ambiguidade —, o de *knave*.

O *knave* se traduz, num certo nível de seu emprego, por criado, *valet*, mas é algo que vai mais longe. Não é o cínico, com o que essa posição comporta de heroico. É, propriamente falando, o que Stendhal chama de *coquin fieffé*, *maroto consumado*, isto é, afinal, sr. Todo Mundo, mas um sr. Todo Mundo com mais decisão.

Todos sabem que uma certa maneira de se apresentar que faz parte da ideologia do intelectual de direita é muito precisamente de se colocar como o que efetivamente é, um *knave*, em outros termos, de não recuar diante das consequências do que se chama de realismo, isto é, quando preciso, confessar-se um canalha.

Isso só é interessante quando se consideram as coisas pelo resultado. Afinal, um canalha equivale a um bobo, pelo menos para a diversão, se o resultado da constituição dos canalhas em bando não fosse infalivelmente desembocar numa bobeira coletiva. É o que torna tão desesperador na política a ideologia de direita.

Mas observemos o que não se vê o suficientemente — por um curioso efeito de quiasma, a *foolery*, que confere seu estilo individual ao intelectual de esquerda, desemboca extremamente bem numa *knavery* de grupo, numa canalhada coletiva.

Isso que lhes proponho à meditação tem, não estou dissimulando para vocês, um caráter de confissão. Os que dentre vocês me conhecem, entrevêm minhas leituras, sabem que semanários se acham em cima de minha escrivaninha. O que mais me faz gozar, confesso, é a face que aí se revela da canalhada coletiva — essa velhacaria inocente e até mesmo essa tranquila imprudência, que os faz expressar tantas verdades heroicas sem quererem pagar seu preço. Graças a isso, o que é afirmado como o horror de Mamon na primeira página acaba na última em ronrons de ternura por esse mesmo Mamon.[42]

Freud talvez não fosse absolutamente um bom pai, mas, em todo caso, não era nem um canalha, nem um imbecil. É por isso que se pode dele dizer estas duas coisas desconcertantes em seu vínculo e em sua oposição — ele era humanitário — quem irá contestá-lo ao examinar seus escritos? — e devemos levar isso em consideração, por mais que esse termo seja desacreditado pela canalha da direita, mas, por outro lado, ele não era em absoluto um parvo, de maneira que se pode igualmente dizer, e para tal temos os textos, que ele não era progressista.

Lamento, mas é um fato, Freud não era progressista em nenhum nível, e nele há mesmo, nesse sentido, coisas extraordinariamente escandalosas. O pouco otimismo manifestado quanto às perspectivas abertas pelas massas, na escrita de um de nossos guias, é certamente feito para chocar-nos, mas é indispensável indicá-lo para se saber em que ponto se está.

Vocês verão a seguir a utilidade dessas observações que podem parecer grosseiras.

Um de meus amigos e paciente teve um dia um sonho que trazia o rastro de não sei que sede provocada pelas formulações do seminário, e no qual alguém que se referia a mim gritava — *Mas por que ele não diz o verdadeiro a respeito do verdadeiro?*

Cito-o porque é uma impaciência que senti expressar-se em muitas pessoas por outras vias diferentes dos sonhos. Essa fórmula é verdadeira até um certo ponto — talvez eu não diga o verdadeiro a respeito do verdadeiro. Mas, vocês não notaram que ao querer dizê-lo, o que é a ocupação principal daqueles que chamam de metafísicos, o que ocorre é que não sobra muita coisa do verdadeiro? É justamente o que há de escabroso numa tal pretensão. É ela que nos faz cair habitualmente no registro de uma certa canalhada. E não há também uma certa *knavery*, metafísica, quando um certo tratado dentre nossos modernos tratados de metafísica faz passar, ao abrigo desse estilo do verdadeiro sobre o verdadeiro, muitas coisas que, verdadeiramente, não deveriam passar?

Contento-me em dizer o verdadeiro no primeiro estádio, e em ir passo a passo. Quando digo que Freud é um humanitário, mas não um progressista, digo algo verdadeiro. Tentemos encadear e dar um outro passo verdadeiro.

3

Partimos deste verdadeiro, que cumpre tomar por verdadeiro se seguimos a análise de Freud, que se sabe que Deus está morto.

Só que o passo seguinte é este — Deus, ele, não o sabe. E por suposição não poderá jamais sabê-lo, pois está morto desde sempre. Essa fórmula nos conduz, no entanto, ao que aqui temos de resolver, ao que nos resta nas mãos dessa aventura, e que muda as bases do problema ético — ou seja, que para nós o gozo permanece proibido como dantes — antes de sabermos que Deus está morto.

Eis o que Freud diz. E isso é a verdade — se não a verdade a respeito do verdadeiro, pelo menos a verdade a respeito do que diz Freud.

Disso resulta que, se continuarmos seguindo Freud num texto como o *Mal-estar na civilização*, devemos formular isto, que o gozo é um mal. Quanto a isso Freud nos guia pela mão — ele é um mal porque comporta o mal do próximo.

Isso pode chocar, perturbar os hábitos, causar estrondo nas sombras felizes. Não se pode fazer nada, é o que Freud diz. E o diz no princípio mesmo de nossa experiência. Ele escreve o *Mal-estar na civilização* para nos dizer isso. É isso que se anunciava, se averiguava, se expunha à medida que a experiência analítica avançava. Isso tem um nome — é o que se chama de para além do princípio do prazer. E isso tem efeitos que não são metafísicos, oscilando entre um certamente que não e um talvez.

Aqueles que preferem os contos de fadas fazem ouvidos moucos quando se fala da tendência nativa do homem *à maldade, à agressão, à destruição, e, portanto, também à crueldade.* E não é só — página 47 do texto francês — *O homem, com efeito, é tentado a satisfazer no próximo sua agressividade, a explorar seu trabalho sem compensação, utilizá-lo sexualmente sem o seu consentimento, apropriar-se de suas posses, humilhá-lo, causar-lhe sofrimento, torturá-lo e matá-lo.*[43]

Se não lhes tivesse dito primeiro qual a obra de onde estou extraindo esse texto, eu poderia tê-lo feito passar por um texto de Sade, e, igualmente, minha lição justo a seguir versará efetivamente sobre a elucidação sadista do problema moral.

Por enquanto estamos no nível de Freud. O que está em questão no *Mal-estar na civilização* é repensar um pouco seriamente o problema do mal dando-se conta de que ele é radicalmente modificado pela ausência de Deus. Esse problema é evitado desde sempre pelos moralistas, de tal maneira que, nosso ouvido aberto aos termos da experiência, é literalmente feito para inspirar-nos repugnância.

O moralista tradicional, quem quer que seja ele, recai invencivelmente na rotina de persuadir-nos que o prazer é um bem, que a via do bem nos é traçada pelo prazer. O engodo é impressionante, pois ele mesmo tem um aspecto de paradoxo que lhe confere também ares de audácia. É justamente aí que somos trapaceados num segundo nível — acreditamos que somente há um fundo duplo, e ficamos felizes por tê-lo encontrado, mas somos ainda mais sacaneados quando só encontramos no momento em que não o supúnhamos. O que é pouco comum, pois, todos percebem que há alguma coisa que está errada.

Como é isso em Freud? Desde antes das formulações extremas do *Mais além do princípio do prazer*, é claro que a primeira formulação do princípio do prazer como princípio de desprazer, ou do menos padecer, comporta evidentemente um para além, mas que é feito justamente para nos manter aquém. Seu emprego do bem se resume nisto, que, em suma, ele nos mantém afastados de nosso gozo.

Nada é mais evidente em nossa experiência clínica. Quem é que, em nome do prazer, não afrouxa desde o primeiro passo um pouco sério em direção a seu gozo? Não é o que todos os dias sentimos de perto?

Desde então, compreende-se a dominância do hedonismo na moral de uma certa tradição filosófica, cujos motivos não nos parecem mais tão absolutamente seguros nem desinteressados.

Na verdade, não é por ter ressaltado os efeitos benéficos do prazer que criticaremos aqui a dita tradição hedonista. É por não dizer em que consiste esse bem. É aí que está a tapeação.

Desde então pode-se compreender que Freud fique literalmente horrorizado diante do amor ao próximo. O próximo em alemão se diz *der Nächste*. *Du sollst den Nächsten lieben wie dich selbst*, eis como em alemão se articula o mandamento *Amarás teu próximo como a ti mesmo*. Freud ressalta seu lado exorbitante com uma argumentação partindo de vários pontos que não são senão um único e mesmo ponto.

Em primeiro lugar o próximo é um ser malvado, cuja natureza profunda vocês viram ser desvelada em sua escrita. Mas não é só isso. Freud diz mais — e não há por que se sorrir sob o pretexto de que isso se expressa sob a forma de uma certa parcimônia — meu amor é algo precioso, não vou dá-lo inteiramente a cada um que se apresente como sendo o que é, só porque ele se aproximou.

Encontram-se aqui observações de Freud que são justíssimas, e que apresentam uma inflexão emocionante no que se refere ao que vale a pena ser amado. Ele revela como se deve amar o filho de um amigo, pois, se desse filho o amigo for privado, o sofrimento será intolerável. Toda a concepção aristotélica dos bens está aí viva nesse homem verdadeiramente homem, e que nos diz as coisas mais sensíveis e mais sensatas sobre o que vale a pena partilhar com ele, esse bem que é o nosso amor. Mas o que ele elude é que talvez seja justamente ao tomar essa via que percamos o acesso ao gozo.

É da natureza do bem ser altruísta. Mas o amor ao próximo não é isso. Freud faz com que se perceba isso, sem articulá-lo plenamente. Vamos tentar, sem nada forçar, fazê-lo em seu lugar.

Podemo-nos fundamentar nisto, que cada vez que Freud se detém, como que horrorizado, diante da consequência do mandamento do amor ao próximo, o que surge é a presença dessa maldade profunda que habita no próximo. Mas, daí, ela habita também em mim. E o que me é mais próximo do que esse âmago em mim mesmo que é o de meu gozo, do que não me ouso aproximar? Pois assim que me aproximo — é esse o sentido do *Mal-estar na civilização* — surge essa insondável agressividade diante da qual eu recuo, que retorno contra mim, e que vem, no lugar mesmo da Lei esvanecida, dar seu peso ao que me impede de transpor uma certa fronteira no limite da Coisa.

Enquanto se trata do bem não há problema — o nosso e o do outro são feitos do mesmo pano. São Martinho partilha seu manto, e disso se fez uma longa história, mas, enfim, é uma simples questão de domesticação, o pano é, por natureza, feito para ser espalhado, ele tanto pertence ao outro quanto a mim. Certamente tocamos aí num termo primitivo, a necessidade que deve ser satisfeita, pois o mendigo está nu. Mas talvez, para além de precisar vestir-se, mendigava ele outra coisa, que são Martinho o matasse, ou que trepasse com ele. É uma questão muito diferente a de saber o que significa num encontro a resposta, não da beneficência, mas do amor.

É da natureza do útil ser utilizado. Se posso fazer alguma coisa em menos tempo e com menos penar do que alguém que está ao meu alcance, por tendência serei levado a fazê-lo em seu lugar, mediante o que eu me dano com o que tenho de fazer por esse mais próximo dos próximos que está em mim. Dano-me para assegurar àquele que levaria mais tempo e penar, o quê? — um conforto que só vale na medida em que imagino que se eu tivesse esse conforto, isto é, não muito trabalho, eu faria desse lazer um melhor uso. Mas não é absolutamente provado que eu saberia fazê-lo, esse melhor uso, se tivesse todo o poder para satisfazer-se. Talvez eu soubesse apenas me entediar.

Desde então, outorgando aos outros esse poder, talvez simplesmente eu os extravie. Imagino suas dificuldades e suas dores no espelho das minhas. Certamente não é a imaginação que me falta, é sobretudo o sentimento, ou seja, o que se poderia chamar essa via difícil — o amor ao próximo. E ainda assim aqui vocês podem notar o quanto a armadilha do mesmo paradoxo se representa para nós no que diz respeito ao discurso sobre o utilitarismo.

Os utilitários, lição dobrada pelo qual comecei este ano meu discurso, têm inteiramente razão. Fazem-lhes a oposição — e se a eles não se opusessem, eles seriam refutados muito mais facilmente — *Mas, sr. Bentham, meu bem não se confunde com o do outro, e vosso princípio do máximo de felicidade para a maioria se choca com as exigências de meu egoísmo.* Não é verdade. Meu egoísmo se satisfaz extremamente bem com um certo altruísmo, com aquele que se situa no nível do útil, e é precisamente o pretexto por meio do qual evito abordar o problema do mal que desejo, e que deseja o meu próximo. É assim que levo minha vida manejando meu tempo, numa zona de dólar, rublo, ou outra, a partir do tempo do meu próximo, onde mantenho todos igualmente, esses próximos, no nível do pouco de realidade de minha existência. Não é espantoso que nessas condições todo mundo esteja mal, que haja mal-estar na civilização.

É um fato de experiência — o que quero é o bem dos outros à imagem do meu. Isso não vale grande coisa. O que quero é o bem dos outros, contanto que permaneça à imagem do meu. Diria mais, isso se degrada tão rápido que se torna — contanto que ele dependa de meu esforço. Não preciso pedir-lhes que se transportem até a experiência de seus doentes querendo o bem de minha esposa, faço certamente o sacrifício do meu, mas quem me diz que o dela também não se evapora completamente?

Talvez esteja aqui o sentido do amor ao próximo que me poderia tornar a dar a verdadeira direção. Para isso seria preciso enfrentar que o gozo de meu próximo, seu gozo nocivo, seu gozo maligno, é ele que se propõe como o verdadeiro problema para o meu amor.

Não seria difícil aqui dar imediatamente o salto para os extremos dos místicos. Infelizmente, muitos de seus traços mais salientes sempre me pareceram marcados por algo um pouco pueril.

É claro que é esse para além do princípio do prazer, esse lugar da Coisa inominável e do que aí ocorre, que está em questão em tal proeza com a qual se provoca nosso juízo quando dizem-nos, por exemplo, que uma Ângela de Folignio bebia com deleite a água na qual acabara de lavar os pés dos leprosos, poupo-lhes os detalhes — havia uma pele que ficava atravessada no meio da garganta, e assim por diante —, ou quando nos contam que a bem-aventurada Maria Allacoque comia, com não menos recompensas em efusões espirituais, os excrementos de um doente. O alcance convincente desses fatos, seguramente edificantes, vacilaria certamente um pouquinho se os excrementos em questão fossem, por exemplo, os de uma bela moça, ou ainda, se se tratasse de engolir a porra de um atacante da equipe de rúgbi de vocês. Em suma, o que é da ordem do erotismo é aqui velado.

É por isso que preciso abordar as coisas de um pouco mais longe. Ei-nos aqui no limiar do exame de algo que tentou, contudo, forçar as portas do inferno interior. Manifestamente ele tem mais a pretensão disso do que nós. No entanto, é bem um problema nosso. E é por isso que, para lhes mostrar em meu passo a passo os modos nos quais se propõe o acesso ao problema do gozo, seguirei com vocês o que um tal de Sade articulou sobre isso.

Ser-me-ia certamente preciso dois meses para falar do sadismo. Não lhes falarei de Sade enquanto o eroticista, pois é um eroticista bem pobre. A via para aceder ao gozo com uma mulher não é forçosamente a de lhe fazer sofrer todos os tratamentos aos quais ele acomoda a pobre Justine. Em compensação, na ordem da articulação do problema ético, parece-me que Sade disse as coisas mais sólidas, pelo menos no que se refere ao problema que se apresenta agora diante de nós.

4

Antes de entrar nesse assunto da próxima vez para terminar, gostaria de fazer com que vocês o percebessem num exemplo contemporâneo — não é por nada que ele o é —, o exemplo de Kant, com o qual dei um de meus passos precedentes.

Kant pretende com esse exemplo demonstrar o peso da Lei, formulada por ele como razão prática, como impondo-se em termos puros de razão, isto é, para além de todo afeto, tal como ele se expressa, patológico, ou seja, sem nenhum motivo que interesse ao sujeito. Trata-se de um exercício crítico que nos trará de volta ao que constitui hoje o centro de nosso problema.

Seu exemplo, repito-o, é constituído por duas historietas. A primeira se refere ao personagem que está colocado na posição de ser executado no final caso queira encontrar a dama que ele deseja — não é inútil ressaltar isso, pois todos os detalhes aparentemente mais simples desempenham aqui o papel de armadilha. O outro caso é o de alguém que, vivendo na corte de um déspota, é colocado na posição de ou bem prestar falso testemunho contra alguém que por isso perderá a vida, ou bem, se não o fizer, ser ele mesmo executado.

Sobre isso, Kant, o prezado Kant em toda a sua inocência, sua velhacaria inocente, diz-nos que no primeiro caso, todo mundo, todo homem de bom senso dirá não. Ninguém será louco, a fim de passar uma noite com sua amada, de incorrer num desfecho fatal, visto tratar-se não apenas de uma luta, mas de uma execução no cadafalso. Para Kant a questão não faz nem pestanejar.

No outro caso, qualquer que seja o peso dos prazeres oferecidos pelo falso testemunho, qualquer que seja a crueldade da pena prometida à recusa de prestá-lo, pode-se contudo conceber que o sujeito se detenha, que para ele haja debate. Pode-se até mesmo conceber que, mais do que prestar um falso testemunho, o sujeito considerará aceitar a morte em nome do imperativo dito categórico. Efetivamente, atentar aos bens, à vida, à honra de um outro, que se tornou regra universal aplicada, lançaria todo o universo do homem na desordem e no mal.

Não nos podemos deter aqui e trazer a crítica?

O impressionante alcance do primeiro exemplo repousa sobre isto, que a noite que se passa com a dama nos é paradoxalmente apresentada como um prazer, colocado em balança com a pena de ser infligida, numa oposição que as homogeneiza. Há um mais e um menos em termos de prazer. Não estou citando os piores exemplos para vocês — em seu *Ensaio sobre as grandezas negativas*, Kant nos fala dos sentimentos de uma mãe espartana que sabe da morte do filho no campo de batalha, e a pequena numeração matemática à qual ele se entrega com respeito ao prazer da glória da família do qual convém subtrair o pesar sentido pela morte do guri, é algo assaz engraçadinho. Mas observem isto — basta que, por um esforço de concepção, façamos a noite com a dama passar da rubrica prazer à rubrica gozo na medida em que o gozo — para isso não se precisa absolutamente da sublimação — implica precisamente a aceitação da morte, para que o exemplo seja aniquilado.

Em outros termos, basta que o gozo seja um mal para que seja, no caso, completamente mudado. Cada qual se dará conta, com efeito, de que a lei moral é suscetível de desempenhar algum papel aqui, e precisamente o de servir de apoio a esse gozo, de fazer com que o pecado se torne o que são Paulo chama desmesuradamente de pecador. Eis o que Kant muito simplesmente nesse dado momento ignora.

Há o outro exemplo, do qual não se deve desconhecer, cá entre nós, os miúdos erros de lógica. Ele é apresentado em condições um tanto diferentes. No primeiro caso, prazer *e* penar nos são apresentados como um único pacote a ser pego ou deixado, mediante o que não se é exposto ao risco e se renuncia ao gozo. No segundo, há prazer *ou* penar. Ter de ressaltar isso não é pouco, pois essa escolha é destinada a produzir perante vocês um certo efeito de *a fortiori*, que tem como resultado engodá-los quanto ao verdadeiro alcance da questão.

De que se trata? De que eu atente aos direitos do outro na medida em que ele é meu semelhante no enunciado da regra universal, ou se trata em si de um falso testemunho?

E se por acaso eu alterasse um pouco o exemplo? Falemos de um verdadeiro testemunho, do caso de consciência que se coloca se eu for intimado a denunciar meu próximo, meu irmão, por atividades que prejudicam a segurança do Estado? Essa questão é apta a banir a relevância dada à regra universal.

E eu, que por enquanto estou testemunhando perante vocês de que não há lei do bem senão no mal e pelo mal, devo eu prestar esse testemunho?

Essa Lei faz do gozo de meu próximo o ponto pivô em torno do qual oscila, no caso desse testemunho, o sentido de meu poder. Devo ir na direção do meu dever de verdade na medida em que ele preserva o lugar autêntico de meu gozo, mesmo que ele fique vazio? Ou devo resignar-me a essa mentira que, fazendo-me substituir com toda a força o princípio de meu gozo pelo bem, me ordena a ficar mudando de opinião? — ou bem que eu recue diante da traição de meu próximo para poupar meu semelhante, ou bem que eu me abrigue detrás de meu semelhante para renunciar a meu próprio gozo.

23 de março de 1960

XV

O gozo da transgressão

A barreira diante do gozo.
O respeito da imagem do outro.
Sade, sua fantasia e sua doutrina.
Metipsemus.
Despedaçado e indestrutível.

Anunciei-lhes que falaria de Sade.

Não é sem uma certa contrariedade pelo corte das férias, que serão prolongadas, que abordo aqui este assunto.

Gostaria pelo menos de esclarecer durante esta lição o mal-entendido latente que se poderia produzir quanto ao fato de que abordar Sade estaria para nós vinculado a uma maneira, completamente exterior, de nos considerarmos pioneiros, militando sobre os limites. Seria por função, por profissão que estaríamos destinados, por assim dizer, a cutucar os extremos, e Sade, nesse sentido, seria nosso parente, ou nosso precursor, e abriria não sei que impasse, aberração ou aporia, onde seria até mesmo, por que não, recomendado segui-lo no que diz respeito ao campo ético que escolhemos explorar este ano.

É extremamente importante dissipar esse mal-entendido, que é solidário de um certo número de outros, contra os quais navego na progressão que tento fazer diante de vocês.

O campo que este ano exploramos não é para nós apenas algo interessante, num sentido puramente externo. Diria até mesmo que, até certo ponto, uma certa dimensão de tédio que esse campo pode comportar para vocês, público, no entanto, tão paciente e fiel, não deve ser negligenciada — ele tem seu sentido próprio. É claro que na medida em que falo para vocês, tento interessá-los, isso faz parte do gênero, mas, a ordem de comunicação que nos vincula não é forçosamente destinada a evitar o que a arte daquele que ensina consiste normalmente em proscrever. Para comparar dois públicos, se consegui interessar o de Bruxelas, tanto melhor, mas não é absolutamente no mesmo sentido que vocês aqui estão interessados pelo que ensino.

Se eu me colocasse na perspectiva do que existe, e que é humanamente tão sensível, e tão válido, na posição, não do jovem analista, mas do analista que começa a atender e a exercer seu ofício, eu diria que é concebível que o que tento articular sob o título da ética da psicanálise se choque com a dimensão do que eu poderia chamar de a pastoral analítica.

Ainda que ao que viso eu tenha dado seu título nobre, seu título eterno. Um título menos gracioso seria aquele inventado por um dos autores mais repugnantes de nossa época — o conforto intelectual.

A questão do *como fazer*? pode, com efeito, engendrar uma impaciência, ou até mesmo uma decepção, diante do fato de tomar as coisas num nível que não é, ao que parece, o de nossa técnica, a partir da qual — é a sua promessa — muitas coisas devam resolver-se. Pois bem, muitas coisas, mas não tudo. E o fato de ela nos colocar à espreita de algo que pode apresentar-se como um impasse, ou até mesmo um dilaceramento, não deve forçosamente nos desviar os olhos disso, mesmo que isso fosse todo o resultado de nossa ação.

Esse jovem que se instala em sua função de analista — é o que eu poderia chamar de seu esqueleto —, que fará de sua ação algo de vertebrado, de modo algum esse movimento em direção a mil formas, sempre prestes a voltar atrás e a se atrapalhar num círculo, cuja imagem é fornecida há algum tempo por certas explorações.

Portanto não é de modo mau que aqui seja denunciado o que de uma esperança de segurança, certamente útil no exercício profissional, pode impregnar não sei que segurança sentimental por meio da qual esses sujeitos que suponho na bifurcação de sua existência se encontram aprisionados por uma enfatuação que é a fonte de uma decepção íntima como também de uma reivindicação secreta.

Eis, certamente, contra o que se deve lutar para progredir, a perspectiva dos fins éticos da psicanálise tal como tento aqui mostrar-lhes sua dimensão. Ela não é forçosamente derradeira, mas, deveras encontrada imediatamente.

1

Até o presente nosso caminho levou-nos a um ponto que eu chamaria de o paradoxo do gozo.

O paradoxo do gozo introduz sua problemática nessa dialética da felicidade onde, nós analistas — quem sabe? —, talvez nos tenhamos imprudentemente aventurado. Apreendemo-lo em mais de um detalhe, como o que surge mais comumente em nossa experiência. Mas, para conduzi-los até lá e vinculá-lo a nossa trama, tomei desta vez o caminho do enigma de sua relação com a Lei, que adquire toda sua relevância da estranheza em que para nós se situa a existência dessa Lei na medida em que, há muito tempo, ensinei-lhes a considerá-la como que fundada no Outro.

Quanto a isso é-nos preciso seguir Freud, não enquanto indivíduo, em sua profissão de fé ateia, mas como o primeiro que deu valor e direito de cidadania a um mito que fornece, em nosso pensamento, uma resposta ao que se formulara sem razão mas da maneira mais extensa e articulada à consciência de nossa época, a esse fato entrevisto pelos espíritos mais lúcidos, e bem mais ainda pela massa, que se chama a morte de Deus.

Eis, portanto, a problemática da qual partimos. Nela desenvolve-se o signo que eu lhes propunha no grafo sob a forma S(A̸). Situando-se, vocês sabem onde, na parte superior à esquerda ele se indica como a resposta derradeira à garantia pedida ao Outro do sentido dessa lei articulada o mais profundamente no inconsciente. Se nada mais há senão a falta (*manque*), o Outro se esvai, e o significante é o significante da morte.

É em função dessa posição, ela mesma suspensa ao paradoxo da Lei, que se propõe o paradoxo do gozo que tentamos articular agora.

Observemos que unicamente o cristianismo fornece seu pleno conteúdo, representado pelo drama da Paixão, à naturalidade dessa verdade que chamamos de a morte de Deus. Sim, com uma naturalidade frente à qual empalidecem as abordagens que dela representam os combates sangrentos dos gladiadores. O que nos é proposto pelo cristianismo é um drama que encarna literalmente essa morte de Deus. É também o cristianismo que torna essa morte solidária do que ocorreu concernindo à Lei, ou seja, que sem destruir, dizem-nos, essa Lei, mas substituindo-se a ela, resumindo-a, retomando-a com o mesmo movimento que a abole — primeiro exemplo histórico em que o termo alemão *Aufhebung*, conservação do que é destruído, adquire seu peso, com modificação de plano — o único mandamento é doravante o *Amarás teu próximo como a ti mesmo.*

A coisa é articulada deste modo no Evangelho, e é com isso que temos de prosseguir em nosso caminho. Os dois termos, a morte de Deus e o amor ao próximo, são historicamente solidários, e é impossível desconhecer isso, a menos que se dê a tudo o que se efetivou na tradição judaico-cristã uma relevância de um acaso constitucional.

Bem sei que a mensagem dos fiéis nos mostra a ressurreição no Além, mas é uma promessa. É precisamente essa a passagem onde temos de trilhar nossa via. De maneira que convém nos determos nesse desfiladeiro, nessa passagem estreita em que o próprio Freud se detém, e recua com um horror justificado. *Amarás teu próximo como a ti mesmo* — esse mandamento lhe parece desumano.

É a isso que se resume tudo o que há para lhe ser objetado. É em nome da mais legítima *eudaimonia* em todos os planos — os exemplos que ele dá estão aí para testemunhá-lo —, que, medindo o que está em questão nesse mandamento, ele se detém e constata muito legitimamente o quanto o espetáculo histórico da humanidade, que o constitui como ideal para si, é, em relação à sua efetivação, pouco comprovador.

Disse-lhes a que está ligado esse horror de Freud, do homem distinto[38] que profundamente ele é — ele está ligado a essa maldade, na qual ele não hesita em mostrar-nos o âmago mais profundo do homem.

Não preciso acentuar tanto o ponto em que uno meus dois fios para atá-los. Trata-se da rebelião do homem, isto é, de *Jedermann*, de todo homem, na medida em que aspira à felicidade. A verdade que o homem busca a felicidade permanece verdadeira. A resistência ao mandamento *Amarás teu próximo como a ti mesmo* e a resistência que se exerce para entravar seu acesso ao gozo são uma única e mesma coisa.

Enunciado dessa maneira, isso pode parecer um paradoxo a mais, uma afirmação gratuita. No entanto, vocês não reconhecem nisso aquilo ao qual nos referimos mais comumente cada vez que, com efeito, vemos o sujeito recuar diante de seu gozo? De que estamos falando? A agressividade que ele contém, o núcleo temível desse *destrudo* que, quaisquer que sejam as pequenas afetações, os regateios analíticos de frescura, não deixa de ser com isso que nos encontramos constantemente confrontados em nossa experiência.

Que se avalize ou não isso, em nome de não sei que ideia preconcebida da natureza, o fato é que na própria fibra de tudo o que

Freud ensinou, há isto, que é na medida em que o sujeito faz com que a agressividade se volte contra si mesmo que provém a energia dita do supereu.

Freud toma o cuidado de acrescentar esse toque suplementar, que uma vez que se entra nessa via, uma vez encetado o processo, não há mais limite — ele engendra uma agressão cada vez mais pesada do eu. Ele a engendra no limite, ou seja, na medida em que a mediação que é a da Lei acaba por faltar. Da Lei, na medida em que ele proviria de alhures — mas desse alhures onde aquele que deve responder está faltando, aquele que a garante, ou seja, o próprio Deus.

Não é, portanto, uma proposição original dizer que o recuo diante do *Amarás teu próximo como a ti mesmo* é a mesma coisa que a barreira diante do gozo, e não seu contrário.

Recuo de amar meu próximo como a mim mesmo na medida em que nesse horizonte há algo que participa de não sei qual crueldade intolerável. Nessa direção, amar meu próximo pode ser a via mais cruel.

Tal é, afiado, o gume do paradoxo que aqui lhes proponho. Certamente é preciso, para lhe conferir sua importância, ir passo a passo, de tal maneira que possamos, apreendendo o modo pelo qual essa linha íntima de divisão se anuncia, se não saber, pelo menos pressentir os acidentes que seu caminho nos oferece.

Aprendemos evidentemente há muito tempo a conhecer em nossa experiência o gozo da transgressão. Mas, ao apresentá-la, é muito necessário que saibamos qual pode ser sua natureza. Nossa posição a esse respeito é ambígua. Todos sabem que voltamos a dar à perversão seu direito de cidadania. Pulsão parcial, chamamo-la, implicando com isso a ideia de que ela se harmoniza na totalização, e vertendo, da mesma feita, não sei que suspeita na exploração, que foi revolucionária num momento do século passado, de Krafft-Ebing, com sua monumental *Psychopathia sexualis*, ou ainda na de Havelock Ellis.

Não quero deixar de destinar, de passagem, a obra deste último, a receber a paulada que creio ela merecer. Para dizer a verdade, ela dá exemplos retumbantes de uma incapacidade sistemática — não da insuficiência de um método, mas da escolha de um método enquanto insuficiente. A pretensa objetividade científica que é exposta em livros que não constituem senão um amontoado de documentos muito pouco criticado lhes dá um exemplo vivo da conjunção de uma certa *foolery* com uma *knavery*, uma canalhada fundamental, da qual eu fazia, da última vez, a característica de um certo modo de pensamento dito, no caso, de esquerda, sem prejulgar do aspecto que isso pode ter de extravasamentos de encraves em outros domínios. Em suma, se essa leitura pode ser recomendável é na única qualidade de mostrar-lhes a diferença, não apenas de resultados, mas de tom, que existe entre esse modo fútil de investigação e o que o pensamento de um Freud e a experiência que ele dirige reintroduziram nesse domínio — isso se chama muito simplesmente responsabilidade.

Conhecemos, portanto, o gozo da transgressão. Mas em que ele consiste? Será que é óbvio que o fato de tripudiar com as leis sagradas, que podem igualmente ser profundamente postas em causa pela consciência do sujeito, desencadeie por si só não sei que gozo? Certamente vemos constantemente operar-se nos sujeitos esse curioso procedimento, que se pode articular como a colocação à prova de um destino sem rosto, como um risco do qual o sujeito, tendo-se safado, encontra-se depois como que garantido em sua potência. A Lei desafiada não desempenha aqui o papel de meio, de vereda traçada para aceder a esse risco? Mas, então, se essa vereda é necessária, qual é esse risco? Em direção a que meta avança o gozo para ter de se apoiar na transgressão a fim de ter êxito?

Deixo por enquanto essas questões em aberto, e retomo o fio. Se o sujeito retrocede, o que é que escolta esse processo de reviramento? Nesse ponto encontramos na análise uma resposta mais motivada — é a identificação com o outro, dizem-nos, que surge no extremo de tal tentação nossa. O extremo, isso não quer absolutamente dizer que se trate de tentações extraordinárias, mas do momento de se dar conta das consequências.

Recuamos diante de quê? Do atentar à imagem do outro, pois é a imagem sobre a qual formamo-nos como eu. Aqui está o poderio convincente do altruísmo. Aqui, igualmente, o poderio uniformizador de uma certa lei de igualdade, a que se formula na noção de vontade geral. Denominador comum certamente de um respeito de certos direitos chamados, não sei por quê, de elementares, mas que pode igualmente tomar a forma de excluir de seus limites, e também de sua proteção, tudo o que não pode integrar-se em seus registros.

E também poderio de expansão, naquilo que da última vez articulei para vocês como o pendor utilitarista. Nesse nível de homogeneidade, a lei da utilidade, como que implicando sua repartição pela maioria, se impõe por si mesma com uma forma que, efetivamente, inova. Poderio cativante cuja decisão se denota suficientemente a nossos olhos de analistas quando a chamamos de filantropia, mas que coloca também a questão dos fundamentos naturais da piedade, no sentido em que a moral do sentimento nela sempre encontrou seu apoio.

Com efeito, somos solidários de tudo o que repousa sobre essa imagem do outro enquanto nosso semelhante, na similitude que temos com nosso eu e com tudo o que nos situa no registro imaginário. Que trago como questão quando parece ser óbvio que esse é o próprio fundamento da lei *Amarás teu próximo como a ti mesmo*?

Trata-se justamente do mesmo outro. E, no entanto, basta se deter um instante para ver a que ponto são manifestas, retumbantes, as contradições práticas, tanto individuais, íntimas, quanto sociais, da idealização que se expressa na direção que formulei do respeito da imagem do outro. Ela implica um certo filão e uma filiação de efeitos problemáticos quanto à lei religiosa, que se expressa e se manifesta historicamente pelos paradoxos de seus extremos, os da santidade, e igualmente pelo seu fracasso no plano social, na medida em que não chega a nada do que seria efetivação, reconciliação, advento na terra do que ela, no entanto, promete.

Para colocar ainda os pontos nos is, lembraria, indo direto ao que me parece ir para o lado mais contrário dessa denúncia da imagem, esse enunciado, sempre ouvido com um ronrom de satisfação mais ou menos divertido — *Deus fez o homem à sua imagem.* A tradição religiosa mostra aí, mais uma vez, mais esperteza na indicação da verdade do que a orientação da filosofia psicológica o supõe.

Não nos desvencilhamos disso respondendo que o homem, certamente, pagou a Deus na mesma moeda. Esse enunciado é do mesmo jorro, do mesmo corpo, do livro sagrado onde se articula a interdição de forjar o Deus das imagens. Se essa interdição tem um sentido, é porque as imagens são enganadoras.

Mas por quê? Vamos então ao mais simples — se são belas imagens — e Deus sabe que as imagens religiosas sempre respondem, por definição, aos cânones reinantes da beleza — não se vê que são sempre ocas. Mas então o homem também, enquanto imagem. É interessante devido ao oco deixado vazio pela imagem — por isso é que se vê na imagem, para além da captura da imagem, o vazio de Deus a ser descoberto. Essa é, talvez, a plenitude do homem, mas é também aí que Deus o deixa no vazio.

Ora, Deus, faz parte de seu próprio poderio avançar nesse vazio. Tudo isso nos fornece as figuras do aparelho de um domínio onde o reconhecimento de outrem se revela em sua dimensão de aventura. O sentido da palavra *reconhecimento* inflexiona-se em direção àquele que ele pega em toda exploração, com os toques de militância e de nostalgia com os quais podemos provê-la.

Sade está nesse limite.

2

Sade está nesse limite, e ele nos ensina, na medida em que imagina transpô-lo, que cultiva essa fantasia com o deleite moroso — tornarei a voltar a esses termos — onde ela se desenvolve.

Enquanto ele o imagina, ele demonstra a estrutura imaginária do limite. Mas também ele o transpõe. Não o transpõe, evidentemente, na fantasia, e é justamente isso que confere seu caráter fastidioso, mas na teoria, na doutrina proferida em palavras que são, segundo os momentos de sua obra, o gozo da destruição, a própria virtude do crime, o mal buscado pelo mal, e em última instância — referência singular do personagem Saint-Fond que proclama na *História de Julieta* sua crença, certamente renovada, mas não totalmente nova, nesse Deus — o Ser-supremo-em-maldade.

Essa teoria se chama, nessa mesma obra, o Sistema do Papa Pio VI, papa que ele introduz como um dos personagens de seu romance. Levando mais longe as coisas, ele desenvolve para nós uma visão da Natureza como um vasto sistema de atração e de repulsão do mal pelo mal. O procedimento ético consiste desde então em realizar ao extremo essa assimilação a um mal absoluto, graças a que sua integração numa natureza profundamente má realizar-se-á numa espécie de harmonia inversa.

O que faço aqui é apenas indicar o que se apresenta não como as etapas de um pensamento em busca de uma formulação paradoxal, mas, muito mais, como seu dilaceramento, seu estouro, na via de um encaminhamento que por si só desenvolveria o impasse.

Não se poderia, no entanto, dizer que Sade nos ensina, uma vez que estamos na ordem de um jogo simbólico, uma tentativa de transpor o limite, e de descobrir as leis do espaço do próximo como tal? Trata-se do espaço que se desenvolve na medida em que lidamos não com esse semelhante a nós mesmos do qual fazemos tão facilmente nosso reflexo, e que implicamos necessariamente nos mesmos desconhecimentos que caracterizam nosso eu, mas esse próximo como o mais próximo, que às vezes temos, e nem que seja apenas para o ato do amor, de tomar em nossos braços. Não estou falando aqui de um amor ideal, mas do ato de fazer amor.

Sabemos muito bem o quanto as imagens do eu podem contrariar nossa propulsão nesse espaço. Daquele que caminha num discurso mais do que atroz, não temos nós algo para aprender sobre as leis desse espaço na medida em que aí nos engoda a cativação imaginária pela imagem do semelhante?

Estão vendo aonde os levo. Ao ponto preciso onde suspendo nosso procedimento, não prejulgo aqui o que é do outro. Ressalto os engodos do semelhante, na medida em que é desse semelhante como tal que nascem os desconhecimentos que me definem como eu. E vou deter-me um instante num pequeno apólogo no qual vocês reconhecerão minha marca pessoal.

Falei-lhes num momento do pote de mostarda. Desenhando aqui três potes, quero mostrar-lhes que vocês têm aí toda uma fileira, de mostarda ou de geleia. Eles estão em prateleiras, suficientemente numerosos para o apetite contemplativo de vocês. Reparem que é na medida em que os potes são idênticos que eles são irredutíveis. Nesse nível deparamo-nos com uma preliminar de individuação. O problema para em geral nisso, ou seja, que há este que não é aquele.

É claro que o caráter sofisticado desse pequeno passe de mágica não me escapa. Tratem, não obstante, de compreender a verdade que ele encerra, como todo sofisma. A própria etimologia do termo *mesmo* — não sei se vocês se deram conta — não é outra senão *metipsemus*, que faz desse mesmo em mim mesmo uma espécie de redundância. A transformação fonética se faz de *metipsemus* em *mesmo* — o mais eu mesmo de *eu mesmo*, o que está no âmago de mim mesmo,[44] e para além de mim na medida em que o eu se detém no nível dessas paredes nas quais se pode colocar uma etiqueta. Esse interior, esse vazio, sobre o qual não sei mais se pertence a mim ou a alguém, é o que serve, pelo menos em francês, para designar a noção do *même*.

Eis o que significa o emprego de meu sofisma, e que me faz lembrar que o próximo tem certamente toda essa maldade da qual fala Freud, mas que ela não é outra senão aquela diante da qual eu mesmo recuo. Amá-lo, amá-lo como um eu mesmo, é, da mesma feita, ir adiante em alguma maldade. A sua ou a minha? objetar-me-ão vocês — mas acabo de explicar-lhes justamente que nada diz que elas sejam distintas.

Parece muito mais que seja a mesma, com a condição de que os limites, que me fazem colocar-me diante do outro como meu semelhante, sejam transpostos.

Aqui, devo esclarecer a questão. A embriaguez pânica, a orgia sagrada, os flageladores dos cultos de Átis, as Bacantes da tragédia de Eurípides, em suma, todo esse dionisismo remoto numa história perdida à qual se referem desde o século XIX para tentar tornar a situar, para além de Hegel, de Kierkegaard ou de Nietzsche, os rastros que podem ainda estar abertos, para nós, da dimensão do Grande Pan, numa dimensão apologética, utópica, apocalíptica, condenada em Kierkegaard, e não menos efetivamente em Nietzsche — não é disso que se trata quando lhes falo da mesmice de outrem e de mim. Aliás é o que me fez terminar meu antepenúltimo seminário pela evocação do enunciado correlativo ao dilaceramento do véu do templo, ou seja, que o Grande Pan está morto.

Sobre isso, hoje, não direi mais nada. Não se trata apenas de que, na minha vez, eu vaticine, mas marco um encontro com vocês para o momento em que cumprirá bem que eu tente justificar por quê, em quê, o Grande Pan está morto, e certamente no momento preciso em que a lenda nos designa.

3

O que está em questão aqui é o procedimento de Sade, uma vez que nos indica o acesso ao espaço do próximo naquilo que eu chamaria, parafraseando o título de uma de suas obras que se chama *Ideias sobre os romanos*, a ideia de uma técnica orientada para o gozo enquanto não sublimado.

Essa ideia nos mostra todo tipo de linhas de divergência, a ponto de engendrar a ideia de dificuldade. Daí seria necessário situarmos o alcance da obra literária como tal. Pois não é que esse é um circunlóquio que vai com certeza nos atrasar, e não desaprovam minha lentidão há algum tempo?

Para terminar com esse passo a passo requintado mais rapidamente, é-nos preciso, contudo, evocar vários ângulos por onde se pode entrar na obra de Sade, nem que seja para dizer qual deles escolhemos.

Essa obra é um testemunho? Testemunho consciente ou inconsciente? Não façam com que entre aqui em jogo o inconsciente analítico, digo *inconsciente* uma vez que o sujeito Sade não discerne inteiramente em que ele se insere nas condições constituídas para o homem nobre de seu tempo, no início da Revolução, em seguida no período do Terror, que ele vai atravessar inteiramente para depois ser relegado aos confins, no hospício de Charenton, pela vontade, dizem, do Primeiro Cônsul.

Na verdade Sade aparece-nos como tendo sido extremamente consciente da relação de sua obra com a posição daquele que eu chamava de o homem do prazer. O homem do prazer como tal presta aqui testemunho contra si mesmo, confessando publicamente as extremidades onde isso chega. A alegria com a qual ele recorda as emergências que disso temos na história confessa o suficiente onde chega, desde sempre, o mestre quando ele não se curva diante do ser de Deus.

Não há por que esconder a face realista das atrocidades de Sade. Seu caráter desenvolvido, insistente, desmedido salta aos olhos e contribui, por meio de não sei que desafio à verossimilhança, a fazer entrar a ideia legítima da ironia desse discurso. Mas nem por isso as coisas em questão deixam de ser expostas em Suetônio, em Díon Cássio, em alguns outros. Leiam *As memórias dos grandes dias de Auvergne*, de Esprit Fléchier, para saber o que, no início do século XVII, um grande senhor podia permitir-se com seus camponeses.

Estaríamos errados em pensar que, em nome do recato que as fascinações do imaginário impõem, os homens sem saberem o que fazem, não são capazes, em certas posições, de transpor esses limites.

Quanto a isso, o próprio Freud nos dá a mão, com essa falta absoluta de subterfúgios, essa ausência de toda *knavery* que o caracteriza, quando não hesita em articular, no *Mal-estar na civilização*, que não há medida comum entre a satisfação que um gozo em seu primeiro estado fornece e aquela que ele fornece em suas formas desviadas, e até mesmo sublimadas, nas quais a civilização se envereda.

Num outro lugar ele não dissimula o que pensa do fato de que os gozos que uma moral recebida proíbe são, não obstante, perfeitamente acessíveis e permitidos, pelas próprias condições em que vivem, para alguns que ele aponta com o dedo, aqueles que chama de ricos — e certamente, apesar de seus entraves que conhecemos, eles algumas vezes aproveitam.

Para esclarecer as coisas, aproveito esse trecho para lhes fazer uma observação incidente, à moda das observações de Freud nesse assunto, porém, frequentemente omitida ou negligenciada. A segurança do gozo dos ricos na época em que vivemos encontra-se aumentada pelo que eu chamaria de legislação universal do trabalho. Representem para vocês o que foram, nas épocas passadas, as guerras sociais. Experimentem encontrar o que corresponde, em nossas épocas, ao que equivale seguramente às nossas fronteiras, porém mais no interior de nossas sociedades.

Um ponto agora sobre o valor de testemunho de realidade da obra de Sade. Interrogaremos seu valor de sublimação? Ao considerar a sublimação na forma mais desenvolvida, diria mesmo mais truculenta e mais cínica, com a qual Freud se divertiu propondo-a para nós, ou seja, a transformação da tendência sexual numa obra onde cada um, reconhecendo seus próprios sonhos e suas próprias impulsões, recompensará o artista por dar-lhe essa satisfação proporcionando-lhe uma vida abastada e feliz, e por conseguinte dando-lhe, efetivamente, o acesso à satisfação da tendência interessada no início, se tomarmos a obra de Sade sob esse ângulo, pois bem, é sobretudo um fracasso.

É sobretudo um fracasso se pensamos no tempo de sua vida que o pobre Sade passou seja na prisão, seja em reclusão em casas especializadas. Quanto à sua obra, o sucesso, que já foi, no entanto, grande, quando era vivo, pelo menos com respeito a *A nova Justine*, seguida da *História de Julieta*, sem dúvida restou subterrâneo, segredo das trevas, sucesso reprovado. Não vamos insistir nisso. Aludimos a esse ponto para trazer a luz às faces que merecem ser aclaradas.

Vejamos agora onde se situa a obra de Sade. Obra não ultrapassável, disseram, no sentido de um absoluto do insuportável do que pode ser expresso por palavras no que se refere à transgressão de todos os limites humanos. Pode-se admitir que em nenhuma literatura, de tempo algum, houve uma obra tão escandalosa. Ninguém feriu mais profundamente os sentimentos e os pensamentos dos homens. Hoje, que os relatos de Henry Miller fazem estremecer, quem ousaria rivalizar em libertinagem com Sade? Sim, pode-se pretender que temos aí a obra mais escandalosa que jamais foi escrita. E Maurice Blanchot que lhes cito continua — *Não é um motivo para nos ocuparmos dela*?

É precisamente o que estamos fazendo. Incito-lhes a fazerem o esforço de ler o livro onde estão recolhidos dois artigos do mesmo autor, sobre Lautréamont e sobre Sade. É um dos elementos a acrescentar em nosso dossiê.

Falar assim é seguramente dizer muito. Com efeito, parece que não houve atrocidade concebível que não pudesse ser encontrada nesse catálogo. Existe aí um desafio à sensibilidade cujo efeito é, propriamente falando, estupeficante — isso quer dizer que se perde o pé. Desse ponto de vista, pode-se mesmo dizer que o efeito em questão é obtido sem arte, sem consideração alguma pela economia dos meios, por uma acumulação de detalhes e de peripécias, às quais se acrescenta um recheio de dissertações e justificações, cujas contradições muito nos interessam e que seguiremos em detalhe.

Somente as mentes grosseiras podem considerar que as dissertações estão aí para fazer passar as condescendências eróticas. Mesmo pessoas muito mais finas do que essas mentes grosseiras chegaram a atribuir a essas dissertações, denominadas digressões, a baixa da tensão sugestiva, no plano em que as mentes finas em questão — trata-se de Georges Bataille — consideram a obra como obtendo seu valor por dar-nos acesso a uma assunção do ser enquanto desregramento.

É um erro. O tédio em questão é uma outra coisa. Ele não é senão a resposta do ser precisamente, que seja do leitor ou do autor pouco importa, ao aproximar-se de um centro incandescente, ou de zero absoluto: que é psiquicamente irrespirável. Que o livro caia das mãos prova certamente que é ruim, mas o ruim literário é talvez aqui o garante dessa *ruindade*, *mauvaiseté* — empregando um termo ainda em uso no século XVIII — que é o próprio objeto de nossa pesquisa. Sade se apresenta, desde então, na ordem do que eu chamaria de literatura experimental. A obra de arte é aqui uma experiência que, por seu processo, arranca o sujeito de suas amarras psicossociais — para não ficar vago, eu diria de toda apreciação psicossocial da sublimação de que se trata.

Não há melhor exemplo de tal obra do que aquela da qual espero que pelo menos alguns de vocês tiveram a prática — digo a prática no mesmo sentido que se pode dizer *Você tem ou não a prática do ópio*? — ou seja, os *Cantos de Maldoror* de Lautréamont. E é inteiramente com razão que Maurice Blanchot conjuga as duas perspectivas que nos dá sobre um e outro autor.

Mas em Sade a referência ao social é conservada, e ele tem a pretensão de valorizar socialmente seu extravagante sistema, daí essas confissões espantosas que têm efeito de incoerências e que desembocam numa contradição múltipla, quanto à qual estaríamos errados em colocá-la pura e simplesmente por conta do absurdo. O absurdo é uma categoria um tanto ou quanto cômoda nesses últimos tempos. Os mortos são respeitáveis, mas não podemos deixar de notar a condescendência que o prêmio Nobel concedeu a não sei quais balbucios sobre esse tema. Essa é uma recompensa universal da *knavery*, e cujas palmas são feitas de estigmas de uma certa abjeção em nossa cultura.

Terminando, eu isolaria dois termos, como uma apresentação do que constituirá a sequência de nosso projeto.

Quando se avança na direção desse vazio central, dado que é, até agora, sob essa forma que se apresenta para nós o acesso ao gozo, o corpo do próximo se despedaça. Doutrinando a lei do gozo como podendo fundar não sei que sistema de sociedade idealmente utópico, Sade se expressa desta forma em itálico na edição de *Julieta* refeita recentemente de maneira, diria, extremamente apropriada, por Pauvert e que ainda é um livro que só circula por debaixo do pano — *Emprestai-me a parte de vosso corpo que possa satisfazer-me um instante, e gozai, se isto vos agrada, da parte do meu que pode ser-vos agradável.*

Podemos observar no enunciado dessa lei fundamental, por meio da qual se expressa um momento do sistema de Sade, dado que se pretende socialmente aceitável, a primeira manifestação articulada daquilo no qual nos detivemos, como psicanalistas, sob o nome de objeto parcial.

Mas quando assim articulamos a noção de objeto parcial, significamos por isso que esse objeto nada mais pede senão para entrar no objeto, o objeto valorizado, o objeto de nosso amor e de nossa ternura, o objeto dado que concilia em si todas as virtudes do pretenso estado genital. Convém deter-se um pouco diferentemente no problema, e se dar conta de que esse objeto encontra-se necessariamente em estado de independência no campo que é tido por nós, como que por convenção, como central. O objeto total, o próximo, vem aí delinear-se, separado de nós, erigindo-se, digamos assim evocando a imagem do Carpaccio de San Giorgio degli Schiavone em Veneza, no meio de uma figura de jazigo.

O segundo termo que Sade nos ensina é o que aparece na fantasia como o caráter indestrutível do Outro, uma vez que ele surge na figura de sua vítima.

Que se trate de *Justine* ou de uma certa posteridade, esta seguramente ultrapassável, da obra de Sade, quero dizer sua posteridade erótica, e até mesmo pornográfica, que deu uma de suas flores na recente *História de O* — a vítima sobrevive a todos os maus tratamentos, ela não se degrada nem mesmo em seu caráter de atração voluptuosa, à qual a escrita do autor volta sempre com insistência, como em toda a descrição dessa espécie — ela tem sempre os olhos mais lindos do mundo, o aspecto mais patético e o mais comovente. A insistência do autor em pôr sempre esses sujeitos sob uma rubrica tão estereotipada coloca por si mesmo um problema.

Tudo o que ocorre com o sujeito parece ser incapaz de alterar a imagem em questão, mesmo usando até gastar. Mas Sade, que é de uma outra natureza que os que nos propõem essas brincadeiras, vai mais longe já que vemos nele delinear-se no horizonte a ideia de um suplício eterno. Tornarei a voltar a esse ponto, pois é uma estranha incoerência nesse autor, que anseia que nada dele subsista, que deseja que nada do lugar de sua tumba permaneça acessível aos homens — ela deverá ser recoberta por um mato cerrado. Será dizer que ele põe na fantasia o conteúdo desse mais próximo dele mesmo que chamamos de o próximo, ou ainda de *metipsemus*?

É nesta indicação que hoje terminarei meu discurso. Por que vínculos profundos será que uma certa relação com o Outro, que se chama de sádica, nos mostra seu parentesco verdadeiro com a psicologia do obsessivo? — cujas defesas têm a forma de uma armadura de ferro, de uma armação de ferramenta, de um colete, onde ele se detém e se enclausura, para se impedir de aceder ao que Freud chama a certa altura de um horror por ele mesmo desconhecido.

30 de março de 1960

Parêntese

A pulsão de morte segundo Bernfeld

Vocês não ouvirão hoje a continuação de meu discurso. Não escutarão por razões que me são pessoais.

A interrupção dessas férias para mim foi, com efeito, ocupada pela redação de um trabalho para o próximo número de nossa revista sobre a estrutura, que me reportou a uma etapa anterior de meus desenvolvimentos. Isso quebrou meu elã, com o qual prossegue o que desenrolo, este ano, diante de vocês, referente a essa dimensão mais profunda do movimento do pensamento, do trabalho e da técnica analíticos, que chamo de ética.

Reli o que dei para vocês da última vez e, creiam-me, não está nada mal. É no desígnio de reencontrar esse nível que adiarei a continuação para a próxima vez.

Estamos nessa barreira para além da qual está a Coisa analítica, e onde se produzem as frenagens, onde se organiza a inacessibilidade do objeto enquanto objeto de gozo. É aí que se situa, em suma, o campo de batalha de nossa experiência. Esse ponto crucial é, ao mesmo tempo, o que a análise tem de novo, por mais acessível que seja, no entanto, no campo da ética.

Para compensar, em suma, essa inacessibilidade, é para além dessa barreira que se encontra projetada toda sublimação individual, e também as sublimações dos sistemas do conhecimento, e por que não, do próprio conhecimento analítico.

É provavelmente a isso que serei levado a articular para vocês da próxima vez — em que a derradeira palavra do pensamento de Freud, e especialmente sobre a pulsão de morte, se apresenta no campo do pensamento analítico como uma sublimação.

É nessa perspectiva, que não me pareceu inútil fornecer-lhes, à maneira de um parêntese, o pano de fundo sobre o qual essa noção poderá formular-se, fazendo com que seja resumido para vocês, pelo sr. Kaufmann, segundo o espírito habitual de um seminário, aquilo que os representantes de uma boa geração analítica, nomeadamente Bernfeld e seu colaborador Feitelberg, cogitaram no que se refere ao sentido da pulsão, para tentarem conferir-lhe seu pleno desenvolvimento no contexto científico de então, onde lhes parecia que ele deveria ocupar um lugar.

Nesse sentido, é um momento da história do pensamento analítico que será apresentado para vocês hoje. Vocês sabem que importância dou a esses momentos, uma vez que, em suas próprias aporias, pretendo frequentemente ensinar-lhes a encontrar uma aresta autêntica do terreno no qual nos deslocamos.

Verão que dificuldades encontra a tentativa de Bernfeld para inserir a pulsão de morte numa energética que certamente já é antiquada, mas que é bem aquela do contexto no qual o próprio Freud falava. Quanto a isso, o sr. Kaufmann fez muitas observações pertinentes sobre o fundo comum de noções científicas do qual Freud extraiu alguns de seus termos, que situamos mal ao simplesmente abordá-los inteiramente desnudos, contentando-nos com a sequência dos enunciados de Freud. É certo que uma coerência interna lhes confere sua importância, mas saber de que discursos da época eram extraídos nunca é inútil. [*Segue-se a comunicação do sr. Kaufmann.*]

Agradeço infinitamente ao sr. Kaufmann, com toda a sinceridade que posso dar, de ter-nos feito o favor de desembaraçar para nós o encadeamento de mediações representado por esses três artigos essenciais de Bernfeld.

Se para alguns — desejaria que fosse o menor número possível —, isso pôde parecer um circunlóquio, no plano geral de nossa pesquisa, com certeza não é um aperitivo. Se a pulsão de morte em Freud encontra em Bernfeld essa objeção de supostamente nada nos ensinar no interior do fenômeno, verão que ela nos ensina muito sobre o espaço no qual o pensamento de Freud se desloca. Em suma, ouviram o bastante para ver que essa dimensão é, propriamente falando, a do sujeito. É a condição necessária para que o fenômeno natural da tendência na entropia seja retomado no nível da pessoa e que possa adquirir o valor de uma tendência orientada, significativa do sistema na medida em que este se situa, inteiramente, numa dimensão ética.

Estaríamos errados em nos espantar com isso, já que de outro modo, isso não seria nem o método, nem a via terapêutica, nem mesmo ascética, de nossa experiência.

27 de abril de 1960

XVI

A pulsão de morte

Marx e os progressistas.
O gozo, satisfação de uma pulsão.
O Sistema do papa Pio VI.
Criacionismo e evolucionismo.
A mulher como ex nihilo.

Não gostaria de começar hoje meu seminário sem lhes dizer, brevemente, aquilo que não tive oportunidade de dizer ontem na reunião científica da *Société*.[30]

Assistimos a uma comunicação notável, feita por alguém que não tinha de revolucionar o domínio da histeria, e que não se encontrava na posição de nos fornecer uma experiência imensa, nem mesmo original, já que é alguém cuja carreira psicanalítica está começando, mas cuja exposição, completíssima e talvez, como foi dito, demasiadamente rica, tinha, não obstante, um caráter extremamente articulado.

O que não quer dizer que nada dela deva ser retomado, e se eu tivesse pensado dever forçar as coisas intervindo após uma interrupção talvez um tanto prematura da discussão, eu teria sem dúvida retificado certos pontos que foram adiantados referentes às relações da histérica com o ideal do eu e o eu ideal, e precisamente uma concatenação dessas duas funções.

Isso não é o importante — uma comunicação dessa espécie mostra a que ponto as categorias que me esforço há anos em promover perante vocês se revelam manejáveis, e permitem articular as coisas com precisão. Elas introduzem uma clareza que está nas próprias dimensões de nossa experiência e, qualquer que seja a discussão que se possa levantar sobre certos pontos de detalhe, vocês veem as noções teóricas se animarem como que pelo seu próprio movimento, e encontrarem o nível da experiência.

Fala-se das relações da histérica com o significante. Podemos sentir de perto a cada instante sua presença na experiência clínica, e a exposição de ontem à noite lhes apresentava, por assim dizer, como uma máquina em funcionamento que se animava diante de vocês. Cada um desses pontos se oferece à crítica da experiência, mas o conjunto fez com que vocês sentissem de perto a convergência das noções teóricas que lhes forneço com a estrutura com a qual lidamos, que é definida pelo fato de que o sujeito deve ser situado no significante. Vemos verdadeiramente se produzir diante de nós o *isso fala*.

O *isso fala*, emergido da teoria, confluía com a mais cotidiana experiência clínica.

Vimos se animar a histérica em sua dimensão própria, e não por referência a forças obscuras desigualmente repartidas num espaço, além disso não homogêneo, o que constitui habitualmente o discurso pretensamente analítico. Ele não é pretensamente analítico senão uma vez que ele se aliena em todo tipo de referências a ciências, mais do que estimáveis cada uma em seu âmbito, porém que são frequentemente invocadas pelo teórico apenas para mascararem sua inabilidade em se deslocar em seu próprio âmbito.

Isto não é simplesmente uma homenagem ao trabalho que lhes foi apresentado, nem tampouco um simples preâmbulo ao que prossigo perante vocês, porém a revocação de que me esforço, este ano, em avivar para vocês, com meus meios, que são simplesmente os de minha experiência, a dimensão ética da análise.

1

Pretendo, este ano, não fazer nada mais do que fiz nos anos precedentes numa elaboração progressiva, a partir da referência primeira à fala e à linguagem, como na tentativa, no ano passado, de precisar a função do desejo na economia de nossa experiência, uma vez que esta é guiada pelo pensamento freudiano.

Nesse comentário do pensamento freudiano não procedo na qualidade de professor. A ação geral dos professores, no que diz respeito ao pensamento daqueles que sucede terem ensinado algo ao longo da história, consiste em geral em formulá-lo de tal maneira que ele só aparece pelos seus aspectos mais limitativos e parciais. Daí a impressão de arejamento que se tem sempre que se vai aos textos originais — falo dos textos que valem a pena.

Não se supera Descartes, Kant, Marx, Hegel e alguns outros, uma vez que eles marcaram a direção de uma pesquisa, uma verdadeira orientação. Não se supera Freud tampouco. Não se faz tampouco — com que interesse? — a cubagem, o balanço. Utiliza-se. Movemo-nos em seu interior. Guiamo-nos com o que ele nos deu como direções. O que aqui lhes apresento é uma tentativa de articulação da essência de uma experiência na medida em que foi guiada por Freud. Não é absolutamente uma tentativa de cubar ou de resumir Freud.

Que a dimensão ética seja nossa própria experiência, não veem vocês o testemunho disso nesses desvios implícitos de ética dos quais testemunham as noções pretensamente objetivantes que pouco a pouco vão sendo depositadas através das diferentes épocas do pensamento analítico? Uma noção ética implícita não será depositada nessa noção de oblatividade que frequentemente vocês me veem criticar diante de vocês? As metas não formuladas, mal confessadas, mas muito frequentemente explícitas, que se articulam à noção de refazer o eu do sujeito, de efetuar na análise reformação do sujeito — para não dizer reformação, reforma em todas as implicações da análise — não comportam elas uma dimensão ética? Quero simplesmente mostrar-lhes que esta última é inadequada, que ela não corresponde à nossa experiência, nas dimensões reais em que o problema ético se propõe. Freud no-lo indica pela natureza do próprio sentido que ele nos abriu.

Levando-os, portanto, este ano, para o terreno da ética da psicanálise, conduzi-os a um certo limite que ilustrei por meio de uma confrontação, de uma acentuação da relevância de um pelo outro, por mais paradoxal que isso pareça, de Kant com Sade, para nomeá-los. Levei-os ao ponto de apocalipse, ou de revelação, de algo que se chama transgressão.

Esse ponto de transgressão tem uma relação sensível com o que está em questão em nossa interrogação ética, ou seja, o sentido do desejo, que minha elaboração dos anos anteriores levou-os a distinguirem estritamente da necessidade na experiência freudiana, que é também a nossa, cotidiana. Não é possível reduzir a função do desejo fazendo-a surgir, emanar, da dimensão da necessidade. Isso lhes dá o contexto no qual nossa pesquisa se move.

Volto a algo que é quase contingente em relação ao que sustentei para vocês. No meandro de uma de minhas exposições, fiz uma excursão paradoxal, e até mesmo fantasista, sobre duas formas que opus uma à outra, as do intelectual de esquerda e do intelectual de direita.

Falando desses dois termos, e de um certo registro, colocando-os um contra o outro, pude parecer dar provas dessa imprudência que encoraja o indiferentismo em matéria de política. Em suma, puderam criticar-me após ter ressaltado, em termos que no entanto escolhi com atenção — bem que tive o cuidado, no entanto, de dizer que a ética de Freud no *Mal-estar na civilização* era humanitária, o que precisamente não é dizer que ele fosse um reacionário —, o fato de ter ressaltado que Freud não era um progressista.

Essa observação, embora não me fosse contestada sua pertinência propriamente dita, pareceu a alguns perigoso acentuá-la. Estou surpreso de que tal coisa tenha podido ser-me dita, e precisamente na perspectiva, orientada politicamente, de onde me foi trazida. Àqueles que podem, igualmente, ter sido surpreendidos, gostaria de incitá-los — coisa que nunca é inútil para controlar os movimentos de sensibilidade — a se informarem de uma maneira um pouco mais precisa pela leitura de certos textos curtos.

Eu trouxe um deles. Trouxe o primeiro volume das *Obras filosóficas* de Karl Marx, traduzidas por Molitor, e publicadas por Alfred Coste. Aconselho a estes lerem, por exemplo, a *Contribuição à crítica da filosofia do direito de Hegel*, ou simplesmente essa pequena obra curiosa que se chama *A questão judaica*. Talvez eles adquiram aí uma noção mais pertinente do que Marx pensaria em nossa época sobre o que se chama de progressismo, quero dizer um certo estilo de ideologia generosa extremamente difundida, vamos dizê-lo, em nossa ideologia burguesa. A maneira pela qual Marx teria a apreciação disso parecerá para todos aqueles que se quererão referir a essa fonte ser uma medida boa e sadia de uma certa honestidade intelectual.

De maneira que dizendo que Freud não era progressista, eu não queria absolutamente dizer, por exemplo, que ele não estivesse interessado na experiência marxista. Mas, enfim, Freud não era progressista. Não era de modo algum uma imputação política que lhe dizia respeito — só que ele não participava de certos preconceitos burgueses.

Dito isto, há um outro fato — é que Freud não era marxista. Isso eu não ressaltei, pois, na verdade, não vejo qual é o interesse nem qual a importância disso. Deixo para mostrar mais tarde qual pode ser o interesse da dimensão aberta por Freud para um marxista. Será muito mais difícil introduzir este ponto, já que, até a presente data, não parece que, do lado dos marxistas — se é que ainda existem marxistas —, eles se tenham dado muito conta do sentido no qual se articula a experiência indicada por Freud.

Marx entra em continuidade com um pensamento que vai desembocar nessa obra que foi objeto de suas observações mais pertinentes, ou seja, a *Filosofia do direito* de Hegel, onde se articula algo de que ainda não saímos, pelo que eu saiba, ou seja, os fundamentos do Estado, do Estado burguês, que dá a regra de uma organização fundada na necessidade e na razão. Marx faz-nos perceber o caráter partidário, parcial, insuficiente, da solução dada nesse contexto, e mostra que a harmonia da necessidade e da razão nesse nível é apenas uma solução abstrata e dissociada.

Necessidade (*besoin*) e razão só são harmonizadas em direito, mas cada um está exposto ao egoísmo de suas necessidades particulares, à anarquia, ao materialismo. Marx aspira a um Estado onde não será apenas politicamente, como ele se expressa, mas realmente, que a emancipação humana se produzirá, e onde o homem se encontrará, com respeito à sua própria organização, numa relação não alienada.

Ora, apesar dos expedientes que a história forneceu na direção indicada por Marx, não alcançamos, pelo que parece, a realização do homem integral. Nesse caminho, Freud — é nesse sentido que ele não ultrapassa Marx — nos mostra que, por mais longe que tenha sido levada a articulação na tradição da filosofia clássica, os dois termos, razão e necessidade, são insuficientes para permitirem a apreciação do campo em questão na realização humana. Ocorre que é na própria estrutura que encontramos uma certa dificuldade, que não é nada menos do que a função do desejo, tal como a articulo para vocês.

Coisa paradoxal, curiosa — mas é impossível registrar a experiência analítica de outra maneira —, a razão, o discurso, a articulação significante como tal, está aí de entrada, *ab ovo*, ela está aí em estado inconsciente, antes do nascimento de toda coisa referente à experiência humana, ela está aí dissimulada, desconhecida, não dominada, sem que aquele mesmo que é seu suporte saiba dela. E é com relação a uma situação estruturada dessa maneira que o homem tem, num segundo tempo, de situar suas necessidades. O fato de o homem ser apreendido no campo do inconsciente tem um caráter primitivo, fundamental. Ora, esse campo, dado que já está logicamente organizado, comporta uma *Spaltung* que se mantém em toda a sequência do desenvolvimento, e é em relação a essa *Spaltung* que deve ser articulado, em sua função, o desejo como tal. Esse desejo apresenta assim certas arestas, um certo ponto de obstáculo, e é precisamente nisso que ocorre que a experiência freudiana complica a direção dada ao homem de sua própria integração.

Problema do gozo, visto que ele se encontra como que soterrado num campo central, com aspectos de inacessibilidade, de obscuridade e de opacidade, num campo cingido por uma barreira que torna seu acesso mais do que difícil ao sujeito, inacessível, talvez, uma vez que o gozo se apresenta não pura e simplesmente como a satisfação de uma necessidade (*besoin*), mas como a satisfação de uma pulsão, no sentido em que esse termo necessita da elaboração complexa que tento aqui articular para vocês.

A pulsão, propriamente dita, é algo muito complexo, como vocês puderam ouvir da última vez, para aquele que a aborda de maneira aplicada tentando compreender o que Freud articula sobre ela. Não é redutível à complexidade da tendência entendida em seu sentido mais amplo, no sentido do energético. Ela comporta uma dimensão histórica, quanto à qual teremos de nos dar conta de seu verdadeiro alcance.

Essa dimensão se marca pela insistência com que ela se apresenta, uma vez que ela se refere a algo memorável porque memorizado. A rememoração, a historização, é coextensiva ao funcionamento da pulsão no que se chama de psiquismo humano. É igualmente lá que se grava, que entra no registro da experiência, a destruição.

É o que vou tentar ilustrar para vocês levando-os pelo campo do que eu chamaria não de o mito, pois o termo não seria apropriado, mas de a fábula de Sade.

2

Sade expõe em *Julieta*, precisamente no tomo IV, página 78, da edição mais acessível para vocês, a de Jean-Jacques Pauvert, o Sistema do papa Pio VI, já que é a esse papa que as teorias em questão são imputadas.

Sade nos mostrou a teoria segundo a qual, pelo crime, ocorre de o homem colaborar com novas criações da natureza. A ideia é de que o puro elã da natureza é obstruído por suas próprias formas, de que os três reinos, através do que manifestam como formas fixas, acorrentam a natureza num ciclo limitado, aliás manifestamente imperfeito, como o mostra o caos, e até mesmo a turba de conflitos, a desordem fundamental de suas relações recíprocas. Assim o mais profundo cuidado que se pode imputar a esse sujeito psíquico, no sentido do termo que designa o que está mais profundamente escondido, que seria a Natureza, seria de abrir-lhe um espaço, para permitir-lhe recomeçar sua tentativa, tornar a partir com novo elã.

Esse discurso é totalmente literário, na medida em que nada tem de cientificamente fundamentado, mas que tem um caráter poético. Nessa farragem luxurienta, constata-se a erupção, de vez em quando, daquilo que certas pessoas podem considerar como digressões fastidiosas, mas cuja leitura, como verão, é, no entanto, em todo caso, bastante suportável. Efetivamente, apesar da ruptura que acarreta a leitura na atenção prestada, vou assim mesmo comunicar-lhes um trecho do tal sistema.

> Nenhuma destruição, nenhuma nutrição para a terra, e por conseguinte nenhuma possibilidade mais de o homem poder reproduzir-se. Verdade fatal, certamente, pois ela prova de uma maneira invencível que os vícios e as virtudes do nosso sistema social nada são, e que os próprios vícios são mais necessários que as virtudes, pois são criadores e as virtudes são apenas criadas, ou, se preferirem, que eles são causas e as virtudes apenas efeitos... que uma harmonia perfeita demais teria ainda mais inconveniente do que a desordem; e que se a guerra, a discórdia e os crimes chegassem a ser banidos da face da Terra, o império dos três reinos, tornado então demasiadamente violento, destruiria por sua vez todas as outras leis da natureza. Todos os corpos celestes parariam, as influências seriam suspensas pelo império demasiadamente extenso de uma delas; não haveria mais nem gravitação nem movimento. São, portanto, os crimes do homem que, trazendo o distúrbio à influência dos três reinos, impedem essa influência de chegar a um ponto de superioridade que perturbaria as outras, mantendo no universo esse perfeito equilíbrio que Horácio chamava de *rerum concordia discors.* O crime é, portanto, necessário no mundo. Porém, os mais úteis, certamente, são os que perturbam mais, tais como a *recusa da propagação ou a destruição*; todos os outros são nulos, ou melhor, só esses dois podem merecer o nome de crimes: e eis, portanto, esses crimes essenciais às leis dos reinos, e essenciais às

> leis da natureza. Um filósofo antigo chamava a guerra de *a mãe de todas as coisas*. A existência de assassinos é tão necessária quanto esse flagelo; sem eles tudo estaria perturbado no universo, (...) essa dissolução é útil à natureza, pois é dessas partes destruídas que ela recompõe. Logo, toda mudança operada pelo homem, nessa matéria organizada, é bem mais útil à natureza do que a contraria. Que digo, infelizmente! para servi-la seria preciso destruições bem mais totais... bem mais completas do que as que podemos operar; é a atrocidade, é a extensão que ela quer nos crimes; quanto mais nossas destruições forem dessa espécie, mais lhe serão agradáveis. Seria preciso, para ainda melhor servi-la, poder opor-se à regeneração resultante do cadáver que enterramos. O assassinato só tira a primeira vida ao indivíduo que abatemos; seria preciso poder arrancar-lhe a segunda, para ser ainda mais útil à natureza; pois ela quer o aniquilamento: está fora de nosso alcance dar a nossos assassinatos a extensão que ela deseja.

Penso que vocês apreenderam o alcance do ponto essencial dessa última enunciação. Ele nos leva no âmago do que, da última vez, lhes foi articulado como o ponto de cisão entre, por um lado, o princípio de Nirvana, ou de aniquilamento — na medida em que ele se refere a uma lei fundamental que poderia ser identificada com o que a energética nos fornece como a tendência ao retorno a um estado se não de repouso absoluto pelo menos de equilíbrio universal — e, por outro lado, a pulsão de morte.

A pulsão de morte deve ser situada no âmbito histórico, uma vez que ela se articula num nível que só é definível em função da cadeia significante, isto é, visto que uma referência, que é uma referência de ordem, pode ser situada em relação ao funcionamento da natureza. É preciso algo para além dela, de onde ela mesma possa ser apreendida numa rememoração fundamental, de tal maneira que tudo possa ser retomado, não simplesmente no movimento das metamorfoses, mas a partir de uma intenção inicial.

Estou esquematizando aqui o que vocês ouviram da última vez no resumo, muito completo e muito feliz, do trabalho de Bernfeld e Feitelberg, pelo sr. Kaufmann, que nos mostrava os três andares onde a questão da pulsão de morte é articulada. No nível dos sistemas materiais considerados como inanimados, portanto inclusive e até mesmo que intervém sob a forma de organização material no interior dos organismos vivos, a entrada em função de uma tendência irreversível, e que se exerce no sentido do advento de um equilíbrio terminal, é, propriamente falando, o que é articulado na energética como entropia. Eis um primeiro sentido que pode ser dado à pulsão de morte em Freud. Será que é disso que se trata?

O texto de Bernfeld e Feitelberg, da maneira mais pertinente, acrescenta algo ao texto de Freud sobre o que a estrutura viva introduz como diferença. Nos sistemas físicos inanimados as dimensões de intensidade e de extensidade, que entram em jogo na fórmula, são homogêneas. O que distingue, como tal, a organização viva segundo Bernfeld é o elemento de estrutura, no sentido goldsteiniano da estrutura do organismo, que faz com que os dois polos da equação tornem-se heterogêneos. Isso é suposto no nível elementar entre o núcleo e o citoplasma como no nível dos organismos superiores entre o aparelho neurológico e o resto da estrutura. Essa heterogeneidade introduz, a partir de então, o conflito no nível da estrutura viva.

É aqui que Bernfeld diz — *Paro aqui.* Segundo ele o que está em questão na pulsão articulada por Freud é a tendência geral de todos os sistemas ao retorno do equilíbrio, na medida em que podem ser apreendidos na equação energética. Isso pode-se chamar tendência, mas não é o que nós analistas — trata-se de um dos freudianos mais ortodoxos que se expressa dessa forma — podemos designar em nosso registro como sendo a pulsão.

A pulsão, como tal, e uma vez que é então pulsão de destruição, deve estar para além da tendência ao retorno ao inanimado. O que ela poderia ser? — senão uma vontade de destruição direta, se assim posso expressar-me para ilustrar o que está em questão.

Não deem absolutamente relevância ao termo de vontade. Qualquer que seja o interesse que a leitura de Schopenhauer, por sua ressonância, pôde ter despertado em Freud, não se trata de nada que seja da ordem de uma *Wille* fundamental, e é somente para fazer vocês sentirem a diferença desse registro com a tendência ao equilíbrio que estou chamando-o assim por enquanto. Vontade de destruição. Vontade de recomeçar com novos custos. Vontade de Outra-coisa, na medida em que tudo pode ser posto em causa a partir da função do significante.

Se tudo o que é imanente ou implícito na cadeia dos acontecimentos naturais pode ser considerado como submetido a uma pulsão dita de morte, é somente na medida em que há a cadeia significante. Efetivamente, é exigível que, nesse ponto do pensamento de Freud, o que está em questão seja articulado como pulsão de destruição, uma vez que ela põe em causa tudo o que existe. Mas ela é igualmente vontade de criação a partir de nada, vontade de recomeçar.

Essa dimensão é introduzida desde que a cadeia histórica é isolável, e que a história se apresenta como algo memorável e memorizado no sentido freudiano, algo que é registrado na cadeia significante e suspenso à sua existência.

É o que estou ilustrando para vocês ao citar-lhes esse trecho de Sade. Não que o que Freud nos fornece com a pulsão de morte não seja uma noção injustificável cientificamente, mas é da mesma ordem que o sistema do papa Pio VI. Como em Sade, a noção da pulsão de morte é uma sublimação criacionista, ligada a esse elemento estrutural que faz com que, desde que lidamos com o que quer que seja no mundo que se apresenta sob a forma da cadeia significante, haja a uma certa altura, mas certamente fora do mundo da natureza, o para além dessa cadeia, o *ex nihilo* sobre o qual ela se funda e se articula como tal.

Não lhes estou dizendo que a noção da pulsão de morte não seja algo muito suspeito — tão suspeito, e quase diria, tão derrisório quanto a ideia de Sade. O que é tão pobre e miserável, afinal, quanto a ideia de que os crimes humanos possam de qualquer maneira, bem ou mal, colaborar para a manutenção da *rerum concordia discors*?

Isso é até mesmo duplamente suspeito, já que, no fim das contas, resulta — e é assim que lemos o *Além do princípio do prazer* — em substituir a Natureza por um sujeito. Qualquer que seja a maneira com que construímos esse sujeito, ocorre haver como suporte um sujeito que sabe, Freud no caso, já que é ele quem descobre o para além do princípio do prazer — ao passo que Freud, precisamente, coerente consigo mesmo, indica aí, no horizonte de sua experiência, um campo onde o sujeito, se ele subsiste, é incontestavelmente um sujeito que não sabe, num ponto de ignorância limite, se não absoluta. É esse o nervo da investigação freudiana.

Tampouco estou dizendo que, nesse ponto de especulação, as coisas ainda tenham mesmo um sentido. Quero simplesmente dizer que a articulação da pulsão de morte em Freud não é nem verdadeira nem falsa. Ela é suspeita, não estou dizendo nada além disso, mas basta que tenha sido necessária para Freud, que ela o traga de volta a um ponto de abismo, profundamente problemático, para que ela seja reveladora de uma estrutura do campo. Ela indica esse ponto que lhes designo alternativamente como sendo o do intransponível ou o da Coisa. Freud desenvolve aí sua sublimação referente ao instinto de morte, dado que essa sublimação é fundamentalmente criacionista.

É igualmente aqui que reside o ponto ardente da advertência cujos tom e denotação já lhes dei mais de uma vez — desconfiem do registro do pensamento que se chama evolucionismo. Desconfiem dele por duas razões — o que lhes vou dizer aqui parecerá talvez dogmático, mas isso é mais aparente do que real.

A primeira é que, quaisquer que sejam a contemporaneidade e as afinidades históricas do movimento evolucionista e do pensamento de Freud, há uma contradição fundamental entre as hipóteses de um e o pensamento do outro. Estou-lhes mostrando a necessidade de um ponto de criação *ex nihilo* do qual nasce o que é histórico na pulsão. No começo era o Verbo, o que quer dizer, o significante. Sem o significante no começo é impossível articular a pulsão como histórica. E isso basta para introduzir a dimensão do *ex nihilo* na estrutura do campo analítico.

A segunda razão poderá parecer-lhes paradoxal, nem por isso é menos essencial — a perspectiva criacionista é a única que permite entrever a possibilidade da eliminação radical de Deus.

É, paradoxalmente, apenas na perspectiva criacionista que se pode considerar a eliminação da noção, sempre renascente da intenção criadora como suportada por uma pessoa. No pensamento evolucionista, Deus, por não poder ser nomeado em nenhum lugar, é literalmente onipresente. Uma evolução que se obrigue a deduzir de um processo contínuo o movimento ascendente que vai dar no ápice da consciência e do pensamento implica forçosamente que essa consciência e esse pensamento estejam na origem. É unicamente na perspectiva de um começo absoluto, que marca a originação da cadeia significante como uma ordem distinta, e que isola em sua dimensão própria o memorável e o memorizado, que nos ocorre de implicar perpetuamente o ser no ente (*l'être dans l'étant*), implicação que se encontra no fundo do pensamento evolucionista.

Não é difícil fazer com que aquilo que se chama de pensamento saia de uma evolução da matéria quando esta é identificada com a consciência. O que é difícil fazer com que saia de uma evolução da matéria é, muito simplesmente, o *homo faber*, a produção e o produtor.

A produção é um domínio original, um domínio de criação *ex nihilo*, uma vez que ele introduz a organização do significante no mundo natural. É por ser assim que não podemos encontrar o pensamento — não num sentido idealista, mas o pensamento em sua presentificação no mundo — senão nos intervalos do significante.

3

Esse campo que chamo de campo da Coisa, onde se projeta algo para além, na origem da cadeia significante, lugar onde tudo o que é lugar do ser é posto em causa, lugar eleito onde se produz a sublimação, da qual Freud nos apresenta o exemplo mais maciço — de onde é que saem sua perspectiva e sua noção?

É igualmente o lugar da obra que o homem, singularmente, põe-se a cortejar, e é por isso que o primeiro exemplo que lhes dei foi extraído do amor cortês. Convenham que situar nesse ponto de para além uma criatura como a mulher é uma ideia verdadeiramente incrível.

Não estou fazendo absolutamente um julgamento depreciativo sobre esses seres, podem ficar tranquilos. No contexto cultural que é o nosso, ao serem colocadas no para além do princípio do prazer elas não correm risco algum. Que elas retornem, portanto, a seus problemas, que bem são de uma ordem homogênea aos nossos, isto é, igualmente penosos. Não é essa a questão.

Se essa ideia incrível pôde ter vindo, a de colocar a mulher no lugar do ser, isso não lhe concerne enquanto mulher, mas enquanto objeto do desejo. E é o que constitui todos os paradoxos desse famoso amor cortês, com o qual as pessoas quebram a cabeça, trazendo para aí todas as exigências de um amor que, evidentemente, não tem nada a ver com essa sublimação historicamente datada.

Os historiadores, ou os poetas, que abordaram o problema, não podem conceber de que maneira a febre, ou mesmo o frenesi, tão manifestamente coextensivo a um desejo vivido que nada tem de platônico, indubitavelmente atestado nas produções da poesia cortês, se conjuga com o fato, totalmente manifesto, de que o ser ao qual o desejo se dirige nada mais é do que um ser de significante. O caráter desumano do objeto do amor cortês efetivamente salta aos olhos. Esse amor que pôde conduzir algumas pessoas a atos que estão pertíssimo da loucura se dirigia a seres vivos, nomeados, mas que lá não estavam em sua realidade carnal e histérica — talvez já seja algo a distinguir — que lá estavam, em todos os casos, em seu ser de razão, de significante.

É aliás o que dá seu sentido a essa extraordinária sequência de décimas do poeta Arnaud Daniel cuja leitura lhes fiz. Aqui a mulher tem a última palavra,[45] pois ela, por uma vez, responde de seu lugar, e ao invés de seguir o jogo, adverte o poeta, nesse extremo grau de sua invocação ao significante, sobre a forma que ela pode tomar enquanto significante. Não sou nada mais, diz ela, do que o vazio que há em minha cloaca, para não empregar outros termos. Assoprem um pouco aí dentro para ver — para ver se a sublimação de vocês ainda resiste.

Não quer dizer que não haja outra solução para a perspectiva desse campo da Coisa. Uma outra solução — historicamente datada ela também e, coisa curiosa, de uma época que não é tão distinta daquela à qual acabo de aludir — é talvez um pouco mais séria.

Ela se chama em Sade o Ser-supremo-em-maldade.

Digo Sade porque prefiro as referências próximas e vivas do que as referências afastadas, mas não é unicamente uma invenção de Sade. Ela pertence a uma longa tradição histórica, e para não remontar mais longe, ao maniqueísmo, referência já dada na época do amor cortês.

Já havia, no tempo do amor cortês, pessoas às quais aludi fugitivamente, que se chamavam os cátaros, e para quem não havia dúvida de que o Príncipe desse mundo fosse algo bastante comparável com esse Ser-supremo-em-maldade. A *Grimmigkeit* do Deus boêmio, a maldade fundamental como uma das dimensões da vida suprema, prova-lhes que não é apenas por um pensamento libertino e antirreligioso que essa dimensão pode ser evocada.

Os cátaros não eram gnósticos, e eram até mesmo bons cristãos, tudo o indica. A prática de seu único sacramento, o *consolamentum*, no-lo prova suficientemente. A ideia que tinham da salvação, que não é diferente da mensagem fundamental do cristianismo, era de que há uma palavra que salva, e o *consolamentum* nada mais era do que a transmissão, de sujeito a sujeito, da bênção dessa palavra. Eram pessoas cuja esperança inteira estava no advento de uma palavra — pessoas que, em suma, levavam totalmente a sério a mensagem do cristianismo.

A dificuldade é que para que uma tal palavra seja, não eficaz, porém viável, é preciso arrancá-la do discurso. Ora, nada mais difícil do que arrancar a palavra do discurso. Vocês colocam sua fé numa palavra salvadora, mas a partir do momento em que vocês começaram nesse nível, todo o discurso vem no encalço de vocês. O que os cátaros não deixaram de notar, sob a forma da autoridade eclesiástica que, manifestando-se momentaneamente como palavra malvada, ensinou-lhes que era necessário ser explicado mesmo quando se é um puro. Ora, quando se começou a ser questionado pelo discurso, mesmo que fosse o da Igreja, todos sabem que, nesse assunto, a questão tem apenas um único fim, o de fazer com que vocês se calem definitivamente.

Ei-nos, portanto, levados a esse limite, a esse campo de acesso ao que está em questão em relação ao desejo. Como chegar mais perto? Como interrogar esse campo? O que acontece quando não se projeta aí de maneira sublimada esses sonhos, essa temática, aos quais foram levadas as mentes mais assentadas, as mais comuns assim como as mais científicas, e até mesmo um certo pequeno-burguês de Viena? O que ocorre cada vez que para nós soa a hora do desejo?

Pois bem, não se chega perto, e pelas melhores razões.

Esse será o tema de meu discurso da próxima vez — não se chega perto pelas próprias razões que estruturam o domínio do bem, no sentido mais tradicional, vinculado, por toda uma tradição, ao prazer. Não foi o advento de Freud que introduziu uma revolução radical no que se refere ao bem, uma vez que ele pode ser deduzido das avenidas do prazer. Tentarei mostrar-lhes da próxima vez a que ponto as coisas chegaram no momento de Freud — essa encruzilhada histórica, onde nada mais faço senão levá-los, é a da utilidade.

Espero desta vez pesar para vocês, de uma maneira definitiva, o registro ético do utilitarismo na perspectiva freudiana. Freud se permite, uma vez, ultrapassá-lo definitivamente articulando aquilo no qual ele é fundamentalmente válido, e o que, ao mesmo tempo, o cinge, e permite tocar seus limites.

Tentarei desenvolver diante de vocês a perspectiva não simplesmente do progresso do pensamento, mas da evolução da história a fim de desmistificar a perspectiva platoniana e aristotélica do bem, e mesmo do Bem Supremo, e levá-lo para o nível da economia dos bens. É essencial reapreendê-lo na perspectiva freudiana do princípio do prazer e do princípio de realidade para conceber, a partir de lá, a novidade do que Freud introduz no domínio ético.

Mais distante do que esse lugar de retenção, constituído pela cadeia e pelo circuito dos bens, um campo, entretanto, nos é aberto que nos permite aproximar do campo central. O bem não é a única, a verdadeira, a exclusiva barreira que dele nos separa.

Qual é a segunda barreira? Já lhes anuncio, e isso parecer-lhes-á completamente natural uma vez que lhes terei dito, mas, afinal, não é tão evidente assim. Trata-se de um domínio quanto ao qual Freud foi extremamente reservado, e é verdadeiramente curioso que ele não o tenha identificado. A verdadeira barreira que detém o sujeito diante do campo inominável do desejo radical uma vez que é o campo da destruição absoluta, da destruição para além da putrefação, é o fenômeno estético propriamente dito uma vez que é identificável com a experiência do belo — o belo em seu brilho resplandecente, esse belo do qual disseram que é o esplendor da verdade. É evidentemente por o verdadeiro não ser muito bonito de se ver, que o belo é, se não seu esplendor, pelo menos sua cobertura.

Em outros termos mostrar-lhes-ei, no próximo tempo de nossa caminhada, que na escala do que nos separa do campo central do desejo, se o bem constitui a primeira rede que detém, o belo forma a segunda, e chega mais perto. Ele nos detém, mas também nos indica em que sentido se encontra o campo da destruição.

Que nesse sentido, visando ao centro de nossa experiência moral, o belo esteja mais perto do mal do que do bem, espero que isso não os espante muito. Faz muito tempo que disseram — o melhor é o inimigo do bem.

4 de maio de 1960

XVII

A função do bem

Santo Agostinho e Sade.
Memória, trilhamento, rito.
O sujeito, elisão de um significante.
Apólogo do têxtil.
Utilidade e gozo.

Chegamos, portanto, no ponto da barreira do desejo e, como anunciei da última vez, vou falar-lhes do bem. O bem sempre teve de se situar em alguma parte dessa barreira. Tratar-se-á, hoje, da maneira pela qual a análise lhes permite articular essa posição.

Falar-lhes-ei, portanto, do bem e talvez fale mal, no sentido em que não disponho de todo o bem possível para lhes dizer o bem. Não lhes falarei talvez tão bem assim, por eu mesmo não estar suficientemente bem para fazê-lo à altura que o tema comporta. Mas a ideia da natureza depois do que eu lhes disse, faz com que eu não me detenha nessa contingência acidental. Rogo-lhes que desculpem isso se vocês, no final, não ficarem completamente satisfeitos.

1

A questão do bem é tão próxima quanto possível de nossa ação. Tudo o que se opera de trocas entre os homens, e ainda mais uma intervenção, como a nossa, tem por costume colocar-se sob a chefia e a autorização do bem — perspectiva sublime, ou até mesmo sublimada. Ora, a sublimação, poderíamos defini-la, sob um certo ângulo, como uma opinião no sentido platônico do termo, uma opinião formada de maneira a atingir o que poderia ser objeto de ciência, mas que a ciência não pode atingir lá onde ele está. Uma sublimação, qualquer que seja, e até mesmo esse universal, o bem, pode ser considerada momentaneamente nesse parêntese como sendo uma ciência falsificada.

Na experiência de vocês tudo lhes sugere que a noção e a finalidade do bem lhes sejam problemáticas. Que bem exatamente perseguem vocês no que se refere à paixão? Essa pergunta está sempre na ordem do dia de nosso comportamento. A cada instante temos de saber qual deve ser nossa relação efetiva com o desejo de fazer bem, o desejo de curar. Temos de contar com ele como algo suscetível de desencaminhar-nos, e, em muitos casos, instantaneamente. Diria mais — poder-se-ia de maneira paradoxal, ou até mesmo decisiva, designar nosso desejo como um não-desejo de curar. Essa expressão não tem outro sentido senão o de nos alertar contra as vias vulgares do bem, tal como elas se oferecem a nós tão facilmente em seu pendor, contra a falcatrua benéfica do querer-o-bem-do-sujeito.

Mas daí, de que então desejam vocês curar o sujeito? Não há dúvida de que isto é absolutamente inerente à nossa experiência, à nossa via, à nossa inspiração — curá-lo das ilusões que o retêm na via de seu desejo. Mas até onde podemos ir nesse sentido? E, afinal, essas ilusões, quando não comportarem nada de respeitável em si mesmas, ainda é preciso que o sujeito queira abandoná-las. O limite da resistência será aqui simplesmente individual?

Aqui se recoloca a questão da posição dos bens em relação ao desejo. Todas as espécies de bens tentadores se oferecem ao sujeito, e vocês sabem que imprudência haveria se deixássemos colocarmo-nos na postura de ser para ele a promessa de todos os bens como acessíveis, a *via americana.* Trata-se, no entanto, da perspectiva de um acesso aos bens da terra que comanda uma certa maneira de abordar a psicanálise — aquela que chamei de via americana —, e também uma maneira de se chegar ao psicanalista e de apresentar sua demanda.

Antes de entrar no problema dos bens, quis fazer com que as ilusões na via do desejo se delineassem para vocês. A ruptura dessas ilusões é uma questão de ciência — de ciência do bem e do mal, é o caso de dizer — que se situa nesse campo central cujo caráter irredutível, ineliminável em nossa experiência tento mostrar-lhes, ele está vinculado a essa interdição, essa reserva que exploramos especialmente no ano passado quando lhes falei do desejo e de sua interpretação. Mostrei-lhes seu traço essencial nesse *ele não sabia*, no imperfeito, que conserva o campo radical da enunciação, isto é, da mais profunda relação do sujeito com a articulação significante. Quer dizer que ele não é seu agente, porém o suporte, uma vez que ele não saberia suputar suas consequências. É em relação com a articulação significante que ele, como sujeito, surge como sua consequência.

Da mesma maneira, para nos referir a essa experiência fantasiosa que escolhi produzir para vocês para exemplificar o campo central de que se trata no desejo — não esqueçam esses momentos de criação fantasiosa no texto de Sade, onde ele é propriamente articulado nos termos de uma jubilação diabólica que tornam a leitura intolerável, que a maior crueldade é que sua sorte seja brandida diante do sujeito, ele o sabendo. É diante do infeliz que se prossegue o complô que lhe concerne. O valor dessa fantasia é aqui de suspender o sujeito à interrogação mais radical, a um *ele não sabia* derradeiro, uma vez que, expressando-se dessa maneira no imperfeito, a questão colocada já o ultrapassa. Rogo-lhes que se lembrem aqui da ambiguidade que a experiência linguística revela quanto a esse imperfeito em francês. Quando se diz *un instant plus tard, la bombe éclatait, um instante mais tarde e a bomba explodia*, isso pode querer dizer duas coisas — ou bem efetivamente que ela explodiu, ou bem que algo interveio fazendo com que ela não explodisse.

Ei-nos portanto no tema do bem. Esse tema não é de ontem e cumpre dizer que as mentes da época, cujas preocupações — sabe Deus por quê — nos parecem um tanto ultrapassadas, têm, no entanto, de vez em quando, certas articulações bem interessantes sobre isso. Não me repugna evidenciá-las, por mais estranhas que sejam, pois, uma vez trazidas aqui em seu contexto, sua abstração totalmente aparente não nos consegue deter. E quando santo Agostinho, no livro VII de suas *Confissões*, capítulo XII, escreve as seguintes coisas, não acho que isso deva apenas recolher de vocês a indulgência de um sorriso.

Que tudo o que é, é bom, sendo obra de Deus.

Compreendi também que todas as coisas que se corrompem são boas e que assim elas não se poderiam corromper se fossem soberanamente boas; tampouco seria possível que elas se corrompessem se não fossem boas. Pois, se elas tivessem uma bondade soberana, seriam incorruptíveis, e, se elas

> não tivessem nada de bom, nada haveria nelas capaz de ser corrompido, posto que a corrupção danifica o que corrompe, e que ela não poderia danificar senão diminuindo o bem delas.

É aqui que começa o nervo do argumento, tradução Garnier.

> Assim, ou a corrupção não traz dano algum, o que não se pode sustentar, ou todas as coisas que se corrompem perdem alguns bens, o que é indubitável. Pois se elas tivessem perdido tudo o que têm de bom, elas não seriam mais nada. Em outros termos, se ainda elas subsistissem sem poderem mais ser corrompidas, elas estariam num estado mais perfeito do que estavam antes de ter perdido tudo o que têm de bom, pois elas permaneceriam sempre num estado incorruptível.

Penso que vocês apreendem o nervo, ou até mesmo a ironia do argumento, e também que é precisamente isso que colocamos como questão. Se é intolerável se dar conta de que, no centro de todas as coisas, tudo o que elas têm de bom está subtraído, o que dizer do que resta, que é ainda alguma coisa, outra coisa? A questão retumba através dos séculos e das experiências, e a reencontramos em *A história de Julieta*, com a exceção de que ela se encontra, como deve estar, vinculada à Lei, e, isso, de maneira não menos esquisita. Desejo deter as mentes de vocês nessa esquisitice, pois, é da própria esquisitice da estrutura que se trata. Escreve Sade:

> Os tiranos jamais nascem senão na anarquia. Só os vedes elevarem-se à sombra das leis, autorizarem-se delas. O reino das leis é portanto vicioso, é portanto inferior ao da anarquia. A maior prova do que estou avançando é a obrigação em que o governo se encontra de mergulhar, ele mesmo, na anarquia quando quer refazer sua constituição. Para revogar suas antigas leis, ele é obrigado a estabelecer um regime revolucionário onde não há absolutamente lei. Nesse regime nascem, no final, novas leis, mas o segundo é necessariamente menos puro do que o primeiro, pois foi preciso operar este primeiro bem, a anarquia, para chegar ao segundo bem, a constituição do Estado.

Forneço-lhes isto como um exemplo fundamental. A mesma argumentação formulada por mentes certamente afastadas umas das outras por suas preocupações mostra-lhes simplesmente que certamente deve haver aí alguma necessidade que obriga a essa espécie de tropeço lógico que progride numa determinada via.

Para nós, a questão do bem é desde o início articulada em sua relação com a Lei. Por outro lado, nada é mais tentador do que eludir a questão do bem atrás de não sei que implicação de um bem natural, de uma harmonia a ser reencontrada no caminho da elucidação do desejo. E, no entanto, o que é manifesto em nossa experiência de cada dia, sob a forma do que chamamos de defesas do sujeito, é justamente que as vias da busca do bem não se apresentam constantemente, e, digamos, originalmente, para nós senão sob a forma de algum álibi do sujeito. Toda a experiência analítica não é senão o convite para a revelação de seu desejo, e ela muda a primitividade da relação do sujeito com o bem, em relação a tudo o que até então foi articulado sobre isso pelos filósofos. Certamente, é preciso ir ver de perto, pois, parece, inicialmente, nada ter mudado, e que a ponta, em Freud, está sempre dirigida para o registro do prazer.

Insisti nisto durante o ano inteiro — toda a meditação acerca do bem do homem, desde a origem do pensamento moralista, desde que o termo de ética adquiriu um sentido, como reflexões do homem acerca de sua condição e do cálculo de suas próprias vias, fez-se em função do índice do prazer. Quero dizer, desde Platão, sem dúvida desde Aristóteles, através dos estoicos, epicuristas, e através do próprio pensamento cristão em são Tomás. No que se refere à determinação dos bens, as coisas florescem, da maneira mais clara, nas vias de uma problemática essencialmente hedonista. É demasiadamente claro que tudo isso não deixa de apresentar dificuldades extremas, que são as próprias dificuldades da experiência, e que, para se sair disso, todos os filósofos são levados a discernir não os verdadeiros e falsos prazeres, pois tal distinção é impossível de fazer, porém os verdadeiros e falsos bens que o prazer indica.

Ora, a articulação por Freud do princípio do prazer não nos traz um ganho, um benefício, um benefício de conhecimentos e de clareza?

Ela não é, em última análise, profundamente distinta de tudo o que até aqui conferiu seu sentido ao termo de prazer?

2

Quero primeiramente chamar a atenção de vocês para isso assinalando que a concepção do princípio do prazer é inseparável da do princípio de realidade, está em relação dialética com ela. Mas cumpre começar, e quero simplesmente começar fazendo-os notar o que Freud articula exatamente.

Observem, então, o princípio do prazer articular-se desde o *Entwurf*, de onde fiz-lhes partir esse ano, até o último termo do *Mais além do princípio do prazer*. O final esclarece o início, e vocês já podem ver no *Entwurf* o ponto nervoso no qual desejo retê-los um instante.

Certamente, a função do prazer organiza aparentemente as reações finais, certamente o prazer se articula sobre os pressupostos de uma satisfação, e é impelido por uma falta (*manque*), que é da ordem da necessidade, que o sujeito se envereda em suas malhas, até fazer com que surja uma percepção idêntica àquela que deu satisfação pela primeira vez. A mais crua referência ao princípio de realidade indica que se encontra a satisfação nos caminhos que já a proporcionaram. Mas observem mais de perto — será apenas isso que Freud diz? É claro que não. A originalidade do *Entwurf* provém da noção dos trilhamentos que comandam a repartição dos investimentos libidinais de tal maneira que um certo nível não seja ultrapassado, para além do qual a excitação é insuportável para o sujeito.

A introdução da função dos trilhamentos é o lineamento de um tema que adquirirá uma importância cada vez maior na medida em que o pensamento de Freud se desenvolve, dado que o pensamento de Freud é a sua experiência.

Criticaram-me por ter dito que nossa experiência adquire seu valor exemplar do ponto de vista da ética pelo fato de ela ignorar a dimensão do hábito, pelo qual se aborda geralmente o comportamento humano em função de um aperfeiçoamento, de um adestramento. A respeito disso opuseram-me a noção de trilhamento. Rejeito essa oposição — o recurso ao trilhamento em Freud não tem nada a ver com a função do hábito tal como é definida no pensamento de uma aprendizagem. Não se trata absolutamente em Freud da marca impressa enquanto criadora, mas do prazer engendrado pelo funcionamento desses trilhamentos. Ora, o nervo do princípio do prazer se situa no nível da subjetividade. O trilhamento não é absolutamente um efeito mecânico, ele é invocado como prazer da facilidade, e será retomado como prazer da repetição. A repetição da necessidade, como uma certa pessoa articulou, só funciona, na psicologia freudiana, como ocasião da necessidade de repetição, ou mais exatamente, da compulsão de repetição. O nervo do pensamento freudiano, tal como, enquanto analistas, efetivamente, o colocamos em funcionamento quer assistamos ou não ao seminário, é que a função de memória, a rememoração, é rival — é o mínimo que se possa dizer — das satisfações que ela é encarregada de assegurar. Ela comporta sua dimensão própria, cujo alcance vai mais além dessa finalidade de satisfação. A tirania da memória, é isso que se elabora naquilo que podemos chamar de estrutura.

Tal é a novidade, o corte, ao qual é impossível não dar relevância se quisermos ver claramente o que o pensamento e a experiência freudianos trazem como novidade em nossa concepção do funcionamento humano. Quem quiser preencher essa falha poderá, certamente, ainda fazer a observação de que a natureza mostra ciclos e retornos. Diante dessa objeção, eu não gritaria que isso é uma loucura, indico-lhes simplesmente os termos pelos quais vocês se poderão defrontar com isso.

Um ciclo natural é talvez efetivamente imanente a tudo o que existe. Aliás, ele é extremamente diverso em seus registros e níveis. Mas rogo-lhes que se detenham no corte que o simples fato de o homem ser o suporte da linguagem introduz na ordem da manifestação do real que o ciclo comporta.

Sua relação com um par de significantes é suficiente, tal como, por exemplo, tomando uma referência tradicional em estado de esboço, o *yin* e o *yang*, ou seja, dois significantes dos quais um é concebido como eclipsado pela subida e pelo retorno do outro — não me atenho nem ao *yin* nem ao *yang*, vocês podem tomar simplesmente o seno e o cosseno. Em outros termos, a estrutura engendrada pela memória não deve mascarar para vocês, em nossa experiência, a estrutura da própria memória, dado que ela é feita de uma articulação significante. Ao omitir isso, vocês não podem absolutamente sustentar esse registro essencial na articulação de nossa experiência, ou seja, a autonomia, a dominância, a instância como tal da rememoração no nível, não do real, mas do funcionamento do princípio do prazer.

Não se trata absolutamente aqui de uma discussão bizantina, e, se aqui criamos uma falha e um abismo, inversamente, preenchemos alhures o que se apresentava igualmente como falha e como abismo. É aqui que podemos nos dar conta de onde reside o nascimento do sujeito como tal, cujo surgimento não pode ser justificado em nenhum outro lugar.

Eu lhes disse, a finalidade da evolução de uma matéria em direção à consciência é uma noção mística, inapreensível e, propriamente falando, indeterminável historicamente. Não há nenhuma homogeneidade de ordem no aparecimento dos fenômenos quer sejam premonitórios, prévios, parciais, preparatórios à consciência, e uma ordem natural qualquer, já que é justamente de seu estado atual que a consciência se manifesta como fenômeno cuja repartição é absolutamente errática e, quase diria, esparsa. É nos níveis mais diferentes de nosso comprometimento com nosso próprio real que a mancha ou o toque de consciência aparece, sem que haja nenhuma continuidade, nenhuma continuidade da consciência. Freud deteve-se mais de uma vez nesse fato, ressaltando sempre o caráter não funcionalizável do fenômeno da consciência.

Em compensação, nosso sujeito, em relação ao funcionamento da cadeia significante, tem um lugar totalmente sólido e quase que discernível na história. A função do sujeito em seu aparecimento, do sujeito original, do sujeito detectável na cadeia dos fenômenos, fornecemos dela uma fórmula totalmente nova e suscetível de um discernimento objetivo. O que um sujeito representa originalmente não é outra coisa senão isto — ele pode esquecer. Suprimam esse *ele* — o sujeito literalmente, em sua origem, e como tal, a elisão de um significante, o significante saltado na cadeia.

Tal é o primeiro lugar, a primeira pessoa. Aqui se manifesta como tal o aparecimento do sujeito, que faz com que se sinta de perto por que e em que a noção do inconsciente é central em nossa experiência.

Partam disso e verão a explicação de muitas coisas, nem que seja dessa singularidade na história que se chamam ritos. Quero dizer esses ritos por meio dos quais o homem das civilizações ditas primitivas se acredita obrigado a acompanhar a coisa mais natural do mundo, ou seja, o retorno dos ciclos precisamente naturais. Se o imperador da China não faz o sulco do arado tal dia da primavera, o ritmo das estações corromper-se-á. Se a ordem não for conservada na Casa Real, o campo do mar invadirá o campo da terra. Ainda temos a ressonância desse fato no final do século XVI, em Shakespeare. O que é isso então senão a relação essencial que liga o sujeito às significâncias, e o instaura originalmente como responsável pelo esquecimento? Que relação pode haver entre o homem e o retorno do nascer do sol? — se não é que, como homem falante, ele se sustente numa relação direta com o significante. Evocando seu mito, a posição primeira do homem em relação à natureza nada mais é do que aquela de Chantecler — tema fornecido por um pequeno poeta, que poderia ser mais bem abordado se eu não tivesse começado num outro seminário a difamar a figura de Cyrano de Bergerac reduzindo-o a uma elucubração bufa, sem relação alguma com a estrutura monumental do personagem.

Ei-nos, então, levados a nos colocar nesse nível a questão do bem.

3

A questão do bem atém-se ao princípio do prazer e ao princípio de realidade. Não há a menor chance de que, a partir de uma tal concepção, escapemos a um conflito quando deslocamos regularmente seu centro.

É impossível aqui não colocar em evidência isto, que é demasiadamente pouco articulado na própria concepção freudiana, ou seja, que a realidade não é o simples correlato dialético do princípio do prazer. Mais exatamente, a realidade só está aí para fazer com que demos com a cara nas falsas vias em que o funcionamento do princípio do prazer nos envereda. Na verdade constituímos a realidade com o prazer.

Essa noção é essencial. Ela se resume inteiramente na noção de práxis, no duplo sentido que esse termo adquiriu na história — na medida em que ela concerne, por um lado, na dimensão ética, à ação, uma vez que ela não tem unicamente por meta um *ergon*, que ela se inscreve numa *enêrgeia* — por outro lado, a fabricação, a produção *ex nihilo* da qual falei na última vez. Não é por nada que esses dois sentidos são subsumíveis sob o mesmo termo.

Devemos ver imediatamente o quanto é grosseiro admitir que, na própria ordem da ética, tudo possa ser reduzido, como o é por demais frequente na elaboração dos autores analíticos, à coação social, como se o modo sob o qual esta se elabora não colocasse por si mesmo um problema para pessoas que vivem na dimensão de nossa experiência. Essa coação social se exerceria em nome de quê? De uma inclinação coletiva? Por que, depois de tanto tempo, essa coação social não teria chegado a se centrar nas vias mais apropriadas à satisfação dos desejos dos indivíduos? Preciso eu dizer mais sobre isso diante de uma assembleia de analistas para que se perceba a distância que há da organização dos desejos à organização das necessidades?

Mas afinal, quem sabe, talvez seja preciso que eu insista.

Talvez eu obtenha mais respostas numa assembleia de ginasianos. Pelo menos eles sentiriam imediatamente que a ordem da escola não é constituída para lhes permitir tocar punheta nas melhores condições. Penso, contudo, que olhos de analistas podem decifrar o que percorre um certo campo de sonho que chamam, isso é significativo, de utopia. Tomem, por exemplo, Fourier, cuja leitura, aliás, é uma das mais desopilantes que existem. O efeito de bufoneria que dele se depreende deve instruir-nos. Ele nos mostra suficientemente a que distância o que se chama de progresso social se situa em relação ao que quer que seja que seria feito na perspectiva, não digo de abrir todas as comportas, mas simplesmente de pensar uma ordem coletiva qualquer em função da satisfação dos desejos. Trata-se por enquanto de saber se podemos ver isso mais claramente do que os outros.

Não fomos os únicos a avançar nesse caminho. Quanto a mim, tenho uma audiência marxista em meu auditório e penso que aqueles que a compõem podem evocar aqui a relação íntima, profunda, tecida em todas as linhas, que existe entre o que estou promovendo aqui e as discussões primordiais de Marx referentes às relações do homem com o objeto de sua produção. Para falar curto e grosso, isso nos traz de volta a esse ponto onde lhes deixei num circunlóquio de minha antepenúltima conferência, a são Martinho cortando com seu gládio o grande pedaço de pano em dois, no qual ele estava enrolado para sua viagem de Cavalla.

Tomem-no justamente lá onde ele se encontra, no nível dos bens, e coloquemo-nos a questão do que é esse pedaço de pano.

O pedaço de pano, dado que com ele se pode fazer uma roupa, é um valor de uso, no qual outros antes de nós se detiveram. Vocês estariam errados em acreditar que a relação do homem com o objeto de sua produção, quanto a seu móvel primordial, esteja completamente elucidada, e até mesmo em Marx, que a esse respeito levou as coisas bem adiante.

Não vou fazer aqui a crítica das estruturas econômicas. Disseram-me uma coisa bem engraçada, dessas de que gosto por tomarem sentido numa dimensão que se sente frequentemente de perto, e que sempre é mais ou menos mistificada — eu teria, pelo que parece, aludido, em meu último seminário, a tal capítulo do último livro de Sartre, *Crítica da razão dialética.* Acho isso muito engraçado, pois, vou aludir a isso imediatamente, com a ressalva de que esse ponto se refere às trinta páginas que li pela primeira vez domingo passado.

Não sei como lhes falar do conjunto da obra, pois, só li essas trinta páginas, mas elas são, devo dizer, bem boas. Elas se referem precisamente às relações primordiais do homem com o objeto de suas necessidades.

Parece-me que é nesse registro que Sartre pretende levar as coisas até seu último termo, e se for esse seu empreendimento, se ele o realizar de maneira exaustiva, a obra terá certamente sua utilidade.

Essa relação fundamental, ele a define a partir da raridade, como o que funda a condição do homem, como o que o faz homem em sua relação com suas necessidades. Para um pensamento que visa a uma transparência dialética total, isso é justamente algo bem obscuro como último termo, ao passo que talvez tenhamos dado um soprinho nesse pano, raro ou não, que, ao fazê-lo flutuar, permite situá-lo de maneira menos opaca.

Esse pano deu para muita manga entre os analistas ao tentarem ver o que ele simboliza, dizendo-nos que ele mostra e esconde ao mesmo tempo, que o simbolismo da roupa é um simbolismo válido, sem que em nenhum momento possamos saber se o que se trata de fazer com esse falo-pano é de revelar ou de escamotear. A bivalência profunda de toda elaboração analítica sobre o simbolismo da roupa permite tomar a medida do impasse da noção do símbolo, tal como foi manejada até aqui na análise. Se vocês puderem ter às mãos o pesado volume do *IJP*[46] que foi feito para o quinto aniversário de Jones, verão um artigo de Flügel sobre o simbolismo das roupas, onde encontrarão os impasses, ainda mais retumbantes, quase caricaturalmente exagerados, que, no último número publicado de nossa revista, coloco em evidência na articulação feita por Jones sobre o simbolismo.[47]

Seja como for, tudo o que foi dito de besteira em torno desse simbolismo nos leva, contudo, a algum lugar. Algo se esconde aí atrás, que é sempre, pelo que parece, o danado desse falo. Somos aqui trazidos de volta para algo que se poderia talvez esperar que tivesse sido pensado desde o início, ou seja, a relação do pano com o pelo que falta — mas que é certo que não nos falta em toda parte. Nisto, há justamente um autor psicanalítico para nos dizer que todo esse pano nada mais é do que uma extrapolação, um desenvolvimento do tosão da mulher, dado que ele nos esconde que ela não o possui. Esses efeitos de revelação do inconsciente trazem sempre sua dimensão cômica. Entretanto, não é completamente *tantã*, e acho isso até mesmo bem bonito como apólogo.

Talvez isso pudesse comportar um pouquinho de fenomenologia referente à função da nudez. A nudez é um fenômeno pura e simplesmente natural? O pensamento psicanalítico inteiro está aí para nos mostrar que não. O que ela tem de particularmente exaltante, significante por si mesma, é que ainda há um para além dela que ela esconde. Mas não precisamos fazer fenomenologia — prefiro as fábulas.

A fábula, nesse caso, põe em cena Adão e Eva, com a única condição de que esteja também presente a dimensão do significante, introduzida pelo Pai em suas indicações benévolas, *Adão, dai nomes a tudo o que está a vossa volta.* Eis, então, Adão, e eis esses famosos pelos de uma Eva que ansiamos estarem à altura da beleza que esse primeiro gesto evoca — Adão lhe arranca um pelo. Tudo o que estou tentando mostrar-lhes aqui gira em torno desse pelo, desse pelo de rã. Adão arranca um pelo daquela que lhe é oferecida como cônjuge, esperada por toda a eternidade, e no dia seguinte, ela volta para ele — com um casaco de visom nos ombros.

Aí está o móvel da natureza do pano. Não é porque o homem tem menos pelos do que os outros animais que devemos consultar tudo o que vai desencadear-se de sua indústria através dos tempos. O problema dos bens se coloca no interior do que é a estrutura, se devemos acreditar nos linguistas. No início, é como significante que o que quer que seja se articula, nem que seja uma cadeia de pelos.

O têxtil é primeiramente um texto. Há o pano e — invocarei os espíritos mais secos — Marx. É impossível, salvo fazendo uma fábula psicológica, estabelecer como primeira não sei que cooperação de produtores. No início há a invenção produtora, ou seja, o fato de o homem — e por que só ele? — pôr-se a trançar algo, algo que não está numa relação de encobrimento, de casulo em relação a seu próprio corpo, mas que vai correr o mundo independentemente como pano, que vai circular. Por quê? Porque esse pano é valor de tempo.

É isso o que o distingue de toda produção natural. Pode-se avizinhá-lo das criações do reino animal, mas ele é originado como fabricado, sujeito à moda, à antiguidade, à novidade, ele é valor de uso, de tempo, ele é reserva de necessidade, ele está lá precisando-se ou não dele, e é em torno desse pano que se organiza toda uma dialética de rivalidade e partilha, na qual vão-se constituir as necessidades.

Para apreendê-lo, coloquem simplesmente no horizonte a palavra evangélica em que o Messias mostra aos homens o que ocorre com os que se fiam à Providência do Pai — *Eles não tecem nem fiam, eles propõem aos homens a imitação dos lírios e das plumagens dos pássaros.* Estupenda abolição do texto pela fala. Como fiz notar, da última vez, o que caracteriza essa fala, essa palavra é que é preciso arrancá-la do texto para poder nela ter fé. Mas a história do humano prossegue no texto, e no texto temos o pano.

O gesto de são Martinho quer dizer originalmente isto, que o homem como tal, o homem com direitos, começa a se individualizar uma vez que nesse pano se fazem furos nos quais ele introduz a cabeça e em seguida os braços, por meio dos quais ele começa efetivamente a se organizar como trajado, isto é, como tendo necessidades que foram satisfeitas. O que bem pode haver por trás disso? O que bem pode dele, apesar disso — digo *apesar disso*, pois a partir desse momento, sabe-se cada vez menos —, continuar a desejar?

Ei-nos aqui na encruzilhada do utilitarismo.

O pensamento de Jeremy Bentham não é a simples continuação da elaboração gnoseológica com a qual toda uma linhagem se extenuou para reduzir o transcendente, o sobrenatural de um pretenso progresso da consciência a ser elucidado. Bentham, como o mostra a *Teoria das ficções,* recentemente valorizado em sua obra, é o homem que aborda a questão no nível do significante.

A respeito de todas as instituições, mas no que elas têm de fictício, ou seja, profundamente verbal, sua pesquisa consiste não em reduzir a nada todos esses direitos múltiplos, incoerentes, contraditórios cuja jurisprudência inglesa lhes dá o exemplo, mas, pelo contrário, a partir do artifício simbólico desses termos, eles também criadores de textos, em ver o que há em tudo isso que possa servir para alguma coisa, isto é, para constituir justamente o objeto da partilha. A longa elaboração histórica do problema do bem é centrada, no final das contas, na noção de como são criados os bens, dado que se organizam, não a partir de necessidades pretensamente naturais e predeterminadas, mas enquanto fornecem matéria para uma repartição, em relação à qual se articula a dialética do bem, na medida em que ela adquire seu sentido efetivo para o homem.

As necessidades do homem se alojam no útil. É a parte tomada do que, no texto simbólico, pode ser de alguma utilidade. Nesse estádio, não há problema — o máximo de utilidade para a maioria, tal é a lei segundo a qual, nesse nível, o problema da função dos bens se organiza. Estamos nesse nível, com efeito, antes de o sujeito ter introduzido a cabeça nos furos do pano. O pano é feito para que o maior número possível de sujeitos nele introduzam a cabeça e os membros.

Só que todo esse discurso não teria sentido se as coisas não se pusessem a funcionar de outra forma. Ora, nessa coisa, rara ou não, mas em todo caso produzida, no final das contas, nessa riqueza, sendo ela correlativa a qualquer pobreza que seja, há no início outra coisa além de seu valor de uso — há sua utilização de gozo.

O bem se articula desde então de uma maneira totalmente diferente. O bem não está no nível do uso do pano. O bem está no nível disto — o sujeito pode dele dispor.

O âmbito do bem é o nascimento do poder. A noção da disposição do bem é essencial, e se a colocamos no primeiro plano vem à luz tudo o que significa a reivindicação do homem que conseguiu, num certo momento de sua história, dispor de si mesmo.

Não fui eu, mas Freud quem se encarregou de desmascarar o que quer dizer isso na efetividade histórica. Dispor de seus bens, todos sabem que isso se acompanha de uma certa desordem, que mostra suficientemente sua verdadeira natureza — dispor de seus bens é ter o direito de privar os outros de seus bens.

Penso ser inútil fazer com que vocês sintam de perto o fato de que é justamente em torno disso que o destino histórico está em jogo. Toda a questão é de saber em que momento pode-se considerar que esse processo terá seu termo. Pois é claro que essa função do bem engendra uma dialética. Quero dizer que o poder de privar os outros de seus bens, eis um laço fortíssimo de onde vai surgir o outro como tal.

Lembrem-se do que lhes disse, na época, referente à função da privação que, desde então, constitui ainda um problema para algumas pessoas. A respeito disso vocês sentirão de perto o fato de que eu não expus nada por acaso.

Opondo a privação à frustração e à castração, disse-lhes que era uma função instituída como tal no simbólico, no sentido em que nada é privado de nada, o que não impede que o bem do qual se é privado seja totalmente real. Mas o importante é saber que o privador é uma função imaginária. É o pequeno outro, o semelhante, aquele que é dado nessa relação semienraizada no natural que é o estádio do espelho, mas tal como se apresenta para nós lá onde as coisas se articulam no nível do simbólico. É um fato de experiência do qual é preciso que vocês se lembrem constantemente na análise — o que se chama defender seus bens é apenas uma única e mesma coisa que proibir a si mesmo de gozar deles.[48]

A dimensão do bem levanta uma muralha poderosa na via de nosso desejo. É mesmo a primeira com a qual lidamos em cada instante e sempre.

Como conceber passar para além dela? É o que prosseguirei para vocês da próxima vez mostrando-lhes que um repúdio radical de um certo ideal do bem é necessário para chegar apenas a apreender em que via se desenvolve nossa experiência.

11 de maio de 1960

XVIII

A FUNÇÃO DO BELO

A duplicidade do bem.
Sobre o potlatch.
O discurso da ciência nada esquece.
O ultraje a dor.

Pareceu-me, hoje de manhã, que não seria excessivo começar meu seminário fazendo a seguinte pergunta — transpusemos a linha?

Não se trata do que fazemos aqui, mas do que ocorre no mundo em que vivemos. Isso não é motivo, pois o que aí se profere faz um ruído assaz vulgar para não o ouvirmos.

No momento em que lhes falo do paradoxo do desejo, no que os bens o mascaram, vocês podem ouvir lá fora os terríveis discursos do poder. Não interessa saber se vocês são sinceros ou hipócritas, se querem a paz, se calculam os riscos. A impressão que domina em tal momento é justamente aquela do que pode passar por um bem prescriptível — a informação atrai e captura massas impotentes, nas quais ela é vertida como um licor que atordoa no momento em que deslizam para o matadouro. Ficamos a nos perguntar se ousaríamos fazer o cataclismo explodir se primeiro não soltássemos a rédea desse vozerio estrondoso.

Existe algo mais consternador que o eco repercutido nesses pequenos aparelhos que todos temos, do que o que se chama uma conferência de imprensa? Ou seja, as questões estupidamente repetidas às quais o líder responde com uma falsa destreza pedindo perguntas mais interessantes e permitindo-se, no momento oportuno, ser espirituoso.

Ontem houve um deles não sei onde, em Paris ou em Bruxelas, que nos falou dos amanhãs que desencantam[49] — é muito engraçado, juro.

Não lhes parece que a única maneira de acomodar nosso ouvido ao que ressoou só se pode formular sob a forma — o que *isso* quer? Aonde *isso* quer chegar? Entretanto, todos adormecem no travesseiro mole de um *isso não é possível* — ao passo que não há nada mais possível, que é mesmo isso o que é o possível. É possível porque o possível é o que pode responder à demanda do homem, e que o homem não sabe o que ele põe em movimento com sua demanda.

O temível desconhecido para além da linha é o que, no homem, chamamos de inconsciente, isto é, a memória do que ele esquece. E o que ele esquece — vocês podem ver em que direção — é nisso que tudo é feito para que ele não pense — o fedor, a corrupção sempre aberta como um abismo — pois a vida é a podridão.

Ainda mais há algum tempo, pois, a anarquia das formas, a destruição segunda da qual Sade falava outro dia na citação que destaquei, aquela que recorre à subversão para além mesmo do ciclo da geração-corrupção, são para nós questões atuais. A possibilidade da destruição segunda tornou-se de repente tangível para nós, com a ameaça da anarquia cromossômica, que poderia romper as amarras das formas da vida. Os monstros obcecavam muito aqueles, os últimos no século XVIII, que davam ainda um sentido à palavra Natureza. Já faz muito tempo agora que não se dá muita importância aos bezerros de seis patas, às crianças de duas cabeças, que, no entanto, veremos agora talvez reaparecerem aos milhares.

É por isso que quando nos perguntamos aqui o que há para além da barreira resguardada pela estrutura do mundo do bem, onde se situa o ponto que faz girar em torno de si mesmo esse mundo do bem para esperar que ele nos arraste, todos, para a nossa perdição — nossa questão tem um sentido, sobre o qual não é vão lembrar-lhes seu caráter terrivelmente atual.

1

O que há para além dessa barreira? Não esqueçamos que se sabemos que existe barreira e que existe um para além — do que existe para além dela, nada sabemos.

Dizer, como alguns sustentaram partindo de nossa experiência, que se trata do mundo do medo, é partir precipitadamente. Centrar nossa vida, centrar até mesmo nosso culto no medo como termo derradeiro, é um erro — o medo com seus fantasmas já é uma defesa localizável, uma proteção contra algo que está para além, e que é precisamente o que não sabemos.

É justamente no momento em que essas coisas são aí possíveis e, no entanto, envolvidas por um *proibido-pensar-nisso*, que é oportuno fazer-lhes notar a distância e a proximidade que ligam esse possível com os textos extravagantes que tomei este ano como pivô de uma determinada demonstração, ou seja, os de Sade.

Essa acumulação de horrores não engendra em nós, não vamos dizer por muito tempo, mas simplesmente quando de seu uso, senão incredulidade e nojo, e é apenas, de passagem, num breve flash, num clarão, que tais imagens podem fazer vibrar em nós esse algo estranho que se chama desejo perverso, uma vez que para nós entra aí o segundo plano do Eros natural.

No final das contas, toda relação imaginária, ou até mesmo real, da busca própria ao desejo perverso, está aí apenas para nos sugerir a impotência do desejo natural, do desejo de natureza dos sentidos, ao ir bem longe nessa direção. Nesse caminho esse desejo cede depressa, é o primeiro que cede. É certamente com razão que o pensamento do homem moderno busca aí o lineamento, o rastro, a partida, uma vereda para o conhecimento de si mesmo, para o mistério do desejo, mas, por outro lado, toda a fascinação que esse lineamento exerce sobre os estudos tanto científicos como literários — e do qual testemunham os deleites de *Sexus, Plexus* e *Nexus* de um escritor não sem talento — termina numa deleitação assaz estéril. É bem preciso aqui que o fio do método nos falte para que tudo o que pôde ser elucubrado de científico e literário nesse sentido há muito tempo fosse ultrapassado de antemão, radicalmente obsoleto pelas elucubrações de alguém que era apenas, afinal, um fidalgote de província, exemplar social da decomposição do tipo do nobre no momento em que seus privilégios iam ser abolidos.

O fato é que essa formidável elucubração de horrores, diante da qual se curvam não apenas os sentidos e as possibilidades humanas, mas a imaginação, não é estritamente nada em relação ao que se verá efetivamente em escala coletiva se explodir o grande, o real desencadeamento que nos ameaça. A única diferença que há entre as exorbitantes descrições de Sade e uma tal catástrofe é que na motivação desta não entrará nenhum motivo de prazer. Não são os perversos que a desencadearão, mas os burocratas, de quem não interessa saber se serão bem ou mal-intencionados. Será desencadeada por uma ordem, e isso será perpetrado segundo as regras, as engrenagens, os escalões, as vontades dobradas, abolidas, curvadas por uma tarefa que perde aqui seu sentido. Essa tarefa será a reabsorção de um insondável dejeto devolvido aqui à sua dimensão constante e última para o homem.

Não esqueçamos que efetivamente essa é desde sempre uma das dimensões onde se pode reconhecer o que o doce sonhador chamava gentilmente de *hominização do planeta*. No que tange ao reconhecimento da passagem, do passo, da marca, do rastro, da palma do homem podemos ficar tranquilos — lá onde encontramos uma acumulação titanesca de conchas de ostras, não pode manifestamente deixar de ser que homens passaram por lá. Lá onde há uma acumulação de dejetos em desordem há homem. As épocas geológicas deixaram, elas também, seus dejetos que nos permitiram reconhecer uma ordem. O monte de lixo — eis uma das faces que conviria não deixar de reconhecer da dimensão humana.

Após ter delineado esse túmulo no horizonte do bem, do bem geral, do bem da comunidade, vamos retomar nosso caminhar no ponto em que o deixamos na última vez.

O que comporta o horizonte do bem, a partir do momento em que ele foi desmistificado desse erro de julgamento cujo exemplo lhes dei em santo Agostinho? Seu raciocínio — ou seja, que é pelo procedimento mental da subtração do bem ao bem que se chegaria a refutar a existência de qualquer outra coisa além do bem no ser, sob o pretexto de que o irredutível, sendo então mais perfeito do que o que era antes, não poderia ser o mal —, bem que esse raciocínio de santo Agostinho não deixe de nos surpreender, e poder-se-ia perguntar o que significa o aparecimento histórico de uma tal forma de pensamento. Deixo a questão em aberto.

Da última vez, definimos o bem na criação simbólica como o *initium* de onde parte o destino do sujeito humano em sua explicação com o significante. A verdadeira natureza do bem, na profunda duplicidade, resulta do fato de ele não ser pura e simplesmente bem natural, resposta a uma necessidade, mas poder possível, potência de satisfazer. Daí, toda a relação do homem com o real dos bens se organiza em relação ao poder que é o do outro, o outro imaginário, de privá-lo.

Retomemos aqui os termos em torno dos quais organizei, no primeiro ano de meu comentário dos *Escritos técnicos de Freud*, o eu ideal e o ideal do eu, e que retomei em meu grafo. O I maiúsculo designa a identificação ao significante da onipotência, do ideal do eu. Por outro lado, enquanto imagem do outro, ele é a *Urbild* do eu, a forma primitiva a partir da qual o eu se modela, se instala, se instaura em suas funções de pseudodomínio. Agora, definiremos o ideal do eu do sujeito como representando o poder de fazer o bem, o qual abre em si mesmo esse para além que constitui hoje nossa questão — como é possível que a partir do momento em que tudo se organiza em torno do poder de fazer o bem, algo totalmente enigmático se proponha a nós e nos retorne sem cessar de nossa própria ação, como a ameaça sempre crescente em nós de uma exigência de consequências desconhecidas? Quanto ao eu ideal, que é o outro imaginário, que temos diante de nós no mesmo nível, ele representa por si mesmo aquele que nos priva.

Nesses dois polos da estruturação do mundo dos bens, o que vemos delinear-se?

Por um lado, a partir do desvelamento ao qual a revelação da filosofia clássica chega, isto é, a partir do momento em que Hegel, como se diz, é recolocado de pé, a guerra social se revela como sendo o fio vermelho que confere seu sentido ao segmento esclarecido da história no sentido clássico do termo.

Por outro lado, na outra extremidade, aparece algo que se apresenta para nós como uma interrogação que permite a esperança.

2

A pesquisa científica, exercendo-se no terreno daquilo que chamam problematicamente de humano, descobriu para nós que há muito tempo, e fora do campo da história clássica, o homem de sociedades não históricas, pelo que se acredita, deu à luz uma prática concebida como tendo uma função salutar na manutenção da relação intersubjetiva. A nosso ver isso é como o pedregulho feito miraculosamente para nos indicar que nem tudo está preso na dialética necessária da luta pelos bens, do conflito entre os bens, e da catástrofe necessária que ela engendra, e que existiram rastros, do mundo que estamos pesquisando, que mostram positivamente que foi concebido que a destruição dos bens como tal poderia ser uma função reveladora de valor.

Penso que todos vocês são suficientemente informados para que eu não tenha de lhes recordar o que é o *potlatch*. Indico brevemente que se trata de cerimônias rituais que comportam a destruição externa de bens diversos, bens de consumo ou bens de representação e de luxo, prática de sociedades que não são mais do que restos, vestígios da existência social de um modo humano que nossa expansão tende a abolir. O *potlatch* testemunha do recuo do homem com respeito aos bens que pôde tê-lo feito vincular a manutenção e a disciplina, digamos, de seu desejo, dado que é aquilo com o qual ele lida em seu destino, com a destruição reconhecida dos bens, tratando-se de propriedade coletiva ou individual. É em torno desse ponto que giram o problema e o drama da economia do bem, seus ricochetes e retornos.

Além disso, a partir do momento em que essa chave nos é dada, vemos bem que não é privilégio das sociedades primitivas. Não encontrei hoje a ficha na qual eu havia anotado que nesse início do século XII, que com o amor cortês marca a emergência de uma problemática do desejo como tal na superfície da cultura europeia, vemos aparecer em tal rito feudal uma manifestação totalmente análoga — trata-se de uma festa, de uma reunião de barões em alguma parte para os lados de Narbonne —, comportando a enorme destruição, não apenas dos bens imediatamente consumidos sob a forma de festim, mas de animais e arreios destruídos. Tudo se passa como se a colocação da problemática do desejo no primeiro plano atraísse, como seu correlato necessário, a necessidade dessas destruições que chamam de prestígio, uma vez que elas se manifestam como tal, gratuitas. Aqueles que na coletividade então se manifestam como os sujeitos eleitos, os senhores, aqueles que se afirmaram como tal nessa cerimônia, se desafiam, rivalizam para ver quem se mostrará capaz de destruir mais.

Tal é o único exemplo que temos, no outro polo, dessa ordem de destruição efetuada conscientemente e de maneira controlada, ou seja, de maneira bem diferente dessas imensas destruições às quais todos nós — já que somos de gerações que não são tão distantes — tivemos a oportunidade de assistir. Elas aparecem a nós como inexplicáveis acidentes, retornos de selvageria, embora sejam, antes de mais nada, necessariamente vinculadas à progressão de nosso discurso.

Um problema novo se coloca para nós, que mesmo para Hegel não era claro. Hegel tentou amplamente na *Fenomenologia do espírito* articular a tragédia humana em termos de conflitos de discursos. Ele se comprouve, entre outras coisas, com a tragédia de Antígona, uma vez que via opor-se aí da maneira mais clara o discurso da família ao do Estado. Mas as coisas são menos claras para nós.

Para nós, no discurso da comunidade, do bem geral, lidamos com os efeitos de um discurso da ciência onde se mostra pela primeira vez desvelada a potência do significante como tal. Essa questão é propriamente a nossa. Para nós se coloca a questão que está subjacente à ordem de pensamento que tento desenrolar aqui diante de vocês.

O desenvolvimento repentino, prodigioso da potência do significante, do discurso que surge das pequenas letras das matemáticas, e que se diferencia de todos os discursos até então sustentados, torna-se uma alienação suplementar. Em quê? No fato de tratar-se de um discurso que, por estrutura, nada esquece. É por isso que ele se diferencia do discurso da memorização primeira que prossegue em nós sem que saibamos, do discurso memorial do inconsciente cujo centro está ausente, cujo lugar é situado pelo *ele não sabia* que é propriamente o sinal dessa omissão fundamental onde o sujeito vem situar-se. O homem aprendeu, num dado momento, a lançar e a fazer circular, no real e no mundo, o discurso das matemáticas que, este, não teria procedimento a menos que nada fosse esquecido. Basta que uma pequena cadeia significante comece a funcionar baseada nesse princípio para que as coisas continuem exatamente como se funcionassem sozinhas, a tal ponto que ficamo-nos perguntando se o discurso da física, engendrado pela onipotência do significante, vai confinar com a integração da Natureza ou com sua desintegração.

Isso complica singularmente o problema de nosso desejo, ainda que seja certamente apenas uma de suas fases. Digamos que, para aquele que lhes fala, é aí que se situa a revelação do caráter decisivo, original do lugar em que se situa o desejo humano na relação do homem com o significante. Essa relação pode destruí-lo?

Penso que vocês puderam ouvir naquilo que lhes foi relatado da meditação de um discípulo de Freud, muito fino, aberto, culto, porém não completamente genial, que é precisamente para isso que tende a questão do sentido da pulsão de morte. É muito exatamente na medida em que essa questão está ligada à história que o problema se coloca. É uma questão para aqui e agora, e não *ad aeternum*.

É porque o movimento do desejo está transpondo a linha de uma espécie de desvelamento que o advento da noção freudiana da pulsão de morte tem seu sentido para nós. A questão se coloca no nível da relação do ser humano com o significante como tal, dado que no nível do significante todo o ciclo do ente (*étant*) pode ser recolocado em questão, inclusive a vida em seu movimento de perda e de retorno.

É justamente isso que confere seu sentido, não menos trágico, àquilo que ocorre de nós, analistas, sermos os portadores. O inconsciente em seu ciclo próprio se apresenta atualmente, para nós, e embora seja discernido enquanto tal, como o campo de um não-saber. E, no entanto, nesse campo em que temos todos os dias de operar, não podemos deixar de reconhecer o seguinte, que está ao alcance de uma criança.

O desejo do homem de boa vontade é de fazer bem, de fazer o bem, e aquele que vem ao encontro de vocês, é para encontrar-se bem, para se encontrar em concordância consigo mesmo, para ser idêntico, conforme a alguma norma. Ora, vocês sabem o que encontramos, no entanto, à margem, mas por que não no horizonte, do que se desenvolve diante de nós como o que é dialética e progresso do conhecimento de seu inconsciente. Na margem irredutível, assim como no horizonte de seu bem próprio, o sujeito se revela ao mistério jamais inteiramente resolvido do que é o seu desejo.

A referência do sujeito a qualquer outro, qualquer que seja ele, tem algo de derrisório, quando o vemos — nós que vemos afinal das contas alguns, e até mesmo muitos — referir-se sempre ao outro como a alguém que, este sim, vive no equilíbrio, que é em todo caso mais feliz do que ele próprio, que não se coloca questões e dorme um sono descansado. Não precisamos ter visto o outro, tão sólido, por melhor assentado que esteja, vir estender-se em nosso divã para saber que essa miragem — essa referência da dialética do bem a um para além, que para ilustrar o que lhes quero dizer, eu chamaria de *o bem, não toque nisso* — é o próprio texto de nossa experiência.

Diria mais — esse registro de um gozo como sendo o que não é acessível senão ao outro é a única dimensão na qual poderíamos situar esse mal-estar singular, que creio — talvez eu me engane — ser a língua alemã a única que soube anotar, assim como outras nuances psicológicas da hiância humana, sob o termo *Lebensneid.*

Não se trata de um ciúme banal, trata-se de um ciúme que nasce num sujeito em sua relação a um outro, uma vez que esse outro é tido por participar de uma certa forma de gozo, de superabundância vital, percebida pelo sujeito como o que ele mesmo não pode apreender pela via de nenhum movimento afetivo, nem mesmo o mais elementar. Não é deveras singular, estranho, que um ser se dedique a ciumar no outro, indo até o ódio, até a necessidade de destruir, o que ele não é capaz de apreender de maneira alguma por nenhuma via intuitiva? O discernimento, quase que conceitual, desse outro pode bastar, sem nada mais, para provocar esse movimento de mal-estar, cujas ondulações perturbadoras, não creio que seja necessário ser analista para vê-las correrem através da trama dos sujeitos.

Ei-nos na própria fronteira. O que nos vai permitir transpô-la?

3

Há nessa fronteira um outro ponto de transposição que pode permitir discernir precisamente um elemento do campo do para além do princípio do bem. Esse elemento, disse-lhes, é o belo.

Gostaria simplesmente hoje de introduzir sua problemática para vocês. Atenhamo-nos a suas articulações.

Quanto a isso, Freud foi de uma prudência singular. Sobre a natureza do que se manifesta de criação no belo, o analista, segundo ele, nada tem a dizer. No domínio cifrado do valor da obra de arte, encontramo-nos numa posição que não é nem mesmo a dos colegiais, mas de catadores de migalhas. Não é só isso, e o texto de Freud se mostra muito fraco a esse respeito. A definição que ele dá da sublimação em jogo na criação do artista só faz mostrar-nos a contrapartida, diria, o retorno dos efeitos do que ocorre no nível da sublimação da pulsão, quando o resultado, a obra do criador de belo, retorna para o campo dos bens, ou seja, quando se tornaram mercadorias. É bem preciso dizer que o resumo que Freud nos dá do que é a carreira do artista é quase grotesca — o artista, diz ele, dá forma bela ao desejo proibido, para que cada um, comprando dele seu pequeno produto de arte, recompense e sancione sua audácia. Isso é justamente uma maneira de abordar o problema por um atalho. E Freud, aliás, tem perfeitamente consciência dos limites nos quais ele se confina, de uma maneira manifestamente visível quando se acrescenta a isso o problema da criação, já que ele o afasta como sendo fora do alcance de nossa experiência.

Ei-nos então impelidos em direção a tudo o que, no decurso dos séculos, pôde ser dito de diversamente pedante sobre o belo.

Todos sabem que em nenhum outro âmbito, aqueles que têm algo a dizer, no caso os criadores de belo, não têm mais razão de ficar insatisfeitos com o que se pôde formular de pedantesco. Não obstante, alguma coisa continua, que foi articulada por quase todos, certamente pelos melhores, mas igualmente no nível da experiência mais comum — há uma certa relação do belo com o desejo.

Essa relação singular é ambígua. Por um lado, parece ser possível que o horizonte do desejo seja eliminado do registro do belo. E, no entanto, por um outro lado, ele não deixa de ser manifesto, e como foi dito desde o pensamento da Antiguidade até são Tomás, que sobre isso fornece fórmulas muito preciosas, que o belo tem por efeito suspender, rebaixar, desarmar, diria eu, o desejo. A manifestação do belo intimida, proíbe o desejo.

Não quer dizer que o belo não possa com o desejo, em tal momento, se conjugar, porém, muito misteriosamente, é sempre sob essa forma, que não posso designar de outra maneira senão chamando-a por um termo que traz em si a estrutura da passagem de não sei que linha invisível — o ultraje. Parece, todavia, que é da natureza do belo permanecer, como se diz, insensível ao ultraje, e isso não é um dos elementos menos significativos de sua estrutura.

Mostrá-lo-ei, igualmente, para vocês, no detalhe da experiência analítica, e com referências que lhes permitirão ficar atentos quando de sua passagem numa sessão de análise. Vocês podem, com uma certeza de contador Geiger, discerni-lo nas referências ao registro estético que o sujeito lhes dá em suas associações, em seu monólogo desatado, entrecortado, seja sob a forma de citações, seja de recordações escolares. É claro que vocês não lidam o tempo todo com criadores, lidam porém com pessoas que tiveram algumas relações com o campo convencional, diria, da beleza. Vocês podem estar certos de que essas referências, à medida que aparecem mais singularmente esporádicas, decisivas com respeito ao texto do discurso, são correlativas de alguma coisa que se presentifica nesse momento aí, e que é sempre do registro de uma pulsão destrutiva. É no momento em que vai aparecer manifestamente num sujeito, no relato de um sonho por exemplo, um pensamento que se chama de agressivo com respeito a um dos termos fundamentais de sua constelação subjetiva, que ele tirará para vocês, segundo sua nacionalidade, tal citação da Bíblia, tal referência a um autor, clássico ou não, tal evocação musical. Indico-lhes isso hoje para mostrar que não estamos longe do texto de nossa experiência.

O belo em sua função singular em relação ao desejo não nos engoda, contrariamente à função do bem. Ela nos abre os olhos e talvez nos acomode quanto ao desejo, dado que ele mesmo está ligado a uma estrutura de engodo.

Vocês já estão vendo esse lugar ilustrado pela fantasia. Se ela é um *bem-não-toque-nisso*, como lhes dizia há pouco, a fantasia é, na estrutura desse campo enigmático, um *belo-não-toque-nisso*.

A primeira margem desse campo, nós a conhecemos, é aquela que, com o princípio do prazer, nos impede de nele entrar — a margem da dor.

Esse campo, cabe-nos interrogarmo-nos sobre o que o constitui. Pulsão de morte, diz Freud, masoquismo primário. Não é dar um pulo grande demais na questão? A dor que defende a margem constitui todo o conteúdo do campo? Todos aqueles que manifestam as exigências desse campo são, afinal, masoquistas? Digo-lhes imediatamente — creio que não.

O masoquismo, fenômeno marginal, tem em si algo quase caricatural, que as explosões moralistas do final do século XIX desnudaram bastante bem. A economia da dor masoquista acaba por se parecer com a dos bens. Queremos partilhar a dor como partilhamos um monte de outras coisas restantes, e é por pouco que não se acaba brigando em torno disso.

Mas isso não é algo onde intervém a retomada do pânico na dialética dos bens? A bem dizer, tudo no comportamento do masoquista, estou falando do masoquista perverso, nos indica que esse é um traço de estrutura em seu comportamento. Leiam Sacher-Masoch, autor extremamente instrutivo, embora de menor envergadura que Sade, e verão que, no final, a verdadeira ponta onde se projeta a posição do masoquista perverso é o desejo de se reduzir a si mesmo a esse nada que é o bem, a essa coisa que se trata como um objeto, a esse escravo que se transmite e que se partilha.

Mas, enfim, não se deve nunca ir rápido demais na ruptura das homonímias inventivas, e o fato de o masoquismo ter sido chamado por esse nome, tão longe quanto a psicanálise o fez, não foi certamente sem razão. A unidade que se depreende de todos os campos em que o pensamento analítico etiquetou o masoquismo se atém àquilo que, em todos esses campos, faz a dor participar do caráter de um bem.

Da próxima vez, interrogar-nos-emos a partir de um documento. Esse documento não é precisamente novo. Ao longo dos séculos, os comentadores ficaram afiados ao manuseá-lo. Esse texto apareceu no campo em que a moral da felicidade foi elaborada e nos dá sua subestrutura — aliás não há campo entre os gregos que tenha permanecido fechado à subestrutura. É lá onde a subestrutura é a mais retumbante, lá onde é vista mais em superfície. O que deu mais problema no decorrer dos tempos, desde Aristóteles até Hegel, até Goethe, é uma tragédia que Hegel considerava como a mais perfeita, pelas piores razões — *Antígona.*

A posição de Antígona se situa com relação ao bem criminoso. É certamente preciso um caráter inconsiderado nas rijezas de nosso tempo para se atacar de novo, ousaria dizer, esse tema focalizando a figura do tirano.

Retomaremos juntos, então, o texto de *Antígona*, que nos permitirá indicar um momento essencial por meio do qual nos tranquilizaremos em nossa investigação referente ao que o homem quer e aquilo contra o qual ele se defende, uma referência essencial — veremos o que significa uma escolha absoluta, uma escolha que nenhum bem motiva.

18 de maio de 1960

A Essência da Tragédia

um comentário da *Antígona* de Sófocles

XIX

O BRILHO DE ANTÍGONA

Sentido da catarse.
Fraqueza de Hegel.
Função do Coro.
Voto de Goethe.

Disse que lhes falaria hoje de *Antígona*.

Não somos nós que, por meio de algum decreto, fazemos de *Antígona* um ponto de virada em nossa matéria, a ética. Há muito tempo que se sabe disso, e mesmo aqueles que não o notaram não deixam de saber que, de alguma forma, isso está presente na discussão dos doutos. Quem não é capaz de evocar *Antígona* em todo conflito que nos dilacera em nossa relação com uma lei que se apresenta em nome da comunidade como uma lei justa?

O que pensar do que os doutos disseram sobre esse tema? O que pensar disso quando se refaz o percurso para si e para aqueles a quem se fala?

Pois bem, tentando nada deixar escapar do que creio ser importante, naquilo que se articulou em torno desse exemplo, tentando não privá-los, nem a mim, da ajuda que eu poderia extrair desse longo percurso histórico, tive frequentemente a impressão de me perder em circunlocuções aberrantes. Pois elas são bem estranhas, essas opiniões que se veem formuladas, no decorrer dos tempos, na escrita dos grandes.

1

Antígona é uma tragédia, e a tragédia está presente no primeiro plano de nossa experiência, a dos analistas, como é manifesto nas referências que Freud — impelido pela necessidade dos bens oferecidos por seu conteúdo mítico — encontrou em Édipo, mas também em outras tragédias. E se ele não destacou mais expressamente a de *Antígona*, não quer dizer que ela não possa ser evidenciada aqui, nesta encruzilhada para onde eu trouxe vocês. Ela aparece a nós como já o era aos olhos de Hegel, mas num outro sentido — a tragédia de Sófocles que talvez deva ser distinguida das demais.

Ainda mais pela origem do que por seu vínculo com o complexo de Édipo, a tragédia se encontra na raiz de nossa experiência, como testemunha sua palavra-chave, a palavra pivô *catarse*.

Para os ouvidos de vocês, essa palavra está certamente mais ou menos estreitamente vinculada ao termo de ab-reação, que supõe como já superado o problema que Freud articula em sua obra inaugural com Breuer, o da descarga — descarga em ato, ou até mesmo descarga motora, de algo que não é simples de definir, e onde não podemos dizer que o problema esteja para nós resolvido — descarga, dizem, de uma emoção que permaneceu suspensa. Trata-se do seguinte — uma emoção, um traumatismo pode deixar para o sujeito algo em suspenso, e isso enquanto um acordo não for encontrado. A noção de insatisfação é suficiente para preencher o papel de compreensibilidade que é aqui requisitado.

Releiam as primeiras páginas de Breuer e Freud, e verão, à luz do que tento clivar para vocês em nossa experiência, o quanto é impossível por ora contentar-se com a palavra satisfação, admitida na matéria, a dizer simplesmente, como o faz Freud, que a ação pode ser descarregada nas palavras que a articulam.

A catarse vinculada, por esse texto, ao problema da ab-reação, e que já está expressamente invocada em segundo plano, tem suas origens na Antiguidade, centradas na fórmula de Aristóteles no início do sexto capítulo de sua *Poética*, em que este articula amplamente o que é exigível na ordem dos gêneros para que uma obra seja definida como uma tragédia.

O trecho é longo, e teremos de voltar a ele. Trata-se das características da tragédia, de sua composição, do que a distingue, por exemplo, do discurso épico. Reproduzi para vocês, no quadro-negro, apenas o remate, os últimos termos desse trecho em que Aristóteles mostra o seu objetivo final, o que se chama, na articulação causal, de seu *telos.* Ele o formula — *di'eleou kai phobou peráinousa ten ton toiouton pathematon kátharsin*, meio que efetua pela piedade e pelo temor a catarse das paixões semelhantes a esta.

Essas palavras, que parecem simples, provocam no decorrer dos tempos uma vaga, um mundo de comentários, cuja história não posso nem mesmo sonhar em traçar aqui para vocês.

O que, nessa ordem, lhes forneço aqui de minhas pesquisas é sempre escolhido e circunstancial. Traduz habitualmente essa catarse por algo como *purgação.* E igualmente para nós, sobretudo para nós os médicos, esse termo adquire, desde os bancos da escola dita secundária pelos quais todos nós aqui mais ou menos passamos, uma ressonância semântica molieresca, na medida em que o molieresco não está aqui senão para traduzir o eco de um conceito médico muito antigo, aquele que, empregando os termos do próprio Molière, comporta a eliminação dos humores pecantes.

Não está longe do que o termo é feito para evocar, mas existe uma outra inflexão, e para fazê-los percebê-la imediatamente, bem posso até mostrar o que o percurso de nosso trabalho presentificou recentemente para vocês sob o nome de cátaros.

Os cátaros, o que é isso? São os puros. *Katharos* é um puro. E o termo, em sua ressonância original, não significa primeiramente iluminação, descarga, mas purificação.

No contexto da Antiguidade, certamente que o termo de catarse já era empregado numa tradição médica, em Hipócrates, com um sentido expressamente médico, mais ou menos vinculado a eliminações, descargas, retorno ao normal. Mas, por outro lado, em outros contextos, ele está vinculado à purificação e especialmente à purificação ritual. Daí uma ambiguidade que não somos os primeiros, vocês bem podem imaginar, a descobrir.

Para evocarmos um nome, dir-lhes-ei que no século XVI um tal Denis Lambin, retomando Aristóteles, coloca a função da tragédia, e o sentido cerimonial da purificação, no primeiro plano. Não se trata de dizer que ele tenha mais razão do que um outro, mas simplesmente de pontuar o espaço onde é colocada a interrogação.

De fato, não esqueçamos de que o termo de catarse permanece singularmente isolado na *Poética*, onde o recolhemos. Não que ele aí não seja desenvolvido e comentado, mas até a descoberta de um novo papiro, nada saberemos sobre ele. Pois, suponho que o saibam, da *Poética* temos apenas uma parte, aproximadamente a metade. E na metade que temos, não há nada mais além desse trecho que nos fala da catarse. Sabemos que há mais sobre ela, pois Aristóteles diz, no livro VIII na numeração da grande edição clássica Didot da *Política* — *Essa catarse sobre a qual me expliquei em outro lugar na* Poética. Trata-se, no livro VIII, da catarse com respeito à música, e é aí que, devido ao acaso das coisas, aprendemos muito mais sobre ela.

A catarse é aqui apaziguamento, obtido a partir de uma certa música, da qual Aristóteles não espera o efeito ético, nem tampouco tal efeito prático, mas o efeito de entusiasmo. Trata-se então da música mais inquietante, daquela que lhes arrancava as tripas, que os fazia sair de si mesmos, como para nós o *hot* ou o *rock'n roll*, e quanto à qual tratava-se de saber para a sabedoria antiga se era preciso ou não proibi-la.

Ora, diz Aristóteles, depois de terem passado pela prova da exaltação, do arrancamento dionisíaco, provocado por essa música, eles ficam mais calmos. Eis o que a catarse quer dizer no ponto em que ela é evocada no oitavo livro da *Política*.

Mas nem todo mundo fica nesses estados de entusiasmo, mesmo que todo mundo possa, nem que seja um pouco, ser capaz disso. Existem outros, os *pathetikoi*, em oposição aos *enthousiastikoi*. Esses outros podem ser presa de outras paixões, propriamente falando, o temor e a piedade. Pois bem, pode-se pensar que para esses também uma certa música, a música, pode-se pensar, que está em jogo na tragédia, onde ela desempenha seu papel, trará também uma catarse, um apaziguamento — pelo prazer, acrescenta Aristóteles, deixando uma vez mais interrogarmo-nos sobre o que quer dizer prazer, e em que nível, e por quê, ele é invocado nessa ocasião. Qual é então esse prazer ao qual se retorna depois de uma crise que se desenvolve numa outra dimensão, que num dado momento o ameaça, pois sabe-se a que extremos a música entusiasmadora pode levar? É aqui que a topologia que definimos, do prazer como sendo a lei do que se desenrola aquém do aparelho onde o temível centro de aspirações do desejo nos atrai, permite-nos, talvez, convergir melhor do que se fez até aqui, com a intuição aristotélica.

Seja como for, antes de voltar a articular esse para além do aparelho como o ponto central dessa gravitação, quero ainda pontuar lateralmente o que deu corpo e substância na literatura moderna ao emprego do termo de catarse em sua acepção médica.

A noção médica da catarse aristotélica é, com efeito, admitida aproximadamente de maneira geral num âmbito que ultrapassa muito o campo de nossos colegas, quero dizer os literatos, os críticos e os teóricos de literatura. Mas se procuramos determinar o momento do triunfo dessa concepção da catarse, chegamos a um ponto original para além do qual a discussão é, pelo contrário, muito ampla, e onde está longe de ser unânime que a palavra catarse tenha unicamente essa conotação médica.

A supremacia dessa conotação tem uma origem que vale a pena ser assinalada por uma pequena observação erudita — trata-se de uma obra de Jakob Bernays, publicada numa revista em Breslau, em 1857. Sou incapaz de lhes dizer por que em Breslau, por não ter podido reunir documentos biográficos suficientes sobre esse Jakob Bernays. Se dou fé ao livro de Jones, esta faz parte da família — vocês a reconheceram logo — em que Freud escolhe sua mulher, família de judeus eméritos da alta burguesia, quero dizer, tendo já há muito tempo adquirido seus títulos de nobreza na cultura alemã. Jones menciona Michael Bernays como sendo um professor em Munique, a quem sua família recriminou por muito tempo uma apostasia política, uma conversão destinada a assegurar sua carreira. Quanto a Jakob Bernays, se dou fé àquele que aceitou fazer essa pesquisa para mim, ele não é mencionado de outra forma senão como tendo tido, ele também, uma carreira emérita de latinista e helenista. Nada mais é dito senão que ele não pagou o mesmo preço por sua promoção universitária.

Eis aqui uma reimpressão, de 1880 em Berlim, de duas contribuições de Jakob Bernays à teoria aristotélica do drama. É excelente. É raro se ter tanta satisfação da leitura de uma obra universitária em geral, e particularmente universitária alemã. É de uma clareza cristalina. E não é por nada que é nessa data que se situa a adoção quase universal da versão médica da noção da catarse.

É lastimável que Jones, ele mesmo no entanto tão erudito, não tenha pensado dever valorizar, de outra maneira, a personalidade e a obra de Jakob Bernays, sobre as quais parece que não se diz absolutamente nada. É, no entanto, muito difícil pensar que Freud, que sem dúvida alguma não era insensível à fama dos Bernays, nem tenha ouvido falar dele. Teria sido possível fazer com que o emprego original que Freud pôde fazer do uso da catarse remontasse às melhores fontes.

Dito isto, ei-nos de volta àquilo de que se tratará em nosso comentário de *Antígona*, ou seja, a essência da tragédia.

2

A tragédia, dizem-nos, — e ser-nos-ia difícil não levarmos em conta uma definição que aparece apenas um século, nem mesmo isso, após a época do nascimento da tragédia —, tem por meta a catarse, a purgação das *pathemata*, das paixões, do temor e da piedade.

Como conceber essa fórmula? Abordamos aqui o problema na perspectiva onde para nós é posto no eixo aquilo que já tentamos articular referente ao lugar próprio do desejo na economia da Coisa freudiana. Isso permitir-nos-á dar o passo a mais necessitado por essa revelação histórica?

Se essa formulação parece a princípio tão fechada, devemos isso à perda de uma parte da obra de Aristóteles, e também a certo condicionamento das possibilidades mesmas do pensamento. E, no entanto, fechada, ela não nos é mais tanto assim após esse passo adiante no âmbito da ética que se articula em nosso desenvolvimento dos dois últimos anos. O que promovemos mais particularmente concernindo ao desejo permite-nos fornecer um elemento novo à compreensão do sentido da tragédia, e isso por essa via exemplar — há seguramente uma mais direta —, a função da catarse.

Antígona nos faz, com efeito, ver o ponto de vista que define o desejo.

Essa visada se dirige a uma imagem que detém não sei que mistério até aqui não articulado, já que ele fazia os olhos pestanejarem no momento em que se a olhava. Essa imagem está, no entanto, no centro da tragédia, visto que é a imagem fascinante da própria Antígona. Pois bem, sabemos que para além dos diálogos, para além da família e da pátria, para além dos desenvolvimentos moralizadores, é ela que nos fascina, em seu brilho insuportável, naquilo que ela tem que nos retém e, ao mesmo tempo, nos interdita, no sentido em que isso nos intimida, no que ela tem de desnorteante — essa vítima tão terrivelmente voluntária.

É do lado dessa atração que devemos procurar o verdadeiro sentido, o verdadeiro mistério, o verdadeiro alcance da tragédia — do lado dessa comoção que ela comporta, do lado das paixões certamente, mas das paixões singulares que são o temor e a piedade, já que por seu intermédio *di 'eleou kai phobou*, pelo intermédio da piedade e do temor somos purgados, purificados de tudo o que é dessa ordem. Essa ordem, podemos desde então reconhecê-la — é a série do imaginário propriamente dita. E somos dela purgados pelo intermédio de uma imagem entre outras.

É justamente aqui que devemo-nos colocar a questão. O que constitui o poder dissipador dessa imagem central, em relação a todas as outras, que parecem, de repente, se rebater sobre ela e esvanecer-se? A articulação da ação trágica nos esclarece sobre isso. Isso se deve à beleza de Antígona — isso, não o estou inventando, mostrar-lhes-ei o trecho do canto do Coro onde essa beleza é evocada como tal e, demonstrar-lhes-ei que é o trecho pivô — e ao lugar que ela ocupa no entredois de dois campos simbolicamente diferenciados. É certamente desse lugar que ela extrai seu brilho — esse brilho que todos aqueles que falaram dignamente da beleza jamais puderam eliminar de sua definição.

É esse lugar, como vocês sabem, que procuramos definir. Já o abordamos em nossas lições precedentes, e tentamos apreendê-lo da primeira vez pela via da segunda morte imaginada pelos heróis de Sade — a morte na medida em que é invocada como sendo o ponto onde o próprio ciclo das transformações naturais se aniquila. Esse ponto, que é aquele onde as metáforas falsas do ente (*étant*) se distinguem do que é a posição do ser, reencontraremos seu lugar, articulado como tal, como um limite, ao longo de todo o texto de *Antígona*, na boca de todos os personagens, e de Tirésias. Mas também como não o ver na própria ação? — uma vez que o meio da peça é constituído pelo momento do que se articula como gemidos, comentários, debates, apelos, em torno de Antígona condenada ao suplício. Qual suplício? O de ser encerrada viva numa tumba.

O terço central da peça é constituído pela apofania[50] detalhada que nos é dada do que significa a posição, o destino de uma vida que vai confundir-se com a morte certa, morte vivida de maneira antecipada, morte invadindo o domínio da vida, vida invadindo a morte.

Esse campo, é espantoso que os dialéticos, e até mesmo os estetas tão eminentes como um Hegel ou como um Goethe, não tenham pensado dever assinalá-lo em sua apreciação do efeito da peça.

Essa dimensão não é uma particularidade de *Antígona*. Posso propor-lhes olhar aqui e acolá, vocês encontrarão outras correspondentes sem terem de ir buscar muito longe. A zona assim definida tem uma função singular no efeito da tragédia.

É na travessia dessa zona que o raio do desejo se reflete e, ao mesmo tempo, se retrai chegando a nos dar esse efeito tão singular, o mais profundo, que é o efeito do belo no desejo.

Isso parece singularmente duplicá-lo lá onde ele prossegue seu caminho. Pois, não se pode dizer que o desejo seja completamente extinto pela apreensão da beleza — ele continua sua corrida, porém aqui mais do que em outro lugar, ele tem a impressão do engodo, de alguma forma manifestado pela zona de brilho e de esplendor onde ele se deixa arrastar. Por outro lado, sua comoção, não refratada, mas refletida, rejeitada, ele sabe que ela é a mais real. Mas aqui, não há mais objeto algum.

Daí essas duas faces. Extinção ou temperança do desejo pelo efeito da beleza, no qual insistem certos pensadores, são Tomás, que eu lhes citava na última vez. E, por outro lado, essa disrupção de todo objeto, na qual a análise de Kant insiste na *Crítica do juízo.*

Falava-lhes há pouco de comoção, *émoi*, e aproveito para detê-los nesse emprego intempestivo que é feito dessa palavra, na tradução corrente em francês, de *Triebregung* por *émoi pulsionnel.* Por que ter escolhido tão mal essa palavra? *Émoi* nada tem a ver com a emoção nem com o emocionar. *Émoi* é uma palavra francesa que está ligada a um verbo muito antigo, *émoyer*, ou *esmayer*, que quer dizer propriamente *faire perdre à quelq'un*, eu já ia dizendo, *ses moyens* se não fosse um jogo de palavras em francês, mas é justamente da potência que se trata. *Esmayer* se vincula ao velho gótico *magnan*, *mögen* em alemão moderno. Uma comoção, como todos sabem, é algo que se inscreve na ordem das relações de potência entre vocês e, propriamente falando, o que faz com que vocês as percam.[51]

Temos agora o dever de entrar nesse texto de *Antígona* buscando outra coisa que não seja uma lição de moral.

Uma pessoa totalmente irresponsável no assunto escrevia há pouco que eu não tenho a menor resistência no que se refere às seduções da dialética hegeliana. Essa crítica foi formulada no momento em que comecei a articular aqui para vocês a dialética do desejo nos termos em que desde então continuo utilizando-a, e não sei se era merecida, mas não se pode dizer que o personagem em questão seja especialmente sagaz. Seja como for, certamente não há um domínio onde Hegel me pareça mais fraco do que o de sua poética, e especialmente o que ele articula em torno de *Antígona.*

Segundo ele, existe aí conflito de discurso, no sentido em que os discursos comportam o que está essencialmente em jogo, e que, além do mais, vão sempre na direção de não sei que conciliação. Eu pergunto justamente qual pode ser a conciliação no final de *Antígona.*

E também, não é sem estupor que se lê que essa conciliação é, ainda por cima, dita subjetiva.

É em *Édipo em Colona* — não o esqueçamos, a última peça de Sófocles — que Édipo lança sua maldição derradeira sobre seus filhos, aquela que engendra a sequência catastrófica onde se inscreve *Antígona*. A peça acaba com a maldição terminal de Édipo — *Oh, jamais ter nascido...* — como falar de conciliação num tal registro?

Não estou inclinado a ter o mérito de minha indignação — outros, antes de mim, se deram conta disso. Goethe, propriamente falando, parece tê-lo percebido, um pouco que seja, ou ainda Erwin Rohde. Aliás, tive o prazer, esses últimos tempos, ao investigar sua *Psyche*, que podia, no entanto, servir-me de lugar de reunião das concepções antigas referentes à imortalidade da alma, de encontrar de passagem, nesse texto totalmente recomendável, e até mesmo admirável, o testemunho do espanto do autor diante da interpretação geralmente admitida de *Édipo em Colona*.

Tentemos lavar um pouco nossos miolos de todo esse ruído feito em torno de *Antígona*, e ir ver detalhadamente o que aí ocorre.

3

O que há em *Antígona*? Há, primeiramente, Antígona.

Vocês se deram conta de que durante toda a peça jamais se fala dela senão chamando-a de *he pais*, o que quer dizer a *guria*? Isto é para pôr as coisas nos eixos e permitir-lhes acomodarem a vista sobre o estilo da coisa. E, em seguida, há uma ação.

A questão da ação na tragédia é importantíssima. Não sei por que alguém, de quem não gosto muito, talvez porque ele sempre me foi jogado na cara, que se chamava La Bruyère, disse que chegávamos sempre tarde demais, num mundo velho demais, onde tudo havia sido dito. Quanto a mim, não me dou conta disso. Acredito que sobre a ação na tragédia há ainda muito a dizer. Não está absolutamente resolvido.

Retomando Erwin Rohde, para o qual há pouco eu dava uma boa nota, espanta-me vê-lo, num outro capítulo, explicar-nos um curioso conflito entre o autor trágico e seu tema, que consistiria no seguinte: que as leis da coisa imporiam tomar como suporte de preferência uma bela ação do que uma ação mítica. Imagino que seja para que todo o mundo já fique a par, ciente. Seria preciso valorizar a ação com o ambiente, os papéis, os personagens, os problemas, o tempo, tudo o que quiserem. Se é vero, o sr. Anouilh teve razão em nos fornecer sua pequena Antígona fascista. O conflito que resultaria do debate do poeta com seu tema seria suscetível, diz-nos Erwin Rohde, de engendrar conflitos da ação com o pensamento, a propósito dos quais ele evoca, não sem uma certa pertinência, quero dizer em ressonância com muitas coisas já ditas antes de nós, o perfil de Hamlet.

É divertido, porém é difícil sustentá-lo para vocês, se o que tentei explicar-lhes, no ano passado, em relação a *Hamlet*, serviu para alguma coisa. *Hamlet* não é absolutamente o drama de impotência do pensamento em relação à ação. Por que, no limiar dos tempos modernos, *Hamlet* seria o testemunho de uma certa debilidade do homem que está por vir com respeito à ação? Não vejo as coisas tão pretas, e nada nos obriga a vê-las, senão um clichê de decadência, no qual o próprio Freud cai, quando compara as atitudes diversas de Hamlet e de Édipo com respeito ao desejo.

Não creio que seja numa tal divergência entre a ação e o pensamento que resida o drama de Hamlet, nem tampouco o problema da extinção de seu desejo. Tentei mostrar-lhes que a singular apatia de Hamlet se deve ao móvel da própria ação, que é no mito escolhido que devemos encontrar seus motivos, que é em sua relação com o desejo da mãe e com a ciência do pai referente à própria morte que devemos encontrar sua fonte. E para dar um passo a mais, designo-lhes o lugar em que nossa análise de *Hamlet* coincide com aquela para a qual os levo, a da segunda morte.

Não se esqueçam de um dos efeitos onde se reconhece a topologia que lhes designo. Se Hamlet se detém no momento de matar Claudius, é por se preocupar com esse ponto preciso que tento definir — não lhe basta matá-lo, ele quer para ele a morte eterna do inferno. Sob o pretexto de já termos lidado o suficiente com esse inferno sentir-nos-íamos desonrados ao fazê-lo entrar um pouco aqui na análise de um texto? Mesmo que ele não acredite mais do que nós no inferno, mesmo que não tenha certeza dele, já que se questiona — *Dormir, sonhar talvez* — nem por isso Hamlet deixa de deter-se em seu ato porque ele quer que Claudius vá para o inferno.

É por não se querer apreender de perto os textos, mas por ficar na ordem daquilo que nos parece admissível, isto é, na ordem de nossos preconceitos, que perdemos, a todo momento, a ocasião de designar, nas veredas que seguimos, os limites e os pontos de ultrapassamento.

Não lhes tivesse eu ensinado aqui nada além desse método implacável de comentário dos significantes, já não teria sido em vão, pelo menos assim o espero. Espero até mesmo que não lhes reste nada além disso. Se é que aquilo que ensino tem o valor de um ensinamento, não deixarei depois de mim nenhuma oportunidade para que se possa acrescentar o sufixo *ismo*. Dizendo de outra maneira, termos que terei sucessivamente esmerado diante de vocês, e o embaraço de vocês felizmente me mostra que nenhum deles ainda não lhes pôde parecer suficientemente essencial, quer se trate do simbólico, do significante ou do desejo, nenhum desses termos, no fim das contas, jamais poderá servir, pelo meu procedimento, de amuleto intelectual para quem quer que seja.

Em seguida, na tragédia, há o Coro. O Coro, o que é? Dir-lhes-ão — *São vocês*. Ou então — *Não são vocês*. A questão não é essa. Trata-se de meios, meios emocionais. Eu diria — O Coro são pessoas que se emocionam.

Portanto, observem-no duas vezes antes de dizerem que são as emoções de vocês que estão em jogo nessa purificação. Elas estão em jogo quando, no final, não apenas elas, mas muitas outras devem ser, por meio de algum artifício, apaziguadas. Mas nem por isso elas são colocadas diretamente em jogo. Sem dúvida alguma elas estão em jogo, e vocês ali se encontram em estado de matéria disponível — mas, por outro lado, de matéria totalmente indiferente. Quando vocês vão ao teatro à noite, vocês pensam em seus pequenos afazeres, na caneta que perderam durante o dia, no cheque que terão de assinar no dia seguinte — portanto, não confiemos tanto em vocês. Toma-se conta da emoção de vocês numa saudável disposição da cena. O Coro se encarrega disso. O comentário emocional é realizado. Essa é a maior chance de sobrevivência da tragédia antiga — ele é realizado. Ele é tolo justo o necessário, ele tampouco deixa de ser firme, ele é mais humano.

Vocês estão, portanto, libertos de toda preocupação — mesmo que não sintam nada, o Coro terá sentido por vocês. E até mesmo, afinal, por que não imaginar que o efeito pode ser obtido em vocês, em pequenas doses, mesmo que vocês não tenham palpitado intensamente? Na verdade, não estou tão certo de que o espectador sinta tanta palpitação. Em compensação, tenho certeza de que ele fica fascinado pela imagem de Antígona.

Aqui ele é espectador, mas, ainda lhes pergunto, espectador de quê? Qual é a imagem que Antígona apresenta? Essa é a questão.

Não confundamos essa relação com a imagem privilegiada e o conjunto do espetáculo. O termo de espetáculo, habitualmente empregado para discutir o efeito da tragédia, parece-me totalmente problemático se não delimitamos o campo daquilo que ele trata.

No nível do que ocorre no real, ele é preferencialmente o ouvinte. E quanto a isso, não poderia felicitar-me por demais por concordar com Aristóteles, para quem todo o desenvolvimento das artes teatrais se produz no nível da audição, o espetáculo estando, para ele, disposto à margem. Não que a técnica nada represente, mas não é o essencial, assim como a elocução na retórica. O espetáculo é aqui um meio secundário. Isso recoloca no devido lugar as preocupações modernas ditas de mise-en-scène. Os méritos da mise-en-scène são grandes, eu os aprecio sempre, quer seja no teatro ou no cinema, mas não esqueçamos que só são importantes uma vez que, se me permitam uma liberdade de linguagem, nosso terceiro olho não está suficientemente duro — com a mise-en-scène ele é um pouco excitado.

A respeito disso não pretendo entregar-me ao prazer moroso que eu denunciava há pouco falando de uma decadência qualquer do espectador. Não acredito em nada disso. O público deve sempre ter estado no mesmo nível, sob um certo ângulo. *Sub specie aeternitatis*, tudo se equivale, tudo está sempre aí — simplesmente, nem sempre no mesmo lugar.

Mas, digo-lhes de passagem, é preciso ser verdadeiramente um aluno de meu seminário, quero dizer alguém especialmente atento, para chegar a encontrar alguma coisa no espetáculo da *Dolce Vita*.

Fico maravilhado com o murmúrio de prazer que esse nome parece ter provocado num grande número de membros desta assembleia. Quero acreditar que esse efeito é apenas devido ao momento ilusionante produzido pelo fato de que as coisas que digo são justamente feitas para valorizarem uma certa miragem, que, com efeito, é aproximadamente a única que é visada nessa sucessão de imagens. Mas ela não é atingida em nenhuma parte, salvo, devo dizê-lo, num único momento. O momento em que, de madrugada, os boas-vidas, no meio de tonéis de pinho, à beira da praia, após terem permanecido imóveis e como que desaparecendo da vibração da luz, põem-se de repente a andar em direção a não sei que objetivo, que é aquele que deu tanto prazer a muitos que lá reencontraram minha famosa Coisa, isto é, não sei o que de nojento saindo do mar com uma rede. Graças a Deus que ainda não se viu isso no momento em que lhes estou falando. Só que os boas-vidas se põem a andar, e continuarão quase da mesma forma invisíveis, e são totalmente semelhantes a estátuas movendo-se no meio das árvores de Uccelo. Há aqui efetivamente um momento privilegiado e único. É preciso que os outros, aqueles que ainda lá não foram reconhecer o ensinamento de meu seminário, vejam. É bem no final, o que lhes permitirá comprarem suas entradas, se ainda houver, no momento certo.

Ei-nos, portanto, aqui no ponto de nossa *Antígona*.

Nossa Antígona portanto, ei-la aqui no momento de entrar na ação na qual a seguiremos.

4

O que mais vou-lhes dizer hoje? Hesito. É tarde. Gostaria de pegar esse texto de ponta a ponta para fazer com que vocês apreendessem seus móveis.

Há contudo algo que vocês poderiam fazer até a próxima vez — lê-lo. Não creio que o fato de ter-lhes advertido da última vez que lhes falaria de *Antígona* tenha bastado para fazer com que vocês sequer o percorressem, visto o nível habitual do zelo de vocês. Não seria totalmente desinteressante que o fizessem para a próxima vez.

Há mil maneiras de fazê-lo. Primeiramente, numa edição crítica do sr. Robert Pignarre. Para aqueles que sabem grego, recomendaria a tradução justalinear, pois o ao pé da letra é terrivelmente instrutivo, e farei com que vocês apreendam a que ponto nossas referências são tão perfeitamente articuladas por significantes no texto que não terei de ir buscar um deles aqui e acolá. Seria uma sanção por demais arbitrária se eu encontrasse às vezes uma palavra que fizesse ressonância com aquilo que pronuncio. Mostrar-lhes-ei, pelo contrário, que as palavras que pronuncio são aquelas que vocês encontram de ponta a ponta como um fio único, e que dão verdadeiramente seu molde à peça.

Há ainda algo que gostaria de lhes assinalar.

Um dia Goethe, falando com Eckermann, divagava ligeiramente. Alguns dias antes, ele tinha inventado o canal de Suez e o canal do Panamá. Devo dizer que é assaz brilhante, em 1827, ter uma visão extremamente clara sobre o tema da função histórica desses dois utensílios. Em seguida, um belo dia, lê-se um livro que acaba de sair, completamente esquecido, do Irish, que faz um lindíssimo comentário sobre Antígona, que conheço através de Goethe.

Não vejo em que ele se distingue do comentário hegeliano, sendo mais fraco, mas tem coisas engraçadas. Aqueles que de vez em quando criticam Hegel pela extrema dificuldade de suas enunciações triunfarão aqui, sob a autoridade de Goethe, ao verem confirmadas suas ralhações. Goethe retifica certamente aquilo que está em questão para Hegel, o qual opõe Creonte a Antígona como dois princípios da lei, do discurso. O conflito será então vinculado às estruturas. Goethe mostra, pelo contrário, que Creonte, impelido por seu desejo, manifestamente sai do seu caminho e procura romper a barreira, visando seu inimigo Polinices para além dos limites em que lhe é permitido atingi-lo — ele quer precisamente golpeá-lo com essa segunda morte que ele não tem direito algum de infligir-lhe. Creonte desenvolve todo seu discurso nesse sentido e, por essa única razão, ele corre ao encontro de sua própria perda.

Se não é exatamente dito dessa forma, isso está implícito para Goethe, e entrevisto por ele. Não se trata de um direito que se opõe a um direito, mas de uma iniquidade que se opõe — a quê? A outra coisa, que Antígona representa. Digo-lhes, não é simplesmente a defesa dos direitos sagrados do morto e de sua família, nem tampouco o que quiseram representar para nós de uma santidade de Antígona. Antígona é levada por uma paixão, e trataremos de saber por qual.

Mas há uma coisa singular, é que Goethe nos diz ter ficado chocado, contrariado por um trecho de seu discurso. Embora tudo tenha sido transposto, sua prisão, seu desafio, sua condenação, até mesmo seu gemido, embora ele se encontre realmente à beira dessa famosa tumba, já para além de seu calvário cujo percurso seguimos, Antígona para para se justificar. Embora ela mesma pareça ter-se abrandado numa espécie de *Meu pai, por que me abandonastes?*, ela se corrige dizendo — Saibam-no, eu não teria desafiado a lei dos cidadãos por um marido ou um filho a quem tivessem recusado a sepultura, pois, afinal, diz ela, se eu tivesse perdido um marido nessas condições eu poderia ter arrumado um outro, assim como se eu tivesse perdido um filho com o marido, eu poderia ter tido um outro filho com um outro marido. Mas aqui se trata de meu irmão Auradephos, nascido do mesmo pai e da mesma mãe. Esse termo grego, que liga alguém ao irmão e à irmã, percorre toda a peça, e aparece desde o primeiro verso, quando Antígona fala com Ismene. Agora que o pai e a mãe estão escondidos no Hades, não há mais nenhuma chance de que irmão algum jamais nasça.

metros d'en Haidou kai patros kekeuthotoin
ouk est'adelphos an blastio pote

Aqui o sábio de Weimar acha, contudo, que isso é um tanto esquisito. Ele não é o único. No decorrer dos tempos, a razão dessa extraordinária justificação sempre deixou as pessoas vacilantes. É bem preciso que alguma loucura sempre se abata sobre os mais sábios discursos, e Goethe não pode deixar de permitir que um voto lhe escape — anseio, diz ele, que um erudito nos mostre um dia que esse trecho foi interpolado.

É a verdade de um homem reservado e que conhece o valor de um texto, que sabe sempre abster-se de formular de maneira antecipada — pois não seria então introduzir aí todos os riscos? —, e naturalmente quando se faz tal voto, pode-se sempre ficar esperando que ele se realize. Houve porém quatro ou cinco eruditos ao longo do século XIX para dizerem que isso não tinha cabimento.

Uma história, que se diria semelhante, estaria em Heródoto no terceiro livro. Na verdade, não há muita relação, exceto que se trata de vida e morte e também de irmão, pai, esposo e filho — trata-se de uma mulher a quem se oferece, após suas lamentações, a escolha de uma pessoa a quem agraciar em sua família, que se encontra inteiramente implicada numa condenação global tal como podia ocorrer na corte dos persas, e ela explica por que ela prefere o irmão ao marido. Por outro lado, não é por esses dois trechos se assemelharem que se deve pensar que o outro é uma cópia do primeiro. E por que essa cópia seria introduzida aqui? Em outros termos, esse trecho é tão pouco apócrifo que esses dois versos são citados aproximadamente oitenta anos mais tarde por Aristóteles no terceiro livro de sua *Retórica*, onde se trata de como se deve fazer para explicar seus atos. É difícil pensar que alguém que viveu oitenta anos depois de Sófocles teria citado esses versos, na qualidade de exemplo literário, se eles trouxessem em si mesmos a carga de tanto escândalo. Isto torna contudo duvidosa, nem que seja um pouco, a tese da interpolação.

No final das contas, esse trecho, justamente por trazer consigo esse caráter de escândalo, é talvez propício a nos reter. Vocês já o podem entrever — ele só está aí para nos fornecer um apoio a mais ao que tentaremos definir da próxima vez como sendo a visada de *Antígona*.

25 de maio de 1960

XX

As articulações da peça

Gostaria hoje de tentar falar-lhes de *Antígona*, a peça de Sófocles escrita em 441 a.C., e, mais exatamente, da economia dessa peça.

Na categoria do belo, apenas o exemplo, diz Kant — é totalmente diferente do objeto —, pode fundar a transmissão na medida em que ela é possível e mesmo exigida. Ora, em todos os sentidos, esse texto merece desempenhar esse papel para nós.

Vocês sabem, por outro lado, que recolocamos aqui em questão a função do belo, em relação ao que abordamos, como sendo a visada do desejo. Em suma, algo de novo sobre a função do belo pode aqui vir à luz. É neste ponto que estamos.

É apenas um ponto de nosso caminho. Não te espantes com a extensão do caminho, diz Platão a certa altura de *Fedra*, que é justamente um diálogo sobre o belo, não te espantes se grande é o desvio, pois é um desvio necessário.

Hoje, portanto, avancemos no comentário de *Antígona*.

Leiam esse texto admirável, é um ápice inimaginável, de um rigor aniquilador, que não tem equivalente na obra de Sófocles a não ser o *Édipo em Colona*, sua obra derradeira, feita em 401.

Vou tentar reaproximá-los desse texto para fazê-los apreciar seu cunho extraordinário.

1

Dissemos, portanto, da última vez — há Antígona, há algo que ocorre, há o Coro.

Por outro lado, trouxe-lhes, sobre a natureza da tragédia, o remate da frase de Aristóteles sobre a piedade e o temor efetuando a catarse das paixões dessa espécie, essa famosa catarse cujo sentido verdadeiro tentaremos, no final, apreender. Goethe quis, estranhamente, ver a função desse temor e dessa piedade na própria ação — a ação fornecer-nos-ia o modelo de um equilíbrio entre o temor e a piedade. Não é certamente isso que nos diz Aristóteles — que nos resta ainda como um caminho fechado, por esse curioso destino que quer que tenhamos tão pouca coisa para apoiar o que ele disse em seu texto, em razão das perdas que se produziram pelo caminho.

Mas vou fazer-lhes imediatamente uma observação. À primeira vista, dos dois protagonistas que são Creonte e Antígona, reparem bem — primeiro aspecto — que não parecem, nem um nem outro, conhecer o temor ou a piedade. Se vocês duvidam disso é porque não leram *Antígona* e, como vamos lê-la juntos, penso fazê-los sentir isso de perto.

No segundo aspecto, não é *parece*, mas *certo é* que pelo menos um dos dois protagonistas, até o fim, não conhece nem temor nem piedade, e é Antígona. É por isso, entre outras coisas, que ela é o verdadeiro herói. Enquanto que no final Creonte deixa-se tocar pela piedade, e se isso não é a causa de sua perda, é certamente seu sinal.

Retomemos agora as coisas no início.

Não se trata nem mesmo de que Creonte tenha as primeiras palavras a dizer. A peça, tal como é construída por Sófocles, apresenta-nos primeiro Antígona em seu diálogo com Ismene, afirmando, desde as primeiras réplicas, seus propósitos e suas razões. Creonte nem mesmo aí está, para pôr o outro em destaque, e é secundariamente que o vemos aparecer. Não obstante ele é essencial à nossa demonstração.

Creonte vem ilustrar aí uma função que demonstramos quanto à estrutura da ética trágica, que é a da psicanálise — ele quer o bem. O que, afinal, é o seu papel. O chefe é aquele que conduz a comunidade. Ele está aí para o bem de todos.

Qual é a sua falta? Aristóteles nos diz, com um termo que ele promove como essencial do móvel da ação trágica — *hamartia*. Temos alguma dificuldade em traduzi-lo. *Erro*, e inflectindo na direção ética, *erro de julgamento*, assim o interpretamos. Talvez não seja tão simples.

Disse-lhes da última vez, mais de um século separa a época da grande criação trágica de sua interpretação num pensamento filosofante. Minerva só se levanta, como já dissera Hegel, no crepúsculo. Não estou muito seguro, mas podemos relembrar esse termo, essa fórmula frequentemente evocada, para pensar que há, contudo, alguma distância que separa o ensinamento próprio dos ritos trágicos de sua interpretação posterior na ordem de uma ética que é, em Aristóteles, ciência da felicidade.

Não obstante, é verdade, podemos, mesmo assim, reparar nisto. E empenhar-me-ei, de bom grado, em conseguir encontrar nas outras tragédias, especialmente nas de Sófocles, a *hamartia* — ela existe, ela é confessada. Os termos de *hamartanein* e *hamartémata* encontram-se no discurso do próprio Creonte, quando ele se abate, no final, sob os golpes do destino, mas a *hamartia* não está no nível do verdadeiro herói, ela está no nível de Creonte.

Seu erro de julgamento — que aqui podemos aproximar mais do que nunca o fizera ainda o pensamento amigo da sabedoria — é de querer fazer o bem de todos, não diria o Bem Supremo — pois não esqueçamos que é muito antigo, 441 a.C., e que do Bem Supremo, nosso amigo Platão ainda não nos havia forjado a miragem —, mas a lei sem limites, a lei soberana, a lei que transborda, ultrapassa o limite. Ele nem se dá conta de que transpõe esse famoso limite, do qual se acredita ter-se dito o bastante dizendo que Antígona o defende, que se trata das leis não escritas da *Dike.* Acredita-se ter-se dito o bastante quando disso se faz a Justiça, o Dizer dos deuses — não se disse grande coisa, e certamente é sobre um outro campo que Creonte, como um inocente, transborda.

Observem que sua linguagem é perfeitamente conforme ao que em Kant se chama conceito, *Begriff*, do bem. É a linguagem da razão prática. Sua interdição concernindo à sepultura recusada a Polinices, traidor, inimigo da pátria, é fundada no fato de que não se pode igualmente honrar aqueles que defenderam a pátria e aqueles que a atacaram. Do ponto de vista kantiano trata-se justamente de uma máxima que pode ser dada como regra de razão tendo valor universal. Destarte, o espetáculo trágico não nos mostra a objeção primeira, *avant la lettre*, numa pré-formulação, antes do encaminhamento ético que, de Aristóteles a Kant, leva-nos a destacar a identidade primeira da lei e da razão? O bem não poderá reinar sobre tudo sem que apareça um excesso, de cujas consequências fatais nos adverte a tragédia.

Esse famoso campo para o qual se trata de não transbordar de modo algum, qual é? Dizem-nos. É lá que reinam as leis não escritas, a vontade, ou melhor, a *Dike* dos deuses. Mas aí é que está, nós não sabemos mais nada do que são os deuses. Não esqueçamos que nos encontramos, há algum tempo, sob a lei cristã, e para reencontrar o que são os deuses é preciso que façamos etnografia. Se vocês lerem esse *Fedra*, do qual falava-lhes há pouco, que é um encaminhamento que diz respeito à natureza do amor, verão que mudamos muito o eixo das palavras que servem para visar esse amor.

Que amor é esse? Será o que, após as oscilações da aventura cristã, chamamos de amor sublime? É efetivamente muito próximo disso, embora alcançado por outras vias. Será o desejo? Será que é aquilo que alguns acreditam que identifico com esse campo central, ou seja, não sei que mal natural no homem? Será aquilo que num dado momento Creonte chama de anarquia? Seja como for, verão em *Fedra* que a maneira pela qual os amantes agenciam o amor varia segundo a *epopsia* da qual participaram, o que quer dizer iniciação, no sentido que possui esse termo no mundo antigo, designando cerimônias muito precisas durante as quais se produzem esses mesmos fenômenos que no decorrer dos tempos — e ainda atualmente, contanto que se façam deslocamentos de latitude sobre a superfície do globo — pode-se encontrar sob a forma de transes ou de fenômenos de possessão, em que um ser divino se manifesta pela boca daquele que dá, digamos assim, seu concurso.

Platão nos diz assim que aqueles que tiveram a iniciação de Zeus não reagem no amor como aqueles que tiveram a iniciação de Ares. Substituam esses nomes por aqueles que, em tal estado do Brasil, podem servir para designar tal espírito da terra, da guerra, tal divindade soberana — não estamos aqui para fazer exotismo, mas é justamente disso que se trata.

Em outros termos, esse campo não nos é mais muito acessível senão do ponto de vista exterior, da ciência, da objetivação, mas não faz parte, para nós cristãos, formados pelo cristianismo, do texto no qual se coloca efetivamente a questão. Nós, cristãos, varremos desse campo os deuses, e é justamente aquilo que colocamos em seu lugar que aqui está em questão, à luz da psicanálise. Nesse campo, o que resta como limite? — limite que certamente estava aí desde sempre, mas que certamente apenas permanece, e marca suas arestas, no campo desertado por nós, cristãos. Essa é a questão que aqui ouso colocar.

O limite de que se trata, essencial a ser situado para que dele apareça, por reflexão, um certo fenômeno, que numa primeira aproximação chamei de fenômeno do belo, é o que comecei a definir como o limite da segunda morte.

Eu o produzi, para vocês, inicialmente em Sade, como aquele que gostaria de acossar a natureza no princípio mesmo de sua potência formadora, regulando as alternâncias da corrupção e da geração. Para além dessa ordem, que para nós já não é nada fácil pensar e assumir pelo conhecimento, para além, diz-nos Sade, aqui tomado como referência de um momento do pensamento cristão, há alguma coisa, uma transgressão é possível, que ele chama de *crime*.

O sentido do crime, como lhes mostrei, só pode ser uma fantasia derrisória, mas o que está em questão é o que o pensamento designa. O crime seria o que não respeita a ordem natural. E o pensamento de Sade chega até a forjar esse excesso verdadeiramente singular — inédito, certamente, na medida em que antes dele isso não tinha sido muito articulado, pelo menos aparentemente, embora não saibamos o que as seitas místicas há muito tempo puderam formular — que, por meio do crime, está no poder do homem liberar a natureza das correntes de suas próprias leis. Pois suas próprias leis são correntes. A reprodução das formas em torno das quais suas possibilidades, ao mesmo tempo, harmônicas e inconciliáveis vêm-se ocultar num impasse de conflitos, é tudo isso que é preciso afastar para forçá-la, digamos assim, a recomeçar a partir do nada. Tal é a visada do crime. Não é por nada que o crime é, para nós, um horizonte de nossa exploração do desejo, e que foi a partir de um crime original que Freud teve de tentar reconstruir a genealogia da lei. As fronteiras do *a partir de nada*, do *ex nihilo*, é nesse ponto, disse-lhes nos primeiros passos de nossas conversas deste ano, que um pensamento que se quer rigorosamente ateu se sustenta. Um pensamento rigorosamente ateu se situa na perspectiva do criacionismo, e em nenhuma outra.

Da mesma forma, para ilustrar que o pensamento sádico se sustenta justamente nesse limite, nada é mais exemplar do que a fantasia fundamental em Sade, aquela que as mil imagens extenuantes que ele nos dá da manifestação do desejo nada mais fazem do que ilustrar. Essa fantasia é a de um sofrimento eterno.

No enredo sádico típico o sofrimento não leva a vítima a esse ponto que a dispersa e que a aniquila. Pelo contrário, parece que o objeto dos tormentos deve conservar a possibilidade de ser um suporte indestrutível. A análise mostra claramente que o sujeito destaca um duplo de si mesmo, que ele torna inacessível ao aniquilamento, para fazê-lo suportar o que se deve chamar, no caso, por um termo extraído do âmbito da estética, dos jogos da dor. Pois trata-se justamente aí da mesma região que aquela em que os fenômenos da estética se deleitam, um certo espaço livre. E é nisso que reside a conjunção entre os jogos da dor e os fenômenos da beleza, jamais ressaltada, como se pesasse sobre ela não sei que tabu, não sei que interdição parente dessa dificuldade que conhecemos bem em nossos pacientes confessando o que é, propriamente falando, da ordem da fantasia.

Mostrar-lhes-ei isso, tão manifesto no texto de Sade que acaba não se vendo. As vítimas estão sempre ornadas não apenas com todas as belezas, mas com a própria graça, sua derradeira flor. Como explicar essa necessidade senão inicialmente porque é preciso encontrá-la escondida, sempre iminente, por qualquer lado que abordemos o fenômeno, pelo lado da exposição emotiva da vítima e pelo lado igualmente de toda a beleza por demais exposta, por demais bem produzida, que deixa o homem interditado diante da imagem, delineada atrás dela, daquilo que a ameaça. Mas de quê? — pois não é de aniquilamento.

Isso é tão essencial que tenho a intenção de fazê-los percorrer de novo, sobre a questão, os textos de Kant, tão extraordinariamente rigorosos, sobre a natureza da beleza na *Crítica do juízo*. Deixo-os aqui entre parênteses, com a exceção da observação seguinte. As formas que se exercem no conhecimento, diz-nos Kant, tomam parte no fenômeno do belo, mas sem que o objeto esteja concernido. Vocês não estão apreendendo a analogia com a fantasia sádica? — em que objeto só se encontra aí enquanto poder de um sofrimento, que, ele mesmo, é apenas o significante de um limite. O sofrimento é aí concebido como uma estase que afirma que o que é não pode entrar de novo no nada de onde saiu.

É justamente aqui o limite que o cristianismo erigiu no lugar de todos os outros deuses, sob a forma desta imagem exemplar que secretamente puxa para ela todos os fios de nosso desejo — a imagem de crucificação. Se ousamos, não digo olhá-la de frente — depois de tanto tempo que existem místicos que se absorvem nisso, pode-se esperar que ela tenha sido afrontada —, mas falar dela de forma direta, o que é mais difícil, diremos nós que é algo que podemos chamar, *avant la lettre*, numa pré-formulação de apoteose do sadismo? — quer dizer a divinização de tudo o que resta nesse campo, ou seja, desse limite em que o ser subsiste no sofrimento, pois, de outra forma, ele não pode senão por intermédio de um conceito, que representa, aliás, a retirada de todos os conceitos em jogo, o de *ex nihilo.*

Que me baste lembrar o que vocês, analistas, podem sentir de perto — a que ponto a fantasia que guia o desejo feminino, dos devaneios das mocinhas puras até os acoplamentos das matronas, pode ser literalmente envenenada pela imagem promovida do Cristo sobre a cruz? Devo ir mais longe? — e dizer que em torno dessa imagem a cristandade santamente crucifica o homem desde séculos. Santamente.

Há algum tempo descobrimos que os administradores são santos. Não se pode reverter as coisas? — e dizer que os santos são administradores, os administradores do acesso ao desejo, pois, a operação da cristandade sobre o homem é prosseguida em nível coletivo. Os deuses mortos no coração dos cristãos são acossados pelo mundo afora pela missão cristã. A imagem central da divindade cristã absorve todas as outras imagens do desejo no homem, com algumas consequências. Talvez estejamos na história à beira disto — é o que na linguagem do administrador lhes é designado em nossa época pela expressão de problemas culturais dos países subdesenvolvidos.

Não estou aqui para lhes prometer, depois disso, uma surpresa, boa ou má. Ela virá a vocês, como se diz em *Antígona*, muito em breve.

Voltemos a *Antígona.*

2

Antígona é a heroína. É aquela que fornece a via dos deuses. É aquela que, traduzem do grego, é feita mais para o amor do que para o ódio. Em suma, é uma pessoinha verdadeiramente delicada e charmosa se se acredita nesse tipo de comentário mixuruca que constitui o estilo do que sobre isso dizem os bons autores.

Gostaria simplesmente, para introduzi-lo, de fazer algumas observações e, para chegar imediatamente à meta, de dizer-lhes o termo no qual se centra o drama de Antígona, termo repetido vinte vezes, o que, num texto tão curto, soa como quarenta, o que não impede que se possa também não o ler — *ate.*

Essa palavra é insubstituível. Ela designa o limite que a vida humana não poderia transpor por muito tempo. O texto do Coro é aí significativo e insistente — *ektos atas.* Para além dessa *Até*, só se pode passar um tempo muito curto, e é lá que Antígona quer ir. Não se trata de uma expedição enternecedora. Vocês têm da própria boca de Antígona o testemunho do ponto em que ela está — literalmente, ela não aguenta mais. Sua vida não vale a pena ser vivida. Ela vive na memória do drama intolerável daquele a partir do qual surgiu essa linhagem que acaba de se aniquilar sob a figura de seus dois irmãos. Ela vive no lar de Creonte, submetida à sua lei, e é isso que ela não pode suportar.

Ela não pode suportar, dirão vocês, depender de um personagem que ela execra. Mas, afinal, por quê? Ela tem casa e comida e, em Sófocles não a casam, como Electra em Giraudoux. Aliás, não acreditem que seja Giraudoux que tenha inventado isso, foi Eurípides, mas neste não a casam com o jardineiro. Portanto, é assim, Antígona não pode suportar isso, e isso pesa, com todo seu peso, para explicar-nos sua resolução, afirmada desde o início em seu diálogo com Ismene.

Esse diálogo é de uma crueldade excepcional. Ismene lhe faz observar — Escuta, realmente na situação em que estamos, já não temos muita folga, não exageremos. Diante disso, Antígona imediatamente dá um pulo — Agora, sobretudo, não voltes mais atrás sobre o que acabas de dizer, pois, mesmo que queiras sou eu quem não te quer mais. E o termo de *ekhthra*, inimizade, é emitido imediatamente no que diz respeito às relações com sua irmã e ao que ela reencontrará no Além quando reencontrar seu irmão morto. Aquela que mais tarde dirá *Eu sou feita para partilhar o amor e não o ódio* apresenta-se imediatamente com a palavra de inimizade.

Na sequência dos acontecimentos, quando sua irmã tornará a vir em sua direção para partilhar seu destino, ainda que não tenha cometido a ação proibida, ela a repelirá igualmente com uma crueldade e um desprezo que ultrapassam em requinte todos os limites, pois ela lhe diz — Fica com Creonte que tanto amas.

Eis aí, portanto, para dar a silhueta do enigma que Antígona nos apresenta — o de um ser desumano. Não a situemos no registro da monstruosidade, pois, o que isso significaria de nossa parte? Isso é bom para o Coro, presente durante a história inteira, e que num dado momento, após uma dessas réplicas de cortar o fôlego que são as de Antígona, brada — *Ela é omos.* Traduz-se isso como se pode, por *inflexível.* Quer dizer literalmente algo de não civilizado, de cru — o termo de crueza corresponde melhor quando é utilizado para se falar dos comedores de carne crua. É o ponto de vista do Coro. Ele não entende nada disso. Ela é tão *omos* quanto seu pai, eis o que ele diz.

Que Antígona saia deste modo dos limites humanos, o que isso quer dizer para nós? — senão que seu desejo visa precisamente isto — para além da *Até*.

A mesma palavra, *Até*, serve em *atroz*. Trata-se disso e é o que o Coro repete num dado momento de sua intervenção com uma insistência técnica. Aproxima-se ou não se aproxima de *Até* e, quando se aproxima, é em razão de algo que está ligado no caso a um começo e a uma cadeia, a da desgraça da família dos Labdácidas. Quando dela se começou a se aproximar as coisas se encadeiam em cascata e, o que se encontra no fundo do que ocorre em todos os níveis dessa linhagem, é, diz-nos o texto, um *mêrimna* que é quase a mesma palavra que *mneme* com a inflexão de *ressentimento*. Mas é muito errado traduzi-lo assim, pois, ressentimento é uma noção psicológica, enquanto que *mêrimna* é uma dessas palavras ambíguas entre o subjetivo e o objetivo, que nos dão, propriamente falando, os termos da articulação significante. O *mêrimna* dos Labdácidas é o que impele Antígona para as fronteiras da *Até*.

Com certeza pode-se traduzir *Até* por *desgraça*, mas isso não tem nada a ver com a desgraça. Esse é o sentido certamente atribuído, pode ela dizer, pelos deuses com certeza implacáveis, que a constitui sem piedade nem temor. É o que, para fazê-la aparecer a nós no momento de seu ato, dita ao poeta essa imagem fascinante — uma primeira vez nas trevas ela foi recobrir o corpo do irmão com uma camada fina de poeira que o cobre o suficiente para que seja velado à vista. Pois não se pode deixar ostentando na cara do mundo essa podridão onde os cães e os pássaros vêm arrancar retalhos para levá-los, diz-nos o texto, para os altares, no âmago das cidades, onde vão disseminar, ao mesmo tempo, o horror e a epidemia.

Antígona fez, portanto, uma vez esse gesto. O que está para além de um certo limite não deve ser visto. O mensageiro vai contar o ocorrido a Creonte e assegura que nenhum vestígio foi encontrado, que não se pode saber quem o fez. É dada ordem de dispersar de novo a poeira. E desta vez Antígona é surpreendida. O mensageiro que retorna descreve-nos o que ocorreu nos seguintes termos — primeiro eles limparam o cadáver daquilo que o cobria, em seguida posicionaram-se na direção do vento para evitar as emanações medonhas, pois isso fede. Mas um vento forte começou a soprar e a poeira foi preenchendo a atmosfera e até mesmo, diz o texto, o grande éter. E nesse momento em que todos se abrigam como podem, se encapucham em seus próprios braços, se soterram diante da mudança de aspecto da natureza, com a aproximação do obscurecimento total, do cataclismo, é aí que se manifesta a pequena Antígona. Ela reaparece ao lado do cadáver soltando, diz o texto, os gemidos do pássaro cujos filhotes foram arrebatados.

Imagem singular. Mais singular por ser retomada e repetida pelos autores. Extraí de *As Fenícias* de Eurípides os quatro versos onde, lá também, ela é comparada à mãe abandonada por uma ninhada dispersada, soltando seus gritos, patéticos. Isso mostra bem o que sempre simboliza na poesia antiga a evocação do pássaro. Não esqueçamos o quanto os mitos pagãos estão próximos do pensamento da metamorfose — pensem na transformação de Filêmon e Baucis. Aqui é o rouxinol que se delineia em Eurípides como a imagem na qual o ser humano parece transformar-se no nível dessa queixa. O limite em que aqui nos situamos é aquele mesmo em que se situa a possibilidade da metamorfose que, veiculada no decorrer dos séculos como que escondida na obra de Ovídio, retoma todo seu vigor, sua virulência, nessa virada da sensibilidade europeia que é o Renascimento, para explodir no teatro de Shakespeare. Eis o que é Antígona.

A ascensão da peça vai desde então ser-lhes acessível.

Preciso preparar o terreno, mas é impossível não fazer caso, de passagem, de alguns versos colocados na boca de Antígona. Os versos 48, 70 e 73, onde retumba uma espécie de idiotismo de Antígona que se manifesta no remate, no final da frase, da palavra *meta*.

Meta é *com* e também *após*. As preposições em grego não têm a mesma função que em francês, assim como as partículas desempenham em inglês um papel que vocês não conhecem em francês. *Meta* é, propriamente falando, aquilo que visa ao corte. A propósito do edito de Creonte ela replica — Mas ele nada tem a ver *com* aquilo que me diz respeito. Num outro momento, diz ela a sua irmã — Se agora ainda quisesses vir *comigo* efetuar esse trabalho danado eu não mais te aceitaria. Ela diz a seu irmão — Repousarei, amigo amoroso, quase amante, aqui *junto* a ti. *Meta* é colocado cada vez no remate do verso numa posição invertida, pois, habitualmente, essa preposição é colocada como *avec* em francês antes da palavra.[52] Esse traço indica-nos de maneira significante o modo de presença cortante, decidido de nossa Antígona.

Dispenso-os, portanto, dos detalhes de seu diálogo com Ismene. O comentário seria interminável, levaria um ano. Lamento não poder conter nos limites do seminário a extraordinária substância desse estilo e de sua escansão. Passo adiante. Após essa entrada no assunto, que mostra bem que os dados são lançados, temos o Coro. Essa alternância ação/Coro, nós a reencontramos no decorrer do drama, cinco vezes, creio.

Mas, atenção. Diz-se — A tragédia é uma ação. Será *ágein*? Será *práttein?* Na verdade, é preciso escolher. O significante introduz duas ordens no mundo, a verdade e o acontecimento. Mas querendo-se mantê-lo no nível das relações do homem com a dimensão da verdade não se pode fazer com que sirva, ao mesmo tempo, para a pontuação do acontecimento. Na tragédia em geral, não há nenhuma espécie de verdadeiro acontecimento. O herói e o que está à sua volta situam-se em relação ao ponto de visada do desejo. O que ocorre são desabamentos e amontoamentos de diversas camadas da presença dos heróis no tempo. É isso que fica indeterminado — no desabamento do castelo de cartas que a tragédia representa uma coisa pode fixar-se antes de uma outra, e o que se reencontra no final quando se desvira o total pode apresentar-se de diferentes maneiras.

Ilustração disso — após haver bradado que jamais cederia em nada de suas posições de responsável, Creonte, quando papai Tirésias lhe deu bastante bronca, começa a ter medo. Ele diz, então, ao Coro — no entanto não é preciso? É preciso que eu ceda? Ele o diz em termos que do ponto de vista que lhes desenvolvo, são de uma extraordinária precisão, pois, a *Até*, vem ainda aí com uma oportunidade particular. Nesse momento, é claro que se ele tivesse primeiro ido à tumba antes de prestar enfim, à tarde, as honras fúnebres ao cadáver, o que contudo toma tempo, o pior talvez tivesse sido evitado.

Só que, eis a questão, não é provavelmente sem razões que ele começa pelo cadáver — ele quer estar em paz, como se diz, com sua consciência. É sempre isso, creiam-me, que faz perder alguém na via das reparações. Isso é apenas uma pequena ilustração, pois a todo instante, no desenvolvimento do drama, a questão da temporalidade, da maneira pela qual se reúnem os fios já prontinhos, é decisiva, essencial. Mas não é mais comparável a uma ação do que chamei há pouco de amontoamento, de desabamento sobre as premissas.

Portanto, após o primeiro diálogo de Antígona e Ismene, a música, o Coro, o canto da liberação. Tebas está fora das mãos daqueles que bem se pode chamar de bárbaros. O estilo do poema, que é o do Coro, representa mesmo curiosamente para nós as tropas de Polinices e sua sombra como um grande pássaro girando em torno das casas. Em 441 já haviam tornado sensível a imagem de nossas guerras modernas, ou seja, de algo que plana.

Efetuada essa primeira entrada da música — e sente-se que há aí alguma ironia da parte do autor —, acabou, quer dizer que vai começar.

3

Creonte vem fazer-nos um longo discurso para se justificar e, na verdade, para ouvi-lo aí só há um Coro dócil, a seita dos maria-vai-com-as-outras. Diálogo entre Creonte e o Coro. O Coro não deixa de guardar, para si mesmo, a ideia de que talvez haja algum excesso na fala de Creonte, mas, no único momento em que vai deixar aparecê-lo, ou seja, quando o mensageiro chega e conta o que ocorreu, cá entre nós ele é rudemente tratado.

O personagem do mensageiro apresenta-se nessa tragédia como uma presença formidável. Ele se conduz com todo o tipo de remelexo da língua e do tronco para dizer — O que pude refletir na estrada e quantas vezes dei meia-volta para dar às canelas. E é assim que uma estrada curta se torna um longo caminho. É um falador formidável. Ele chega até mesmo a dizer — Sinto muito, diz ele, de ver que tens a opinião de ter a opinião de acreditar em mentiras. Em suma, sou suspeitado de ser suspeito. Esse estilo do *dokei pseude dokein* apresenta sua vibração no discurso dos sofistas, pois, logo a seguir Creonte retorque-lhe — Tu estás gracejando sobre a *doxa*. Em suma, durante toda uma cena derrisória o mensageiro entrega-se a considerações ociosas no que diz respeito ao ocorrido, ou seja, considerações de segurança, no decurso das quais os guardiães entraram num pânico próximo da acusação mútua para chegarem, depois de um sorteio, à deputação de um dentre eles como mensageiro. Depois de ter soltado a língua, ele recebe ameaças abundantes de Creonte, o personagem no poder, excessivamente limitado no caso, ou seja, que eles passarão maus bocados se não encontrarem prontamente o culpado. E o mensageiro se manda com estas palavras — Desta estou-me safando bem, pois não me penduram na ponta de um galho. Não me reverão tão cedo.

Essa cena é uma espécie de entrada de *clowns*. Mas esse mensageiro é bem sutil, ele apresenta refinamentos imensos quando diz a Creonte — O que está sendo agora ofendido? Teu coração ou teus ouvidos? Ele faz Creonte ficar dando voltas, que, contra a sua vontade, é forçado a encará-lo. Ele lhe explica — Se é teu coração, quem o ofende é quem o fez — eu, só ofendo teus ouvidos. Já estamos no ápice da crueldade, mas a gente se diverte.

Logo em seguida, o que ocorre? Um elogio do homem. O Coro empreende nada mais, nada menos do que um elogio do homem. A hora limita-me, que não posso prolongar, e deixarei o elogio do homem para a próxima vez.

Imediatamente após essa formidável mofa que constitui esse elogio do homem, vemos voltar, sem nenhuma preocupação de verossimilhança, quero dizer a verossimilhança temporal, o guardião arrastando Antígona. O guardião está exuberante — é uma sorte, como pouco se tem, de poder resguardar sua responsabilidade acossando a culpada a tempo. O Coro fornece-nos, então, o canto sobre as relações do homem com *Até*. Voltaremos igualmente a isso da próxima vez.

Chega Háimon, filho de Creonte e noivo de Antígona, que se põe a dialogar com o pai. A única confrontação do pai com o filho faz aparecer a dimensão que comecei a lhes adiantar no que concerne às relações do homem com seu bem — uma flexão, uma oscilação. Esse ponto é extremamente importante para fixar a estatura de Creonte. Veremos em seguida o que ele é, ou seja, o que sempre são os carrascos e os tiranos — afinal das contas, personagens humanos. Só os mártires são sem piedade e sem temor. Creiam-me, no dia do triunfo dos mártires haverá o incêndio universal. A peça é feita justamente para nos demonstrar isso.

Creonte não perdeu a pose, longe disso, e deixa seu filho partir com as piores ameaças. O que estoura nesse momento novamente? O Coro, e para dizer o quê? *Eros aníkate makhan, Amor invencível ao combate.* Acho que mesmo aqueles que não conhecem o grego ouviram, em algum momento, essas três palavras que atravessaram os séculos arrastando atrás de si diversas melodias.

Isso estoura no momento em que Creonte decreta o suplício ao qual Antígona será destinada — ela vai entrar viva na tumba, o que não é uma imaginação das mais regozijantes. Asseguro-lhes que em Sade isso é colocado no sétimo ou oitavo grau das provas dos heróis, é preciso com certeza esta referência para que vocês se deem conta da importância da coisa. É precisamente nesse momento que o Coro diz literalmente — Esta história deixa-nos loucos, largamos tudo, perdemos a cabeça, por esta menina estamos apossados pelo que o texto chama, com um termo cuja propriedade rogo-lhes reter, de *ímeros enarges.*

Ímeros é o mesmo termo que, em *Fedra*, designa o que tento apreender aqui como o reflexo do desejo na medida em que ele cativa até mesmo os deuses. É o termo utilizado por Júpiter para designar suas relações com Ganimedes. *Ímeros enarges* é literalmente o desejo tornado visível. Tal é o que aparece no momento em que vai-se desenrolar a longa cena da subida ao suplício.

Após o canto de Antígona, no qual se intromete o trecho discutido por Goethe do qual lhes falei outro dia, o Coro retoma com um canto mitológico em que, em três tempos, ele faz aparecer três destinos especialmente dramáticos, que são orquestrados nesse limite entre a vida e a morte, do cadáver ainda animado. Encontra-se na própria boca de Antígona a imagem de Níobe que, presa num estreitamento do rochedo, permanecerá eternamente exposta às injúrias da chuva e do tempo. Tal é a imagem-limite em torno da qual gira o eixo da peça.

No momento em que ela vai crescendo, cada vez mais, em direção a não sei que explosão de delírio divino, aparece Tirésias, o cego. O que ele formula não é apenas o anúncio do futuro, pois, o próprio desvelamento de sua profecia desempenha um papel no advento do futuro. Ele retém o que deve dizer em seu diálogo com Creonte até que este, em seu pensamento formado pelo personagem para quem tudo é questão de política, isto é, de lucro, comete a imprudência de dizer-lhe várias coisas injuriosas para que o outro desencadeie enfim sua profecia. O valor conferido às palavras do inspirado é, como em toda dimensão tradicional, bastante decisivo para que Creonte perca sua resistência e se resigne a voltar atrás em suas ordens, o que será uma catástrofe.

As coisas sobem um tom a mais. Uma penúltima entrada do Coro faz estourar o hino ao deus mais escondido, supremo, Dioniso. Os ouvintes acreditam que esse hino é, mais uma vez, o hino da liberação, que a gente está bem aliviada, que tudo vai dar certo. Pelo contrário, para qualquer um que saiba o que representa Dioniso e seu cortejo feroz, é justamente porque os limites do campo do incêndio foram transpostos que estoura esse hino.

Depois, não resta mais lugar para a última peripécia, aquela em que Creonte, logrado, vai bater desesperadamente nas portas de uma tumba atrás da qual Antígona enforcou-se. Háimon, que a beija, solta os últimos gemidos, sem que possamos saber, não mais do que na sepultura em que Hamlet desce, o que verdadeiramente ocorreu — pois, enfim, essa Antígona foi emparedada, nos limites da *Até*, e podemos interrogar-nos, a justo título, em que momento Háimon aí entrou — assim como os atores desviam o rosto do lugar em que Édipo desaparece, não se sabe o que ocorreu nessa tumba.

Seja como for, quando Háimon torna a sair de lá, ele está possuído pela *mania* divina. Ele apresenta todos os sinais de alguém que está fora de si. Ele se precipita sobre o pai, não o acerta, e se mata. E quando Creonte voltar ao palácio, onde um mensageiro chegou antes dele, encontrará sua mulher morta.

Nesse momento, o texto, com os termos mais apropriados para lembrar-nos onde está o limite, mostra-nos Creonte desfeito, pedindo que o levem — Arrastem-me pelos pés. E o Corifeu ainda encontra a força de fazer jogos de palavras e de dizer — Bem que tens razão de dizer isso, as desgraças que se tem nos pés são ainda as melhores, são as mais curtas.

Sófocles não é um pedante de colégio, mas infelizmente são os pedantes que o traduzem. Seja como for, trata-se do final da tourada. Raspem a pista, levem o boi e cortem dele o que quiserem, se algo restar. O estilo — e que ele vá embora dobrando um alegre badalo das sinetas.

É assim, quase nesses termos, que se traduz a peça de Antígona. Da próxima vez dispensarei um tempo para apontar-lhes alguns pontos essenciais que lhes permitirão atar, muito estritamente, minha interpretação aos próprios termos de Sófocles.

Espero que isso me tome a metade do tempo, e que poderei, depois, falar-lhes do que Kant articula no que diz respeito ao belo.

1º de junho de 1960

XXI

Antígona no entre-duas-mortes

A na-finda-linha.[53]
O anti-humanismo de Sófocles.
A lei de ex nihilo.
A pulsão de morte ilustrada.
Um complemento.

Para aqueles que conhecem grego suficientemente para se virarem bem com um texto, aconselhei uma edição justalinear, mas é impossível encontrá-la. Peguem a tradução da editora Garnier, que não é malfeita.

Remeto-lhes aos seguintes versos — 4 a 7, 323-325, 332-333, 360-375, 450-470, 559-560, 581-584, 611-614, 620-625, 648-650, 780-805, 839-841, 852-862, 875, 916-924, 1259-1260.

Os versos 559-560 nos dão a posição de Antígona com respeito à vida — ela diz que sua alma está morta há muito tempo, que ela é destinada a vir em auxílio, *ophelein* — é a mesma palavra da qual falamos a propósito de Ofélia — vir em auxílio dos mortos.

Os versos 611-614 e 620-625 se referem ao que diz o Coro a propósito do limite da *Até*, em torno da qual se desenrola o que Antígona quer.

Assinalei, da última vez, a importância do termo que finda cada um desses trechos, *ektos atas. Ektos* é um *do lado-de-fora*, o que ocorre uma vez que o limite da *Até* é transposto. Por exemplo, o guarda que veio relatar o acontecimento atentatório à autoridade de Creonte diz no final que ele está *ektos elpidos*, para além de toda esperança, ele não esperava mais ser salvo. *Ektos atas* tem no texto o sentido da transposição de um limite, e é justamente em torno disso que o canto do Coro se desenvolve nesse momento, da mesma forma que diz que o homem se dirige *pros atan*, isto é, para *Até* — todo o sistema preposicional dos gregos é, nesse ponto, tão vigoroso e sugestivo. É porque o homem toma o mal pelo bem, porque alguma coisa de para além dos limites da *Até* tornou-se para Antígona seu próprio bem, um bem que não é o de todos, que ela se dirige *pros atan*.

Para retomar o problema de uma maneira que me permita integrar nossas observações, cabe-me voltar a uma visão simples, lavada, desembaraçada do herói da tragédia e, precisamente, daquele que temos diante de nós — Antígona.

1

Uma coisa, contudo, espantou certo comentador de Sófocles — no singular, pois, surpreendentemente, foi apenas na escrita do autor de um livro relativamente recente sobre Sófocles, Karl Reinhardt, que encontrei frisado algo assaz importante, e que é a particular solidão dos heróis sofoclianos, *monoúmenoi*, lindíssimo termo de Sófocles, *áphiloi*, e também *phrenos oiobotai*, aqueles que levam pascer longe dos outros seus pensamentos. Mas, não obstante, é certo que não é disso que se trata, pois, no final das contas, o herói da tragédia participa sempre do isolamento, e está sempre fora dos limites, sempre num voo, e por conseguinte, arrancado por algum lado da estrutura.

É curioso que não se veja algo totalmente claro e evidente. Examinemos as sete peças que nos restam de Sófocles, das aproximadamente cento e vinte que foi, dizem, sua produção durante seus noventa anos de vida, dos quais sessenta consagrados à tragédia. São *Ajax*, *Antígona*, *Electra*, *Édipo Rei*, *As traquínias*, *Filotectes* e *Édipo em Colona*.

Um certo número dessas peças vive ainda no espírito de vocês, em compensação talvez vocês não se deem conta de que *Ajax* é um negócio curioso. Começa com um massacre do rebanho dos gregos por Ajax que, pelo fato de Atenas não lhe querer bem, age então como um louco. Ele acredita massacrar o exército grego e massacra o rebanho. Em seguida, ele desperta, soçobra na vergonha e vai-se matar de dor num canto. Não há absolutamente mais nada além disso na peça. É, contudo, assaz curioso. Como eu lhes dizia outro dia não há sombra de uma peripécia. Tudo está dado de saída, e as curvas não têm mais nada a fazer senão esmagarem-se umas sobre as outras.

Deixemos *Antígona* de lado já que estamos falando dela.

Electra é também algo assaz curioso em Sófocles. Em Ésquilo, temos *As Coéforas*, *As Eumênides*, o assassinato de Agamêmnon engendra todo tipo de coisas. Uma vez vingado esse crime, é preciso ainda que Orestes se entenda com as divindades vingadoras que protegem o sangue materno. Não há nada semelhante em Sófocles. Electra é, em certos aspectos, uma verdadeira cópia de Antígona — morta em vida, diz ela, já estou morta para tudo. E, aliás, no momento supremo, em que Orestes faz Egisto dar um passo adiante, ele lhe diz — Não te dás conta de que falas para pessoas que são como que mortos? Não estás falando para os vivos. Trata-se de uma denotação excessivamente curiosa, e a coisa termina assim, secamente. Não há o menor indício de coisas que corram atrás do supérfluo. As coisas terminam da maneira mais seca. O final de *Electra* é uma execução no sentido próprio do termo.

O *Édipo Rei*, deixemo-lo de lado, do ponto de vista que aqui abordamos. Aliás, não pretendemos fazer uma lei geral, já que ignoramos a maior parte do que Sófocles fez.

As traquínias é o final de Hércules. Hércules está deveras no fim de seus trabalhos, e, aliás, ele o sabe. Dizem-lhe para ir repousar, ele os terminou. Infelizmente, ele misturou perigosamente o último de seus trabalhos com seu desejo por uma cativa, e sua mulher, por amor, lhe envia a deliciosa túnica que ela desde sempre conserva caso precisasse, como uma arma que se guarda para o momento certo. Ela lha envia, e vocês sabem o que acontece — todo o fim da peça é unicamente ocupado pelos gemidos, rugidos de Hércules, devorado por esse tecido inflamado.

Em seguida, há *Filotectes*. Filotectes é um personagem que foi abandonado numa ilha. Lá está ele a apodrecer sozinho há dez anos, e ainda vêm pedir-lhe para prestar serviço à comunidade. Acontece todo o tipo de coisas, particularmente o patético drama de consciência do jovem Neoptôlemos, encarregado de servir de isca para enganar o herói.

Enfim, há *Édipo em Colona*.

Vocês não estão reparando nisto? Se há um traço diferencial de tudo o que designamos como de Sófocles, com a exceção de *Édipo Rei*, é a posição de na-finda-linha de todos os heróis. Eles são levados a um extremo, que a solidão definida em relação ao próximo está longe de esgotar. Trata-se de outra coisa — são personagens situados de saída numa zona-limite entre a vida e a morte. O tema do entre-a-vida-e-a-morte é, aliás, formulado como tal no texto, mas ele é manifesto nas situações.

Poder-se-ia até mesmo fazer com que *Édipo Rei* entre nesse contexto geral. O herói — traço único e paradoxal em relação aos outros —, está, no início do drama, no auge da felicidade, e Sófocles no-lo mostra aferrado a sua própria perda por sua obstinação em resolver um enigma, querendo a verdade. Todo mundo tenta retê-lo, particularmente Jocasta, que lhe diz a cada instante — Agora basta, sabe-se o suficiente. Mas ele quer saber, e acaba sabendo. Mas, enfim, admito de bom grado que, muito excepcionalmente, *Édipo Rei* não entra na fórmula geral do personagem sofocliano, marcado, em primeira aproximação, pela na-finda-linha.

Voltemos agora a nossa Antígona que, esta, se encontra na-finda-linha da maneira mais confessada.

Um dia mostrei-lhes aqui uma anamorfose, a mais bela que encontrei para o uso de vocês, e que é verdadeiramente exemplar, para além de toda esperança. Vocês se recordam do cilindro em torno do qual surge esse fenômeno singular. Não se pode dizer, propriamente falando, do ponto de vista ótico, que haja aí uma imagem. Sem entrar na definição ótica da coisa, é uma medida em que em cada geratriz do cilindro se produz um fragmento infinitesimal de imagem que vemos produzir-se a superposição de uma série de tramas, por meio de que aparece para além do espelho uma maravilhosa ilusão, uma imagem muito bela da paixão, enquanto que algo de bastante descomposto e nojento se esparrama em volta.

É um pouco disso que se trata. Qual é a superfície que permite o surgimento da imagem de Antígona como imagem de uma paixão? — evoquei, outro dia, a seu respeito, o *Meu pai, por que me abandonastes?* que é literalmente dito num verso. A tragédia é o que se propala na frente para produzir essa imagem. Analisando-a, seguimos o processo inverso, estudamos como foi preciso construir essa imagem para produzir esse efeito. Pois bem, comecemos.

Já lhes ressaltei o aspecto implacável, sem temor e sem piedade, que se manifesta, a todo instante, em Antígona. Em certo momento, e certamente para deplorá-lo, o Coro a chama, no verso 875, de *autôgnotos*. É preciso fazê-lo repercutir junto, com o *gnothi seauton* do oráculo de Delfos — não se poderia negligenciar o sentido dessa espécie de inteiro conhecimento de si mesma que lhe atribuem.

Quando ela confia, no início, seu projeto a Ismene, já lhes indiquei sua extrema dureza — Será que tu te dás conta do que está ocorrendo? Creonte acaba de promulgar o que se chama de *kérygma*, termo que desempenha um papel importante na teologia protestante moderna como dimensão do enunciado religioso. O estilo é este — Em suma é isso, é o que ele proclamou para ti e para mim. Ela acrescenta, aliás, em seu estilo vigoroso — Para mim, digo. E afirma que ela enterrará o irmão.

Veremos o que isso quer dizer.

2

As coisas caminham, então, muito rápido. O guardião vem anunciar que o irmão está enterrado. Vou detê-los aqui em algo que fornece a importância para nós da obra sofocliana.

Certas pessoas disseram, creio mesmo que isto constitui o título de um dos numerosos livros que recolhi, que Sófocles é o humanismo. Acham-no humano, dando a ideia de uma medida propriamente humana entre o enraizamento nos ideais arcaicos que Ésquilo representaria e a inflexão em direção ao *pathos*, a sentimentalidade, a crítica, os sofismas que Aristóteles já criticava em Eurípides.

Concebo que Sófocles ocupe uma posição mediana, mas ver nele não sei que parente do humanismo seria dar um sentido novo a essa palavra. Sentimo-nos no final da veia do tema humanista. O homem, para nós, está-se decompondo como que pelo efeito de uma análise espectral da qual lhes forneço aqui um exemplo caminhando na juntura entre o imaginário e o simbólico onde vamos no encalço da relação do homem com o significante, e do *splitting* que ela engendra nele. Um Claude Lévi-Strauss busca a mesma coisa quando tenta formalizar a passagem da natureza à cultura, e, mais exatamente, a falha entre a natureza e a cultura.

É bastante curioso ver que na aurora do humanismo é também nessa análise, nessa hiância de análise, de confins, nesse aspecto de na-finda-linha, que surgem as imagens que foram, com certeza, as mais fascinantes de todo o período da história que podemos colocar na chave humanista.

Creio, por exemplo, ser muito espantoso esse momento, do qual se tem aqui um trecho importante, versos 360-375, em que o Coro explode logo após a partida desse mensageiro do qual lhes mostrei as evoluções bufas, os remelexos, para vir anunciar uma notícia que lhe pode custar muito caro. É verdadeiramente terrível, diz o Coro, ver alguém obstinar-se em acreditar acreditar. Em acreditar acreditar em quê? No que ninguém, por enquanto, tem o direito de imaginar, o jogo do *dokei dokein*. É isso que eu queria ressaltar nesse verso, assim como a outra réplica — Bancas o esperto com histórias concernindo à *doxa*. Alusão evidente aos jogos filosóficos da época em torno de um tema, a cena é bastante derrisória, pois, enfim, não estamos muito interessados no fato de o guardião poder ser estripado pela má notícia que veicula, e ele se safa com uma pirueta.

É logo em seguida que, no verso 332, explode esse canto do Coro que constitui o que chamei de elogio do homem. Começa por estas palavras —

polla ta deina kouden anthroupou deinôteron pelei

o que literalmente quer dizer — Há muitas coisas formidáveis no mundo, mas não há nada mais formidável do que o homem.

Para Claude Lévi-Strauss o que o Coro diz aqui do homem é, verdadeiramente, a definição da cultura como oposta à natureza — ele cultiva a fala e as ciências sublimes, ele sabe preservar sua morada dos gelos do inverno e dos dardos da borrasca, ele sabe não se molhar. Há contudo aqui um deslize e o aparecimento de uma ironia que me parece incontestável no que vem em seguida no verso 360, esse famoso *pantôporos áporos* cuja pontuação pôde servir de tema de discussão. A pontuação geralmente admitida parece-me ser a seguinte — *pantôporos áporos ep'ouden êrkhetai to mellon.*

Pantôporos quer dizer *que conhece montes de coisas* — ele conhece é coisas, o homem. *Áporos* é o contrário, é quando se está sem recursos e sem meios diante de algo. O termo de aporia é, contudo, familiar para vocês. *Áporos*, portanto, é quando ele é sacaneado, como diz o provérbio vaudense, nada é impossível para o homem, o que ele não pode fazer ele o deixa. Eis o estilo.

Em seguida, temos — *ep'ouden êrkhetai to mellon. Êrkhetai* quer dizer *ele anda. Ep'ouden* quer dizer *sobre o nada. To mellon* pode ser traduzido muito inocentemente por *o futuro*, é também *o que deve vir*, mas, em outros casos, trata-se de *mêllein*, *demorar*, de tal maneira que *to mellon* abre um campo semântico que não é fácil identificar estritamente com um termo francês correspondente. Sai-se dessa habitualmente dizendo — Como é pleno de recursos, ele não estará sem recursos com respeito a nada do que pode acontecer. A sentença me parece um pouco prudhommesca. Não é certo que a intenção do poeta seja a de dizer uma tal banalidade.

Em primeiro lugar, parece-me difícil separar os termos aproximados reunidos no início da frase — *pantôporos áporos*. Vejo que encontramos mais abaixo, no verso 370, uma outra conjunção de termos, *hyphípolis ápolis*, isto é, *aquele que está acima e também fora da Cidade*, definição de um personagem geralmente identificado, dir-lhes-ei por quê, com Creonte, com seus desvios. Por outro lado, não estou seguro que *áporos ep'ouden êrkhetai* possa traduzir-se por *porque ele não vai sem recursos em direção a nada*. Não é absolutamente conforme ao que o gênio da língua grega comporta aqui. *Êrkhetai* exige arrastar *ep'ouden* consigo. O *ep'* concorda bem com *êrkhetai* e não com o *áporos*. Somos nós que vemos aqui um vale-tudo, ao passo que se trata, de fato, do seguinte, literalmente — ele vai em direção a nada do que pode ocorrer, ele vai *pantôporos*, espertalhão, e *áporos* sempre sacaneado. Ele não perde uma. Ele consegue sempre que as coisas lhe caiam na cabeça.

É no estilo Prévert que é preciso sentir esse momento de virada. E vou-lhes dar uma confirmação disso. Encontra-se, com efeito, logo após *Aida monon pseuzin ouk epázetai*, o que quer dizer que só há uma coisa da qual ele não se safa, é do caso de Hades. No que se refere a morrer, ele ainda não resolveu. O importante é o que segue — *noton di'amekhanon phygas*. Após ter dito que, em todo caso, há algo que o homem não resolveu, e é a morte, o Coro diz que ele imaginou um truque absolutamente formidável, ou seja, literalmente, *a fuga para as doenças impossíveis*. Não há meio de dar outro sentido a isso senão aquele que lhe estou dando. As traduções tentam dizer habitualmente que com as doenças ele ainda se ajeita, mas não é nada disso. Ele ainda não chegou à morte, mas encontra truques formidáveis, doenças que ele construiu. É, contudo, espantoso ver isso ser produzido em 441 a.C. como uma das dimensões essenciais do homem. Não teria sentido algum traduzir por *fuga diante das doenças*. Trata-se de uma doença, *mekhanoen* — isso que ele inventou é um truque danado, virem-se com isso.

Aliás, o texto repete que o homem não teve êxito diante de Hades, e entramos logo em seguida no *mekhanoen*. Existe aqui algo de *sophon*, termo que não é tão simples. Rogo-lhes que se lembrem da análise, no texto de Heidegger que eu mesmo traduzi para o primeiro número de *La Psychanalyse*, no sentido heraclitiano do *sophon*, *sábio*, e de *homologein*, *dizer a mesma coisa*. Esse *sophon* tem ainda todo seu frescor primitivo.

Há algo de *sophos* no mecanismo, *mekhanoen.* Existe aqui algo *hyper elpid' ekhon*, que vai para além de toda esperança, e que *erpei.* É isso que o dirige ora para o mal, ora para o bem. Quer dizer que esse poder, esse *mandato* — é assim que traduzo *sophos* no artigo de que lhe falo — do que lhe é deferido por esse bem, é eminentemente ambíguo.

Temos logo depois este trecho, *nomos parêiron* etc., que é em torno do que vai girar toda a peça. Pois, *parêiron* quer incontestavelmente dizer *combinando às avessas, trançando às avessas, misturando a torto e a direito as leis. Khthonos* é a terra, *theon t'ênorkon dikan*, o que é formulado, dito, na lei. É isso a que recorremos no silêncio do analisando — não lhe dizemos *Fale*, não lhe dizemos *Enuncie*, *Conte*, dizemos *Diga.* É justamente o que não se deve fazer. Essa *Dike* é essencial, e a dimensão propriamente enunciadora, *ênorkon*, confirmada por juramento dos deuses.

Existem aqui duas dimensões muito nítidas que são suficientemente distinguidas — por um lado as leis da terra, por outro o que os deuses ordenam. Mas pode-se misturá-las. Não são da mesma ordem, e se as confundimos, vai acabar mal. Vai acabar tão mal que desde já o Coro, que, por mais vacilante que seja, tem contudo sua pequena linha de navegação, diz — Com aquele ali, não me quero associar de maneira alguma. Pois, ir adiante nessa direção é, propriamente falando, *to mé kalon*, o que não é belo — e não, como se traduz devido à audácia que isso comporta, o que não é bem. E o Coro não quer tê-lo, esse personagem, como *parêstios*, como companheiro ou vizinho de casa. Ele não quer estar com ele no mesmo ponto central do qual falamos. Com aquele ali, ele prefere não ter relações de próximo, nem tampouco *ison phronon*, ter o mesmo desejo. É desse desejo do outro que ele separa seu desejo. Não creio estar forçando as coisas ao encontrar aqui a ressonância de certas fórmulas que lhes dei.

Será que Creonte confunde *nomos khthonos* com a *Dike* dos deuses? A interpretação clássica é clara — Creonte representa as leis do país e as identifica com os decretos dos deuses. Mas não é tão certo assim, pois, não se pode negar que essas leis ctonianas, as leis do nível da terra, são contudo aquilo com que Antígona se mete. É pelo irmão, friso-o sem cessar, que passou para o mundo subterrâneo, é em nome dos vínculos mais ctonianos dos laços de sangue que ela se opõe ao *kérygma*, ao mandamento de Creonte. Em suma, ela se encontra em posição de colocar do seu lado a *Dike* dos deuses. A ambiguidade é, em todos os casos, nitidamente discernível. E é isso que vamos agora ver confirmado.

Já lhes indiquei como o Coro, após a condenação de Antígona, confere toda a relevância ao fato de que ela foi buscar sua *Até*. Da mesma forma, quando Electra diz — Por que tu te agitas, te intrometes sem cessar na *Até* de tua casa, por que te obstinas sem cessar a despertar diante de Egisto e de tua mãe o assassinato fatal? Não és tu que atrais tudo o que resulta como males sobre tua cabeça? Ao que a outra responde — Estou bem de acordo, mas não consigo fazer de outra forma.

Aqui, é na medida em que ela vai em direção à *Até*, e que se trata até mesmo de ir *ektos atas*, de transpor o limite da *Até*, que Antígona interessa ao Coro. É aquela, diz ele, que, por seu desejo, viola os limites da *Até*. É a isso que se referem os versos cuja indicação lhes forneci, e especialmente aqueles que terminam pela fórmula *ektos atas*, passar do limite da *Até*. A *Até* não é a *hamartia*, a falta ou o erro, não é fazer uma besteira.

Quando, no final, Creonte vai voltar segurando algo nos braços, nos diz o Coro, e bem parece que não seja nada menos do que o corpo do filho que se suicidou, o Coro diz (1259-1260) — Se é permitido dizê-lo, não se trata aí de uma desgraça que lhe seja estranha, mas *autos hamarton*, de seu próprio erro. Ele mesmo tendo se fodido, fez uma besteira. *Hamartia*, o erro, o engano.

É o sentido no qual Aristóteles insiste, e, na minha opinião, ele está errado, pois, não é essa a característica do que leva o herói trágico à própria perda. É unicamente verdadeiro para Creonte, o contra-herói, ou o herói secundário, que é efetivamente *hamarton*. No momento em que Eurídice se suicida, o mensageiro emprega a palavra *hamartánein*. Ele espera, dizem-nos, que ela não vá fazer uma besteira. E, naturalmente, ele e o Corifeu viram de costas, pois, não se ouve barulho algum. O Corifeu diz — Isso é mau sinal. O fruto mortal que Creonte recolhe de sua obstinação e de seus mandamentos insensatos é o filho morto que ele tem nos braços. Ele foi *hamaton*, ele cometeu um erro. Não se trata de *allotria ate*. A *Até*, que provém do Outro, do campo do Outro, não pertence a Creonte, em compensação é o lugar onde Antígona se situa.

3

Eis, portanto, onde nos cabe chegar — Antígona.

Será ela, segundo a interpretação clássica, a servidora de uma ordem sagrada, de respeito pela substância viva? Será a imagem da caridade? Talvez, mas certamente à custa de se conferir à palavra caridade uma dimensão bruta. Todavia, longo é o caminho a percorrer da paixão de Antígona a seu advento.

Quando ela se justifica diante de Creonte sobre o que fez, Antígona se afirma com um *é assim porque é assim*, como sendo a presentificação da individualidade absoluta. Em nome de quê? E, primeiro, baseando-se em quê? Preciso citar-lhes o texto.

Muito nitidamente ela diz — Tu fizeste leis. E ainda aqui elude-se o sentido. Traduzindo palavra por palavra — *Pois de maneira alguma foi Zeus quem proclamou essas coisas para mim.* Naturalmente que se compreende o que ela quer dizer, e eu sempre lhes disse que é importante não compreender para compreender — não é Zeus quem te dá o direito de dizer isso. Mas, não é isso que ela diz. Ela repudia o fato de que seja Zeus que lhe tenha ordenado fazer isso. Nem tampouco a *Dike*, que é a companheira, a colaboradora dos deuses daqui de baixo. Precisamente, ela se dessolidariza da *Dike.* — Tu te intrometes a torto e a direito. Pode até ser que estejas errado na tua maneira de evitá-la, essa *Dike.* Mas eu, justamente, não me meto, com todos esses deuses daqui de baixo, que fixaram as leis entre os homens *hórisan*, *horizo*, *horos* é precisamente a imagem do horizonte, do limite. Não se trata de nada além de um limite no qual ela se posta, e no qual ela se sente inatacável, e no qual nada pode fazer com que algum mortal possa *hyperdramein*, passar por cima, *nômima*, das leis. Não se trata mais de leis, *nomos*, mas de uma certa legalidade, consequência das leis *ágrapta* — traduzido sempre por *não escritas*, porque isto efetivamente quer dizer isso — dos deuses. Trata-se aqui da evocação do que é, com efeito, da ordem da lei, mas que não está desenvolvido em nenhuma cadeia significante, em nada.

Trata-se do horizonte determinado por uma relação estrutural — só existe a partir da linguagem de palavras, mas mostra a consequência intransponível disso. É porque é a partir do momento em que as palavras e a linguagem e o significante entram em jogo que algo pode ser dito, que se diz como se fosse assim — Meu irmão, ele é tudo o que quiserdes, o criminoso, ele quis arruinar os muros da pátria, levar seus compatriotas em escravidão, ele conduziu os inimigos para os territórios da Cidade, mas enfim, ele é o que é, e o que está em questão é prestar-lhe as homenagens funerárias. Certamente não tem ele o mesmo direito do que o outro, vós podeis muito bem contar-me o que quiserdes, que um é o herói e o amigo, que o outro é o inimigo, mas eu, respondo-vos que pouco me importa que isso não tenha o mesmo valor aqui embaixo. Para mim, essa ordem com a qual vós ousais intimidar-me não conta nada, pois, para mim, em todo caso, meu irmão é meu irmão.

Esse é o paradoxo no qual tropeça e vacila o pensamento de Goethe. Meu irmão é o que é, e é por ser o que é, e por só haver ele quem possa sê-lo, que vou adiante em direção a esse limite fatal. Se fosse qualquer outro com quem eu pudesse ter uma relação humana, meu marido, meus filhos, eles são substituíveis, são relações, mas esse irmão que é *áthaptos*, que tem comigo essa coisa de ter nascido da mesma matriz — a etimologia de *adelphos* faz alusão à matriz — e de estar ligado ao mesmo pai, o pai criminoso, do crime do qual Antígona está sofrendo as consequências — esse irmão é esse algo único, e é unicamente isso que motiva minha oposição a vossos editos.

Antígona não evoca nenhum outro direito senão este, que surge na linguagem do caráter indelével do que é — indelével a partir do momento em que o significante que surge a detém como uma coisa fixa através de todo o fluxo de transformações possíveis. O que é, e é nisso, é nessa superfície que se fixa a posição inquebrantável, intransponível de Antígona.

Todo o resto, ela o repele. A na-finda-linha não está em nenhum outro lugar melhor ilustrada, e tudo o que se coloca em torno disso é apenas uma maneira de fazer tremular, eludir o caráter absolutamente radical da posição do problema nesse texto.

O fato de que foi o homem quem inventou a sepultura é discretamente evocado de passagem. Não se trata de acabar com quem é homem como se faz com um cão. Não se pode acabar com seus restos esquecendo que o registro do ser daquele que pôde ser situado por um nome deve ser preservado pelo ato dos funerais.

Todo tipo de coisa é, certamente, acrescentado a isso. Em torno vêm-se acumular todas as nuvens do imaginário, e todas as influências que se depreendem dos fantasmas que se multiplicam nos arredores da morte. Mas o fundo aparece, justamente, na medida em que os funerais são recusados a Polinices. Por ele ser entregue aos cães e aos pássaros, e ir terminar seu aparecimento na terra na impureza, seus membros dispersos ofendendo a terra e o céu, vê-se bem que Antígona representa por sua posição esse limite radical que, para além de todos os conteúdos, de tudo o que Polinices pôde fazer de bem e de mal, de tudo o que lhe pôde ser infligido, mantém o valor de seu ser.

Esse valor é essencialmente de linguagem. Fora da linguagem, ela nem mesmo poderia ser concebida, e o ser daquele que viveu não poderia ser assim destacado de tudo o que ele veiculou como bem e como mal, como destino, como consequência para os outros, e como sentimentos para si mesmo. Essa pureza, essa separação do ser de todas as características do drama histórico que ele atravessou, é justamente esse o limite, o *ex nihilo* em torno do qual Antígona se mantém. Nada mais é do que o corte que a própria presença da linguagem instaura na vida do homem.

Esse corte é manifesto a todo instante pelo seguinte, a linguagem escande tudo o que ocorre no movimento da vida. *Autônomos*, é assim que o Coro situa Antígona, dizendo-lhe — Segues em direção à morte, não conhecendo tua própria lei. Antígona sabe a que está condenada — a jogar, digamos assim, um jogo cujo resultado é conhecido de antemão. Isso é efetivamente colocado como um jogo por Creonte. Ela está condenada à câmara clausurada da tumba onde se desenrolará a prova, a de saber se os deuses daqui de baixo prestar-lhe-ão algum socorro. É nesse ponto de ordália que se propõe a condenação de Creonte, que lhe diz — Vamos ver a que isso te servirá, essa fidelidade aos deuses daqui de baixo. Terás o alimento que sempre é posto junto aos mortos em forma de oferenda, e veremos bem quanto tempo viverás com isso.

Aí, então, produz-se a verdadeira mudança de iluminação da tragédia, ou seja, o *kommos*, a queixa, a lamentação de Antígona, e é muito significativo que certos comentadores tenham-se escandalizado com ela.

4

Quando começa essa queixa? A partir do momento em que ela transpõe a entrada da zona entre a vida e a morte, onde o que ela já tinha dito ser toma forma do lado de fora. Com efeito, há muito tempo que ela nos dissera que já estava no reino dos mortos, mas desta vez a coisa é consagrada no fato. Seu suplício vai consistir em ser trancada, suspensa, na zona entre a vida e a morte. Sem estar ainda morta, ela já está riscada do mundo dos vivos. E é somente a partir daí que se desenvolve sua queixa, ou seja, a lamentação da vida.

Durante um longo tempo Antígona vai queixar-se de partir *átaphos* sem tumba, ainda que deva ser trancada numa tumba, sem morada, sem que nenhum amigo chore por ela. Sua separação é então vivida como um arrependimento, uma lamentação, com respeito a tudo o que, da vida, lhe foi recusado. Ela evoca até mesmo que não terá o leito conjugal, o laço do himeneu, que não terá filhos. Isso é muito longo na peça.

Pode vir a tal autor o pensamento de colocar em dúvida a legitimidade dessa face da tragédia, em nome de não sei que unidade do caráter da inflexível Antígona, da fria Antígona. O termo *psykhron* é o de frieza e de frigidez. Um objeto de carinho frio, é assim que a chama Creonte no diálogo com seu filho, no verso 650, para dizer-lhe que ele não perde nada com isso. Opõe-se à sua queixa o caráter de Antígona, a fim de marcar a inverossimilhança de uma incursão cujas responsabilidade e paternidade se gostaria de poupar ao poeta.

Contrassenso insensato, pois, para Antígona a vida só é abordável, só pode ser vivida e refletida a partir desse limite em que ela já perdeu a vida, em que ela está para além dela — mas de lá ela pode vê-la, vivê-la sob a forma do que está perdido.

É também de lá que a imagem de Antígona aparece-nos sob o aspecto que, literalmente, diz-nos ele, faz o Coro perder a cabeça, inflige as justas injustiças, e faz o Coro transpor todos os limites, jogar fora todo o respeito que ele pode ter pelos editos da Cidade. Nada é mais comovente do que esse *hímeros enarges*, esse desejo visível que se depreende das pálpebras da admirável moça.

A iluminação violenta, o clarão da beleza coincidem com o momento de franqueamento, de realização da *Até* de Antígona, eis o traço ao qual eminentemente dei relevância, e que nos introduziu na função exemplar do problema de Antígona para determinar a função de certos efeitos. É por meio disso que se estabelece para nós uma certa relação ao para além do campo central, mas igualmente o que nos impede de ver sua verdadeira natureza, o que nos ofusca e nos separa de sua verdadeira função. O aspecto comovente da beleza faz vacilar todo juízo crítico, detém a análise, e mergulha as diferentes formas em jogo numa certa confusão, ou de preferência num cegamento essencial.

O efeito de beleza é um efeito de cegamento. Ainda ocorre algo para além dela, que não pode ser olhado. Com efeito, Antígona declarou por si mesma, e desde sempre — Estou morta e quero a morte. Assim que Antígona se descreve como Níobe se petrificando, com o que ela se identifica? — senão com esse inanimado no qual Freud nos ensina a reconhecer a forma na qual o instinto de morte se manifesta. Trata-se justamente de uma ilustração do instinto de morte.

É no momento em que Antígona evoca Níobe que o Corifeu lhe lança seu louvor — Então, tu és uma semideusa. Explode então a resposta de Antígona, que absolutamente não é uma semideusa — Isto é uma derrisão, zombais de mim. E o termo que vem aqui em sua boca, no verso 840, é o do ultraje, cuja correlação essencial no momento desse trecho já pus em evidência para vocês, e é aqui empregado em sua forma própria, que é exatamente calcada no termo de ultrapassamento, passagem — o ultraje é passar além de, ultrapassar o direito que se tem de baratear o que ocorre, na maior desgraça. *Hybrízeis*, eis o que Antígona opõe ao Coro — Aqui, vós não sabeis mais o que dizeis, me estais ultrajando. Mas sua estatura está longe de ser diminuída, e sua queixa, o *kommos*, a longa queixa, segue imediatamente.

O Coro faz, em seguida, uma referência enigmática a três episódios disparatados da história mitológica. Primeiro Danae, que foi trancada numa câmara de bronze. Depois Licurgo, filho de Drias, rei dos edones, que cometeu a loucura de perseguir as servidoras de Dioniso, de ir atrás, de amedrontar, e até mesmo de violentar as mulheres e de fazer com que o deus Dioniso saltasse no mar. É a primeira menção que temos do dionisíaco. No canto II da *Ilíada*, vemos Dioniso como que morto, que se vinga em seguida atingindo Licurgo com a loucura. Há diferentes modos de mitos — talvez quando tenha sido ele trancado, cegado pela loucura de Dioniso, tenha ocorrido de ele matar seus próprios filhos, que confundira com sarmentos de vinha, e se cortado os próprios membros — mas pouco importa, pois só há no texto a evocação da vingança do deus Dioniso. Terceiro exemplo, ainda mais obscuro, o do herói Fineus, centro de uma afluência de lendas extraordinariamente contraditórias e dificílimas de conciliar. Reencontramo-lo diante de uma taça, objeto de um conflito entre as Harpias, que o atormentam, e os boréades, ou seja, os dois filhos do vento Bóreas, que o protegem enquanto que no horizonte passa, muito curiosamente, o cortejo das bodas de Dioniso e Ariadne.

Temos, com certeza, ainda muito a ganhar com o deciframento desses mitos, se isso for possível. Sua disparidade, e o fato de serem, aparentemente, pouco apropriados ao que está em questão, é certamente, entre outras, uma cruz que os textos trágicos podem propor aos comentadores. Não me sinto suficientemente forte para resolvê-lo, mas foi justamente para chamar a atenção de meu amigo Claude Lévi-Strauss quanto às dificuldades desse trecho que fui levado a despertar recentemente seu interesse por Antígona.

Há contudo algo que se pode valorizar nessa irrupção de episódios trágicos evocados pelo Coro no momento em que Antígona está nesses confins. Em todos os casos trata-se da relação dos mortais com os deuses. Danae é posta numa tumba por causa do amor de um deus, Licurgo sofre uma punição por ter querido fazer violência a um deus, e é igualmente por pertencer a uma descendência divina que Cleópatra, a boréada, companheira repudiada de Fineus, está aqui interessada — chamam-na de *ámippos*, ou seja, rápida como os cavalos, e dizem que ela corre mais rápido do que os mensageiros no gelo que resiste aos pés, é uma patinadora. Ora, o que choca no final de Antígona é que ela sofre uma desgraça igual a todos aqueles que são apreendidos no jogo cruel dos deuses. Do lado de fora, e para nós *atragoidoi*, ela aparece mesmo como vítima no centro do cilindro anamórfico da tragédia. Vítima e holocausto, é à sua revelia que ela aí se encontra.

Antígona se apresenta como *autônomos*, pura e simples relação do ser humano com aquilo que ocorre de ele ser miraculosamente portador, ou seja, do corte significante, que lhe confere o poder intransponível de ser o que é, contra tudo e contra todos.

Em torno disso tudo pode ser invocado, e é o que faz o Coro no quinto ato, ao invocar o deus salvador.

Dioniso é esse deus, se não, por que ele viria aqui? Nada menos dionisíaco do que o ato e a figura de Antígona. Mas Antígona leva até o limite a efetivação do que se pode chamar de desejo puro, o puro e simples desejo de morte como tal. Esse desejo, ela o encarna.

Reflitam bem nisto — o que é de seu desejo? Não deve ser ele o desejo do Outro e ligar-se ao desejo da mãe? O desejo da mãe, o texto faz a ele alusão, é a origem de tudo. O desejo da mãe é, ao mesmo tempo, o desejo fundador de toda a estrutura, aquele que fez vir à luz seus rebentos únicos, Eteoclés, Polinices, Antígona, Ismene, mas, ao mesmo tempo, é um desejo criminoso. Reencontramos aqui, na origem da tragédia e do humanismo, um impasse semelhante ao de Hamlet, e, coisa singular, mais radical.

Nenhuma medição é aqui possível, a não ser esse desejo, seu caráter radicalmente destruidor. A descendência da união incestuosa se desdobrou em dois irmãos, um que representa o poderio, o outro que representa o crime. Não há ninguém para assumir o crime e a validade do crime senão Antígona.

Entre os dois, Antígona escolhe ser pura e simplesmente a guardiã do ser criminoso como tal. As coisas certamente poderiam ter tido um término se o corpo social tivesse aceitado perdoar, esquecer, e cobrir tudo com as mesmas honras funerárias. É na medida em que a comunidade se recusa a isso que Antígona deve fazer o sacrifício de seu ser para a manutenção desse ser essencial que é a *Até* familiar — motivo, eixo verdadeiro, em torno do qual gira toda essa tragédia.

Antígona perpetua, eterniza, imortaliza essa *Até*.

8 de junho de 1960

Complemento

Gostaria de indicar o sentido que confiro a uma tal exploração da tragédia de Antígona.

Isso pôde parecer, para mais de uma pessoa, extenuante. Durante muito tempo utilizei a metáfora do coelho e da cartola a respeito de uma certa maneira de extrair do discurso analítico aquilo que nele não se encontra — poderia dizer agora que os exponho à prova de dar-lhes coelhos crus para comer. Restabeleçam-se. Aprendam com a jiboia — durmam um pouco que isso vai passar. Dar-se-ão conta ao despertar de que digeriram, contudo, alguma coisa.

É justamente por meio desse procedimento, evidentemente um pouco árduo, um pouco coriáceo, que consiste em porem-se comigo a quebrar os seixos na estrada do texto, que isso vai entrar na pele de vocês. Retrospectivamente vocês se darão conta de que, mesmo que vocês nem desconfiem, essa imagem de Antígona, latente, fundamental faz parte da moral de vocês, quer queiram ou não. Eis por que é importante interrogar seu sentido — que não é o sentido edulcorado através do qual a lição é habitualmente veiculada.

Trata-se de nada mais nada menos do que de reinterpretação da mensagem sofocliana. Vocês podem certamente resistir a esse reaguçamento das arestas do texto, mas se quiserem reler agora Sófocles, dar-se-ão conta da distância percorrida. Mesmo que me detenham em tal ou tal ponto — pois não excluo que eu também possa, num dado momento, fazer um contrassenso —, penso ter retirado o não-senso global no qual Sófocles é conservado pelo cuidado de uma certa tradição.

Enquanto eu discutia sobre isso com alguns dentre vocês que me opunham suas recordações da leitura de *Édipo em Colona*, recordações evidentemente influenciadas pela interpretação escolar, lembrei-me de uma pequena nota de pé de página. Há pessoas aqui que gostam das notas de pé de página. Vou ler uma delas numa obra que conviria contudo que os analistas tivessem lido pelo menos uma vez, o *Psyche* de Erwin Rohde, do qual temos uma excelente tradução francesa.

No total vocês aprenderão mais, e coisas muito mais certas, sobre o que a civilização grega nos lega, do que em qualquer outra obra original em francês. O arco do povo mais espiritual da terra não tem todas as cordas. Já temos a desgraça de ter um romantismo que não se alçou muito acima do que o nível de uma certa bobajada, e tampouco temos os privilégios na ordem da erudição.

Na página 463 de Erwin Rohde, encontra-se uma pequena nota sobre *Édipo em Colona*, do qual já lhes falei nos termos que são exatamente na linha do que estou prosseguindo hoje.

Basta ler a peça sem preconceito, escreve ele, *para ver que esse ancião selvagem, irritado, desapiedado que pronuncia para seus filhos as horríveis maldições* — isso é justo, pois, vinte minutos antes do término da peça, Édipo ainda está esmagando Polinices com suas maldições — *e que goza de antemão, como um homem sedento de vingança, com desgraças que se vão abater sobre sua cidade natal, que não tem nada dessa profunda paz dos deuses, dessa transfiguração do penitente que a exegese tradicional se compraz em constatar sobretudo nele. O poeta, que não tem o hábito de velar as realidades da vida, deu-se claramente conta de que a miséria e a desgraça não têm como efeito habitual transfigurar o homem, mas deprimi-lo, e lhe tirar sua nobreza. Seu Édipo é piedoso. Já o era desde a origem no* Édipo Rei, *mas ele se tornou selvagem em sua desolação.*

Eis o testemunho de um leitor que não é especialmente orientado para os problemas da tragédia, já que essa obra é o histórico dos conceitos que os gregos se constituíram sobre a alma.

No que nos concerne, tento mostrar-lhes que numa época que precede a elaboração ética de Sócrates, Platão e Aristóteles, Sófocles nos apresenta o homem e o interroga nas vias da solidão, e nos situa o herói numa zona em que a morte invade a vida, em sua relação com o que aqui chamei de segunda morte. Essa relação com o ser suspende tudo o que tem relação com a transformação, com o ciclo das gerações e das corrupções, com a própria história, e nos leva a um nível mais radical do que tudo, dado que, como tal, ele está suspenso à linguagem.

Para expressá-lo nos termos do sr. Lévi-Strauss — e estou certo de não me enganar ao invocá-lo aqui, pois, incitado por mim à releitura de *Antígona*, foi propriamente nestes termos que se expressou falando para a minha pessoa —, Antígona, diante de Creonte, se situa como a sincronia oposta à diacronia.

Deixei a meio caminho andado aquilo que eu poderia dizer-lhes sobre o texto. Não podemos esgotá-lo este ano, já por razões de tempo, mas é claro que a questão colocada no final é sobre o que eu chamaria de utilização divina de Antígona.

A respeito disso poderíamos fazer mais de um paralelo. Antígona enforcada em sua tumba evoca justamente outra coisa além do ato do suicídio, pois, há todo o tipo de mitos de heroínas, de moças, enforcadas, tal como o de Erigone por exemplo, vinculado ao advento do culto de Dioniso. Seu pai, para quem Dioniso deu o vinho, por não conhecer bem seu uso, abusou dela, morreu e sua filha acaba enforcando-se em sua tumba. Eis um mito explicativo de todo um rito em que vemos imagens mais ou menos simplificadas, simbolizadas, de moças suspensas em árvores. Em suma, existe aí todo um pano de fundo ritual e mítico, que pode tornar a voltar para situar novamente em sua harmonia religiosa o que é aqui promovido no palco. Mas o fato é que na perspectiva sofocliana o herói nada tem a ver com essa utilização. Antígona é aquela que já escolheu sua visada em direção à morte. A invocação que se tece em torno dessa haste é outra coisa, ela não chega, no caso, ao desafio humano.

Ficarei por aqui hoje. O que está em questão no momento em que terminei o que tinha para lhes transmitir sobre a catarse é o efeito do belo. O efeito do belo resulta da relação do herói com o limite, definível nesse caso por uma certa *Até*. Neste ponto, quero agora, utilizando as próprias definições da estrutura do seminário, passar a palavra.

Com efeito, não quero ser aquele que se encarrega sozinho, tal como Mestre Jacques,[54] de revolver todas as zonas mais ou menos heterogêneas do que nos é legado da elaboração tradicional nesse tipo de matérias.

Para toda uma certa área de pessoas dentre vocês, quero dizer para cada um de vocês, num certo momento de seu pensamento, há um modo de resistir ao que tento fazer com que ouçam, que consiste em comentar simpaticamente, de uma maneira aliás mais ou menos ambígua, o que é convencionado chamar a amplitude de minha informação, ou como dizem ainda, de minha cultura. Não gosto nada disso. Isso tem, aliás, uma contrapartida — perguntam-se onde arrumo tempo para reunir tudo isso. Vocês omitem que tenho alguns anos a mais do que vocês na existência. Sem ter duzentos anos de corte como um gramado inglês, já começa a se aproximar disso — enfim, estou mais perto disso do que vocês, e tive tempo de esquecer várias vezes as coisas das quais lhes falo.

Gostaria, portanto, hoje, no que se refere ao belo, de ceder a palavra a alguém que me pareceu particularmente competente para tomá-la num campo, num ponto de articulação que considero como essencial para o prosseguimento de meu discurso, isto é, definição do belo e do sublime, tal como foi colocado por Kant.

Existe aí, com efeito, um modo de análise categorial que é de alta importância para encontrar o esforço de estruturação topológica que prossigo diante de vocês. A lembrança dos bosquejos de Kant para aqueles dentre vocês que já tiverem aberto a *Crítica do juízo*, ou sua apresentação para aqueles que ainda não o fizeram, parece-me um tempo essencial, e é por isso que peço ao sr. Kaufmann para tomar a palavra imediatamente.

Verão em seguida o emprego que poderemos fazer do trabalho que ele relata hoje para vocês. [*Segue a comunicação do sr. Kaufmann.*]

O senhor tem certamente razão em dizer que o cálculo infinitesimal é evocado por detrás da experiência do sublime. É preciso dizer que na época de Kant o cálculo infinitesimal detinha não sei que mistério do significante, que desapareceu desde então totalmente.

O trecho de Kant que o senhor citou, de 1764, deve ser deveras comunicado a Claude Lévi-Strauss, pois todo o discurso inaugural de sua cátedra no *Collège de France* já está indicado aqui, isto é, não forçosamente antedatado, mas precisado de uma tal maneira que não se encontra assim ressaltado em nenhum outro lugar como em Rousseau. Kant já funda aqui a ética do etnógrafo.

O trabalho que o senhor nos forneceu hoje fez com que nossa assembleia, que é heterogênea em sua formação, percebesse a ideia das estruturas em torno das quais Kant reagrupa, e ao mesmo tempo dissocia, a ideia do belo. Poderíamos ter colocado como pano de fundo a ideia do prazer em Aristóteles, e citar sua lindíssima definição dada na *Retórica*.

Isso nos serviria de ponto pivô, como é natural em toda matéria filosófica tradicional, para retomar, no ponto em que a deixamos, a questão do efeito da tragédia. Apesar de acreditarmos sempre dever referi-lo a Aristóteles, esse efeito não se poderia contentar com a ideia da catarse moral.

15 de junho de 1960

A Dimensão Trágica da Experiência Psicanalítica

XXII

A DEMANDA DE FELICIDADE E A PROMESSA ANALÍTICA

O desejo e o Juízo final.
A segunda morte.
Apólogo das botinas.
Hades e Dioniso.
O desejo do analista.

O relatório que fiz em Royaumont há dois anos sobre *A direção da cura* deve ser publicado no próximo número de nossa revista. É um texto feito um pouco às pressas, pois o compus entre dois seminários daqui. Dele conservarei a forma improvisada, tentando no entanto completar e retificar algumas das coisas que aí estão contidas.

1

Digo num dado momento, que o analista deve pagar algo para ocupar sua função.

Ele paga com palavras — suas interpretações. Ele paga com sua pessoa, pelo seguinte — pela transferência ele é literalmente despossuído dela. Toda a evolução presente da análise é o desconhecimento disso, mas o que quer que seja que ele ache e qualquer que seja o recurso-pânico a *the Counter-Transference*, é bem preciso que ele passe por isso. Não é apenas ele que ali está com aquele com quem estabeleceu um certo compromisso.

Enfim, é preciso que ele pague com um certo julgamento no que diz respeito à sua ação. A análise é um juízo. Alhures isso é exigível em toda parte, mas se pode parecer escandaloso enunciá-lo aqui, é provavelmente por alguma razão. E a razão é que, por um certo aspecto, o analista tem muita consciência de que não pode saber o que faz em psicanálise. Há uma parte dessa ação que lhe resta, a si mesmo, velada.

É o que justifica o ponto ao qual lhes levei este ano, quero dizer, onde lhes propus de seguirem-me, e onde se abre a questão de saber quais são as consequências éticas gerais que a relação com o inconsciente, tal como foi aberto por Freud, comporta.

Aceito que o aspecto de rodeio, de nosso caminho, foi feito para aproximá-los de nossa ética, de nós analistas. Alguns lembretes eram necessários antes de trazê-los, de maneira mais próxima, para a prática da análise e para seus problemas técnicos. No estado atual das coisas eles não poderiam ser resolvidos nesses lembretes.

Primeiramente, será que é o final da análise o que nos demandam? O que nos demandam, é preciso chamá-lo por uma palavra simples, é a felicidade. Com isso não digo nada de novo — uma demanda de felicidade, de *happiness*, como escrevem os autores ingleses na linguagem deles, é justamente disso que se trata.

No relatório que há pouco mencionei, e cuja redação pareceu-me agora, ao ser publicado, um tanto aforismática demais — daí eu tentar colocar hoje um pouco de óleo nos eixos —, faço alusão ao fato sem me explicar sobremaneira. O assunto tampouco é explicado em razão de a felicidade ter-se tornado um fator da política. Só digo isso, mas é justamente o que me fizera terminar a conferência intitulada *A psicanálise, dialética*, pela qual encerrara uma certa era de minha atividade num grupo do qual nos separamos desde então, pela afirmação seguinte — *Não poderia haver satisfação de ninguém fora da satisfação de todos.*

Recentrar a análise na dialética vem presentificar para nós que a meta aparece indefinidamente recuada. Não é culpa da análise se a questão da felicidade não pode articular-se de outra maneira atualmente. Direi que é na medida em que, como o diz Saint-Just, a felicidade tornou-se um fator de política. É pelo fato da entrada da felicidade na política que a questão da felicidade não apresenta, para nós, como possível a solução aristotélica, e que a etapa prévia se situa no nível da satisfação das necessidades para todos os homens. Enquanto que Aristóteles faz uma escolha entre os bens que ele oferece ao mestre e senhor,[3] e lhe diz que apenas alguns desses bens são dignos de sua devoção, ou seja, da contemplação, a dialética do mestre e senhor é, para nós, desvalorizada, insisto, por razões históricas, que provêm do momento histórico que vivemos, e que se expressa na política pela fórmula seguinte — *Não poderia haver satisfação de ninguém sem a satisfação de todos.*

É nesse contexto que a análise aparece — sem que possamos saber exatamente o que justifica que seja nesse contexto —, e que o analista se oferece para receber, é um fato, a demanda de felicidade.

O que articulei este ano consistiu em mostrar-lhes, escolhendo os termos entre os mais salientes, a distância percorrida, digamos, desde Aristóteles — e em fazer-lhes sentir a que ponto abordamos as coisas num nível diferente, quando estamos longe de toda e qualquer formulação de uma disciplina da felicidade.

Em Aristóteles há uma disciplina da felicidade. Ele mostra os caminhos por onde pretende conduzir qualquer um que o siga em sua problemática, e que, em cada uma das vertentes da atividade possível do homem, realizam uma função da virtude. Essa virtude é obtida por um *mesotes* que está longe de ser apenas um exato meio-termo, um processo ligado ao princípio do evitamento de todo excesso, mas que deve permitir ao homem escolher o que razoavelmente pode fazê-lo realizar-se em seu bem próprio.

Não há nada parecido na análise, observem bem. Pretendemos, por vias que para alguém saindo do colégio pareceriam surpreendentes, permitir ao sujeito situar-se numa posição tal que as coisas, misteriosa e quase miraculosamente, aconteçam para ele de uma boa maneira, que ele as aborde pelo lado certo. Sabe Deus que obscuridades permanecem numa pretensão como o advento da objetalidade genital e, diga-se também, com sabe Deus que imprudência, a concordância com a realidade.

Uma única coisa faz alusão a uma possibilidade feliz de satisfação da tendência, e é a noção de sublimação. Mas é claro que tomando a formulação mais exotérica em Freud, quando ele a representa para nós como eminentemente realizada pela atividade do artista, isso quer dizer literalmente a possibilidade para o homem de tornar comerciais seus desejos, vendáveis sob a forma de produtos. A fraqueza e até mesmo o cinismo de uma tal formulação têm, a meu ver, um mérito imenso, ainda que não esgotem o fundo da questão que é — como, portanto, isso é possível?

A outra formulação consiste em dizer-nos que a sublimação é a satisfação da tendência na mudança de seu objeto, isto sem recalque — definição mais profunda, mas que abre, parece-me, uma problemática mais espinhosa, se o que lhes ensino não lhes permitisse ver onde está o nó do problema, onde a lebre se esconde.

Efetivamente, o coelho que se trata de tirar da cartola já está na tendência. Esse coelho não é um novo objeto, é a própria mudança do objeto já em si. Se a tendência permite a mudança de objeto é porque ela já está profundamente marcada pela articulação do significante. No grafo que lhes dei do desejo, a tendência, situada no nível de articulação inconsciente de uma sucessão significante é, desta feita, constituída numa alienação fundamental. Desta feita também, em retorno, cada um dos significantes que compõem essa sucessão típica está ligado por um fator comum.

Na definição da sublimação como satisfação sem recalque há, implícito ou explícito, passagem do não-saber ao saber, reconhecimento disto, que o desejo nada mais é do que a metonímia do discurso da demanda. É a mudança como tal. Insisto — essa relação propriamente metonímica de um significante ao outro que chamamos de desejo não é o novo objeto, nem o objeto anterior, é a própria mudança de objeto em si.

Tomarei um exemplo que me passou pela cabeça no momento em que preparava essas palavras para vocês, a fim de imajar o que quero dizer no que diz respeito à sublimação. Pensemos na passagem, digamos, de um verbo ao que a gramática chama de seu complemento, ou uma gramática mais filosófica, seu determinativo. Tomemos o verbo mais radical na evolução das fases da tendência, o verbo *comer.* Há *comer.* É desse modo que, em muitas línguas, propõe-se primeiro, de cara, o verbo, a ação, antes que se determine de quem se trata. Vê-se bem aqui o caráter secundário do sujeito, já que não temos nem mesmo o sujeito, esse algo que pode justamente haver para comer.

Tem para se comer — o quê? O livro.

Quando lemos no *Apocalipse* essa imagem poderosa, *comer o livro*, o que significa isso? — senão que o livro adquire ele mesmo o valor de uma incorporação, e a incorporação do próprio significante, o suporte da criação propriamente apocalíptica. O significante, nessa ocasião, torna-se Deus, o objeto da própria incorporação.

Ousando formular uma satisfação que não é paga com um recalque, o tema colocado no centro, promovido em sua primazia, é — o que é o desejo? A propósito disto posso apenas lembrar-lhes o que nessa época articulei — realizar seu desejo coloca-se sempre numa perspectiva de condição absoluta. É na medida em que a demanda está para além e para aquém de si mesma, que, ao se articular com o significante, ela demanda sempre outra coisa, que, em toda satisfação da necessidade, ela exige outra coisa, que a satisfação formulada se estende e se enquadra nessa hiância, que o desejo se forma como o que suporta essa metonímia, ou seja, o que quer dizer a demanda para além do que ela formula. E é por isso que a questão da realização do desejo se formula necessariamente numa perspectiva de Juízo final.

Tentem perguntar-se o que pode querer dizer *ter realizado seu desejo* — se não é de tê-lo realizado, se podemos assim dizer, no final. É essa invasão da morte na vida que confere seu dinamismo a toda questão, quando ela tenta formular-se, sobre o tema da realização do desejo. Para ilustrar o que dizemos, se colocarmos a questão do desejo a partir do absolutismo parmenídico, na medida em que ele anula tudo o que não é o ser, diremos — nada é do que não nasceu, e tudo o que existe não vive senão na falta a ser.

2

A vida tem algo a ver com a morte? Pode-se dizer que a relação com a morte suporta, subtensiona, como a corda o arco, o seno da subida e da queda da vida? Basta-nos retomar a questão que Freud acreditou colocar a partir de sua experiência — e tudo prova que ela é efetivamente colocada por nossa experiência.

Naquilo que lhes digo neste instante não é dessa morte que se trata. Trata-se da segunda morte, a que se pode ainda visar depois que a morte está efetuada, como mostrei-lhes concretamente no texto de Sade.

Afinal, a tradição humana jamais cessou de conservar presente essa segunda morte, vendo aí o término dos sofrimentos, assim como ela nunca cessou de imaginar um segundo sofrimento, sofrimento para além da morte, indefinidamente sustentado na impossibilidade de transpor o limite da segunda morte. E é por isso que a tradição dos infernos sempre permaneceu tão viva, e ainda é presente em Sade, com a ideia de fazer perpetuar os sofrimentos infligidos à vítima. Esse requinte é atribuído a um de seus heróis de romance, sádico, assegurando-se da danação daquele que ele fez passar da vida para a morte.

Qualquer que seja portanto o alcance dessa imaginação metapsicológica de Freud que é o instinto de morte, tê-lo forjado seja ou não fundado, a questão, pelo simples fato de ter sido colocada, se articula sob a seguinte forma — como o homem, isto é, um vivente, pode aceder ao conhecimento desse instinto de morte, de sua própria relação com a morte?

Resposta — pela virtude do significante e sob a forma mais radical. É no significante, e uma vez que o sujeito articula uma cadeia significante, que ele sente de perto, que ele pode faltar à cadeia do que ele é.

Na verdade, é claro como água. Não reconhecê-lo, não promovê-lo como sendo a articulação essencial do não-saber como valor dinâmico, não reconhecer que essa é a descoberta do inconsciente, literalmente, sob a forma dessa fala derradeira, quer apenas dizer que eles não sabem o que fazem. Não relembrar esse princípio fundamental é o que acarretará a pululação que se pode constatar na teoria analítica, essa selva, essa chuva — *chove a cântaros, il pleut comme qui la jette*, como se diz em Charente — de referências, da qual não se pode deixar de ficar espantado com a denotação de desorientação que dela ressoa.

Li, com certeza um tanto rapidamente, a tradução que nos foi dada da última obra de Bergler. Tudo o que ele nos traz não é desprovido de mordacidade nem de interesse, exceto que se tem a impressão de um desarvoramento delirante de noções não dominadas.

Quis mostrar-lhes que a função do significante no acesso do sujeito à sua relação com a morte podia tornar-se mais tangível para vocês do que uma referência conotadora. É por isso que tentei fazer vocês reconhecerem-no, nesses últimos encontros, sob uma forma estética, isto é, sensível, a do belo — a função do belo sendo precisamente a de nos indicar o lugar da relação do homem com sua própria morte, e de nos indicá-lo somente num resplandecimento.

Tendo pedido ao sr. Kaufmann, na última vez, de lembrar-lhes os termos nos quais, no início dessa etapa em que estamos das relações do homem com a felicidade, Kant acreditou ter de definir a relação ao belo, pude ouvir esta queixa de que a coisa não foi animada para vocês com um exemplo. Pois bem, vou tentar fazê-lo.

Lembrem-se vocês dos quatro momentos do belo tal como foram articulados para vocês. Vou tentar, por um processo gradual, ilustrar isso. Extrairei o primeiro nível de um fato da minha experiência mais familiar.

Minha experiência não é imensa, digo para mim mesmo bem frequentemente que talvez não tenha eu tido pela experiência o gosto que convenha — as coisas não me parecem sempre suficientemente engraçadas. Mas, assim mesmo, ocorre sempre, num dado momento, algum recurso para imajar esse caminho do entredois onde tento levá-los.

Digamos que, diferentemente do sr. Teste, se a besteira não é o meu forte, nem por isso sinto-me mais orgulhoso.[55]

É, portanto, um pequeno fato que lhes vou contar.

Estava um dia em Londres, numa espécie de *Home*, como se diz por lá, destinado a receber-me como convidado de um instituto que divulga a cultura francesa. Era um desses pequenos bairros encantadores, em fins de outubro, quando o tempo é frequentemente radioso. Foi assim que fui hospedado num pequeno edifício encantador, marcado pelo estilo conventual vitoriano. Um agradável odor de *toasts* e a sombra dessas geleias incomíveis com as quais é de praxe se refestelar por lá conferiam seu estilo a essa casa.

Lá não estava sozinho, mas com alguém que aceita acompanhar-me na vida e uma de suas características é uma extrema agudeza quanto à unicidade. De manhã, essa pessoa, minha esposa, me diz de supetão — *O professor* D *está aqui* — trata-se de um de meus mestres, alguém que foi meu mestre na Escola de Línguas Orientais. Era de manhã, extremamente cedo. *Como a senhora sabe?* perguntei-lhe, pois posso-lhes dizer que o professor *D* não é uma pessoa íntima. Respondeu-me — *Vi seus sapatos.*

Devo dizer que não deixei de sentir, com essa resposta, um certo arrepio e também uma certa sombra de ceticismo — o caráter altamente característico de uma individualidade num par de botinas lá colocado em frente a uma porta não me parecia trazer aspectos de evidência suficientes e, por outro lado, nada havia deixado pressentir que o professor *D* pudesse estar em Londres. Eu achei a coisa sobretudo humorística e não lhe dei mais importância.

Na hora prematura que era, transportei-me ao longo dos corredores sem mais pensar nisso, e foi então que para meu estupor vi deslizar de roupão, deixando ver no intervalo de suas dobras umas ceroulas altamente universitárias, o professor *D* em pessoa, que efetivamente saía de seu quarto.

Essa experiência parece-me altamente instrutiva, e é por meio dela que pretendo levá-los à noção do que é o belo.

Era preciso nada menos do que uma experiência onde fosse tão intensamente reunida a universalidade que comporta o que é próprio aos sapatos no universitário, com o que podia apresentar de absolutamente particular a pessoa do professor *D*, para que eu possa convidá-los simplesmente a pensar agora nos velhos sapatos de Van Gogh, dos quais Heidegger nos deu a imagem maravilhante do que é uma obra de beleza.

É preciso que imaginem as botinas do professor *D ohne Begriff*, sem a concepção do universitário, sem relação alguma com sua personalidade tão atraente, para que vocês comecem a ver as botinas de Van Gogh viverem, adquirirem vida em sua incomensurável qualidade de belo.

Elas estão lá, elas nos dão um sinal de inteligência, situado muito precisamente a igual distância da potência da imaginação e da potência do significante. Esse significante não é nem mesmo aí significante da marcha, do cansaço, de tudo que vocês quiserem, da paixão, do calor humano, ele é apenas significante do que significa um par de botinas abandonadas, isto é, ao mesmo tempo, de uma presença e de uma ausência pura — coisa, se podemos assim dizer, inerte, feita para todos, mas coisa que, por certos aspectos, por mais muda que seja fala — cunho, impressão, que emerge na função do orgânico e, em suma, do dejeto, evocando o começo de uma geração espontânea.

O que, por magia, faz dessas botinas uma espécie de avesso e análogo de um par de renovos, mostra que não se trata aí de imitação — é o que sempre enganou os autores sobre o par de botinas —, e sim da apreensão daquilo pelo intermédio do qual, pelo fato de sua posição numa certa relação temporal, são, elas mesmas, a manifestação visível do belo.

Se esse exemplo não lhes parece convincente, busquem outros. Trata-se de mostrar aqui que o belo não tem nada a ver com o que se chama de belo ideal. É apenas a partir da apreensão do belo na pontualidade da transição da vida à morte que podemos tentar restituir o belo ideal, ou seja, a função que pode aí adquirir, num dado momento, o que a nós se apresenta como a forma ideal do belo e, no primeiro plano, a famosa forma humana.

Se vocês lerem o *Laocoon* de Lessing, leitura preciosa e rica de todo tipo de pressentimentos, vê-lo-ão, no entanto, deter-se no início diante da concepção da dignidade do objeto. Não que seja pelo efeito de um progresso histórico que essa famosa dignidade do objeto tenha sido, enfim, graças a Deus, abandonada, pois sempre o foi, tudo o deixa transparecer. A atividade dos gregos não se limitava a fazer imagens de deuses, e se compravam caríssimo os quadros representando cebolas, temos sobre isso os textos de Aristófanes. Portanto, não é a partir dos pintores holandeses que se percebeu que qualquer objeto pode ser o significante pelo qual vem vibrar esse reflexo, essa miragem, esse brilho mais ou menos insustentável, que se chama o belo.

Mas já que evoquei os holandeses, peguem a natureza-morta. Aí encontrarão, no sentido contrário do das botinas de há pouco, começando a brotar, a mesma transposição da linha. Como o demonstrou admiravelmente Claudel em seu estudo sobre a pintura holandesa, é na medida em que a natureza-morta mostra-nos, ao mesmo tempo, e esconde-nos o que nela ameaça — desenlace, desenrolar, decomposição —, que ela nos presentifica o belo como função de uma relação temporal.

Da mesma forma a questão do belo, na medida em que faz o ideal entrar em função, não pode encontrar-se nesse nível senão em função de uma passagem para o limite. Ainda no tempo de Kant, o que nos é apresentado como o limite das possibilidades do belo, como o *ideale Erscheinen*, é a forma do corpo humano. Ela foi, porque não é mais, forma divina. Ela é o envoltório de todas as fantasias possíveis do desejo humano. As flores do desejo estão contidas nesse vaso do qual tentamos fixar as paredes.

É o que leva a estabelecer a forma do corpo, e muito precisamente a imagem, tal como já articulei aqui na função do narcisismo, como o que representa, numa certa relação, a relação do homem com sua segunda morte, o significante de seu desejo, seu desejo visível.

Hímeros enarges, é aí que está a miragem central que, ao mesmo tempo, indica o lugar do desejo na medida em que é desejo de nada, relação do homem com sua falta a ser, e impede de ver esse lugar.

3

Podemos aqui redobrar a questão. Será essa mesma sombra, que a forma do corpo representa, será essa mesma imagem que faz barragem à Outra-coisa que está para além?

O que está para além não é apenas a relação com a segunda morte, isto é, com o homem na medida em que a linguagem exige dele prestar conta disto — que ele não é. Há também a libido, ou seja, o que, em instantes fugidios, nos leva para além dessa confrontação que nos faz esquecê-lo. E Freud é o primeiro a articular com audácia e potência que o único momento de gozo que o homem conhece encontra-se no lugar mesmo em que se produzem as fantasias, que representam para nós a mesma barreira em relação ao acesso a esse gozo, a barreira onde tudo é esquecido.

Gostaria de introduzir aqui, paralelamente à função do belo, uma outra função que já nomeei diversas vezes sem jamais insistir demasiadamente, mas que me parece, no entanto, essencial mostrar, e que chamaremos, se vocês estiverem de acordo, *Aidos*, em outros termos, o pudor. A omissão dessa barreira, que conserva a apreensão direta do que há no centro da conjunção sexual, parece-me estar na origem de todo o tipo de questão sem saída, e, propriamente falando, no que se refere à sexualidade feminina, tema posto na ordem do dia de nossas pesquisas — a culpa não é absolutamente minha.

O final de *Antígona* apresenta-nos a substituição de não sei qual imagem sangrenta de sacrifício que o suicídio místico realiza. Certamente, a partir de um dado momento, não sabemos mais o que ocorre na tumba de Antígona. Tudo nos indica que o que acaba de ocorrer efetua-se numa crise de *mania*, tendo Antígona chegado a esse nível em que Ajax e Hércules igualmente perecem — deixo de lado o final de Édipo.

A respeito disso não encontrei melhor referência do que os aforismas heraclitianos, que devemos à referência persecutória de são Clemente de Alexandria, que neles vê o sinal das abominações pagãs. Conservamos um pequeno trecho que diz — *Ei me gar Dionysoi Pompen epoiounto kai hymneon áisma*, se tão certamente, eles não fizessem cortejos e festas para Dioniso cantando os hinos — e é aqui que começa a ambiguidade — *aidôiosin anaidêstata êirgast'an*, o que faziam eles? As homenagens mais desonrosas ao que é vergonhoso. Eis como, num certo sentido, pode-se lê-lo. E, continua Heráclito, é a mesma coisa que Hades e Dioniso, uma vez que um e outro *mainontai*, deliram, e que se entregam às manifestações das hienas — trata-se de cortejos báquicos ligados ao aparecimento de todo tipo de forma de transes.

Vocês sabem que Heráclito não tem nenhuma inclinação pelas manifestações religiosas radicais, só manifesta distância quanto ao êxtase — distância que não tem nada a ver com a distância cristã ou racionalista. E eis que ele nos leva a essa conjunção de dizer que se não se tratasse de uma referência a Hades, de uma manifestação de êxtase, seria somente uma odiosa manifestação fálica, objeto de nojo.

Entretanto não é certo que possamos ater-nos a essa tradução. Há um jogo de palavras evidente entre *aidôiosin anaidêstata* e *Aides*, que também quer dizer invisível. *Aidoia* quer dizer as partes pudendas, mas pode também querer dizer coisa respeitável e venerável. O termo de canto não está ausente. No final das contas, cantando em grande pompa os louvores de Dioniso, seus sequazes não sabem verdadeiramente o que fazem — Hades e Dioniso, não são eles uma única e mesma coisa?

É justamente aí, com efeito, que a questão também se coloca para nós. Será no mesmo nível que a fantasia do falo e a beleza da imagem humana têm seu lugar legítimo? Ou há, pelo contrário, entre eles uma imperceptível distinção, uma diferença irredutível? Todo o empreendimento freudiano esbarrou nisso. Freud, no final de um de seus últimos artigos, *Análise terminável e interminável*, nos diz que, no termo derradeiro, a aspiração do paciente se quebra numa nostalgia irredutível sobre isto, que o falo, de modo algum ele poderia sê-lo, e que para não o ser, ele só poderia tê-lo na condição do *Penisneid* na mulher, da castração no homem.

Eis o que convém relembrar no momento em que o analista se encontra em posição de responder a quem lhe demanda a felicidade. A questão do Bem Supremo se coloca ancestralmente para o homem, mas ele, o analista, sabe que essa questão é uma questão fechada. Não somente o que se lhe demanda, o Bem Supremo, é claro que ele não o tem, como sabe que não existe. Ter levado uma análise a seu termo nada mais é do que ter encontrado esse limite onde toda a problemática do desejo se coloca.

Que essa problemática seja central para todo acesso a uma realização qualquer de si mesmo, é a novidade da análise. No caminho dessa gravitação certamente o sujeito encontrará bem em abundância, tudo o que ele pode fazer de bem, mas não esqueçamos o que sabemos muito bem, pois o dizemos todos os dias da maneira mais clara — ele só o encontrará extraindo a todo instante de seu querer os falsos bens, esgotando não somente a vaidade de suas demandas, uma vez que todas elas não são para nós senão demandas regressivas, mas também a vaidade de seus dons.

A psicanálise faz toda a efetivação da felicidade girar em torno do ato genital. Convém, contudo, tirar disso as consequências. Certamente nesse ato, num único momento, alguma coisa pode ser atingida pela qual um ser para um outro está no lugar, ao mesmo tempo, vivo e morto da Coisa. Nesse ato, e nesse único momento, ele pode simular com sua carne a efetivação do que ele não é em lugar nenhum. Mas a possibilidade dessa efetivação, se é polarizante, se é central, não poderia ser considerada como circunstancial.

O que o sujeito conquista na análise não é apenas esse acesso, uma vez mesmo repetido sempre aberto, é na transferência alguma outra coisa que confere sua forma a tudo o que vive — é sua própria lei, da qual, se posso assim dizer, o sujeito apura o escrutínio. Essa lei é, primeiramente, sempre aceitação de algo que começou a se articular antes dele nas gerações precedentes, e que é, propriamente falando, a *Até*. Essa *Até*, não é por não atingir sempre o trágico da *Até* de Antígona que ela seja menos parente da desgraça.

O que o analista tem a dar, contrariamente ao parceiro do amor, é o que a mais linda noiva do mundo não pode ultrapassar, ou seja, o que ele tem. E o que ele tem nada mais é do que seu desejo, como o analisado, com a diferença de que é um desejo prevenido.

O que pode ser um tal desejo, propriamente falando, o desejo do analista? Desde já, podemos no entanto dizer o que ele não pode ser. Ele não pode desejar o impossível.

Vou-lhes dar um exemplo disso na definição, a mais firme, que um autor conseguiu confiar antes de desaparecer, de uma função que lhe parece essencial na relação dual com o analista, relação que existe uma vez que respondemos à demanda de felicidade, mas que não esgota a análise. Essa função, que é aquela dita da distância, é definida nestes termos — a hiância que separa a maneira pela qual um sujeito expressa seus *drives* instintuais da maneira pela qual poderia expressá-los se o processo de arrumar e de ajeitar suas expressões não interviesse.

É sensível o caráter verdadeiramente aberrante, de impasse, de uma tal formulação depois do que lhes ensino. Se a tendência é o efeito da marca do significante sobre as necessidades, sua transformação pelo efeito do significante nesse algo de despedaçado e de enlouquecido que é a pulsão, que pode querer dizer essa definição da distância?

Da mesma forma, é impossível para o psicanalista, se seu desejo é prevenido, consentir em deter-se no engodo que constitui a aspiração a uma redução dessa distância a nada. A função do analista seria essencialmente de um *aprochegar*, como o mesmo teórico se expressa. É sempre a mesma fantasia que intervém nesse caso, ou seja, a da incorporação, ou da manducação, da imagem fálica, na medida em que ela se presentifica numa relação inteiramente orientada no imaginário. O sujeito não pode de nenhuma maneira realizar aí outra coisa senão uma forma qualquer, por mais atenuada que seja, de psicose ou de perversão, pois o termo *aprochegar* colocado por esse autor no centro da dialética analítica só faz refletir um desejo do analista cuja natureza ele desconhece devido a uma elaboração insuficiente de sua posição — a de se aprochegar até se confundir com aquele de quem está encarregado.

Desta aspiração só se pode dizer que ela é patética em sua ingenuidade, e é surpreendente que ela possa ter sido formulada de outra maneira que na de um impasse a ser rejeitado.

Eis o que hoje queria lembrar-lhes para dar o sentido de nossa pesquisa referente à natureza do belo e, direi mais, do sublime. Sobre o sublime, ainda não extraímos das definições kantianas toda a substância que podemos obter. A conjunção desse termo com o de sublimação não é propriamente um acaso, nem simplesmente homonímico.

Voltaremos de maneira frutuosa, da próxima vez, a essa satisfação, a única permitida pela promessa analítica.

22 de junho de 1960

XXIII

As metas morais da psicanálise

O devaneio burguês.
Édipo, Lear, e o serviço dos bens.
A incorporação do supereu.
Os três Pais.
Édipo irreconciliado.

No momento de encerrar o assunto arriscado onde escolhi levá-los para dar uma volta este ano, creio não poder articular muito para vocês o limite do passo que pretendi que vocês dessem.

Aplicar-me-ei, no próximo ano, em articular, uns em relação aos outros, os fins e os meios da análise — não é forçosamente o título que darei a este seminário. Parece-me indispensável que nos tenhamos detido, pelo menos um instante, no que há de sempre velado no que se pode chamar de as metas morais da análise.

1

Promover na ordenação da análise a normalização psicológica inclui o que podemos chamar de uma moralização racionalizante. Igualmente, visar ao acabamento do que se chama de estádio genital, a maturação da tendência e do objeto, que daria a medida de uma relação justa com o real, comporta certamente uma certa implicação moral.

A perspectiva teórica e prática de nossa ação deve reduzir-se ao ideal de uma harmonização psicológica? Devemos, na esperança de fazer nossos pacientes aceder à possibilidade de uma felicidade sem sombras, pensar que a redução pode ser total da antinomia que o próprio Freud articulou tão poderosamente? Falo do que ele enuncia no *Mal-estar na civilização*, quando formula que a forma sob a qual a instância moral se inscreve concretamente no homem, e que absolutamente não deixa de ser racional em seu dizer, essa forma que ele chamou de supereu, é de uma economia tal que se torna tanto mais exigente quanto mais sacrifícios se lhe prestam.

Essa ameaça, esse dilaceramento do ser moral no homem, é-nos permitido esquecê-lo na doutrina e na prática analíticas? Na verdade, é justamente o que ocorre — e tendemos demasiadamente a esquecê-lo, tanto nas promessas que acreditamos poder fazer quanto nas que acreditamos poder fazer-nos a respeito de tal saída de nossa terapêutica. É grave, e é ainda mais grave quando estamos em posição de conferir à análise todo o seu alcance, quero dizer que estamos diante da saída concebível da análise em sua função didática no sentido pleno do termo.

Uma análise, se devemos concebê-la como plenamente terminada para alguém que deve encontrar-se em seguida em posição responsável em relação à análise, isto é, ele mesmo analista, deve ela idealmente, por direito diria, terminar nessa perspectiva de conforto que etiquetei há pouco com a denotação de racionalização moralizante em que ela tende por demais frequentemente a se expressar?

Quando se articulou na linha direta da experiência freudiana, a dialética da demanda, da necessidade e do desejo, será sustentável reduzir o sucesso da análise a uma posição de conforto individual vinculada a essa função, certamente fundada e legítima, que podemos chamar de serviço dos bens? — bens privados, bens de família, bens da casa, outros bens que igualmente nos solicitam, bens do ofício, da profissão, da Cidade.

Essa Cidade, podemos nós, hoje em dia, encerrá-la tão facilmente? Pouco importa. Qualquer regularização que trouxermos à situação daqueles que concretamente recorrem a nós em nossa sociedade, é por demais evidente que sua aspiração à felicidade implicará sempre um lugar aberto para um milagre, uma promessa, uma miragem de gênio original ou de excursão para a liberdade, caricaturemos, de possessão de todas as mulheres para um homem, do homem ideal para uma mulher. Constituir-se como garantia de que o sujeito possa de qualquer maneira encontrar seu bem, mesmo na análise, é uma espécie de trapaça.

Não há razão alguma para que nos constituamos como garantia do devaneio burguês. Um pouco mais de rigor e de firmeza é exigível em nossa confrontação com a condição humana, e é por isso que relembrei, da última vez, que o serviço dos bens tem exigências, que a passagem da exigência de felicidade para o plano político tem consequências. O movimento no qual o mundo em que vivemos é arrastado promovendo até suas últimas consequências o ordenamento universal do serviço dos bens implica uma amputação, sacrifícios, ou seja, esse estilo de puritanismo na relação com o desejo que se instaurou historicamente. O ordenamento do serviço dos bens no plano universal não resolve, no entanto, o problema da relação atual de cada homem, nesse curto espaço de tempo entre seu nascimento e sua morte, com seu próprio desejo — não se trata da felicidade das futuras gerações.

Como creio ter-lhes mostrado aqui na região que delineei para vocês este ano, a função do desejo deve permanecer numa relação fundamental com a morte. Coloco a questão — o término da análise, o verdadeiro, quero dizer aquele que prepara a tornar analista, não deve ela em seu termo confrontar aquele que a ela se submeteu à realidade da condição humana? É propriamente isso o que Freud, falando de angústia, designou como o fundo onde se produz seu sinal, ou seja, o *Hilflosigkeit*, a desolação, onde o homem, nessa relação consigo mesmo que é sua própria morte — mas no sentido que lhes ensinei a desdobrar esse ano — não deve esperar a ajuda de ninguém.

Ao término da análise didática o sujeito deve atingir e conhecer o campo e o nível do desarvoramento absoluto, no nível do qual a angústia já é uma proteção, não *Abwarten*, mas *Erwartung*. A angústia já se desenvolve deixando um perigo delinear-se, enquanto que não há perigo no nível da experiência última do *Hilflosigkeit*.

Como o limite dessa região se expressa para o homem em seus termos derradeiros, eu já lhes disse — tocar no termo do que ele é e do que não é. É justamente por isso que o mito do Édipo adquire aqui seu alcance completo.

2

Vou levá-los hoje, mais uma vez, à travessia dessa região intermediária, lembrando-lhes que não se deve absolutamente negligenciar na história de Édipo o tempo que decorre entre o momento em que este fica cego, e o momento em que morre — morte privilegiada, única, da qual lhes disse o enigma que ela constitui em Sófocles.

Édipo, num certo sentido, não fez complexo de Édipo, é preciso recordar isso, e ele se pune por uma falta que não cometeu. Ele apenas matou um homem que ignorava ser seu pai, e que ele encontrou na estrada — para utilizar um modo verossímil segundo o qual o mito nos é apresentado — onde ele fugia por ter ouvido falar de algo nada bom que lhe era prometido em relação ao pai. Foge daqueles que acredita serem seus pais, e querendo evitar o crime, ele o encontra.

Tampouco sabe que atingindo a felicidade, a felicidade conjugal, e a de seu ofício de rei, de ser o guia de uma comunidade feliz, é com sua mãe que ele dorme. Pode-se portanto colocar a questão do que significa o tratamento que ele se inflige. Que tratamento? Ele renuncia àquilo mesmo que o cativou. Ele foi, propriamente, ludibriado, tapeado, por seu próprio acesso à felicidade. Para além do serviço dos bens, e até mesmo do pleno êxito de seus serviços, ele entra na zona onde procura seu desejo.

Observem bem as disposições de Édipo — na cláusula da morte ele nem piscou. A ironia da expressão *bon pied bon oeil*[56] não poderia, no seu caso, ter maior alcance, já que o homem de pés inchados tem, pois, os olhos furados. Mas isso não o impede de exigir ainda tudo, ou seja, as honras devidas à sua categoria. A recordação da lenda nos deixa perceber o que a etnografia mais moderna ressalta — porque após o sacrifício lhe enviam a coxa da vítima ao invés do ombro, a menos que seja o inverso, ele toma essa falta como uma injúria intolerável, e rompe com os filhos a quem ele tinha entregue o poder. E no final, sua maldição explode, com respeito aos filhos, absoluta.

Convém explorar o que pode conter esse momento em que, tendo Édipo renunciado ao serviço dos bens, nada no entanto é por ele abandonado da preeminência de sua dignidade sobre esses mesmos bens, e em que, nessa liberdade trágica, ele lida com a sequência desse desejo que o levou a transpor esse termo, e que é o desejo de saber. Ele soube, ele quer saber ainda mais.

Será preciso, para me fazer compreender, evocar uma outra figura trágica, certamente mais próxima de nós, ou seja, o rei Lear?

Não posso estender-me aqui sobre o alcance dessa peça, quero simplesmente fazê-los entender o que é o ultrapassamento de Édipo a partir do *Rei Lear*, onde temos esse ultrapassamento sob uma forma derrisória.

O rei Lear renuncia, ele também, ao serviço dos bens, aos deveres reais — ele acredita ser feito para ser amado, esse velho cretino, ele entrega, portanto, o serviço dos bens às filhas. Mas não se deve acreditar que por isso ele renuncie ao que quer que seja — é a liberdade que começa, a vida de festa com cinquenta cavaleiros, a farra, enquanto é recebido alternadamente por uma ou por outra das duas megeras às quais acreditou poder entregar os encargos do poder.

No intervalo, ei-lo com a única garantia de fidelidade, devida ao pacto de honra, já que foi livremente que transmitiu o que lhe assegurava a força. A formidável ironia shakespeariana mobiliza toda uma pululação de destinos que se entredevoram, pois não é apenas Lear, mas todos aqueles que são boa gente na peça, que vemos condenados sem remição, à desgraça por se fundamentarem unicamente na fidelidade, e no pacto de honra. Não preciso insistir — tornem a abrir a peça.

Tanto Lear quanto Édipo mostram-nos que aquele que se avança nessa zona, avançando-se pela via derrisória de Lear ou pela via trágica de Édipo, avançará sozinho e traído.

A fala derradeira de Édipo é, como sabem, esse *me phynai*, que repeti tantas vezes diante de vocês, que comporta toda essa exegese da negação. Mostrei-lhes sua abordagem em francês nesse pequeno *ne*, com o qual nada se sabe fazer, suspenso aqui nessa expressão *je crains qu'il ne vienne*, *temo que ele venha*, que se acomodaria tão bem se aí não estivesse como uma partícula oscilando entre o temor e a vinda. Em francês é o resto do que em grego quer dizer o *me* que não é de negação. Poderia retomar qualquer texto com vocês.

Outros textos ainda manifestam isso, por exemplo, em *Antígona*, o trecho em que o guarda, falando de alguém que ainda não sabemos ser Antígona, diz — Partiu sem deixar rastros. E acrescenta, na lição que a edição escolhe — *êpheuge me êidenai.* Isso quer dizer, em princípio — ele evitou que se saiba que é ele, *to me êidenai*, como uma variante o propõe. Mas se, na primeira versão, tomássemos ao pé da letra as duas negações, diríamos — que ele evitou que não se saiba que é ele. O *me* está aí para a *Spaltung* da enunciação e do enunciado que lhes expliquei. O *me phynai* quer dizer— *de preferência, não ser.*

Esta é a preferência na qual se deve terminar uma existência humana, a de Édipo, tão perfeitamente acabada que não é da morte de todos que ele morre, ou seja, de uma morte acidental, mas da morte verdadeira, em que ele mesmo risca seu ser. É uma maldição consentida, dessa verdadeira subsistência que é a do ser humano, subsistência na subtração dele mesmo da ordem do mundo. Essa atitude é bela, e como se diz no madrigal, duas vezes bela por ser bela.

Édipo nos mostra onde para a zona-limite da relação com o desejo. Em toda experiência humana essa zona é sempre repelida para além da morte, já que o ser humano comum regula sua conduta a partir do que é preciso fazer para não arriscar a outra morte, a que consiste simplesmente em abotoar o paletó. *Primum vivere*, as questões de ser são sempre rejeitadas para mais tarde, o que não quer dizer que não estejam sempre no horizonte.

Essas são as noções topológicas sem as quais é impossível se orientar em nossa experiência, e dizer outra coisa que não seja circunlóquio e confusão, mesmo nos mais famosos escritores. Peguem como exemplo esse artigo, aliás notável em todos os pontos, de Jones sobre *Ódio, culpa e temor*, onde mostra a circularidade, que não é absoluta desses termos. Rogo-lhes que o estudem com a caneta na mão, pois vamos lidar com ele no ano que vem — verão quantas coisas se esclareceriam se colocássemos em evidência os princípios que estamos articulando.

Retomemos esses princípios no nível desse homem comum com o qual lidamos, e tratemos de ver o que implicam. Jones, por exemplo, expressou, talvez, melhor do que outros o álibi moral, que chamou de *moralisches Entgegenkommen*, isto é, a complacência da exigência moral. Ele mostra, com efeito, que há, bem frequentemente, naquilo que o homem se impõe como deveres, apenas o temor dos riscos a correr se não no-los impuséssemos. É preciso chamar as coisas pelos seus próprios nomes e não é por se colocar aí atrás um triplo véu analítico, que não é isto que isso significa — o que a análise articula é que, no fundo, é mais cômodo sujeitar-se ao interdito do que incorrer na castração.

Tentemos lavar um pouco mais nossos miolos. Antes de aprofundarmos a questão, o que, bem frequentemente, é uma maneira de evitá-la, o que significa dizer que o supereu se produz, segundo Freud, no momento do declínio do Édipo? É claro que desde então se deram alguns passos para a frente mostrando que havia um, nascido anteriormente, diz Melanie Klein, em retorsão das pulsões sádicas, embora ninguém seja capaz de justificar que se trate ainda do mesmo supereu. Mas, atenhamo-nos ao supereu edipiano. Que ele nasça no declínio de Édipo quer dizer que o sujeito incorpora sua instância.

Isso deveria colocá-los na trilha. Num artigo célebre que se chama *Luto e melancolia*, Freud diz também que o trabalho de luto se aplica a um objeto incorporado, a um objeto ao qual, por uma razão ou por outra, não se quer tanto bem. Esse ser amado com o qual tanto nos importamos em nosso luto, não lhe prestamos unicamente louvores, nem que seja por essa sacanagem que ele nos fez ao nos abandonar. Então, se incorporamos o pai por sermos tão malvados com nós mesmos, é talvez por termos, contra esse pai, muitas recriminações a fazer.

É aqui que as distinções às quais os introduzi nos anos precedentes podem servir-lhes. A castração, a frustração, a privação são coisas diferentes. Se a frustração é o encargo próprio da mãe simbólica, o responsável pela castração, ao se ler Freud, é o pai real, e no nível da privação é o pai imaginário. Tratemos de ver bem uma e outra dessas peças no declínio do Édipo e na formação do supereu. Talvez isso nos traga alguma clareza, e não teremos a impressão do tocar duas linhas escritas na mesma pauta musical, quando levamos em conta, por um lado, o pai como castrador e, por outro lado, o pai como origem do supereu. Essa distinção é essencial em tudo o que Freud articulou, e primeiramente, sobre a castração quando se pôs a soletrá-la, por meio de um fenômeno verdadeiramente estupeficante já que isso jamais havia nem sequer sido esboçado antes dele.

O pai real, diz-nos Freud, é castrador. Em quê? Por sua presença real, como efetivamente dando um duro em cima do personagem em relação a quem a criança se encontra em rivalidade com ele, ou seja, a mãe. Que seja ou não assim na experiência, na teoria isso não traz nenhuma dúvida — o pai real é promovido como Grande Fodedor — e não diante do Eterno, creiam-me, que nem mesmo está aí para contar o número de vezes. Mas não se apaga esse pai real e mítico no declínio do Édipo por trás daquele que a criança, nessa idade no entanto avançada de cinco anos, pode muito bem já ter descoberto? — ou seja, o pai imaginário, o pai que fez essa criança ser tão fodida.[39]

Não é isso que os teóricos da experiência analítica soletram balbuciando? E não é aí que reside a nuance? Não é em torno da experiência da privação que tem a tenra criança — não tanto por ser pequena mas por ser homem —, não é em torno do que para ela é a privação que o luto do pai imaginário se fomenta e se forja? — isto é, de um pai que é verdadeiramente alguém. A recriminação perpétua que então nasce, de uma maneira mais ou menos definitiva e bem formada segundo os casos, permanece fundamental na estrutura do sujeito. Esse pai imaginário, é ele, e não o pai real, que é o fundamento da imagem providencial de Deus. E a função do supereu, em sua última instância, em sua perspectiva última, é o ódio de Deus, recriminação a Deus por ter feito tão mal as coisas.

Tal é, creio, a estrutura do complexo de Édipo. Se repartirem assim, acharão muito mais claros os rodeios, as hesitações, os tateamentos dos autores para explicarem a si mesmos seus acidentes e detalhes. Particularmente e nunca de outra forma, poderão ver com essa chave o que Jones quer verdadeiramente dizer quando fala da relação entre ódio, temor e culpa a respeito da gênese do supereu.

3

Retomando, digamos que se aprouvesse ao céu que o drama ocorresse no nível sangrento da castração, e que o infeliz homenzinho inundasse com seu sangue, como Cronos Uranos, o mundo inteiro.

Todos sabem que a castração está aí no horizonte e, evidentemente, jamais se produz em lugar algum. O que se efetua está em relação com o fato de que desse órgão, desse significante, o homenzinho é um suporte sobretudo lastimável, e que ele aparece, antes de mais nada, sobretudo privado dele. É aqui que podemos entrever a comunidade de sua sorte com o que a menininha experimenta, a qual se inscreve de maneira muito mais clara nessa perspectiva.

O que está em questão é essa virada em que o sujeito se dá conta, muito simplesmente, todos o sabem, de que seu pai é um idiota, ou um ladrão segundo o caso, ou simplesmente um pobre-diabo, ou, como de hábito um velho caquético, como no caso de Freud. Velho caquético certamente bem simpático e muito bom, mas que bem deve ter comunicado à sua revelia, ele, como todos os pais, os movimentos em atropelo daquilo que se chama de antinomias do capitalismo — ele deixou Freiberg, onde não tinha mais nada a fazer, para instalar-se em Viena, e isto é uma coisa que não passa despercebida para a mente de uma criança, nem mesmo quando ela tem três anos. E é justamente porque Freud amava seu pai que foi preciso que ele tornasse a lhe dar uma estatura, até chegar a lhe dar esse tamanho do gigante da horda primeva.

Não é isso que resolve as questões de fundo, não é essa questão essencial como a história de Édipo no-lo mostra. Se Édipo é um homem completo, se Édipo não tem complexo de Édipo, é porque, em sua história, não há pai algum. Aquele que lhe serviu de pai é seu pai adotivo. E nós estamos todos nessa, meus bons amigos, pois, afinal de contas, *pater is est quem justae nuptiae demonstrant* o que significa que o pai é aquele que nos reconheceu. Estamos, no fundo, no mesmo ponto de Édipo, embora não o saibamos. Quanto ao pai que Édipo conheceu, este, só é, muito precisamente, como o mito de Freud o indica, o pai uma vez morto.

É igualmente aí, como já lhes disse mil vezes, que está a função do pai. A única função do pai, em nossa articulação, é a de ser um mito, sempre e unicamente o Nome-do-Pai, isto é, nada mais do que o pai morto, como Freud no-lo explica em *Totem e tabu*. Mas é claro que para que isto seja plenamente desenvolvido, é preciso que a aventura humana, nem que seja em esboço, seja levada a seu termo, ou seja, que seja explorada a zona em que Édipo avança após ter-se dilacerado os olhos.

É sempre por meio de algum ultrapassamento do limite, benéfico, que o homem faz a experiência de seu desejo. Outros antes de mim articularam isso. Esse é todo o sentido daquilo que Jones produziu quando fala de *aphanisis*, vinculado a esse risco considerável que é simplesmente o de não desejar. O desejo de Édipo é o desejo de saber a chave do enigma do desejo.

Quando lhes digo que o desejo do homem é o desejo do Outro, algo me vem à mente que soa em Paul Eluard como o *duro desejo de durar*. Isso nada mais é do que o desejo de desejar.

Para o homem comum, dado que o luto do Édipo se encontra na origem do supereu, o duplo limite, da morte real arriscada à morte preferida, assumida, ao ser-para-a-morte, não se apresenta senão sob um véu. Esse véu se chama, em Jones, ódio. Por meio disso vocês podem apreender por que é na ambivalência do amor e do ódio que todo autor analítico consciente, se assim posso dizer, situa o último termo da realidade psíquica com a qual lidamos.

O limite exterior que é aquele que retém o homem no serviço dos bens é o *primum vivere*. É o temor, como nos dizem, mas vocês percebem o quanto sua incidência é superficial.

Entre os dois reside para o homem comum o exercício de sua culpa, reflexo de seu ódio pelo criador, quem quer que seja ele — pois o homem é criacionista — que o fez criatura tão fraca e tão insuficiente.

Essas chocarrices não são nada para o herói, para aquele que efetivamente avançou nessa zona, para Édipo que vai até o *me phynai* do verdadeiro ser-para-a-morte, até a sua maldição consentida, até os esponsais com o aniquilamento, considerado como o termo de seu voto. Aqui nada mais há do que o verdadeiro e invisível desaparecimento que é o seu. A entrada nessa zona é para ele constituída pela renúncia aos bens e ao poder, no que consiste a punição, que não é uma punição. Se ele se arranca do mundo pelo ato que consiste em cegar-se, é que somente aquele que escapa das aparências pode chegar à verdade. Os antigos sabiam disso — o grande Homero é cego, Tirésias também.

É entre os dois que está em jogo para Édipo o reino absoluto de seu desejo, o que é suficientemente ressaltado pelo fato de ele nos ser mostrado irredutível até o termo, exigindo tudo, não tendo renunciado a nada, absolutamente irreconciliado.

Essa topologia, que no caso é a topologia trágica, mostrei-lhes seu avesso e sua derrisão, pois ela é ilusória, com esse pobre Lear que não entende nada, e faz retumbar o oceano e o mundo por ter, ele, querido entrar nessa mesma região de maneira benéfica, com o acordo de todos. Ele aparece a nós, como nunca tendo entendido nada, e segurando, morta em seus braços, aquela que é o objeto, evidentemente não reconhecido por ele, de seu amor.

Essa região assim definida permite-nos estabelecer os limites que esclarecem um certo número de problemas que nossa teoria e nossa prática colocam. A interiorização da Lei, não cessamos de dizê-lo, nada tem a ver com a Lei. Ainda que fosse preciso saber por quê. É possível que o supereu sirva de apoio à consciência moral, mas todos sabem muito bem que ele nada tem a ver com ela no que se refere às suas exigências mais obrigatórias. O que ele exige nada tem a ver com o que teríamos o direito de constituir como a regra universal de nossa ação, é o bê-á-bá da verdade analítica. Mas não basta constatá-lo, é preciso explicá-lo.

Penso que o esquema que lhes proponho pode fazê-lo, e que se vocês se ativerem firmemente a ele, encontrarão maneira de não se perder nesse dédalo.

Da próxima vez, encetarei a via para a qual tudo isto está dirigido — uma apreensão mais segura da catarse, e das consequências da relação do homem com o desejo.

29 de junho de 1960

XXIV

Os paradoxos da ética *ou* Agiste em conformidade com teu desejo?

A dimensão cômica.
Apólogo da caixa registradora.
O desejo e a culpa.
Ceder de seu desejo.
A religião, a ciência e o desejo.

Ei-nos portanto em nossa última palestra.

Para concluir, vou-lhes propor hoje um certo número de observações, umas conclusivas, outras de experiência, sugestivas. Não ficarão espantados com isso, pois, não encerramos nosso discurso, e não é fácil encontrar um *medium* quando se trata de terminar um assunto por essência excêntrico. Digamos que o que lhes forneço hoje é um *mixed grill*.

1

A ética consiste essencialmente — é sempre preciso tornar a partir das definições — num juízo sobre nossa ação, exceto que ela só tem importância na medida em que a ação nela implicada comporta também, ou é reputada comportar, um juízo, mesmo que implícito. A presença do juízo dos dois lados é essencial à estrutura.

Se há uma ética da psicanálise — a questão se coloca —, é na medida em que, de alguma maneira, por menos que seja, a análise fornece algo que se coloca como medida de nossa ação — ou simplesmente pretende isso. A ideia pode vir na primeira inspeção que ela nos propõe de um retorno a nossos instintos como medida de nossa ação. Trata-se de um momento há muito tempo caduco, mas pode ser que existam alguns por aí a quem isso dê medo — eu mesmo ouvi numa *sociedade* filosófica alguém me fazer objeções dessa espécie, que me pareciam esvanecidas há alguns quarenta anos. Mas, na verdade, todo mundo está agora bastante tranquilo a respeito desse assunto, ninguém pensa em temer um aviltamento moral dessa espécie na sequência da análise.

Eu lhes disse frequentemente que construindo, se posso assim dizer, os instintos, deles fazendo a lei natural da realização da harmonia, a psicanálise toma o aspecto de um álibi bastante inquietante, de uma tapeação moralizante, de um blefe, do qual não se poderia suficientemente mostrar os perigos. É para vocês um lugar-comum, portanto, não me vou deter mais nisso.

Para nos atermos ao que se pode dizer no primeiro passo, que todos conhecem há muito tempo, e que é o que há de mais modesto em nossa prática, digamos que a psicanálise procede por um retorno ao sentido da ação. Eis o que justifica, por si só, que estejamos na dimensão moral. A hipótese freudiana do inconsciente supõe que a ação do homem, seja ele são ou doente, seja ela normal ou mórbida, tem um sentido escondido para o qual se pode dirigir. Nessa dimensão, a noção é concebida, de início, a partir de uma catarse que é purificação, decantação, isolamento de planos.

Isto não é uma descoberta, parece-me, mas a posição mínima, que me parece felizmente não estar por demais obscurecida na noção comum que se pode ter da análise — no que ocorre no nível da vivência há um sentido mais profundo, que guia essa vivência, à qual se pode aceder, e as coisas não devem ser as mesmas quando as duas camadas são separadas.

Isso não leva muito longe — é a forma embrionária de um velhíssimo *gnothi seauton*, com a inflexão evidentemente particular, que vai ao encontro de uma forma excessivamente geral de todo o progresso que se pode chamar de interior. Mas isso já basta para pôr em seu lugar a abrupta diferença trazida se não pela experiência analítica, em todo caso pelo pensamento freudiano, no qual tanto insisti este ano.

Em que ela consiste? Ela se mede com a resposta fornecida à questão que as pessoas comuns se colocam, e à qual respondemos de maneira mais ou menos direta — uma vez esse negócio efetuado, uma vez operado esse retorno ao sentido, uma vez liberado o sentido, isto é, simplesmente separado por uma catarse no sentido de decantação, será que tudo caminha sozinho? E, colocando os pontos nos is — não haverá nada além da benevolência?

Isso nos põe diante da mais velha questão. Um denominado Mêncio — é o nome pelo qual o chamaram os jesuítas — nos diz que ela se julga da seguinte maneira — a benevolência está na origem natural do homem, ela é como uma montanha coberta de árvores. Só que habitantes das redondezas começam a cortar as árvores. O benefício da noite consiste em trazer uma nova abundância de brotos, mas, pela manhã, vêm os rebanhos que os devoram, e finalmente, a montanha é uma superfície calva, sobre a qual nada cresce.

Estão vendo que o problema não data de ontem. Essa benevolência é para nós tão pouco assegurada pela experiência, que partimos, nós, do que se chama pudicamente de reação terapêutica negativa, e que, de uma maneira mais elevada por sua generalidade literária, chamei da última vez de maldição assumida, consentida do *me phynai* de Édipo. Não que o problema não permaneça por inteiro de tudo o que se decide para além do retorno do sentido.

Convidei-os a entrarem este ano numa experiência mental, *experimentum mentis*, como diz Galileu — contrariamente ao que vocês acreditam, ele tinha muito mais experiência mental do que de laboratório e, em todo caso, ele certamente não teria sem isso dado o passo decisivo. O *experimentum mentis* que lhes propus aqui durante todo este ano está na linha direta daquilo ao qual nossa experiência nos incita quando, ao invés de trazê-la para um denominador comum, para uma medida comum, ao invés de fazê-la entrar nas categorias já estabelecidas, tentamos articulá-la em sua topologia, em sua estrutura própria. Ela consistiu em tomar o que chamei de perspectiva do Juízo final, quero dizer de escolher como padrão da revisão da ética, à qual a psicanálise nos leva, a relação da ação com o desejo que a habita.

Para fazê-los compreender, tomei o suporte da tragédia, referência que não é evitável, como o prova o fato de que, desde seus primeiros passos, Freud teve de tomá-la. A ética da análise não é uma especulação que incide sobre a ordenação, a arrumação, do que chamo de serviço dos bens. Ela implica, propriamente falando, a dimensão que se expressa no que se chama de experiência trágica da vida.

É na dimensão trágica que as ações se inscrevem, e que somos solicitados a nos orientar em relação aos valores. Aliás, é também na dimensão cômica, e quando comecei a lhes falar das formações do inconsciente era, como sabem, o cômico que eu tinha no horizonte.

Digamos, numa primeira aproximação, que a relação da ação com o desejo que a habita na dimensão trágica se exerce no sentido de um triunfo da morte. Ensinei-lhes a retificar — triunfo do ser-para-a-morte, formulado no *me phynai* de Édipo, onde figura esse *me* a negação idêntica à entrada do sujeito, no suporte do significante. Esse é o caráter fundamental de toda ação trágica.

Na dimensão cômica, numa primeira aproximação, trata-se se não de triunfo, pelo menos de jogo fútil, derrisório da visão. Por menos que eu possa ter abordado até agora o cômico diante de vocês, vocês puderam ver que se trata também da relação da ação com o desejo, e de seu fracasso fundamental em alcançá-lo.

A dimensão cômica é criada pela presença, em seu centro, de um significante escondido, mas que, na antiga comédia, lá está em pessoa — o falo. Pouco importa que ele nos seja escamoteado em seguida, é preciso simplesmente lembrar que o que nos satisfaz na comédia, nos faz rir, nos faz apreciá-la em sua dimensão humana, não excetuando o inconsciente, não é tanto o triunfo da vida quanto sua escapada, o fato de a vida escorregar, furtar-se, fugir, escapar a tudo o que lhe é oposto como barreira, e precisamente as mais essenciais, as que são constituídas pela instância do significante.

O falo nada mais é do que um significante, o significante dessa escapada. A vida passa, assim mesmo triunfa, aconteça o que acontecer. Quando o herói cômico tropeça, cai no melaço, pois bem, o sujeitinho continua vivo.

O patético dessa dimensão é, como estão vendo, exatamente o oposto, a contrapartida do trágico. Eles não são incompatíveis, já que o tragicômico existe. É aí que reside a experiência da ação humana, e é por sabermos, melhor do que aqueles que nos precederam, reconhecer a natureza do desejo que está no âmago dessa experiência, que uma revisão ética é possível, que um juízo ético é possível, o qual representa essa questão com seu valor de Juízo final — Agiste conforme o desejo que te habita?

Isto não é uma questão fácil de sustentar. Pretendo que ela jamais foi colocada de maneira mais pura em outro lugar, e que não pode ser colocada senão no contexto analítico.

A esse polo do desejo se opõe a ética tradicional — não, é claro, em sua totalidade, pois nada é novo, e tudo o é, na articulação humana. É o que eu quis fazê-los perceber tomando numa tragédia o exemplo da antítese do herói trágico que, como antítese, nem por isso deixa de participar de um certo caráter heroico — trata-se de Creonte. Em torno desse suporte, falei-lhes do serviço dos bens que é a posição da ética tradicional. Depreciação de desejo, modéstia, temperança — essa via mediana que vemos tão notável em Aristóteles, trata-se de saber do que ela toma a medida, e se a medida pode ser fundamentada.

Um exame atento mostra que sua medida é sempre profundamente marcada de ambiguidade. No fim das contas, a ordem das coisas sobre a qual ela pretende fundar-se é a ordem do poder, de um poder humano, por demais humano. Não somos nós que dizemos isso, mas é claro que ele não pode nem mesmo dar três passos para articular-se sem delinear a circunvalação do lugar onde, para nós, os significantes se desencadeiam e onde, para Aristóteles, reina o capricho dos deuses, na medida em que nesse nível deuses e animais se reúnem para significar o mundo do impensável.

Os deuses? Não se trata, sem dúvida, do primeiro motor, mas dos deuses da mitologia. Sabemos, quanto a nós, reduzir esse desencadeamento do significante, mas não é por havermos apostado quase tudo que temos no Nome-do-Pai que a questão é simplificada. A moral de Aristóteles — vejam de perto, vale a pena — se funda inteiramente numa ordem certamente arrumada, ideal, mas que responde contudo à política de seu tempo, à estrutura da Cidade. Sua moral é uma moral do mestre,[3] feita para as virtudes do mestre, e vinculada a uma ordem dos poderes. A ordem dos poderes não deve absolutamente ser desprezada — não se trata aqui, de modo algum, de afirmações anarquistas —, é preciso simplesmente conhecer o limite disso no que se refere ao campo aberto à nossa investigação.

No que diz respeito ao que está em questão, ou seja, ao que se refere ao desejo, a seu aparato e ao seu desarvoramento, a posição do poder, qualquer que seja, em toda circunstância, em toda incidência, histórica ou não, sempre foi a mesma.

Qual é a proclamação de Alexandre chegando em Persópolis assim como de Hitler chegando em Paris? O preâmbulo pouco importa — *Vim liberá-los disto ou daquilo.* O essencial é isto — *Continuem trabalhando. Que o trabalho não pare.* O que quer dizer — *Que esteja claro que não é absolutamente uma ocasião para manifestar o mínimo desejo.*

A moral do poder, do serviço dos bens é — *Quanto aos desejos, vocês podem ficar esperando sentados.*

2

Vale a pena relembrar aqui a linha de demarcação em relação à qual se coloca para nós a questão ética, e que marca igualmente um termo essencial na articulação da filosofia.

Kant — é dele que se trata — nos presta o maior favor ao colocar o marco topológico que distingue o fenômeno moral, quero dizer o campo que interessa ao juízo moral como tal. Oposição categorial limite, puramente ideal, sem dúvida, mas é essencial que alguém a tenha articulado um dia purificando-a — catarse — de todo interesse, *pathologisches*, o que não quer dizer interesses ligados à patologia mental, mas simplesmente interesses humanos, sensíveis, vitais. Para que se trate do campo que pode ser valorizado como puramente ético, é preciso que não estejamos, de modo algum, interessados em nada.

Um passo é aqui transposto. A moral tradicional instalava-se no que se devia fazer *na medida do possível*, como se diz, e como se é forçado a dizer. O que deve ser desmascarado é o ponto pivô por onde ela assim se situa — nada mais é do que o impossível, onde reconhecemos a topologia de nosso desejo. A transposição nos é dada por Kant, quando ele coloca que o imperativo moral não se preocupa com o que se pode ou não se pode. O testemunho da obrigação, na medida em que ela nos impõe a necessidade de uma razão prática, é um *Tu deves* incondicional. Esse campo adquire, precisamente, sua importância pelo vazio em que o deixa, ao se aplicar rigorosamente a definição kantiana.

Ora, esse lugar, podemos, nós analistas, reconhecer que é o lugar ocupado pelo desejo. O reviramento que comporta nossa experiência situa no centro uma medida incomensurável, uma medida infinita que se chama desejo. Mostrei-lhes como o *Tu deves* de Kant é substituído facilmente pela fantasia sadista do gozo erigido em imperativo — pura fantasia, é claro, e quase derrisória, mas que não exclui em nada a possibilidade de sua ereção em lei universal.

Detenhamo-nos aqui para ver o que resta no horizonte. Se Kant não tivesse feito nada mais do que nos designar esse ponto crucial, tudo estaria bem, mas vê-se também para onde o horizonte da razão prática se abre — para o respeito e a admiração que lhe inspiram o céu estrelado acima de nós e a lei moral dentro de nós. Pode-se perguntar por quê. O respeito e a admiração sugerem uma relação pessoal. É justamente aí, em Kant, que tudo subsiste, se bem que desmistificado — e que são essenciais as observações que lhes proponho referentes ao fundamento que nos é dado pela experiência analítica, da dimensão do sujeito no significante. Permitam-me ilustrá-lo rapidamente para vocês.

Kant pretende encontrar a prova renovada da imortalidade da alma nisto — nada poderia aqui embaixo satisfazer às exigências da ação moral. É na medida em que a alma fica insatisfeita que é preciso uma vida no Além, a fim de que esse acordo inacabado possa, de alguma maneira, não se sabe onde, encontrar sua resolução.

O que significa isso? Esse respeito a essa admiração pelos céus estrelados já eram frágeis nesse momento da história. Subsistiam ainda na época de Kant? E, para nós, não nos parece, de preferência, que, ao considerarmos esse universo, estamos na presença de um vasto canteiro de obras, de nebulosas diversas, com um canto esquisito, o que habitamos, que se parece, como sempre foi mostrado, com um relógio abandonado num canto? Além disso, é simples ir lá olhar se não há ninguém, se é que damos seu sentido ao que pode constituir aí uma presença — e não há outro sentido articulável a essa presença divina, senão o que nos serve de critério do sujeito, ou seja, a dimensão do significante.

Os filósofos bem podem especular sobre esse Ser cujos ato e conhecimento se confundem, a tradição religiosa, esta, não se engana — só aquilo que pode articular-se numa revelação é que tem direito ao reconhecimento de uma ou várias pessoas divinas. Para nós, uma única coisa poderia fazer com que os céus sejam habitados por uma pessoa transcendente, é que aí nos apareça o sinal. Que sinal? Não aquele que define a teoria da comunicação, que passa seu tempo nos contando que se pode interpretar em termos de signos o que se veicula de raios advertendos através do espaço. Aqui a distância cria miragens. Como isso nos vem de muito longe, acredita-se que são mensagens que recebemos dos astros a uns trezentos anos-luz, porém não são mais mensagens do que quando olhamos essa garrafa. Seria uma mensagem se a alguma explosão de estrela que ocorre nessas miríades distanciais correspondesse algo que se inscrevesse em algum momento no Grande Livro — em outros termos, algo que fizesse, do que ocorre, uma realidade.

Alguns de vocês viram recentemente um filme, com o qual não fiquei completamente encantado, mas com o tempo voltei atrás em minha impressão, pois há nele bons detalhes. É o filme de Jules Dassin, *Nunca aos domingos*. O personagem, que nos é apresentado como maravilhosamente ligado à imediatez de seus sentimentos pretensamente primitivos, num bar de Pireu, põe-se a quebrar a cara daqueles que o circundam por não terem falado de maneira conveniente, isto é, segundo suas normas morais. Em outros momentos, ele bebe um copo para marcar o excesso de seu entusiasmo e de sua satisfação, e o estilhaça no chão. Cada vez que um desses estrondos se produz, vemos a caixa registradora se agitar freneticamente. Acho isso muito bonito, e até mesmo genial. Essa caixa define muito bem a estrutura com a qual lidamos.

O que faz com que possa haver desejo humano, que esse campo exista é a suposição de que tudo o que ocorre de real é contabilizado em algum lugar. Kant pôde reduzir a essência do campo moral à sua pureza, mas em seu ponto central resta que é preciso haver, a certa altura, lugar para a contabilização. Não é mais do que isso que o horizonte de sua imortalidade da alma significa. Não nos encheram suficientemente o saco com o desejo nesta terra, é preciso que uma parte da eternidade se ocupe em fazer as contas de tudo isso. Nessas fantasias não se projeta nada mais do que a relação estrutural que tentei inscrever no grafo com a linha do significante. É na medida em que o sujeito se situa e se constitui em relação ao significante, que nele se produz essa ruptura, essa divisão, essa ambivalência em cujo nível se situa a tensão do desejo.

O filme, ao qual acabo de aludir, e onde, eu só soube depois, o próprio diretor atua — é Dassin que faz o papel do americano —, apresenta-nos um modelo muito bonito, curioso, de algo que pode assim expressar-se do ponto de vista estrutural. O personagem que atua em posição satírica, proposto à derrisão, Dassin, propriamente dito, no papel do americano, encontra-se, enquanto *producer*, conceituador do filme, numa posição mais americana do que aqueles que ele põe em derrisão, ou seja, os americanos.

Entendam-me bem. Ele está aí empreendendo a reeducação, até mesmo a salvação, de uma amável moça pública, e a ironia do roteirista no-lo mostra na posição de se encontrar, na efetivação dessa obra pia, como assalariado daquele que se pode chamar aqui de o Grande Mestre do bordel. Colocando diante de nossos olhos um enorme par de óculos escuros, seu sentido profundo nos é suficientemente assinalado — ele é aquele cuja cara ninguém jamais vê, e com razão. É claro que no momento em que a moça sabe que é esse personagem, que é seu inimigo jurado, quem paga os gastos da festa, ela nos despeja a bela alma do americano em questão, que, após ter concebido as maiores esperanças, encontra-se atrapalhado.

Se nesse simbolismo há alguma dimensão de crítica social, ou seja, que nada mais são senão as forças de ordem, digamos, que se dissimulam por trás do bordel, há certamente alguma ingenuidade em fazer-nos esperar, no final do roteiro, que bastaria a supressão do bordel para resolver a questão das relações entre a virtude e o desejo. Perpetuamente nesse filme corre essa ambiguidade, verdadeiramente tipo fim do século passado que consiste em tomar a Antiguidade pelo campo de desejo livre. É fazer ainda como Pierre Louys ao se acreditar que é fora da sua posição que a amável puta ateniense pode concentrar sobre si todo o fogo das miragens em cujo centro ela se encontra. Em suma, Dassin não deve confundir o que há de efusivo à vista dessa amável silhueta com um retorno à moral aristotélica, sobre a qual não nos dá, felizmente, uma aula detalhada.

Tornemos a voltar à nossa trilha. Isso nos mostra que no horizonte da culpa, uma vez que ela ocupa o campo do desejo, existem as cadeias da contabilidade permanente, e isto, independentemente de qualquer articulação particular que se possa dar sobre isso.

Uma parte do mundo orientou-se resolutamente no serviço dos bens, rejeitando tudo o que concerne à relação do homem com o desejo — é o que se chama de perspectiva pós-revolucionária. A única coisa que se pode dizer é que não parecem se dar conta de que, ao formular as coisas desse modo, só fazem perpetuar a tradição eterna do poder, ou seja — *Continuemos trabalhando, e quanto ao desejo, vocês podem ficar esperando sentados.* — Mas pouco importa. Nessa tradição o horizonte comunista não se distingue do de Creonte, do da Cidade, do que reparte amigos e inimigos em função do bem da Cidade, senão supondo, o que efetivamente já é alguma coisa, que o campo dos bens, no serviço dos quais temos de nos colocar, possa num certo momento englobar todo o universo.

Em outros termos, essa operação só se justifica na medida em que temos no horizonte o Estado universal. Nada no entanto nos diz que nesse limite o problema se esvaneça, já que ele subsiste na consciência daqueles que vivem nessa perspectiva. Ou bem eles deixam a entender que os valores propriamente estatais do Estado desaparecerão, ou seja, a organização e a polícia, ou bem eles introduzem um termo como o de Estado universal concreto, o que não quer dizer nada além de supor que as coisas mudarão no nível molecular, no nível da relação que constitui a posição do homem diante dos bens, uma vez que até agora seu desejo aí não se encontra.

Qualquer que seja essa perspectiva, nada mudou estruturalmente. O sinal disso é que, se bem que de maneira ortodoxa a presença divina esteja ausente, a contabilidade certamente não o está, e que esse inexaurível, que para Kant necessita da imortalidade da alma, é substituído pela noção, deveras articulada como tal, da culpa objetiva. Do ponto de vista estrutural, em todo caso, nada está resolvido.

Penso ter agora dado suficientemente a volta na oposição do centro desejante com o serviço dos bens. Voltemos portanto ao cerne do assunto.

3

É a título experimental que avanço diante de vocês estas proposições. Formulemo-las em forma de paradoxos. Vejamos como vai soar aos ouvidos de analistas.

Proponho que a única coisa da qual se possa ser culpado, pelo menos na perspectiva analítica, é de ter cedido de seu desejo.

Essa proposição, aceitável ou não em tal ética, expressa suficientemente bem o que constatamos em nossa experiência. Em última instância, aquilo de que o sujeito se sente efetivamente culpado quando apresenta culpa, de maneira aceitável ou não pelo diretor de consciência, é sempre, na raiz, na medida em que ele cedeu de seu desejo.

Vamos mais além. Ele frequentemente cedeu de seu desejo por um bom motivo, e frequentemente o melhor. Isso também não nos deve espantar. Desde que a culpa existe, foi possível se dar conta, há muito tempo, de que a questão do bom motivo, da boa intenção, a fim de constituir certas zonas da experiência histórica, a fim de ser promovida no primeiro plano das discussões de teologia moral, digamos, no tempo de Abelardo, não fez as pessoas avançar mais. A questão, que se reproduz no horizonte, é sempre a mesma. E é justamente por isso que os cristãos da observância mais comum nunca estão bem tranquilos. Pois, se é preciso fazer as coisas pelo bem, na prática deve-se deveras sempre se perguntar pelo bem de quem. A partir de lá, as coisas não caminham sozinhas.

Fazer as coisas em nome do bem, e mais ainda em nome do bem do outro, eis o que está bem longe de nos abrigar não apenas da culpa, mas de todo tipo de catástrofes interiores. Em particular, isso não nos abriga certamente da neurose e de suas consequências. Se a análise tem um sentido, o desejo nada mais é do que aquilo que suporta o tema inconsciente, a articulação própria do que faz com que nos enraizemos num destino particular, o qual exige com insistência que a dívida seja paga, e ele torna a voltar, retorna e nos traz sempre de volta para uma certa trilha, para a trilha do que é propriamente nosso afazer.

Da última vez opus o herói ao homem comum, e alguém se ofendeu. Não os distingo como duas espécies humanas — em cada um de nós há a via traçada para um herói, e é justamente como homem comum que ele a efetiva.

Os campos que da última vez lhes tracei — o círculo interno que chamei pelo nome de o ser-para-a-morte, no meio os desejos, a renúncia à entrada do círculo externo — não se opõem ao triplo campo do ódio, da culpa e do temor como ao que seria aqui, o homem comum, e aqui, o herói. Não é nada disso. Essa forma geral é deveras traçada pela estrutura no e para o homem comum, e é precisamente na medida em que o herói aí se guia corretamente, que ele passa por todas as paixões onde o homem comum se atrapalha, com a ressalva de que nele elas são puras e que ele se sustenta inteiramente nelas.

A topologia que este ano delineei para vocês, alguém aqui a batizou, com uma expressão que não deixa de ser feliz, embora não sem uma denotação de ironia, a zona do *entre-duas-mortes*. As férias de vocês permitir-lhes-ão dizer se seu rigor lhes parece efetivamente eficaz. Rogo-lhes que tornem a voltar a isso.

Reverão em Sófocles a dança que está em questão entre Creonte e Antígona. Claro está que o herói, uma vez que sua presença nessa zona indica que algo é definido e liberado, arrasta para aí seu parceiro. No final de *Antígona*, Creonte fala, a partir de então, deveras dele mesmo como de um morto entre os vivos, uma vez que literalmente perdeu todos os seus bens nesse negócio. Através do ato trágico o herói libera seu próprio adversário.

Não há razão para limitar a exploração desse campo unicamente a Antígona. Peguem *Filotectes*, vocês aprenderão aí muitas outras dimensões, ou seja, que um herói não precisa ser heroico para ser um herói. Filotectes é um pobre-diabo. Partira entusiasmado, cheio de ardor, para morrer pela pátria às margens de Troia, e nem mesmo para isso o quiseram. Despejaram-no numa ilha porque ele cheirava mal demais. Ele passou dez anos se consumindo de ódio. O primeiro cara que veio reencontrá-lo, Neoptôlemos, um rapaz gentil, Filotectes se deixa sacanear por ele como um bebê e, no fim das contas, ele irá, mesmo assim, para as margens de Troia, pois Hércules, *deus ex machina*, aparece para lhe propor a solução de todos os seus males. Esse *deus ex machina* não deixa de ser alguma coisa, mas todos sabem há muito tempo que serve somente de enquadramento e de limite da tragédia, que não devemos levá-lo em conta mais do que as vigas que cingem o que sustenta o lugar do palco.

O que faz com que Filotectes seja um herói? Nada mais do que isto — que ele adere aferradamente a seu ódio até o fim, quando aparece o *deus ex machina* que, como a cortina, lá está. Isso nos faz descobrir não apenas que ele é traído e desenganado sobre o fato de ser traído, mas também que é traído impunemente. O que nos é ressaltado na peça pelo fato de que Neoptôlemos, cheio de remorsos por ter traído o herói, fato em que ele se mostra uma alma nobre, vem confessar sua culpa, e lhe entrega esse arco que desempenha um papel tão essencial na dimensão trágica da peça, na medida em que ele aí está como um sujeito do qual se fala, ao qual se dirige. É uma dimensão do herói, e com razão.

O que chamo *ceder de seu desejo* acompanha-se sempre no destino do sujeito — observarão isso em cada caso, reparem em sua dimensão — de alguma traição. Ou o sujeito trai sua via, se trai a si mesmo, e é sensível para si mesmo. Ou, mais simplesmente, tolera que alguém com quem ele se dedicou mais ou menos a alguma coisa tenha traído sua expectativa, não tenha feito com respeito a ele o que o pacto comportava, qualquer que seja o pacto, fausto ou nefasto, precário, de pouco alcance, ou até mesmo de revolta, ou mesmo de fuga, pouco importa.

Algo se desenrola em torno da traição, quando se a tolera, quando, impelido pela ideia do bem — quero dizer, do bem daquele que traiu nesse momento — se cede a ponto de diminuir suas próprias pretensões, e dizer-se — Pois bem, já que é assim, renunciemos à nossa perspectiva, nem um nem outro, mas certamente não eu, não somos melhores, entremos na via costumeira. Aqui, vocês podem estar certos de que se reencontra a estrutura que se chama *ceder de seu desejo.*

Transposto esse limite, em que com um termo vinculei para vocês o desprezo pelo outro e por si mesmo, não há retorno. Pode-se tratar de reparar mas não de desfazer. Não é esse um fato da experiência que nos mostra que a psicanálise é capaz de nos fornecer uma bússola eficaz no campo da direção ética?

Articulei-lhes, portanto, três proposições.

A única coisa da qual se pode ser culpado é de ter cedido de seu desejo.

Em segundo lugar a definição do herói — é aquele que pode impunemente ser traído.

Em terceiro lugar, isto não está absolutamente ao alcance de todo o mundo, e é a diferença entre o homem comum e o herói, mais misteriosa portanto do que se acredita. Para o homem comum a traição, que se produz quase sempre, tem como efeito o de repeli-lo de maneira decisiva para o serviço dos bens, mas com a condição de que ele não reencontrará jamais o que o orienta verdadeiramente nesse serviço.

Enfim, o campo dos bens, naturalmente que existe, não se trata de negá-los, mas, revirando a perspectiva que aqui lhes proponho, quarta proposição — Não há outro bem senão o que pode servir para pagar o preço ao acesso ao desejo —, na medida em que esse desejo, nós o definimos alhures como a metonímia de nosso ser. O arroio onde se situa o desejo não é apenas a modulação da cadeia significante, mas o que corre por baixo, que é, propriamente falando, o que somos, e também o que não somos, nosso ser e nosso não-ser — o que no ato é significado, passa de um significante ao outro da cadeia, sob todas as significações.

Expliquei-lhes isso da última vez na metonímia do *comer o livro*, que peguei certamente por inspiração, mas que observando de perto verão que é a metomínia mais extrema, o que não é espantoso vindo de são João, que colocou o Verbo no começo. É contudo uma ideia de escritor — ele era como ninguém —, mas, enfim, comer o livro é justamente o que confronta aquilo que Freud nos disse imprudentemente não ser suscetível de substituição e de deslocamento, ou seja, a fome, com algo que não é feito, de preferência, para ser comido, isto é, o livro. Comer o livro, é justamente aí que sentimos de perto o que Freud quer dizer quando fala de sublimação como de uma mudança, não de objeto, mas de alvo. Isso não se vê imediatamente.

A fome em questão, a fome sublimada, cai no intervalo entre os dois, pois não é o livro que nos preenche o estômago. Quando comi o livro, nem por isso tornei-me livro, não mais do que o livro não se tornou carne. O livro se torna-*me*, se assim posso dizer. Mas para que essa operação possa produzir-se — e ela se produz todos os dias —, é bem preciso que eu pague alguma coisa. A diferença, Freud a pesa num canto do *Mal-estar na civilização.* Sublimem tudo o que quiserem, é preciso pagar com alguma coisa. Essa alguma coisa se chama gozo. Essa operação mística, pago-a com uma libra de carne.

Eis o objeto, o bem, que se paga pela satisfação do desejo. E eis aonde queria levá-los para lhes dar uma pequena luz sobre algo que é essencial, e que não se vê suficientemente.

É aí efetivamente que reside a operação religiosa, sempre tão interessante a discernir para nós. O que é sacrificado de bem para o desejo — e vocês observarão que isso quer dizer a mesma coisa que o que é perdido de desejo para o bem —, essa libra de carne é justamente aquilo com o que a religião desempenha seu ofício e que se aplica em recuperar. É o único traço comum a todas as religiões, isso se estende a toda a religião, a todo o sentido religioso.

Não posso desenvolver isso aqui, mas vou dar-lhes duas aplicações tão expressivas quanto sumárias disso. O que no ofício religioso é ofertado de carne ao Deus no altar, o sacrifício, animal ou outro, são as pessoas da comunidade religiosa, e em geral o padre muito simplesmente, com o qual enchem o bucho — quero dizer que com ele se empanturram. Forma exemplar, mas é também verdadeira no nível do santo, cuja visada é efetivamente o acesso ao desejo sublime, de modo algum forçosamente o seu desejo, pois o santo vive e paga pelos outros. O essencial de sua santidade se atém a isto, que ele consome o preço pago sob a forma do sofrimento nos dois pontos extremos — o ponto clássico das piores ironias feitas sobre a mistificação religiosa, como a comezaina dos padres atrás do altar, e igualmente a última fronteira do heroísmo religioso. Encontramos aí o mesmo processo de recuperação.

É nisso que a grande obra religiosa se distingue do que está em questão numa catarse de natureza ética que reúne coisas aparentemente tão alheias umas às outras quanto a psicanálise e o espetáculo trágico dos gregos. Se encontramos aí nosso módulo, não é sem razão. Catarse tem o sentido de purificação do desejo. Essa purificação não pode se efetivar, como está claro ao se ler simplesmente a frase de Aristóteles, senão na medida em que se situou, no mínimo, o ultrapassamento de seus limites, que se chamam temor e piedade.

É na medida em que o *epos* trágico não deixa o espectador ignorar onde está o polo do desejo, mostra que o acesso ao desejo necessita ultrapassar não apenas todo temor, mas toda piedade, que a voz do herói não treme diante de nada, e muito especialmente diante do bem do outro, é na medida em que tudo isso é experimentado no desenrolar temporal da história, que o sujeito fica conhecendo um pouco mais do que antes o mais profundo dele mesmo.

Isso dura o quanto dura, para aquele que vai ao Teatro Francês ou ao Teatro de Atenas. Mas enfim, se as fórmulas de Aristóteles significam alguma coisa, é isso. Sabe-se o que custa avançar numa certa direção, e meu Deus, se não se vai, sabe-se por quê. Pode-se até mesmo pressentir que se não se está totalmente esclarecido sobre suas contas com o desejo, é porque não se pôde fazer melhor, pois, não é uma via em que se possa avançar sem nada pagar.

O espectador é desenganado nesse ponto, que mesmo para aquele que avança ao extremo de seu desejo, nem tudo são flores. Mas ele é igualmente desenganado — e é o essencial — quanto ao valor da prudência que se opõe a isso, quanto ao valor inteiramente relativo das razões benéficas, dos vínculos, dos interesses patológicos, como diz o sr. Kant, que podem retê-lo nessa via arriscada.

Dou-lhes aqui, da tragédia e de seu efeito, uma interpretação quase prosaica, e qualquer que seja a agudeza de suas arestas, não estou contente em reduzi-la a um nível que poderia fazer vocês acreditarem que o que parece essencial da catarse é pacificador. Talvez não seja pacificador para todo mundo. Mas é a maneira direta de conciliar o que alguns perceberam como a face moralizante da tragédia, e o fato de que a lição da tragédia, em sua essência, não é absolutamente moral no sentido comum da palavra.

É claro que toda catarse não se reduz a algo, diria, de tão exterior quanto uma demonstração topológica. Quando se trata das práticas daqueles que os gregos chamam de *mainômenoi*, aqueles que enlouquecem com o transe, com a experiência religiosa, com a paixão, ou com tudo o que quiserem, o valor da catarse supõe que o sujeito entre, de uma maneira mais ou menos dirigida ou mais ou menos selvagem, na zona aqui descrita, e seu retorno comporta aquisições que se chamarão possessão — vocês sabem que Platão não hesita em mostrar isso nos procedimentos catárticos — ou como se quiser. Há aqui toda uma gama, um leque de possibilidades, cujo catálogo exigiria um longo ano.

O importante é saber onde isso se situa no campo, aquele mesmo cujos limites tracei.

4

Uma palavra de conclusão.

O campo que é o nosso, na medida em que o exploramos, ocorre ser, de alguma maneira, o objeto de uma ciência. A ciência do desejo, vão-me dizer vocês, vai entrar no âmbito das ciências humanas?

Antes de deixá-los este ano, desejaria tomar posição sobre isso de uma vez por todas. Não concebo que no andamento em que se prepara esse âmbito, que vai ser bem cuidado, asseguro-lhes, ele possa constituir outra coisa que não um desconhecimento sistemático e principal de tudo o que está em questão nesse assunto, ou seja, daquilo de que lhes falo aqui. Os programas que se delineiam como devendo ser aqueles das ciências humanas não têm, a meu ver, outra função senão a de ser um ramo, sem dúvida vantajoso se bem que acessório, do serviço dos bens, em outros termos, do serviço de poderes que estremecem mais ou menos nas bases. Isso comporta, em todos os casos, um desconhecimento não menos sistemático de todos os fenômenos de violência que mostram que a via do advento dos bens no mundo não é traçada assim tão facilmente.

Em outros termos, segundo a fórmula de um dos raros homens políticos que tenha funcionado na chefia da França, nomeei Mazarin, a política é a política, mas o amor permanece o amor.

Quanto ao que pode situar-se como ciência nesse lugar que designei como o do desejo, o que pode ser isso? Pois bem, vocês não precisam ir buscar muito longe. O que, em fato de ciência, ocupa atualmente o lugar do desejo, é muito simplesmente o que se chama correntemente de ciência, aquela que vocês veem, por ora, galopar tão alegremente, e efetivar toda espécie de conquistas ditas físicas.

Creio que ao longo desse período histórico, o desejo do homem, longamente apalpado, anestesiado, adormecido pelos moralistas, domesticado por educadores, traído pelas academias, muito simplesmente refugiou-se, recalcou-se na paixão mais sutil, e também a mais cega, como nos mostra a história de Édipo, a paixão do saber. É essa que está tendo um andamento que ainda não deu sua última palavra.

Um dos traços mais divertidos da história das ciências é a propaganda que cientistas e alquimistas fizeram junto aos poderes, no tempo em que começavam a perder um pouco o pé — *Deem-nos dinheiro, vocês não se dão conta, se nos derem um pouco de dinheiro, do que não poríamos como máquinas, como troços e trens, a serviço de vocês.* Como é que as autoridades puderam deixar-se manipular? A resposta a esse problema deve ser buscada pelo lado de um certo desabamento da sabedoria. É um fato que eles se deixaram manipular, que a ciência obteve créditos, mediante o que temos atualmente essa vingança nas costas. Coisa fascinante, mas que, para aqueles que estão no ponto mais avançado da ciência, não deixa de vir com a viva consciência de que eles estão encostados na parede do ódio. Eles mesmos soçobram com o mais vacilante escoamento de uma pesada culpa. Mas isso não tem importância alguma, pois, na verdade, não se trata de uma aventura que os remorsos do sr. Oppenheimer possam deter da noite para o dia. É contudo aí que reside, para o futuro, o segredo do problema do desejo.

A organização universal tem de lidar com o problema de saber o que vai fazer dessa ciência na qual se prossegue manifestamente algo cuja natureza lhe escapa. A ciência, que ocupa o lugar do desejo, não pode tanto ser uma ciência do desejo senão sob a forma de um formidável ponto de interrogação, e certamente não sem um motivo estrutural. Em outros termos, a ciência está animada por algum misterioso desejo, mas ela não sabe, não mais do que nada no inconsciente, o que quer dizer esse desejo. O futuro nos revelará isso, e, talvez, pelo lado daqueles que, pela graça de Deus, comeram o livro mais recentemente, quero dizer que não hesitaram em escrever com seus esforços, ou até mesmo com seu sangue, o livro da ciência ocidental — nem por isso é um livro comestível.

Falei-lhes há pouco de Mêncio. Após ter sustentado essas palavras que vocês estariam errados em acreditar otimistas, sobre a bondade do homem, ele explica muito bem como é possível que aquilo de que se é mais ignorante, seja as leis na medida em que vêm do céu, as mesmas leis de Antígona. Sua demonstração é absolutamente rigorosa, mas é tarde demais para que eu a diga aqui para vocês. As leis do céu em questão são justamente as leis do desejo.

Daquele que comeu o livro e o que ele sustenta de mistério, pode-se com efeito se colocar a questão — ele é bom, é malvado? Essa questão parece agora sem importância. O importante aqui não é saber se o homem é bom ou mau originalmente, o importante é saber o que dará o livro quando tiver sido totalmente comido.

6 de julho de 1960

Notícia

Falecido em 9 de setembro de 1981 em Paris, Jacques Lacan previra o prosseguimento da edição integral do *Seminário*, segundo os princípios que estão indicados na notícia e no posfácio do primeiro volume publicado (*les Quatres Concepts fondamentaux de la psychanalyse*, Seuil, 1973) e que relembrei num opúsculo recente (*Entretiens sur le Séminaire avec François Ansermet*, Navarin, 1985).

A edição do livro VII beneficiou-se do trabalho da sra. Judith Miller sobre as referências gregas, especialmente as sofoclianas; o sr. Franz Kaltenbeck verificou as citações alemãs, sobretudo as freudianas; os professores Quackelbeen, da Universidade de Gand, e Rey-Flaud da Universidade de Montpellier, conseguiram-me, um, *O casamento perfeito*, de Th. H. van de Velde, o outro, o texto reproduzido de Arnaud Daniel; o sr. François Wahl, da editora Seuil, releu o manuscrito; os doutores Daniele Silvestre e Patrick Valas, as sras. Elisabeth Doisneau e Annie Staricky participaram da correção das provas. Nossos agradecimentos a eles — assim como de antemão ao leitor que, enviando-me suas observações por intermédio da editora, aceite colaborar na revisão de um texto que constitui o objeto de um trabalho permanente.*

J.-A.M.

* A versão brasileira deste *Seminário* está aberta a sugestões de tradução. (N. T.)

Notas

1. *faute* — Adotamos o termo *falta* em seu sentido de infração (*faute*) e em seu sentido privativo (*manque*). Nesse capítulo trata-se de falta moral. Assinalaremos o sentido privativo entre parênteses (*manque*) quando houver possibilidade de equívoco no decorrer deste *Seminário* (ref. à p.11).

2. [eu] — Recurso gráfico para designar *je*, diferenciando-o do eu (*moi*) (cf. Lacan, Jacques, *O Seminário*, livro 2. Zahar, Rio, 1985; nota do tradutor nº 1) (ref. às p.18 e 191).

3. *maître* — Significa, em francês, ao mesmo tempo: o senhor, em oposição ao escravo; o amo, em oposição ao criado; o mestre, em oposição ao discípulo. O termo *mestre* designa a posição de superioridade presente nas três acepções e é o termo empregado para designar a posição de saber do mestre na Antiguidade. O termo *senhor* é habitualmente utilizado quando se trata da dialética hegeliana (ref. às p.23, 34, 342 e 368).

4. *bonheur* — Felicidade, em francês, onde por decomposição depreende-se *bon* (bom) e *heur* (sorte, fortuna), que é homófono a *heurt* (choque, encontro brusco) — podendo, portanto, também ser traduzido por *a boa hora* (ref. à p.24).

5. *voeu* — Termo utilizado geralmente em francês para traduzir o *Wunsch*. Lacan traduz aqui a *Wunscherfüllung* freudiana por *satisfaction d'un voeu* que foi traduzida em português por realização de desejo (ref. à p.26).

6. *cure* — geralmente traduzido por cura. Utilizamos aqui tratamento para evitar a ambiguidade do termo, pois não se trata de curar a civilização e seu mal-estar (ref. à p.26).

7. *retrouvaille* — fato de tornar a achar algo que estava perdido e reencontrar algo de que se estava separado (ref. às p.31 e 145).

8. *Bahnung*, *frayage* — *trilhamento*, de trilhar, abrir caminho (cf. Lacan, Jacques. *O Seminário*, livro 11. Rio, Zahar, 1979, nota do tradutor nº 16 e *O Seminário*, livro 2. Rio, Zahar, 1985; nota do tradutor nº 11) (ref. à p.50).

9. traduzido em português por *A repressão* (ref. à p.58).

10. referência à expressão francesa *la paille des mots et le grain des choses* (ref. à p.59).

11. traduzido em português por *A negativa* (ref. à p.60).

12. *entre cuir et chair* — secretamente, consigo mesmo, entre dentes (ref. às p.66, 77).

13. *l'à-côté* — trata-se de algo (ponto, questão ou problema) que não é central, mas acessório, podendo ser separado e isolado, daí a solução de o à-parte (ref. à p.67).

14. tradução modificada da Edição Standard Brasileira das obras de Sigmund Freud. Imago, 1976, vol.I, p.438 (ref. à p.67).

15. *Fremde, étranger* — estranho (substantivo e adjetivo) e alheio (adjetivo). O termo estranho é empregado na Edição Standard Brasileira no texto *A Negativa* (ref. às p. 67, 74, 80 e 89).

16. tradução modificada da Edição Standard Brasileira das obras de Sigmund Freud. Imago, 1976, vol. XIX, p.298 (ref. à p.67).

17. *mot* — que habitualmente significa *palavra* (ref. à p.71).

18. *jeu de l'oie* — jogo de salão, semelhante ao ludo, cujo tabuleiro tem casas que representam um ganso (ref. às p.79 e 82).

19. *l'affaire est le mot de la chose* — nesta expressão *affaire* significa aquilo de que se trata numa discussão, num litígio, ou seja, a coisa sobre a qual se fala, como encontramos, por exemplo, em La Fontaine:

Devant son tribunal l'escarbot comparu
Fit sa plainte et conta l'affaire

Affaire é, portanto, a coisa verbalizada, que passou no discurso; e *mot* aqui é empregado como senha, palavra-chave; a expressão designa o que será o desvendamento de um segredo, de um enigma pela fala. Em português poderíamos dizer: *A dita coisa é a palavra-chave da Coisa* (ref. à p.80).

20. *ne* — partícula negativa, neste caso respectivo, sem função de negação, daí a discordância (ref. à p.81).

21. *honorer* (honrar) e *faire une bonne manière* (fazer um brinde) em francês têm também o significado de ter relações com uma pessoa (ref. à p.86).

22. Trata-se, aqui, de um equívoco de Lacan, pois *Greissler*, em seu emprego austríaco, significa, efetivamente, comerciante de produtos alimentícios, dono de bazar ou *proprietário*, como foi traduzido na Edição Standard Brasileira, vol.I, p.465 (ref. à p.92).

23. *aprés-coup, Nachtaäglich* (cf. Lacan, Jacques. *O Seminário*, livro I. Rio, Zahar, 1979, nota do tradutor nº 5) (ref. às p. 92 e 145).

24. Na Vulgata brasileira, traduzida por pe. frei João José Pedreira de Castro, lê-se: Eu sou o Senhor, teu Deus... (Deuteronômio. Cap.5, vers. 6) (ref. à p.101).

25. *des bédouins, des bicots, des ratons* — nomes pejorativos utilizados na França para designar os residentes originários da África do Norte. O termo pejorativo aqui utilizado é empregado em são Paulo (ref. à p.103).

26. Trecho traduzido a partir da Vulgata brasileira, obedecendo às modificações aí introduzidas por Lacan (ref. à p.103).

27. *dam* (dano) e *dame* (dama) são homófonos em francês (ref. à p.105).

28. Na Edição Standard Brasileira, vol.XVI, p.403 cuja tradução não foi aqui adotada (ref. à p.113).

29. *fantaisie* — faculdade do espírito de representar-se imagens; imaginação; quimera, ilusão (ref. à p.115).

30. Trata-se da *Société Française de Psychanalyse*, fundada em 1953, da qual Lacan fazia parte até sua "excomunhão" em 1964, ano em que a SFP cessou de funcionar (ref. às p.118, 161 e 246).

31. Tradução da Edição Standard Brasileira, vol.XIV, p.111 (ref. à p.118).

32. *escathologique* — referente à escatologia: estudo dos fins últimos do homem e do mundo, tratando do fim do mundo, da ressurreição e do Juízo final (ref. à p.129).

33. *Et voilà pourquoi votre fille est muette* — frase evocada para ridicularizar uma expressão verbosa e incoerente. Trata-se de uma alusão a um trecho da peça de Molière, *Le médecin malgré lui: "...une certaine malignité, qui est causé... par l'âcreté des humeurs engendrées dans la cavité du diaphragme, il arrive que ses vapeurs... Ossabondus, nequeys, nequer, potarium, quipsa milus. Voilà justement ce qui fait que votre fille est muette."* (II.4) (ref. à p.136).

34. Trocadilho de Lacan com *Bornibus*, marca de mostarda, e *borner*, restringir. limitar (ref. à p.148).

35. *languedoc* — língua de oc; trata-se do occitânico (ref. à p.178 e 195).

36. *Carte du tendre*: mapa do percurso para se chegar à ternura descrito no romance *Clélie* de Mlle. de Scudéry [Preciosidade — século XVII] (cf. Lacan, Jacques, *O Seminário*, livro I. Rio, Zahar, 1979, nota do tradutor nº 15) (ref. à p.178).

37. *une partie de pattes en l'air* (ref. à p.186).

38. *honnête homme* — homem que respeita as regras de boas maneiras; corresponde ao *discreto* do vocabulário clássico do século XVIII (ref. às p.193 e 232).

39. A expressão *quelque chose de mal foutu* significa *algo malfeito* e o termo *foutu, fodido*, em sua acepção de sair-se mal, entrar pelo cano, estar arruinado, sem saída (ref. às p.202 e 360).

40. Não se trata aqui de um Deus verdadeiro, mas do Deus que tem relação com a verdade, que veicula a verdade (ref. à p.217).

41. Tradução de *uxorieux, uxorious* — qualificativo do marido excessivamente devotado ou submisso à esposa (ref. à p.218).

42. Mamon: deus sírio das riquezas; termo empregado nos Evangelhos para designar os demônios da riqueza e os demônios em geral (ref. à p.220).

43. Essas duas referências se encontram respectivamente nas p.142 e 133 da Edição Standard Brasileira, vol.XXI e nas p.75 e 64-65 da atual edição francesa da PUF (ref. à p.222).

44. *moi-même* — em português o *eu* precedido de preposição transforma-se em mim, o que não é o caso em francês, onde em todos os casos emprega-se *moi*; utilizamos aqui o recurso do itálico quando julgamos necessário manter *eu mesmo* como um sintagma fixo, lembrando que o mim, quando utilizado, se refere também à instância psíquica do *eu* (ref. à p.237).

45. *la réponse de la bergère au berger* — interversão dos gêneros da expressão *la réponse du berger à la bergère* que designa a resposta que encerra a discussão, a última palavra (ref. à p.257).

46. *IJP* — *International Journal of Psychoanalysis* (ref. à p.271).

47. Trata-se do artigo de Lacan *A la mémoire d'Ernest Jones: Sur sa théorie du symbolisme*, publicado em *La Psychanalyse*, nº5, PUF, 1960 e reeditado nos *Écrits*, p.697-717 (ref. à p.271).

48. *défendre* — significa *defender* e *proibir* (ref. à p. 274).

49. *de lendemains qui déchantent* — expressão irônica constituída pelo trocadilho a partir de *les lendemains qui chanlent* de Gabriel Péri para designar um futuro feliz para um povo após uma revolução social (ref. à p.275).

50. *apophanie* — propriedade dos cristais cujas arestas permitem conhecer a posição do núcleo [*Apo* (longe de) + *phainen* (brilhar)] (ref. à p.295)

51. *émoi* (cf. latim popular *exmagere*) — em sua acepção literária e antiga significa emoção, perturbação, agitação que se apodera de seres sensíveis, e é sinônimo de comoção, choque nervoso, abalo, excitação, efervescência. Em sua acepção mais especializada, significa emoção considerada em seu aspecto afetivo sob o ângulo do prazer ou da dor, sendo mais empregado como a emoção mesclada de inquietação, de tristeza, e que é sinônimo de contrariedade, aborrecimento, preocupação. Em seu emprego mais corrente em francês, significa uma perturbação agradável, sexual. Em seu sentido poético e figurado, se refere a coisas cujo movimento é assimilável a uma emoção humana. Optamos pelo termo *comoção* em português que corresponde à acepção empregada aqui por Lacan, ou seja, estremecimento causado no organismo, e especialmente no sistema nervoso; perturbação, abalo e também o que aparece em segundo plano no termo *émoi* em francês, ou seja, revolta, motim; revolução, agitação popular; significado que é aqui valorizado por Lacan. E a expressão *perdre ses moyens* significa *perder o pé, a potência, o rebolado* (ref. à p.296).

52. Assim como *com* em português (ref. à p.313).

53. *L'à-bout-de-course* — substantivação de *à bout de course*, que significa final de um movimento, declínio, e, no sentido figurado, fatigado; extenuado. Utilizando esta expressão de forma substantiva para designar a posição dos heróis sofoclianos no final da linha de seus destinos, é mais o sentido imajado que o figurado a que Lacan visa (*course* significa *corrida*), daí a solução proposta *na-finda-linha* conjugando o *fim da linha* com *finda a linha.* O eretismo e a exaltação em que esses heróis se encontram, como, por exemplo, Antígona e Édipo; no momento derradeiro da efetivação de suas *Até* — e mesmo de ultrapassamento de suas *Até*, para além da qual, diz Lacan, só se pode passar um momento muito curto —, não nos permite supô-los diminuindo o passo como a opção simplificada de *no fim da linha* poderia sugerir (ref. à p.319).

54. *Maître Jacques* — personagem de *O avarento*, de Molière, termo utilizado para designar o homem que acumula empregos diversos, que faz todas as tarefas de uma casa (ref. à p.337).

55. Referência ao texto de Paul Valéry *M. Teste* (ref. à p.347).

56. *avoir bon pied bon oeil* — estar ativo e vigilante (ref. à p.357).

Agradecimentos do tradutor

A Inês Oseki-Depré, que aceitou colocar sua experiência e seu talento de tradutora à minha disposição no trabalho de revisão.

A Betch Cleinman pela agudeza e dedicação no trabalho de copydesk.

A Manoel Motta pelo interesse e pela pesquisa na tradução de nomes e expressões consagradas em português.

A Alain Grosrichard pela ajuda prestimosa no desvendamento das sutilezas d'alíngua francesa.

A Sônia Alberti pela revisão dos termos e textos em alemão; a Zoé Frangopoulos pela verificação e retificação do grego; e a Mário da Gama Kury pela transliteração dos termos gregos.

A Alfredo Chaves pelo apoio e auxílio na produção final.

1ª EDIÇÃO [1988] 15 reimpressões

ESTA OBRA FOI COMPOSTA POR SUSAN JOHNSON EM
ADOBE GARAMOND E HELVETICA E IMPRESSA EM OFSETE PELA
GRÁFICA PAYM SOBRE PAPEL PÓLEN DA SUZANO S.A.
PARA A EDITORA SCHWARCZ EM AGOSTO DE 2025